董仲舒与儒学研究

第六辑

魏彦红 主编
卫立冬 耿春红 李建明 副主编

巴蜀书社

图书在版编目（CIP）数据

董仲舒与儒学研究. 第六辑 / 魏彦红主编. —成都：巴蜀书社，2018.5
ISBN 978-7-5531-0979-4

Ⅰ.①董… Ⅱ.①魏… Ⅲ.①董仲舒（前179～前104）—哲学思想—思想评论—文集②儒学—研究—文集
Ⅳ.①B234.55—53②B222.05—53

中国版本图书馆 CIP 数据核字（2018）第100412号

董仲舒与儒学研究（第六辑） 魏彦红 主编

责任编辑	康丽华
出　　版	巴蜀书社 成都市槐树街2号　邮编 610031 总编室电话：(028)86259397
网　　址	www. bsbook. com
发　　行	巴蜀书社 发行科电话：(028)86259422　86259423
经　　销	新华书店
照　　排	四川胜翔数码印务设计有限公司
印　　刷	四川翔川印务有限公司（028）82633929
版　　次	2018年5月第1版
印　　次	2018年5月第1次印刷
成品尺寸	210mm×148mm
印　　张	14.5
字　　数	420千
书　　号	ISBN 978-7-5531-0979-4
定　　价	58.00元

本书若有印装质量问题，请与工厂调换

《光明日报》《光明网》采访魏彦红教授

衡水学院董子学院与西北大学现代学院联合举办董仲舒思想研讨会

衡水学院和韩国东亚人文学会联合举办董仲舒思想研讨会

董子学院学者参加第三届河北儒学论坛

魏彦红教授到日本北九州大学讲学并与邓红教授合影

山东华宇工学院来衡水学院学习董子文化传播经验

山东大学曾振宇教授莅临董子讲坛

董子学院学者参加 2017 广川董子文化节

《衡水学院》学报和董子学院被全国妇联授予“全国巾帼文明岗”称号，魏彦红教授参加表彰大会

董子学院参与举办“雄安新区建设与优秀传统文化传承”研讨会

魏彦红教授和耿春红教授参加在印尼举行的国际第五届儒教大会

李奎良教授（右一）等为“国际儒商之家”揭牌

魏彦红教授受邀参加河北省哲学社会科学会议

中山大学张丰乾教授莅临董子讲坛

中宣部出版局刘建生副局长（左六）到访董子学院和《衡水学院学报》编辑部

董子学院金周昌教授在张申府张岱年研讨会上演讲

陪同中宣部出版局刘建生副局长参观枣强县后旧县村董子祠

董子学院李奎良教授等到董子故里指导董子文化建设

魏彦红教授荣获“第三届中华优秀传统文化年度人物卓越贡献人物奖”

董子学院学者参加 2017 年在德州举办的董仲舒思想研讨会

李奎良教授受邀给长江商学院学员讲董仲舒思想

中山大学李宗桂教授（左四）莅临董子讲坛

吴光先生（左四）莅临董子讲坛

河北省董仲舒研究会暨董子学院 2017 年年会召开

河北省新闻出版广电局杜中伟副处长（左四）一行到衡水学院学报编辑部调研

衡水市政协李洪林主席一行到衡水学院商谈董子文化课题合作问题

魏彦红主编参加博鳌儒商论坛 2017 年年会

董子学院五位教授参加第四届河北儒学论坛

目 录

董子法律学

董学与孔孟

董子与文艺

儒学基本问题研究

儒学史问题研究

儒学创新研究

序 盛世文化的代表

周桂钿

两千多年前的儒家提出了最高的社会理想和现实的社会理想。最高理想是“大道之行也，天下为公”的大同社会。最高理想很难实现，现实社会是“大道既隐，天下为家”的家天下。家天下也有兴衰成败的问题，兴盛时，社会安定，经济发展，人民安居乐业。这叫小康社会。如果天下分裂，社会大乱，战争爆发，经济崩溃，人民流离失所。这就是乱世。中国历史上经常出现乱世与治世的交替。大乱后有大治，治以后又乱，分久必合，合久必分。治理得好，可以安定数百年。治理不好，连续动乱，难有安定的日子。中国人的梦想首先是实现小康的现实理想，而最高理想只是追求的目标，时过两千多年，还没实现，再过两千年，也未必能实现。因此，我们要争取的首先是现实理想，那就是小康社会。

儒家认为尧、舜之前是公天下的大同社会，就是公有制的原始社会。从禹开始出现家天下，这是私有制的社会。儒家还认为，在禹、汤、文武、成王、周公执政时期是小康社会。这时的家天下，社会安定，没有战争，秩序良好。这是三代的前期。接着后来就逐渐变坏了。夏桀和商纣当政都是乱世，才被汤、武所取代。特别在周朝末期，天下大乱，周天子没有权威，礼崩乐坏，各诸侯分裂割据，年年纷争，大国强国吞并小国弱国，最后七强纷争进入战国时代，最终由秦国吞并六国统一天下，建立秦朝，筑长城，统一文字与度量衡，改封建制度为郡县制度。秦虽然统一了，由于执政缺乏德教，不久又陷入大乱，很快又灭亡了。继承秦朝的是汉朝，虽然改朝了，而家天下的格局没有改变，一直延续到清朝，达四千五百多年。家天下在四千多年中，虽然不断改朝换代，家天下的格局没有变化，虽有改革与创新，只是在完善这种制度。新朝代刚建立往往比较好，社会安定，经济发展，人民安居乐业，呈现盛世状况。延续一段时间后，就逐渐腐败，进入乱世，被人民推翻，被有德者取代。在中国历史上有汉唐盛世。汉朝与唐朝的前期与三代前期相似，都可以称为盛世即小康社会。

大同是儒家的最高理想，很难达到，小康则是可以实现的现实的理想社会。大同与小康就成为古今中国人的共同之梦。

尧舜之前还没有出现私有制的原始社会，儒家称为“天下为公”的时代。当时社会状况，我们不清楚。夏、商、周三代，孔子对于夏、商的社会制度已经不太清楚，礼制大概已经出现。后代考古可以确定商代有甲骨文和祭祀文化。至于周代，孔子有比较多的了解，主要的有周公制礼作乐，创造礼乐文化，又实行分封建国的封建制度，细节保存在儒家的典籍中。秦王朝建立时，实行郡县制，取代封建制，同时废除许多礼乐细节。春秋时代已经礼崩乐坏，这时改朝的冲击，使礼乐细节荡然无存。

汉代秦之后，许多儒生企图恢复周礼，由于资料不全，他们收集残篇断简，加上想象猜测，重新创造出与时代相适应的礼乐制度来。“礼之用，和为贵”，礼乐的作用最重要的就是使社会和谐。汉初统治者为了巩固得来不易的政权，采取了一系列措施，协调各种社会关系，消除危险因素。在稳定的条件下，发展生产，保障供给，让人民安居乐业。人民富裕以后，就开始奢侈，而当官的就抢先腐败，教育就变得特别重要。正如孟子所说，生活好了，不接受教育，就会变得与禽兽差不多。刘邦巩固政权，文、景时代使百姓富裕，汉武帝开始独尊儒术，大办教育，发展文化事业。汉初这三阶段形成了盛事景象：社会稳定，经济发展，文化提高。

文化提高，培育了史学家。史学家记述了盛世景象。司马迁、班固等著名史学家，记录了汉代社会的状况。在盛世之下有许多社会问题，是动乱的萌芽，任其发展，就会毁灭这个盛世。这里有丰富的经验与教训。还有一些著作，如陆贾《新语》，贾谊《新书》，桓宽《盐铁论》等，都从不同角度阐述了治理天下的深刻理论。特别是董仲舒，不置产业，专心理论探索，提出一些重要思想，对后代有深刻的影响，如“大一统论”，形成民族意识。为民族统一作出贡献的，是民族英雄；分裂民族，出卖民族利益的，是民族败类、汉奸卖国贼。又如“独尊儒术”，奠定了以儒学为主干的中华民族精神。因此，董仲舒被称为经学大师，“为儒者宗”，“为群儒首”，上承孔子，下启朱熹，堪称中华文明史上三大圣之一。

孔子生于春秋时代的乱世，朱熹生于南宋末世，只有董仲舒生于西汉前期的盛世。因此，董仲舒哲学即董学不愧为盛世文化的代表。

董仲舒故里广川，今属河北衡水市，衡水学院的学者们重视本地先贤，潜心研究，又组织全国性会议，交流研究成果和体会。现将这些论文汇集出版，编辑邀我作序，我以为好事，当即应允，在视力很差的情况下，闭目思考，写下以上文字，权充序，请读者指正！

序

蒋重跃

《衡水学院学报》主编魏彦红教授要我为他们将要出版的《董仲舒与儒学研究》系列文集作一篇序，其中的文章多出自他们学报的特色专栏“董仲舒与儒学研究”。我欣然接受了这项任务。为什么呢？一来是因为这个主题与我的学术领域相关，对于它的学术意义和价值，我多少还能有所了解；二来是因为办特色栏目对于高校社科学术期刊的发展具有重要的意义，作为全国高等学校文科学报研究会理事会的负责人，我的确感到有话可说。

毫无疑问，董仲舒是中国古代历史上第一流的学者和思想家。在他生活的时期，王朝统治正在从“清静无为”向“以孝治天下”（其实是“以霸王道杂之”）过渡，很自然地，学术思想上也就要从黄老之学向儒学转向。董仲舒的思想就是儒学向意识形态最高地位攀升的代表。他的“天人三策”对于汉武帝实施思想统治产生了重大影响；他对《春秋》学的研究继承了先秦公羊家传统，被当时的思想界和学术界公认为一家，并进而规范了两汉公羊学的基本走向。董仲舒在当时的政治、思想、文化、教育、学术等诸多方面都留下了影响。他在世时就受到最高统治者和学界的隆重礼遇，身后长期受到尊崇。不过，在特定的历史时期，他也会遭遇相反的命运，受到世人的批评、误解，甚至污蔑和谩骂。时至今日，关于董仲舒，仍有许多问题需要不断地探索和研究。例如，他对天人关系的认识究竟是毫无价值的宗教迷信，还是饱含真知灼见的理性反省？他的一统思想、三统论、三世说究竟是稀奇古怪的歪理邪说，还是别有会心的奇思妙想？他对公羊家法有怎样的贡献？他的学术活动在人类知识发展史上占有怎样的地位？他的思想在今天还有哪些意义和价值？这些问题的确大有研究的必要。

在中国历史上，像董仲舒这样的大思想家并不多见，如果回念两千多年的悠久历程，放眼中国乃至全世界的广袤地域，这个话题就更显得弥足珍贵了。在我国当下的中等学校和高等院校文史哲的相关教材和学术著作中，是不会丢掉董仲舒的。专以董仲舒为题的学术著作也有十几种出版，学术论文就更多了，以董仲舒本人为题的论文每年都会有五十篇左右在正式学术期刊发表，但却没有一种学术期刊是专以董仲舒及与董仲舒相关的思想文化现象为主题的，这不能不说是一个缺憾。怎么办呢？

2007 年，就在董仲舒的家乡，《衡水学院学报》创设了“董仲舒研究”专栏，弥补了学术界的这个缺憾。为了办好这个栏目，《衡水学院学报》的主编和编辑不辞辛劳，做了大量工作。他们在全国范围内发出征稿函和约稿函，专程拜访董学专家，参加相关学术研讨会，举办全国董仲舒思想高端学术论坛，还通过网络（博客、微博等）挖掘稿源。他们的努力得到了丰厚的回报，许多著名的董学专家学者纷纷把自己的研究心得贡献出来。在短短的几年里，他们与众多董学研究知名学者建立并保持了良好的合作关系，专栏共刊登了一百多篇董仲舒研究论文，其中不乏精品力作，所以才有本文集的系列出版。

《衡水学院学报》创办“董仲舒与儒学研究”专栏是一个有代表性的案例，它说明，综合性学术期刊创办特色栏目是必要的，更是可行的。

首先，在我国的学术研究和学术期刊界，有一个问题一直困扰着人们，即一方面是有许多学术专题研究成果需要发表，另一方面却是没有足够的与之相应的专题期刊以供论文发表。这样的研究课题和领域有许多，历史人物方面涉及思想家、教育家、文学家、政治家、军事家等等，地域文化方面涉及齐鲁、闽越、河海、三晋、关陇、巴蜀、岭南等等，行业文化方面涉及盐铁、纺织、印刷、演艺等等。与此相适应，各个主题下的研究队伍也相对集中。但与之相对应的专题性学术刊物却不多。那么，怎样才能更有效地把众多优秀的专题论文发表出来，以满足学术研究的需要呢？在现有的管理体制下，唯有在综合期刊中考虑创办专题栏目这条路可走。

其次，随着高等教育的快速发展，如何为提高高校的学术研究水平和教学的学术含量服务，也成了摆在高校学术期刊人面前的一个大问题。要做到这一点，提高自身的学术水平就是当务之急。除了少数办刊历史悠久、学术资源丰厚的“大刊”“名刊”，对于众多创刊时间短、经验相对欠缺、资源相对薄弱的学术期刊来说，要想在短时间内取得整体进步是不现实的。如果结合各自的实际，发挥某一方面的优势，创办特色栏目，先把一个或少数几个栏目办好，然后再把优势扩展到全刊，最终推动全刊整体进步，倒是切实可行的。

正是因为瞅准了以上两点，2003 年以来，教育部哲学社会科学名刊建设工程中才专门设立名栏建设计划，至今已经评选出三批共五十余家学报。同时，全国高等学校文科学报研究会在三届评优活动中，专门设立“特色栏目”一项，2014 年，共评选出 217 个优秀特色栏目，鼓励高校学术期刊在创办特色栏目上大胆探索。其中《衡水学院学报》的“董仲舒与儒学研究”专栏连续两届入选研究会评选的特色栏目。政府主管部门和行业组织的这些举措，极大地激发了高校学术期刊创办特色栏目的积极性。目前，许多高校学术期刊都在出点子，想办法，一个争相创办、办好特色栏目的活动正在蓬蓬勃勃地开展起来。《衡水学院学报》的“董仲舒与儒学研究”毫无疑问是其中的一个优秀代表。

创办特色栏目当然要有热情。不过，话又说回来了，创办特色栏目不能脱离实际，要认真研究选题的可行性，切实掌握研究基础和学术队伍的实际情况，保证刊发的学术成果是水到渠成的，而不是揠苗助长出来的。简单说，要在特色和学术水平两者之间形成一种合理的张力或平衡，这才叫质量，才值得去做，才有望获得成功。从本系列文集所选的论文可以看出，《衡水学院学报》在追求特色和水平之间的平衡上做出了他们的努力，应该给予充分肯定。

以上就我所知，对本系列文集的缘起和背景略作介绍，希望对读者的阅读和了解有所助益。

董子人性说与道德学

从正名论推出人性论：董仲舒人性学说新探

王　冬

一

董仲舒的人性学说与他的天人感应论究竟有无关系，若有，后者又在多大程度上能够成为前者的思想基础？对此，学界存有两类不同意见：1）认为他的人性学说建基于他的天人感应论之上。这种观点复又分为两种：a）认为他的人性学说可直接由天人感应论得出，更无需借助别的理论。b）认为他的人性学说是以天人感应论为基础的，但仍须假以别的理论方能完成最终推导。2）认为他的人性学说不建基于天人感应论之上。这种观点复又分为两种：a）认为他的人性学说建基于天人感应论根本是错误的，且这种错误不只是理论目的上的，更是方法论上的。b）认为他的人性学说独成体系，与天人感应论无丝毫关系。以上两类四种观点从逻辑上涵摄了这一领域的所有研究路向，除最后一种观点（2b）尚未发现有文献支持外，其他各种观点均有文献支持。我们在此择其代表做一简要分析，尝试说明何以 1a 和 2a 的观点站不住脚，在此之后，给出我们主张 1b 观点的理由，进而在详细讨论正名论的理论性质和理论模式之后，说明正名论在论证人性论中不可忽视的地位和作用。

我们先看 2a，这种观点的代表是劳思光先生。劳先生之不赞成由天人感应论推得人性论的观点，其主要论据如下：

> 董仲舒认为天有阴阳，而人像天而生，故人亦有善恶。……由此可见董仲舒乃直接以宇宙论意义之规律为价值标准者。……如此立说后，心性之善恶问题本身亦由自觉根源问题变为材质问题……
>
> 儒学心性论之基源问题，原为："德性如何可能？"故必须深究所谓"善"之本义——亦即"德性价值"之本义。而此问题即与描述任何"存有"之问题，不同类属。盖无论取经验意义或形上意义，"存有"问题总与价值问题本性不同。"应该"或"不应该"之问题，本身另有一领域，此领域必成立于一自觉基础上。……离开自觉，专就"存有"讲，则无所谓"应该"或"不应该"。因无论"有"或"无"，皆是一"实然问题"，非"应然问题"[1]。

我们将劳先生所持理由以三段论的方式表述如下：只有从应然判断才能推出应然判断（大前提），"天有阴阳"不是应然判断（而是实然判断）（小前提），所以，由天有阴阳推不出人有善恶（应然判断）（结论）。经重新表述后，劳先生的观点就了然了。那么，我们来看看劳先生的观点站不站得住脚。先看大前提，"只有从应然判断才推得出应然判断"。劳先生在该文中认为这是极为显著而不待辩说的道理。但是有什么充分理由可以证明这一点呢？若是按照某些现代逻辑的观点①，模态逻辑（广义模态逻辑是可以涵盖道义逻辑的，即涵盖“应该”或“不应该”等逻辑算子的）是可以归结为经典逻辑的（即不含有模态算子的逻辑）。若是用劳先生的惯用语，那就是说，“应该”或“不应该”的问题是可以划归为“是”或“不是”的问题的，换句话说在逻辑上从“是”照样可以推得出“应当”。抛开这一点不论，假使我们承认劳的大前提为真，我们再来看其小前提的情况又如何。照劳先生的意思，“天有阴阳”不是应然判断，它是表达实然的命题。我们只消看看董仲舒的原话便可知道“天有阴阳”是否只表达了一个实然判断，换句话说在董仲舒那里“天”“阴阳”这些概念是否只有“材质”自然而无关“善恶”道德呢？董仲舒曰：“是故春气暖者，天之所以爱而生之；秋气清者，天之所以严而成之；夏气温者，天之所以乐而养之；冬气寒者，天之所以哀而藏之。春主生，夏主养，秋主收，冬主藏。”（《王道通三》）显见，董仲舒之谓天与阴阳不仅是自然之天与阴阳，更是道德之天与阴阳。“可以说，突出天的道德属性是董仲舒‘天论’最具特色的地方。……将天的这种道德性界定为爱、乐、严、哀等人性化的具体属性，是董仲舒的独创。在他看来，爱、乐、严、哀并不是人类独有的道德情感，天同样具有这些道德感受。”[2]138 由此，“天有阴阳”仅是实然判断的说法便不攻自破了。这样，由两个不合乎事实的前提当然推不出合乎事实的结论了。所以，我们认为劳先生之董仲舒在论证方法论上即不成立的看法是站不住脚的。

① 若把模态算子看做是一种基于可能世界论域的量词，因为它受到了可及关系的限制，所以它的作用只是局部的，在这种意义上说，模态逻辑不是一阶逻辑的扩展，反而只是一阶语言的一个片段。……从而可以把模态逻辑的所有公式统统翻译到一阶语言中去（参见刘奋荣《概念分析的奠基与发展》2011 年第 4 期）。

除以劳先生为代表的此种观点之外，学界尚有另一主张，亦即上文分类中的1a。“董仲舒将‘天人感应’的思想主张推广到人性和社会伦理领域，提出性分三品、王道教化的人性论。”[2]144 也就是说，人性论可由天人感应论直接得出，再无需借助别的理论，非但以天人感应论为董子人性论成立之直接根据，且是充足根据。这种主张自然亦有其根据，譬如，董仲舒就曾说过：“人受命于天，有善善恶恶之性，可养而不可改，可豫而不可去。”（《玉杯》）此种话头在他的著作中并不罕见。但是，我们仍然认为但凡一个理论可以成立，必有其得以成立的系统论证，否则必不成其为理论。如果说一部《春秋繁露》仅是笼统地、泛泛地说到“天人感应”而后引出“生之为性”，却从未给出充分证明，那么我们尽可以弃之不顾。但若是董仲舒确有证明，而我们又置若罔闻，就实在得怪我们心思不缜了。由此造成的恶果便是：其人性论原有的叙述理路被破坏，人性论成证的理论说服力降低，其借助对名、实、真等概念之间的关系探讨深入刻画人性论的理论细节隐而不彰，正名论对其人性论得证的理论贡献被抹煞。

笔者通过对《深察名号》篇（笔者注：董子人性论完整的推导过程见于此篇）的深入细读，发现其人性论成立之根据并不直接受制于天人感应论，却是奠基于由天人感应论而引申出来的正名论之上，换言之，仅由天人感应论这个大理论根本还不足以推导出人性论，在天人感应论这个大理论与人性论这个小理论之间尚需一个中介——正名论，正是借助这一中间环节，董子人性论才得以最终推导出来。从《深察名号》篇的推演逻辑来看，短短一篇论文自正名始，又以正名终。其主旨实际上是要建构一个以“循事责名”为原则的“正名论”以弄清名与实的关系，而其中的人性论不过是此正名论名义下的一个特殊推导而已。而不充分顾及这一点，董仲舒的人性理论就难以理解甚至会被误解。

下文先刻画董仲舒的正名论模式，再考察正名论的应用，如对处于社会等级中的人的分析，对性善论的批判，尤其是在其建构新人性论上的应用，最后尝试谈谈董仲舒正名论在创新哲学研究方法上的价值。下面我们先谈正名论。

二

工欲善其事，必先利其器。如果从论证人性论的角度来看，显然对董仲舒来说，正名论正是他重塑新的人性论的绝好武器。董仲舒所谓正名，用今天的话说就是用澄清概念来界定事物。而界定事物这件事并不是人人都做得的——唯有圣人！“名者，圣人之所以真物也。”（《深察名号》，以下引文如无特殊说明，均引自《深察名号》，不再一一注明。）大概圣人是最公允的，能够举名以实。事实上，名号的价值正在于能够表达事物的实情和真相。“名物必各因其真，真其义也，真其情也，乃以为名。”名号由圣人取之于天地之义，表达了事物的真相，是故，透过名号是可以把握事物的。“随其名号，以入其理，则得之矣。”以上就是董仲舒给出的正名论框架。归结起来，它是以“名号因于物之真”为根据，以“循事究察名号”为原则，以“探究事物之实情”为目的的系统的理论。运用正名论，对那些争讼不已、似是而非、模棱两可的学说，就可以拆穿它的假把戏，还世人一个真真切切、明明白白。“诘其名实，观其离合，则是非之情不可以相谰已。”

正名论首先被用于考察处于社会等级中的个体。对董仲舒而言，只有那些处于社会等级中的人才算是真实的人，也才有名号之实，毕竟他没有考察一个普遍意义上的人。他说：

受命之君，天意之所予也。故号为天子者，宜视天如父，事天以孝道也。

号为诸侯者，宜谨视所候奉之天子也。

号为大夫者，宜厚其忠信，敦其礼义，使善大于匹夫之义，足以化也。

士者，事也，民者，瞑也；士不及化，可使守事从上而已。（《深察名号》）

天子者，“天意之所予”也。既是天意所予，其职责自当是“视天如父，事天以孝道”。诸侯者，候奉天子之谓。大夫者，“使善大于匹夫”之义。士者，“事”也，“守事从上”之谓。民者，“瞑”也。“瞑”，通“冥”，本义是昏暗，这里指“冥顽不能自化”。可见，民属于社会中有待教化的那类人。释“民”为“瞑”，铲断了民之自觉成善之根脉，也就为天子教化留出了空间。民虽有朴质之性，不待王教终不能成善，必待天子教化而后始可达到“人皆有士君子之行”的风貌。这样，通过对民之号、王之号的考察，董仲舒证明了君王统治万民、担纲教化身份的天然合理性。这里，董仲舒事实上给出了一套识事辨物的正名模式。只要“事各顺于名，名各顺于天，天人之际，合而为一”，那么，便可以“同而通理，动而相益，顺而相受”了。

再进到人性论。

三

董仲舒在阐述其人性观点时往往将其置于正名论框架下来讨论，即他的理论出发点总是从“正名”开始的。董仲舒时代人们对人性善恶尚缺乏统一的认识，存有不同的看法。“今世暗于性，言之者不同”，“或曰性也善，或曰性未善，则所谓善者，各异意也”。可见，当时人们对“性”“善”概念的认识并不一致。然而，他认为：“天生民有大经，言性者不当异。”董仲舒所采取的统一策略是，根据其正名论的原则，先究“性”“善”之名以得“性之真”“善之实”，再统一人们对“性”“善”的认识。是故，他说：“胡不试反性之名?”既然物莫不有名，而“名生于真，非其真弗以为名”，故要获得性之真实含义就需借助对性之名的考察才能够达到。“性之名，非生与？如其生之自然之资，谓之性。”性者，生也。以生释性，性乃成为人生而具有之“自然之资”，譬如未雕琢之璞，未出缕之麻。

又谓：“诘性之质于善之名，能中之与？既不能中矣，而尚谓之质善，何哉?”性是性、善是善，性与善原为二名，各具其相应含义，不可混淆，遂以善释性则“不中”。“故圣人莫谓性善，累其名也”，“圣人言中，本无性善名”。名号之价值在于能够表达事物的实情和真相，以善释性必然导致“名实不符”，因是之故，圣人不为。又，借助对心之名的考察，厘清“性”与“善”的差别是其人性论论证的又一关键环节。“栣众恶于内，弗使得发于外者，心也，故心之为名，栣也。人之受气苟无恶者，心何栣哉?”心，就是那不使众恶发散于外的东西的名号。既是如此，倘若人生来无恶，那么心之存在就成一问题。心之存在当是不能怀疑的，那么必然得出，恶当是人心生而具有之一部分的结论。“吾以心之名得人之诚，人之诚有贪有仁。”这样借由对心之名的考察便探出那人性的本来面目，即仁贪二气两在于身。所以，不能把生之自然之资的性等同于善，性并不全为善。“名性不以上，不以下，以其中名之。”性原本不唯善，亦不唯恶，故不以善亦不以恶名之。性之为名，以质言。故曰“以其中名之”。他举禾、米为例：

察实以为名，无教之时，性何遽若是？故性比于禾，善比于米；米出禾中，而禾未可全为米也；善出性中，而性未可全为善也。善与米，人之所继天而成于外，非在天所为之内也。天之所为，有所至而止，止之内谓之天性，止之外谓人事，事在性外，而性不得不成德。（《深察名号》）

所继天者，自然之朴质；成于外者，非待教化终不能成善。显见，所继天者之性与成于外者之善从形成渠道上来看又有不同。或者可以说，性属于自然的范畴，相反，善属于“人事而为”的范畴；前者是内在于自然之中的，而后者是因人为教化外化出来的。又举目为例：

性有似目，目卧幽而瞑，待觉而后见，当其未觉，可谓有见质，而不可谓见。今万民之性，有其质而未能觉，譬如瞑者待觉，教之然后善。当其未觉，可谓有善质，而不可谓善，与目之瞑而觉，一概之比也。（《深察名号》）

性似眼，眼睛虽有看见的功能（自然的条件），但身处幽暗环境是看不见什么的，只可说有潜在看见的能力（见质），断不可说真能看见（见）。这里明确界划了“见质”与“见”，“善质”（性）与“善”，亦即可能之善（性）和现实之善（善）。可能之善不等同于现实之善，有成善之条件不等同于已善之现实。瞑者必待“觉”而后见，可能之善必待“教”而后成为现实之善。从而，从可能性与现实性之界划亦可见性与善之不相等同。

四

董仲舒已从正名论推出人性论，然而这种思路并不限于对其人性论的正面推导，对孟子性善论的批驳仍然沿袭了同样的路径。他首先界定两种不同的善名：孟子之善和圣人之善。“性有善端，童之爱父母，善于禽兽，则谓之善，此孟子之善”，“循三纲五纪，通八端之理，忠信而博爱，敦厚而好礼，乃可谓善，此圣人之善也”，一谓善端，一谓已善，差别已很明显。继而据孔子之言“善人，吾不得而见之，得见有常者，斯可矣”，为以上“孟子之善”“圣人之善”两名号的界定找到根据，指出圣人之善并不像孟子所言单是善于禽兽之善端。“万民之性善于禽兽而不得名善”，将人之善于禽兽之善说成善是不适当的，圣人取善之名专指“有常者所未及”之善。最后，他总括结论：

> 质于禽兽之性，则万民之性善矣；质于人道之善，则民性弗及也。万民之性善于禽兽者许之，圣人之所谓善者弗许，吾质之命性者，异孟子。孟子下质于禽兽之所为，故曰性已善；吾上质于圣人之所为，故谓性未善，善过性，圣人过善。（《深察名号》）

通过对“禽兽之性”“善”“善端”“孟子之善”“圣人之善”“人道之善”等名号的条分缕析，董仲舒从中探究出它们的实际意义，即善于禽兽之性的民性已及之善是谓孟子之善，民性弗及之善是谓人道之善。孟子拿人跟动物比（对质），得出人较动物为善。董子拿人跟圣人比，得出人较圣人未善。从董子的分析结果来看，这些名号由低趋高的次序依次为：“禽兽之性”→“善”（“善端”“孟子之善”）→“圣人之善”（“人道之善”）。由此，人性善或未善的讨论（对孟子性善论的批判）实际上就被转化为对善之名的分析。根据董子的分析，孟子的错误是将高于禽兽之性的善端之善等同于民性弗及的圣人之善了，其根源是未正“善”之名，以致混淆了“善端”和“圣人之善”这两个名号。通过以上分析，我们不难看出董子批判性善论的基本策略：首先把待解决问题纳入到正名论框架内，其次对该问题所涉及的关键名号做细致分析，最后得出结论。他借《春秋》义理道出他“循事责名”的推演方法：“《春秋》大元，故谨于正名，名非所始，如之何谓未善已善也？”

五

预先在待证理论（人性论）外架构一更大的理论（正名论）助其推演并贯穿始终，无论是本身的人性论论证还是以新的人性论批驳旧的人性论都将大理论的理论方法穿插其间，其严密性、整体性的思维方式在中国哲学史上实不多见，是值得注意的。董仲舒人性论其内容大不同于前人，其论证所根据的逻辑前提（正名论）、理论模式（归“名”模式）和论证的演进方式（下定义，做概念分析）更是大不同于孟荀之人性论论证路径。发掘并阐明董仲舒基于其正名论的人性论论证，或可为重新诠释其人性思想指出一条道路。

董仲舒的正名论，从某种角度来看，颇类似于当代西方分析哲学中的概念分析。例如，在处理西方哲学史上有名的“身心关系”问题时，英国著名分析哲学家赖尔就采取了完全不同于旧形而上学的方法和心理学的方法，而是转而采用语言分析的方法、范畴论的方法。在他看来，哲学家们之所以会在身心问题上长期争论不休，不是因为身心问题本身难以解决，而是纠结于这一问题的哲学家犯了不同语言范畴相互混淆的错误。他举了一个好玩儿的例子，大意是说，有一个访问团参观牛津大学，在看过了该校的图书馆、教学楼等地方之后，其中一位访问者却问道：“牛津大学在哪？”显然，该访问者就是将“图书馆”与“牛津大学”摆在同一语言范畴之中了，而这正是错误所在。同样在身心关系问题上，我们总是习惯于使用描述物的语言来描述心，比如，如果物是由某种材料构成的，我们就同样地说心不是由这种材料构成的。总之，为了区别物与心，我们所做的仅仅是在描述物的语言前面冠以“非”字，但本质上并未逃离物的模型、物的架构、物的用语习惯。正是认识到这一点，赖尔转而去注意那些语言中带有心理谓词的语句及其该语句所描述的行为，进而通过对这些语句与物理语句的区分，试图一举解决身心关系问题。我们固然不能完全说董仲舒已经自觉地采用了语言分析的方法，但无论如何从其对“名号”的特别关注上来看，比如在解决“性与善”的问题上，已经着意于“性之名”与“善之名”的区分，而不是纠结在性与善本身。我们甚至可以这样说，董仲舒事实上已经看到性与善的根本不同乃是性之名是属于自然物的范畴，相反，善之名却用来表示“人事而为”的东西。当然，就目下的分析，已经足以使我们看到赖尔与董仲舒、分析哲学与经学的巨大差别，因为在赖尔那里更多地着眼于日常语言本身的差别，而董仲舒更像是亚里士多德在区分自然物与技术物时所强调的那种差别。当然，不管怎样，我们觉得二者之间确实能够构成某种比较类似的认识模型，尽管不是完全的等同，却同样有助于我们对文本的重新分析。当然，我们这里引入西方分析哲学的案例无意于将董仲舒的正名论“西化”，仅仅是想借助中西哲学中一些颇为类似的地方，尝试找到一种既不脱离文本本身又能给以创造性解读的新方法。

参考文献：

[1] 劳思光．新编中国哲学史：第二卷［M］．桂林：广西师范大学出版社，2005：29．

[2] 郭齐勇. 中国哲学史 [M]. 北京：高等教育出版社，2006.

原载于《衡水学院学报》2016 年第 5 期。

王　冬（1983－），男，山西长治人，西藏大学政法学院讲师，哲学硕士。

“三纲”的首创者探析

安启杰

有人说，因为孔子说了“君君臣臣父父子子”，所以他是“三纲”的“首创者”。

“三纲五常”虽然意思不同，但习惯上是连用的。“五常”就是仁、义、礼、智、信。这“五常”是我们的优良传统，是应当坚持发扬的，且不去论它。

“三纲”即“君为臣纲，夫为妻纲，父为子纲”。这是维护封建专制制度的原则。它在要求君、父、夫为臣、子、妻做出表率的同时，又要求臣、子、妻必须绝对服从于君、父、夫。当然，下级服从上级是任何社会都需要的，有绝对的成分，但不能绝对化，更不能专制。要妻子绝对服从丈夫，要儿子绝对服从父亲则是封建家长制的表现，在现代社会里是行不通的。

查遍儒家经典，先秦儒家不仅没说过“三纲”，那时根本没有“三纲”这个词，而且从先秦儒家的著作中可以看出，他们的观点与“三纲”的内容格格不入。

对于君臣关系，孔子说：“君使臣以礼，臣事君以忠。”（《论语·八佾》）孟子说："君之视臣如手足，则臣视君如腹心；君之视臣如犬马，则臣视君如国人；君之视臣如土芥，则臣视君如寇仇。"（《孟子·离娄下》）这里不仅没有"君为臣纲"的意思，而且把君臣关系摆在平等的位置上，互为条件，互为表里，互有需求，君对臣的态度决定着臣对君的态度。

对于君臣、父子关系，《孝经·谏诤章》里有一段精彩的论述："曾子曰：'若夫慈爱恭敬，安亲扬名，则闻命矣。敢问子从父之令，可谓孝乎？'子曰：'是何言与，是何言与！昔者天子有争臣七人，虽无道，不失其天下；诸侯有争臣五人，虽无道，不失其国；大夫有争臣三人，虽无道，不失其家；士有争友，则身不离于令名；父有争子，则身不陷于不义。故当不义，则子不可以不争于父，臣不可以不争于君；故当不义，则争之。从父之令，又焉得为孝乎！'"

翻译成现代汉语就是：曾子说："像慈爱、恭敬、安亲、扬名这些孝道必做之事，已经聆听天子之命，我再冒昧地问一下，儿子一味遵从父命，可以称得上是孝顺了吗？"孔子说："这是什么话？这是什么话？从前，天子身边有七个敢于直言相谏的诤臣，因此，即使天子无道，他也不会失去天下；诸侯有直言谏诤的诤臣五人，即便是个无道君主，也不会灭国；卿大夫如有三位直言劝谏的臣僚，即使是个无道之人，也不会倾家荡产；普通读书人有直言劝诤的朋友，自己的好名声就不会丧失；做父亲的有敢于直言力诤的儿子，就能使父亲不会陷于不义之中。因此在其将做不义之事时，儿子不可以不对父亲劝诤力阻；臣子不可以不向君王直言谏诤。遇到其要做不义之事，一定要据理力争，坚决劝阻。如果儿子一味不加分析地遵从父命，又怎么能叫作孝顺呢？"这里，不仅丝毫没有君、父、夫为纲的意思，而且主张臣、子坚持原则劝谏君、父是必须的。

曾子因过去多次听孔子讲过各种孝道，就是没有讲到父亲有过失时，儿子应该怎样办？所以向孔子请教，于是孔子就回答了上面的话。

历史上，受儒家的影响，更是为了治国理政的需要，朝廷都设有“谏官”，有的称“谏议大夫”等，专门负责向朝廷提相反意见。很多谏官不畏强权不怕杀头犯颜直谏，有时候把皇帝气得吹胡子瞪眼，有的谏官因此被杀；但也有皇帝不敢杀谏官，免得落下诛杀忠臣的罪名。这方面唐太宗有些故事值得寻味：

有一次，长孙皇后替唐太宗物色了一位才貌双全的美女郑氏为嫔妃，即将入宫时，魏徵前来进谏。“郑仁基息女美而才，皇后建请为充华，典册具。或言许聘矣。徵谏曰：‘陛下处台榭，则欲民有栋宇；食膏粱，则欲民有饱适。顾嫔御，则欲民有室家。今郑已约婚，陛下取之，其为人父母意！’帝痛自咎，即诏停册。”（《新唐书·魏徵传》）

有一次，魏徵进谏，言辞激烈，唐太宗很丢面子。“太宗曾罢朝，怒曰：‘会杀此田舍汉！’文德后问：‘谁触忤陛下？’帝曰：‘岂过魏徵，每廷争辱我，使我常不自得。’后退而具朝服立于庭，帝惊曰：‘皇后何为若是？’对曰：‘妾闻主圣臣忠。今陛下圣明，故魏徵得直言。妾幸备数后宫，安敢不贺？’”（《隋唐嘉话》）

魏徵劝谏皇帝，“每犯颜进谏，虽逢帝甚怒，神色不徙”。后来魏徵去世，唐太宗痛心地说：“以铜为鉴，可正衣冠；以古为鉴，可知兴替；以人为鉴，可明得失。朕常保持三鉴，内防己过。今魏徵逝，一鉴亡矣。”（《新唐书·魏徵传》）所以后来人们说“唐太宗造就了谏官魏徵，魏徵造就了明君唐太宗”。

那么这“三纲”是谁“创造”的呢？

先秦时期虽然没有创造出“三纲”这个词。倒是有个人表达了这个意思，那就是法家的一个代表人物韩非子。他说：“明君贵独道之容。”它的全句是：“道者，下周于事，因稽而命，与时生死。参名异事，通一同情。故曰：道不同于万物，德不同于阴阳，衡不同于轻重，绳不同于出入，和不同于燥湿，君不同于群臣。凡此六者，道之出也。道无双，故曰一。是故明君贵独道之容。君臣不同道，下以名祷。君操其名，臣效其形，形名参同，上下和调也。”（《韩非子·扬权》）

道家认为，道是至高无上的。韩非子拿来道家的这个观点，改变它的含义，说君主体现了“道”的品格，君主是独一无二的，是支配一切的，所以“明君贵独道之容”。披上哲学的外衣，捍卫极端的君权，成为后世“君为臣纲”的理论根据。他又说：“臣事君，子事父，妻事夫。三者顺则天下治，三者逆则天下乱，此天下之常道也。”（《韩非子·忠孝》）把天下治与天下乱的根本原因归结到臣子是否绝对服从上面，又说这是“天下常道”，这与先秦儒家的主张完全背道而驰。法家的这些反人民的言论长期不受批判，而近百年来却把火力集中在儒家经典上，脏水全泼到儒家身上，岂非咄咄怪事。先秦儒家的君臣观是相对主义的，是有条件的；而韩非子等法家的君臣观是绝对主义的，是无条件的。韩非子的这句话成为“三纲”的理论基础和根据，对后世的影响不容低估。

目前比较通常的说法是，“三纲”的内容来源于西汉时期向汉武帝提出“罢黜百家，独尊儒术”的董仲舒。因为他在《春秋繁露》里说“王道之三纲，可求于天”。其实，这个发明权董仲舒是没有的。董仲舒提出了“三纲”的概念，但其内容却不是通常所说的“君为臣纲，夫为妻纲，父为子纲”。

让我们翻开《春秋繁露·基义》，看看董仲舒对君臣、夫妇、父子关系的论述："天为君而覆露之，地为臣而持载之，阳为夫而生之，阴为妇而助之，春为父而生之，夏为子而养之，秋为死而棺之，冬为痛而丧之，王道之三纲，可求于天。"

那么，这个阴阳关系是怎样的呢？董仲舒写道："凡物必有合；合必有上，必有下，必有左，必有右，必有前，必有后，必有表，必有里，有美必有恶，有顺必有逆，有喜必有怒，有寒必有暑，有昼必有夜，此皆其合也。阴者，阳之合，妻者，夫之合，子者，父之合，臣者，君之合，物莫无合，而合各相阴阳。阳兼于阴，阴兼于阳，夫兼于妻，妻兼于夫，父兼于子，子兼于父，君兼于臣，臣兼于君，君臣、父子、夫妇之义，皆取诸阴阳之道。君为阳，臣为阴，父为阳，子为阴，夫为阳，妻为阴，阴阳无所独行，其始也不得专起，其终也不得分功，有所兼之义。是故臣兼功于君，子兼功于父，妻兼功于夫，阴兼功于阳，地兼功于天。"（《春秋繁露·基义》）

这里，他用上下、左右、前后、表里、美恶、顺逆、喜怒、寒暑、昼夜来比喻阴阳、夫妇、父子、君臣的关系。

那么，阴阳本身又是怎样相互作用的关系呢？董仲舒答曰：阳兼于阴，阴兼于阳，夫兼于妻，妻兼于夫，父兼于子，子兼于父，君兼于臣，臣兼于君。"凡物必有合"，他们是"合"之道。因为他们有相互兼合的道理，所以臣下的功劳和君王合并，妻子的功劳和丈夫合并，儿子的功劳和父亲合并。

《道德经》说："有无相生，难易相成，长短相形，高下相倾，音声相和，前后相随。"可见董仲舒是受了老子的影响。

综上所述，董仲舒是"三纲"这个词的首创者，但他的意思并不是"君为臣纲，父为子纲，夫为妻纲"。他的三纲是阴阳关系，相反相成，相比较而存在，是"合"的关系，没有谁为"纲"，是和合在一个统一体中。

此“三纲”非彼“三纲”，古人没说过的话，不能强加在他身上。不能硬说“他有这个意思就是他说的”，无论从学术上还是政治上，那都不是严肃的、科学的态度。

百年以来，董仲舒蒙冤受屈，被骂得狗血喷头。历史上，凡是提出理论的人，不挨骂的几乎没有，不被误解的更是少见，不被攻击几乎不可能。可见，提出理论的人，都是要准备挨骂甚至被臭骂很多年的。孔子如此，孟子如此，董仲舒如此。然而，真理在骂声中成长壮大，这却是不可抗拒的历史规律。

而骂董仲舒的人，你们也看看人家的著作再骂呀，为何没搞清楚谁说的话就开骂呢？而且一骂就是上百年。

那么，“君为臣纲，夫为妻纲，父为子纲”这话究竟是谁发明的呢？

这要到汉代“七纬”里找根据。“纬”是相对于“经”而言的，“七纬”就是“七经”之“纬”。

秦汉时期，出现了一批人物，他们既懂儒学又是方士，把阴阳术数掺和进儒学，把经学神学化，把孔子神化，将儒学宗教化，并编造谶纬，形成了谶纬神学。“谶”是神的预言，预示吉凶祸福，为朝廷的政治服务，所以，东汉光武帝刘秀“宣布图谶于天下”（《后汉书·光武帝纪下》）。“纬”与“经”相配。谶纬附经，亦以辅经，在东汉时尊为“秘经”，即神学的秘密经典，后人把《书纬》《易纬》《诗纬》《礼纬》《春秋纬》《乐纬》《孝经纬》统称为“七纬”。

自魏晋以来，图谶屡遭禁绝，“七纬”除《易纬》之外皆亡佚殆尽。但它毕竟是文献，内容丰富，是一个庞大的系统，其中有不少宝贵的自然科学知识，有它自己的历史价值。所以自元末至明清，不少学者搜集整理其散佚的部分。如明代孙珏的《古微书》三十六卷，清代侯官赵在翰的《七纬》。日本学者安居香山、中村璋八在前人辑佚成果的基础上，修订增补校勘，编成《纬书集成》。2012年，中华书局据清嘉庆十四年（1809）侯官赵氏小积石山房所刊赵在翰辑《七纬》，由钟肇鹏、萧文郁点校，出版《七纬》一书。

在《礼纬·礼含文嘉》里，首次发现了“君为臣纲，父为子纲，夫为妻纲”三句话。

这是首次在文献中发现此三句话。首先提出这三句话的人已不得而知。但我们知道《礼含文嘉》乃精通儒学之方士所作。他们为迎合统治者之需要，创造了“君为臣纲，夫为妻纲，父为子纲”这“三纲”，篡改了董仲舒的原意。他们不是真正的、正直的儒者，他们的著作亦非真正的儒家著作。

但是，这“三纲”流传千年，影响深广，若无强悍有力人士推广，怎能如此？总要有人担此“荣誉”吧。

东汉建初四年（79），汉章帝召集太常等大臣和儒者在白虎观举行“学术讨论会”，讨论《五经》同异。博士、儒生各自发言，章帝亲自裁决。会后，令班固撰《白虎通义》一书。其中写道：“三纲者何谓也？谓君臣、父子、夫妇也。六纪者，谓诸父、兄弟、族人、诸舅、师长、朋友也。故君为臣纲，夫为妻纲。”又道：“君臣，父子，夫妇，六人也，所以称三纲何？一阴一阳谓之道。阳得阴而成，阴得阳而序，刚柔相配，故六人为三纲。”（《白虎通义·三纲六纪》）

至此，事情总算搞明白了。

综上所述，可以得出以下结论：

第一，“君为臣纲，父为子纲，夫为妻纲”这“三纲”，先秦时期无此提法，与先秦儒家毫无关系。

第二，董仲舒讲的“三纲”，是“君为阳，臣为阴；父为阳，子为阴；夫为阳，妻为阴。”君臣、父子、夫妇是阴阳关系，与“君为臣纲，父为子纲，夫为妻纲”这“三纲”有很大区别。

第三，“君为臣纲，父为子纲，夫为妻纲”的理论根据，来源于法家韩非子的《韩非子·扬权》：“明君贵独道之容。”

第四，“君为臣纲，父为子纲，夫为妻纲”首次出现在文献中，是西汉后期的《礼含文嘉》，作者不是真正的儒者，此类书籍也不是真正的儒家著作，作者姓名亦无处查考。

第五，东汉的汉章帝令班固编纂《白虎通》一书，将纬书里的“君为臣纲，父为子纲，夫为妻纲”搬进《白虎通》。该书是奉命而作，虽然有不少儒家的观念，但主要宣扬朝廷的观点，其取舍的标准是是否符合朝廷的需要。推动这“三纲”“发扬光大”的“功劳”，非汉章帝莫属。

第六，百年来因“三纲”而对儒家、对董仲舒等的“批判”，种种不实之词，至此已搞清楚，应予推翻。那些批判者，要么是无知，要么是缺少严肃的学术态度和政治态度。

原载于《衡水学院学报》2017 年第 3 期。

安启杰（1944—），男，江苏徐州人，徐州市孔子学会顾问。

情性与教化：以董仲舒为中心的考察

何善蒙

汉世因武帝之“罢黜百家，表彰六经”（《汉书·武帝纪赞》），最终确立“儒术”作为统一思想的基础，经学因之而产生，这也就标志着统一思想的初步确立，其后延续两千余年的中国传统社会基本上也就是以此作为统治基础。至此，由《吕氏春秋》开始对于统一思想的探索之路也基本画上了句号。这种统治思想的理论基础的奠定是由董仲舒肇其端，其《春秋繁露》立足于儒家并且融合阴阳家观念，由此而确立了符合政治统一需要的制度原则，至后汉《白虎通》[1]，此种理论的建设最终成型。

由《春秋繁露》而至《白虎通》，体现了两汉统治思想（今文经学）发展的基本脉络，代表了两汉今文经学思想的主要特点，因此，两者也基本上代表了两汉之际主流的思想形态。本文从基本的文献出发，通过对《春秋繁露》和《白虎通》情性的阐述，从而探讨两汉经学的情感理论。

一、以阴阳论情性

以阴阳论情性是董仲舒性情观的特色，此种观念也构成了两汉关于性情看法的基本倾向，后来许慎在《说文解字》中就是以此种观念来界定性与情的，“情，人之阴气有欲者。”“性，人之阳气性，善者也。”（《说文解字·心部》），其影响也就可见一斑了。

董仲舒以阴阳来阐释性情是以其天人相副的观念为前提的。人性是禀天而来的，这是传统对于人性的基本看法，也是关于人性来源问题的基本预设，这在某种程度上也体现了传统“天人合一”的

① 东汉建初四年（79年），为解决经学内部经义分歧以及谶纬混乱的局面，汉章帝召集白虎观会议，讲议“五经异同”（关于白虎观会议，可以参阅《后汉书·章帝纪》亦即《后汉书·儒林传》的相关记载）。《白虎议奏》是对这次会议的文献记录，现已亡佚。班固奉命依《议奏》编撰整理成《白虎通义》，简称《白虎通》。《白虎通》以阐发纲常伦理制度为主，涉及当时政治、经济、军事以及社会生活的各个层面，就内容而言，“《白虎通》无疑是封建宗法时代一部简明扼要的经义百科全书”（许道勋、徐洪兴《中华文化通志·经学志》，上海人民出版社1998年版，第103页）。作为具有法典性质（任继愈先生《中国哲学发展史》（秦汉卷）认为《白虎通义》“属于经学范围，不算作国家正式颁布的法典，但它的内容规定了国家制度和礼乐制度的基本原则。……所以它是一种制度化了的思想，起着法典的作用”；金春峰先生的《汉代思想史》认为《白虎通义》“具有官方经学和权威法典的性质”。因此，称《白虎通》具有法典性质，应该是可行的）的作品，《白虎通》是汉代自董仲舒以来奠定的统治原则、统治思想的概括和总结，也标志着汉代统治思想与原则的完善和最终定型。

思想倾向。但是天何以可能成为人性的根据？由先秦至秦汉，对此都是作为一个前提接受下来，而并未予以论证。在《春秋繁露》中，董仲舒对于这个问题做了回答。

谓一元者，大始也。……惟圣人能属万物于一，而系之元也，终不及本所从来而承之，不能遂其功。是以春秋变一谓之元，元犹原也，其义以随天地终始也。故人唯有终始也，而生不必应四时之变，故元者为万物之本，而人之元在焉，安在乎？乃在乎天地之前。（《春秋繁露·玉英》）

天者，万物之祖也，万物非天不生。（《春秋繁露·顺命》）

天、地、阴、阳、木、火、土、金、水，九，与人而十者，天之数举也。（《春秋繁露·天地阴阳》）

在董仲舒看来，万物都是有其本原的，而且这本原只能是一个，也就是天。天是万物产生的根据，没有天也就没有万物。人与天、地、阴、阳、五行都是属于万物之数，因此，人的产生也是以天为根据的。

为生不能为人，为人者，天也，人之人本于天，天亦人之曾祖父也，此人之所以乃上类天也。人之形体，化天数而成；人之血气，化天志而仁；人之德行，化天理而义；人之好恶，化天之暖清；人之喜怒，化天之寒暑；人之受命，化天之四时；人生有喜怒哀乐之答，春秋冬夏之类也。喜，春之答也，怒，秋之答也，乐，夏之答也，哀，冬之答也，天之副在乎人，人之情性有由天者矣，故曰受，由天之号也。（《春秋繁露·为人者天》）

人虽然是父母所生，但是其根源还是在于天，天是人产生的根据。人的身体、血气、德行、好恶、喜怒以及人的命运等属于人的一切方面都是由天的某种相关属性而来的，具有与天相类似的特征。因此，人的本性也是由天而来的，是天所予人者。人是天所派生的，人与天之间是相副的。

天以终岁之数，成人之身，故小节三百六十六，副日数也；大节十二分，副月数也；内有五脏，副五行数也；外有四肢，副四时数也；占视占瞑，副昼夜也；占刚占柔，副冬夏也；占哀占乐，副阴阳也；心有计虑，副度数也；行有伦理，副天地也。……于其可数也，副数，不可数者，副类，皆当同而副天一也。（《春秋繁露·人副天数》）

以类合之，天人一也。（《春秋繁露·人副天数》）

相副，也就是相类似。天用一年之数成就人的身体，因此，人的身体有小关节 366 个，与一年的天数相符合；有大关节 12 个，与一年的月数相符合；体内的五脏与天上的五行相符；四肢与四季相符。人与天是相符的，可以计数的，表现为数目上的相符；不可计数的，表现为类别上的相似。天和人相似，而且天和人也是同类。

天有阴阳，人亦有阴阳，天地之阴气起，而人之阴气应之而起，人之阴气起，天地之阴气亦宜应之而起，其道一也。（《春秋繁露·同类相动》）

无非已先起之，而物以类应之而动者也，故聪明圣神，内视反听，言为明圣内视反听，故独明圣者知其本心皆在此耳。故琴瑟报，弹其宫，他宫自鸣而应之，此物之以类动者也。（《春秋繁露·同类相动》）

同类事物之间是可以相互感应的，天与人同类，故天与人之间也是可以相互感应的，而天与人之间的感应是通过阴阳来实现的。

天地之常，一阴一阳。（《春秋繁露·阴阳义》）

天地之气，合而为一，分为阴阳，判为四时，列为五行。

（《春秋繁露·五行相生》）

天地之间，有阴阳之气，常渐人者，若水常渐鱼也，所以异于水者，可见与不可见耳，其澹澹也，然则人之居天地之间，其犹鱼之离水一也，其无间，若气而淖于水，水之比于气也，若泥之比于水也，是天地之间，若虚而实，人常渐是澹澹之中，而以治乱之气与之流通相殽也。（《春秋繁露·天地阴阳》）

阴阳是董仲舒思想中的核心概念，在董仲舒看来，阴阳是天道的两种基本属性，两者统一于天道之中。阴阳之气充盈于天地之间，万物是由天而来的，因此，阴阳也是万物的基本属性。人的本性也不例外，也必然包含阴阳两个方面，人之质的阴阳则表现为性和情。

人之诚有贪有仁，仁贪之气两在于身。身之名取诸天，天两有阴阳之施，身亦两有贪仁之性。（《春秋繁露·深察名号》）

身之有性情也，若天之有阴阳也，言人之质而无其情，犹言天之阳而无其阴也。（《春秋繁露·深察名号》）

阴阳之气，在上天，亦在人。（《春秋繁露·如天之为》）

“阴阳之气，在上天，亦在人”，人是禀天而来的，人与天之间是同类相应的。天有阴阳之气，表现在人则有性与情，亦即仁与贪之性。阴阳是天的两种根本属性，天不能没有阴阳，那么，人之质就不能只有性（仁），而没有情（贪），情与性之于人就如同阴阳之于天一样，都是不可或缺的。人，天之阳气表现为仁，即性；天之阴气表现为贪，即情。

经过这样的论证，董仲舒为人的性、情找到了最终的根据——天。天是人产生的根据，同样也是人之质的根据。阴阳是天的基本属性，那么对于人而言，情与性就是人之质所不可或缺的两个方面。这样，由阴阳之于天的必然性，董仲舒证明了情、性作为人之质的两种基本属性而存在的必然性。

然而，在《春秋繁露》中，董仲舒对于性情的含义并没有非常明确的界定，他只是从阴阳二分的角度来看待性与情，“身之有性情也，若天之有阴阳。言人之质而无其情，犹言天之阳而无其阴也”（《春秋繁露·深察名号》）。性情与阴阳是相对而言的，天不可有阳无阴，人不可有性无情。以阴阳而言性情，在董仲舒这里是非常明显的[①]。《白虎通》继承董仲舒关于性情所做的这一区分，并且明确地指出：

> 性情者，何谓也？性者，阳之施；情者，阴之化也。人禀阴阳气而生，故内怀五性六情。情者，静也，性者，生也，此人所禀六气以生者也。故《钩命决》曰：“情生于阴，欲以时念也；性生于阳，以就理也。阳气者仁，阴气者贪，故情有利欲，性有仁也。”（《白虎通·性情》）

这段话是《白虎通》对于性情问题最基本的看法，大致包含以下五层含义：

第一，就属性而言，性阳，情阴。性是因阳气而来，情是因阴气而来，阴阳二气的性质决定了性情具有阴阳的属性。

第二，就根源而言，人的性情之所以会有阴阳的区分，是因为人是禀受阴阳二气而产生的，阴阳二气是性情的根本表现，性情具有阴阳二气的特征。

第三，就内容而言，人的性情是有“五性六情”的。“五性者

---

① 因此，余治平先生称董仲舒以阴阳释性情是对儒家性情形而上学的一种独特建构。参见余治平《以阴阳释性情——董仲舒对儒学性情形而上学的独特建构》，《上海交通大学学报》（哲学社会科学版），2003 年第 4 期。

何？谓仁、义、礼、智、信也”，“六情者，何谓也？喜、怒、哀、乐、爱、恶谓六情，所以扶成五性”。性有五种，即仁、义、礼、智、信，也就是人的行为的五种基本标准，即五常；情有六种，即喜、怒、哀、乐、爱、恶，六情的说法与荀子相似，“性之好恶喜怒哀乐谓之情”（《荀子·正名》）。六情是用来扶成五性的，五性居于主要的地位，是人性之常，故称五常，六情则是用来助人成就五性的。“五性六情”这一说法表明了性情内容的丰富性。

第四，就特性而言，情静，性生。“虽然性情都可以动，性动为情，情动为欲，但是从总体趋势和一般规律上看，性情之所动仍有一定区别：性乃主生，处于积极主动状态，属进势；情乃主静，处于消极、被动的境地，属守势。”[1]之所以会产生情静、性生这样的区分，其根本的原因乃是在于阴阳之分别，性来源于阳，故性动；情来源于阴，故情静。阴阳的区分是性情动静区分的根据。

第五，就道德评价而言，性仁情贪。仁贪的说法来源于董仲舒，“人之诚，有贪有仁。仁贪之气，两在于身。身之名，取诸天。天两有阴阳之施，身亦两有贪仁之性”（《春秋繁露·深察名号》），这里实际上董仲舒也就是把仁、贪的区分指向了性与情。因为情为喜、怒、哀、乐、爱、恶，表现为欲望，而人的欲望是没有止境的，因此，情为贪；性为仁、义、礼、智、信，是天理的体现，因此性是仁。仁、贪的区别也是源于阴、阳的二分，正是因为阴阳的区分，从而导致了评价的差异。而这种差异，实际上也就蕴含着“性善情恶”的意味，这在后来对于性、情的界定之中就表现得非常明显了，“情，人之阴气有欲者。性，人之阳气性，善者也”（《说文解字·心部》）。这样，由阴阳的属性区分，最后进入了善恶的道德评价差异。由此出发，教化也成为必然，“人情有五性、怀五常，不能自成，是以圣人象天五常之道以明之，以教人成德也”

（《白虎通·五经》)，教化就是用礼乐来节制情，“人无不含天地之气、有五常之性者，故乐所以荡涤反其邪恶也，礼所方淫佚、节其侈靡也”（《白虎通·礼乐》)。

二、情的生理基础以及实现机制

人是禀天而来的，人的情感自然也是根源于天的，是天的某种属性的体现。

人之受命，化天之四时；人生有喜怒哀乐之答，春秋冬夏之类也。喜，春之答也，怒，秋之答也，乐，夏之答也，哀，冬之答也，天之副在乎人，人之情性有由天者矣，故曰受，由天之号也。(《春秋繁露·为人者天》)

董仲舒的这段论述为人的情感找到了依据——天，但是情感毕竟是属于人的主观心理状况，其产生是必须依赖一定的生理基础和机制，对于此，董仲舒的《春秋繁露》并没有给予详细的阐释，而《白虎通·情性》则对此做了详细的论述。

人之情性是禀受阴阳二气而来的，情有六情，性有五性，五性六情构成了人性的丰富内涵，人为什么会有五性六情呢?

性所以五，情所以六者何?人本含六律五行气而生，故内有五脏六腑，此情性之所由出入也。(《白虎通·情性》)

五性六情的根本依据还是在于人所禀受的天地之气，天地之气表现为六律五行，六律五行落实到人就成为人的五脏六腑，五脏来源于五行对应于五性，六腑来源于六律对应于六情。

藏府者，由五行六气而成也。藏有五，禀自五行，是为五性。府则有六，因乎六气，是为六情。(《白虎通·情性》)

五行，即水、火、木、金、土，“五行：一曰水，二曰火，三曰木，四曰金，五曰土”（《白虎通·情性》）；六律即六气，亦即阴、阳、风、雨、晦、明，“天有六气，……六气谓：阴、阳、风、雨、晦、明也”（《左传·昭公元年》）。五行六气都是属于天的，对应于天的五行六气，人就有了五脏六腑。这里实际上也就隐含着天与人是相通相应的含义，亦即董仲舒所阐发的天人相副的观念，“以类合之，天人一也”（《春秋繁露·阴阳义》），这也就为性情理论奠定了形而上之根据。天有五行六气，人也就有五脏六腑，五性六情。五脏即肝、心、肺、肾、脾，六腑即大肠、小肠、胃、膀胱、三焦、胆。五脏六腑是产生五性六情的生理基础，那么五脏六腑是如何产生五性六情呢？就五脏产生五性而言：

五藏者何也？谓肝、心、肺、肾、脾也。肝之为言干也；肺之为言费也，情动得序；心之为言任也，任于恩也；肾之为言写也，以窍写也；脾之为言辨也，所以积精禀气也。五脏，肝仁，肺义，心礼，肾智，脾信也。

肝所以仁者何？肝，木之精也；仁者，好生。东方者阳也，万物始生，故肝象木，色青而有枝叶。目为之候何？目能出泪而不能内物，木亦能出枝叶不能有所内也。

肺所以义者何？肺者，金之精；义者，断决。西方亦金，成万物也，故肺象金，色白也。鼻为之候何？鼻出入气，高而有窍，山亦有金石累积，亦有孔穴，出云布雨以润天下，雨则云消，鼻能出纳气也。

心所以为礼何？心，火之精也。南方尊阳在上，卑阴在下，礼有尊卑，故心象火，色赤而锐也，人有道尊，天本在上，故心下锐也。耳为之候何？耳能遍内外、别音语，火照有似于礼，上下分明。

肾所以智何？肾者，水之精。智者，进而止无所疑惑。水亦进而不惑，北方水，故肾色黑；水阴，故肾双。窍为之候何？窍能泻水，亦能流濡。

脾所以信何？脾者，土之精也。土尚任养万物为之象，生物无所私，信之至也。故脾象土，色黄也。口为之候何？口能啖尝，舌能知味，亦能出音声，吐滋液。

故《元命苞》曰："目者肝之使，肝者木之精，苍龙之位也。鼻者肺之使，肺者金之精，制割立断。耳者心之候，心者火之精，上为张星。阴者肾之写，肾者水之精，上为虚危。口者脾之门户，脾者土之精，上为北斗，主变化者也。"或曰：口者心之候，耳者肾之候。或曰：肝系于目，肺系于鼻，心系于口，脾系于舌，肾系于耳。或曰：口者心之候，耳者肾之候。或曰：肝系于目，肺系于鼻，心系于口，脾系于舌，肾系于耳。（《白虎通·情性》）

在这段话的论述中，作者将五性与五脏、五行、五方、五色、五官联系起来解释，从五行、五方所蕴涵的意象来论证五性与五脏之关系，其间相应关系可以用表1解释如下：

表1 五性与五脏之关系

五性	五脏	五行	五方	五色	五官	含义
仁	肝	木	东	青	目	万物始生
礼	心	火	南	赤	（口）	上下分明
义	肺	金	西	白	鼻	成万物
智	肾	水	北	黑	耳	进而不惑
信	脾	土	（中）	黄	（舌）	生物无所私

注：表格中括号部分是根据《元命苞》的论述而来。

这样，由五脏各自所代表的五行和五方之意义特点，决定了基于五脏而产生的仁、义、礼、智、信五性，五脏是五性所赖以产生的生理基础，五性是五脏的意义表达。六腑是五脏之所在，六腑产生六情，如同五脏是产生五性的生理基础一样，六腑是产生六情的生理基础。

六腑者，何谓也？谓大肠、小肠、胃、膀胱、三焦、胆也。府者，谓五藏宫府也。故《礼运》记曰："六情所以扶成五性也。"胃者，脾之府也，脾主禀气；胃者，谷之委也，故脾禀气也。膀胱者，肾之府也。肾者，主泻，膀胱常能有热，故先决难也。三焦者，包络府也。水谷之道路，气之所终始也。故上焦若窍，中焦若编，下焦若渎。胆者，肝之府也。肝者，木之精也，主仁。仁者不忍，故以胆断也，是以肝胆二者必有勇也。肝胆异趣，何以知相为府也？肝者，木之精也，木之为言牧也，人怒无不色青目脨张者，是其效也。小肠、大肠，心肺之府也，主礼义，礼义者有分理，肠之大小相承受也。肠为心肺主，心为皮体主，故为两府也。目为心视，口为心谈，耳为心听，鼻为心嗅，是其支体主也。（《白虎通·情性》）

六情由六腑而产生，同时与六方位置相应。

喜在西方，怒在东方，好在北方，恶在南方，哀在下，乐在上何？以西方万物之成，故喜；东方万物之生，故怒；北方阳气始施，故好；南方阴气始起，故恶；上多乐，下多哀也。（《白虎通·情性》）

这样，通过将身体部分与五行和方位相互对应，并由此而确立了五性六情之赖以产生的生理基础和实现机制。其生理基础在于五脏六腑，其实现机制在于五行和方位所代表的含义，因相似而相通。

三、情的伦理意义：教化成善

以阴阳论性情，固然是董仲舒对于性情关系的最具有影响力和特殊性的理论形式①，但是，就其现实的理论旨趣来说，董仲舒并不是主要在探讨情性与阴阳的关系问题，也并非关注于性情的理论本身，其所重者乃是在于基于这样的性情关系的讨论，最终为社会教化（尤其是对于人的欲望的教化和引导）确立一个扎实的根基。因为任何的现实教化问题，实际上都是需要从人性问题的讨论出发的，人性的具体性决定了教化的现实有效性②。

性之名，非生与？如其生之自然之资，谓之性。性者，质也，诘性之质于善之名，能中之与？既不能中矣，而尚谓之质善，何哉？性之名不得离质，离质如毛，则非性已，不可不察也。

栣众恶于内，弗使得发于外者，心也，故心之为名，栣也。人之受气苟无恶者，心何栣哉？吾以心之名得人之诚，人之诚有贪有仁，仁贪之气两在于身。身之名取诸天，天两，有阴阳之施，身亦两，有贪仁之性；天有阴阳禁，身有情欲栣，与天道一也。

民之号，取之瞑也，使性而已善，则何故以瞑为号？以瞑

---

① 从董仲舒开始的汉代经学传统，基本上是延续了这一理论特质，在后来的传统社会中，虽然在理论的形态上会有改变，但是，就制度层面的意义来说，最具有深远影响力的还是董仲舒的基本诠释形式。

② 从这个角度来说，中国古代有着非常丰富的关于人性论的讨论，事实上都不是在讨论人性的具体存在形式上的特征，而是更重要地指向现实的制度设计层面。离开人性的丰富性，任何制度的设计都是缺乏现实有效性的。从这个角度来说，人性论确保的是政治行为方式的具体有效性。

> 者言，弗扶将，则颠陷猖狂，安能善。性有似目，目卧幽而瞑，待觉而后见，当其未觉，可谓有见质，而不可谓见。今万民之性，有其质而未能觉，譬如瞑者待觉，教之然后善。当其未觉，可谓有善质，而未可谓善，与目之瞑而觉，一概之比也。静心徐察之，其言可见矣。性而瞑之未觉，天所为也；效天所为，为之起号，故谓之民。
>
> 性有善端，动之爱父母，善于禽兽，则谓之善，此孟子之善。循三纲五纪，通八端之理，忠信而博爱，敦厚而好礼，乃可谓善，此圣人之善也。是故孔子曰："善人，吾不得而见之，得见有常者，斯可矣。"由是观之，圣人之所谓善，未易当也，非善于禽兽则谓之善也，使动其端善于禽兽则可谓之善，善奚为弗见也？夫善于禽兽之未得为善也，犹知于草木而不得名知，万民之性善于禽兽而不得名善，知之名乃取之圣。（《春秋繁露·深察名号》）

"深察名号"是董仲舒论证人之质的主要篇章，在董仲舒看来，既然人之质具有性与情两种共存的属性，所以，性善论是无法成立的。首先，就"性"的含义而言，性就是质，是人天生所具有的本质。而善的名称是与这种本质不相符合的。第二，就心的作用而言，心就是用来禁止恶的，如果人之质善而没有恶的话，心禁止什么呢？第三，就"民"的含义来看，"民"就是"瞑"，也就是未觉醒的意思。如果人之质是善的，又怎么会没有觉醒呢？因此，民只是具有善质，而不是已善。第四，人之质未善是由天决定的，天本身就具有仁贪之气，人之质禀天而来，也必然具有仁、贪两种属性，故不能称性善。第五，就"善"的含义而言，善并不是说比禽兽好就是善，而是指圣人之善，即"循三纲五纪，通八端之理，忠信而博爱，敦厚而好礼"，这是非常高的标准，是很难达到的。因此，人性善是不对的，人之质是同时具有善、恶两种属性的。

故性比于禾，善比于米；米出禾中，而禾未可全为米也；善出性中，而性未可全为善也。善与米，人之所继天而成于外，非在天所为之内也。（《春秋繁露·深察名号》）

名性不以上，不以下，以其中名之。性如茧、如卵，卵待覆而成雏，茧待缫而为丝，性待教而为善，此之谓真天。天生民性有善质而未能善，于是为之立王以善之，此天意也。民受未能善之性于天，而退受成性之教于王，王承天意以成民之性为任者也；今案其真质而谓民性已善者，是失天意而去王任也。万民之性苟已善，则王者受命尚何任也？（《春秋繁露·深察名号》）

善如米，性如禾，禾虽出米，而禾未可谓米也；性虽出善，而性未可谓善也。米与善，人之继天而成于外也，非在天所为之内也；天所为，有所至而止，止之内谓之天，止之外谓之王教，王教在性外，而性不得不遂，故曰：性有善质，而未能为善也，岂敢美辞，其实然也。天之所为，止于茧麻与禾，以麻为布，以茧为丝，以米为饭，以性为善，此皆圣人所继天而进也，非情性质朴之能至也，故不可谓性。（《春秋繁露·实性》）

圣人之性，不可以名性，斗筲之性，又不可以名性，名性者，中民之性。（《春秋繁露·实性》）

性者，天质之朴也，善者，王教之化也；无其质，则王教不能化，无其王教，则质朴不能善。（《春秋繁露·实性》）

这里，董仲舒对他的人性（人之质）理论做了详细的说明。首先，人性就是人天生的本质，这种本质之中包含情、性两种基本属性。这是前文董仲舒对于人之质的基本设定，这种设定是来源于天的。第二，人性只是具有善质并不是已善，善质不等于善。第三，所谓人性是对中人（即普通人）而言的，因为圣人是纯善的，斗筲之人是纯恶的，两者都不符合人的本性包含情、性（贪、仁）两种基本属性的设定。第四，人性具有为善的可能性，要把这种可能性实现出来就需要依靠教化的作用。

教化成善是董仲舒关于人性理论的关键所在，本性只是一种可能性，如禾、如茧、如卵，只有经过一定的方式运作以后才能够成为米、成为丝、成为雏。人之质中有善有恶，要成善，就必须去除恶质，“栣众恶于内，弗使发于外”（《春秋繁露·深察名号》），这就需要教化。教化需要王者来实行，这是天意所决定的，“天生民性有善质而未能善，于是为之立王以善之，此天意也”，离开王者的教化，人之质中的善质是无法体现出来的，因此善也是没有办法达到的，在《天人三策》中，董仲舒表达了同样的看法。

> 天令之谓命，命非圣人不行；质朴之谓性，性非教化不成；人欲之谓情，情非度制不节。是故王者上谨于承天意，以顺命也；下务明教化民，以成性也；正法度之宜，别上下之序，以防欲也；修此三者，而大本举矣。（《汉书·董仲舒传》）

教化就是要防欲，“人欲之谓情”，欲、情也就是禀阴气而来的。因此，教化也就是对于由阴气而来的贪性的节制，这种节制是合乎天的要求的，“阴之行不得干春夏，而月之魄常厌于日光，占全占伤。天之禁阴如此，安得不损其欲而辍其情以应天？天所禁，而身禁之，故曰身犹天也，禁天所禁，非禁天也”（《春秋繁露·深察名号》）。结合前文所引之《天人三策》，董仲舒对于如何教化成善的论述也就非常明显，首先，教化的实施是要顺天所为，不能违背天意，即要“顺命”；其次，“禁天所禁，非禁天”，要禁贪、禁情欲，亦即人性中由阴气而来的恶质，其所采取的方式是“正法度”；第三，对于善质要加以引导，以王教而成善性。

因此，很清楚的是，在董仲舒这里，基于对人的情性的讨论，或者说对于情的问题的探讨，最为重要的是要指向现实的教化问题。而对于现实的教化来说，情性问题的讨论具有了非常重大而不可或缺的意义。而只有将教化在人的性情上找到有效的基础，才能真正确立一种比较有效的现实制度。在董仲舒这里，通过对于阴阳、情性的讨论，其最终的结果是在情恶的设定上，找到了现实教化的最为重要根基，由此，教化以及制度的存在成为现实中必不可少的因素，而在这一点上，董仲舒和荀子的理路有着非常密切的内在关联。

参考文献：

[1] 余治平. 以阴阳释性情——董仲舒对儒学性情形而上学的独特建构[J]. 上海交通大学学报（哲学社会科学版），2003（4）：70—75.

原载于《衡水学院学报》2017年第3期。

何善蒙（1977－），男，浙江天台人，浙江大学哲学系教授，博士生导师。

《春秋繁露·玉杯》之“善善恶恶”辨义

——兼论董仲舒人性论的融贯性

黄允仁

《春秋繁露·玉杯》中存有一段董仲舒讨论人性的文字，如下：

> 人受命于天，有善善恶恶之性，可养而不可改，可豫而不可去，若形体之可肥臞而不可得革也。是故虽有至贤，能为君亲含容其恶，不能为君亲令无恶。书曰：“厥辟去厥祇。”事亲亦然，皆忠孝之极也。非至贤安能如是？父不父则子不子，君不君则臣不臣耳。

笔者在研读此段文字及相关文献时，发现其中“善善恶恶”及相关文句之含义多被学者误读。对此，本文将一一指陈，然后再疏解此段文字，以见其文义之连贯，最后，简论此段文字所显示的人性论点与《深察名号》及《实性》中的人性思想之关系，以展现董仲舒人性论的融贯性。

一、误解举例

（一）“善善恶恶”非为“善、善恶、恶”

钟肇鹏先生在《春秋繁露校释》1994年初版中将此段文字之首句断句为“人受命于天，有善善恶恶之性”，但在校释中却指出：“董仲舒主性三品之说，以为圣人性善，斗筲性恶，中人之性可善可恶，待教训而后善。则此言‘善、善恶、恶之性’正是三品之说。”[1]其含义是指此处“善善恶恶”当理解为“善、善恶、恶”才臻于合理，认为这正体现了董仲舒之性三品说。

针对钟先生之观点，陈静在1997年第3期《中国哲学史》上发表了反对看法[2]。陈静的反驳分为两点：一是通过考察“善善恶恶”在《春秋繁露》文本中的语法结构，指出“善善恶恶”之前面的“善”及“恶”是动词，而后面的“善”及“恶”是名词，构成动宾结构，进而认为将其断句为“善、善恶、恶”不符合“善善恶恶”在《春秋繁露》的惯常用法。二是通过剖析董仲舒的人性思想，指出董仲舒人性理论的主要特征是“性有善质恶质说”“名性以中”及圣人之性、斗筲之性、中民之性的区分主要是就兼含善质恶质之性的未来发展的可能差异而言的，并认为此即苏舆所言的“夫人生皆中民也，已教则性胜情，谓之圣人，失教则情胜性，谓之斗筲，非性有三等”的意涵。最后，陈静指出，性三品说是出于学者的添补，并不符合董仲舒的人性论之真实含义，故将“善善恶恶”理解为“善、善恶、恶”，从而为性三品说找寻根据并无必要。

钟先生对“善善恶恶”的校释显系以性三品说为前见而展开的[①]，并无足够的文本根据。陈静从“善善恶恶”的惯常用法及人性理论的剖析两个角度展开的反驳是恰当的。

（二）“善善恶恶”非为“扬善隐恶”

陈静在上引的论文中正确地指出了不能将“善善恶恶”理解为“善、善恶、善”，而应将“善善”“恶恶”看做动宾结构，但她却对“善善恶恶”的具体含义做了错误的解释。“而我认为，应当依《校释》在正文中的断句，将‘善善恶恶’的第一个善、恶理解为动词，这样，‘善善恶恶’就有了‘扬善隐恶’的含义。这与此段正文后面的几句话，在意思上是贯通的。”[2]在另一处，她又指出：“此外，这段引文言‘善善恶恶，好荣憎辱，……此天施之在人’，与《玉杯第二》言‘人受命于天，有善善恶恶之性’，在意思上也是相同的，都是说人的扬善抑恶或褒善掩恶的本性是来自天施，而不是出于人本身的作为。”[2]陈静所言之“褒善”“扬善”与原文之“善善”的意义相近，然其所言之“隐恶”“抑恶”及“掩恶”却与原文之“恶恶”的意义是截然不同的。“恶恶”是指厌恶恶行的心理态度及行为，而“隐恶”“抑恶”及“掩恶”则是一种掩饰自己或他人恶行的行为，两者的含义是扞格不入的。

在董仲舒《春秋繁露》文本中，“恶恶”的含义绝不可能是隐恶、抑恶及掩恶。这可以此段原文的下一段讲鲁文公的一句话来做例证。董仲舒在叙述完鲁文公诸多不义之行后，指出：“小善无一，而大恶四五，故诸侯弗予盟，大夫弗为使，是恶恶之征，不臣之效

① 需加提及的是，钟肇鹏先生在《春秋繁露校释》新版中仅将旧版校释中的“则此言‘善、善恶、恶之性’正是三品之说”改为“则此言‘善善恶恶之性’正是三品之说”，其余未加变动，可见其仍持守此种观点。参见钟肇鹏编《春秋繁露校释》，河北人民出版社 2005 年版，第 54 页。

也。”（《春秋繁露·玉杯》）此处的“恶恶”当指诸侯和大夫对鲁文公上述恶行的厌恶及不齿，故不与之结盟和不听从其调遣，此即是君主为恶的后果。显然，这里的“恶恶”绝不是指掩饰鲁文公的罪行，而是指厌恶鲁文公恶行的行为，董仲舒称之为“恶恶之征”，认为其正表现了人有“善善恶恶”之性。因此，陈静将“善善恶恶”解释为“扬善隐恶”等等是不符合《春秋繁露》文本原意的。

（三）“善善恶恶”非为“善恶”

对“善善恶恶”还有另一种误解，即在黄开国教授多篇涉及董仲舒人性论的论文中将“善善恶恶”理解为“善恶”①。如在《儒家性品级说的开端》一文中，在引录“人受命于天，有善善恶恶之性……若形体之可肥臞而不可得革也”后，黄先生指出此段文句：“强调的是由善恶不同而规定的人性品级的不变性。”[3]又如在《董仲舒的人性学说并非是“中民之性”》中，同样在引录上述文句之后，黄先生解释云：“这是说人性有善有恶，而不仅仅是只有善的一面……但承认人性有善恶的观念十分清楚明白。”[4]无独有偶，在《先秦儒家人性论的总结》一文中，黄先生引录《春秋繁露·竹林》篇中的“今善善恶恶，好荣憎辱，非人能自生，此天施之在者也”，将其中之“善善恶恶”理解为重叠词，亦认为其“是说天生人性善恶兼有”[5]。至于本为两个动宾词组并列的“善善恶恶”何以可能被理解为两个名词并列的“善恶”，黄先生在上述论文中没有提出任何根据。实质上，这种处理同钟肇鹏先生将“善善恶恶”理解为

① 这种误解在董学研究中可能普遍存在，如任蜜林先生新近刊出《董仲舒王道视野下的人性善恶论》一文，其在引录这段文句后，指出：“人性是从天那里继承而来的，天包含阴阳两个方面，因此，人也有善恶两个方面。”可知，他同样根据《深察名号》及《实性》中的性兼善恶说而将“善善恶恶”理解为“善恶”。参见任蜜林《董仲舒王道视野下的人性善恶论》，载《哲学动态》2016年第6期。

“善、善恶、恶”一样是不符合“善善恶恶”在《春秋繁露》乃至其他汉代典籍中的惯常用法的。以《竹林》篇为例，其中之“善善恶恶”刚好与后面的“好荣憎辱”构成动宾词组的两两对举，若将“善善恶恶”说成是“善恶”，则文句之脉路被割裂了，这种不合理是显而易见的。

仔细阅读黄先生的上述论文，可知其之所以取此种解释乃源于他将董仲舒在《深察民号》及《实性》篇中的性兼仁贪二气的人性论点视作标准及前见来阐解此段文字，从而将“人受命于天，有善善恶恶之性”理解为天赋人性中兼有善恶两种因子，这在实质上同钟肇鹏先生的误解一样存在改动原文以合己意的弊端。

（四）并非善“可养而不可改”及恶“可豫而不可去”

在张世亮等人合作完成全注全译的《春秋繁露》中，较正确地将本句中的“善善恶恶”翻译为“喜欢善良、厌恶丑恶”，但在翻译“可养而不可改”及“可豫而不可去”时，却将“性中之善”及“性中之恶”置于这两句之前作为各自的主语，进而将其翻译为“性中善的方面可以培养而不能改变，恶的方面可以预防而不能除去”[6]。此种翻译是将“人受命于天，有善善恶恶之性，可养而不可改，可豫而不可去”这一本来具有完整结构的句子切割为三个各有主谓语的单独句子，此显然不符合本段文字的文法结构及翻译文言文的规则，其结果便是造成上下句之间文义的断裂及不连贯。对此，作者也并未提出如此添加主语及割裂文句的根据。

究其实，作者之所以添补“性中之善”及“性中之恶”两个主语，其原因同样是受到董仲舒在《深察民号》及《实性》篇中的性兼善恶的人性论之影响，将其视做前见，故有“性中之善”及“性中之恶”之说。

二、原文疏解

笔者反思前述作者何以会对“善善恶恶”及相关文句之含义发生误解，发现原因可能在于这段文字本身句意转折较多，所蕴涵的观点与儒家常见之主张不尽一致，而他们又未对此段文字进行细致研读，特别是未联系其下两段文本进行融贯解读，故而便持前见以定文本之涵义，遂造成误解。因此，本文现转而以文本为基点并结合上下文来疏解此段文字，给出笔者之理解。

（一）“善善恶恶之性”之“可养”“可豫”及“不可得革”

“善善恶恶之性”是指一种喜爱善行、厌恶恶行的人性倾向，其实质是一种明辨并表达是非、对错的道德能力，类似于孟子所言的“是非之心”。它涵括两个层面：一者是指呈现于内的明辨是非的道德意识，二者指表现于外的明辨是非的道德行为。两者通常内外贯通，生于内则发于外，毫无阻隔。

“可养”是指对这种人性倾向可加以自我涵养，使之更充沛于心进而顺畅地扩展至外，其意旨类同于孟子的养心之说。“可豫”之“豫”，苏舆引《礼记·学记》之“禁于未发之谓豫”来校释。依此可知，人可对这种人性倾向加以自我禁制，使之仅停留在内在的道德意识层面，而不使之扩散至外而见于言行，这一般发生在某种特殊境况之下或受制于某一人伦规范所致。这表明董仲舒已经意识到心的主宰力量，即心不仅可“栣众恶于内”（《春秋繁露·深察名号》），还可“栣”众善于内。这与儒家一直强调的养心扩充善端的观点很不相同，但却切中了人性的某种可能性。“不可得革”是指这种人性倾向尽管“可养”及“可豫”，但就其是受禀于天的天性而言，则将深植于人之性中，不可轻易移除，此与人之形体可肥可臞但不可去除相类似。

（二）臣子能含容君亲之恶

这段文字从第二句开始就发生句意转折，开始讨论臣子如何面对君亲之恶的问题。董仲舒指出作为贤良的臣子应该能“含容”君亲之恶。“含容”就意味着至贤的臣子要背逆自己的“善善恶恶”的天性，而将厌恶恶行的道德评价禁制在内在意识范围之内，不使其扩至言行上。

那么董仲舒为何强调臣子能“含容”君亲之恶？这其实与儒家重视父子之伦、君臣之伦的传统相关。孔子认为要“父为子隐，子为父隐”（《论语·子路》），《春秋》之义强调“为尊者讳，为亲者讳”（《春秋公羊传》闵公元年），在这一点上，董仲舒并未违背儒家的主张。

（三）臣子不能使君亲无恶

董仲舒还指出至贤的臣子尽管能“含容”君亲之恶，但不能令君亲无恶。君亲之善恶终究取决于君亲自身的作为，非臣子所能代替，这实质上强调了君亲在道德修养及实践中的主体性地位。

（四）臣子当尽力劝谏君亲去恶

董仲舒引《书》之“厥辟不辟去厥祇”[①]，指出臣子尽管不能直接使君亲无恶，但若面临君亲有恶时，仍应尽力劝谏君亲去恶从善，并称此乃“忠孝之极”的至贤行为。

（五）君亲不自去其恶的后果

这段文字的最后一句又发生一次句意转折，即从讨论臣子如何

① 此处“厥辟”之下是否有“不辟”二字，《春秋繁露》各版本并不一致。钟肇鹏先生校释云：“‘不辟’二字周本、王本、沈本、两京本、程本、王谟本并脱，明钞宋本、大典本、殿本有。黄、孔、纪校有‘不辟’二字，凌本从之。”参见钟肇鹏编《春秋繁露校释》，河北人民出版社2005年版，第54页。明钞宋本、大典本较周本、王本、沈本等为早出，故从之。

面对君亲之恶转换至从君亲的角度来指出君亲之恶的后果。董仲舒指出“父”及“君”若不努力自去其恶，做出了不合于“父”及“君”之名分的行为，其所造成的后果可能将是儿子不像儿子，辅臣不像辅臣。

综而言之，这段文字的叙述脉络起自陈述人有“善善恶恶”之性，再转而论述至贤的臣子面对君亲之恶的态度，最终归结在君亲之恶的后果上。由此可知，君亲之恶构成此段文字的论述重点。言人之“善善恶恶”之性是为论述至贤的臣子面对君亲之恶的态度做理论铺垫，又因至贤之臣子虽能含容及劝谏君亲之恶，但不能直接使君亲无恶，故进而指出君亲若不努力自去其恶，则有“子不子”及“臣不臣”的后果。

如果将阅读材料扩展到这段文字之后的两段文字，那么，董仲舒讨论君亲之恶的理论主旨将会更加凸显出来。

> 文公不能服丧，不时奉祭，不以三年，又以丧取，取于大夫，以卑宗庙，乱其群祖，以逆先公，小善无一，而大恶四五；故诸侯弗予盟，命大夫弗为使，是恶恶之征，不臣之效也。出侮于外，入夺于内，无位之君也。孔子曰：“政逮于大夫，四世矣。”盖自文公以来之谓也。
>
> 君子知在位者不能以恶服人也，是故简六艺以赡养之。诗书序其志，礼乐纯其美，易春秋明其知，六学皆大，而各有所长。

第二段文字是以记述鲁文公的事来例证君主之恶的后果，显示其并非虚言。第三段文字则借助孔子之权威性指出化解君主之恶的方法。由此可见，这三段文字始终围绕君亲之恶这一主题而展开，实为一上下文义连贯、逻辑层次清晰的文本整体。这也可进一步说明将第一段文字中“善善恶恶”理解为“善、善恶、恶”“扬善隐恶”或“善恶”等是不合乎文本原意的。

三、关联构建

在本文辨析对“善善恶恶”之含义的诸种误解中，笔者深感有一问题需加解释，即《玉杯》中此段文字（下文简称为“前者”）所显示之人性论点与《深察名号》及《实性》（下文简称为“后者”）中的人性思想究竟存在何种关联？

首先，钟肇鹏、黄开国两位先生采取用后者涵摄前者的诠释方式来构建关联。一者将“善善恶恶”解释为“善、善恶、恶”，以符合其所持守的性三品说；一者将“善善恶恶”解释为“善恶”，以符合性兼善恶说。这种构建一味用后者笼罩前者，未顾及前者的文本原意，对之进行了曲解，不能令人信服。

其次，就笔者阅读所及，还存在一类对两者仅作界分不作融贯解读的观点。一是韦政通先生将两者区分至董仲舒思想形成的不同时期，认为前者处在董仲舒解读《春秋》的篇章中，且与孟子性善论并无较大差异，进而将其划归为董仲舒的早期思想或至少是其思想系统形成之前的观点，而后者则代表了董仲舒成熟的人性论[7]。一是陆建华先生将董仲舒所论的人性区分为“人”之性及“民”之性两类，再将前者归为“人”之性，认为其人性主体是普遍意义上的人，而后者则为“民”之性，其人性主体是部分的人，具体是指中民之性，并且指出后者才真正代表董仲舒的人性学说[8]。

笔者认为韦政通、陆建华两位先生所作的界分尽管未如钟、黄对两者的关联性进行强加诠释，但从总体上看仍是一种消极的处理方式，它不仅暗含两者之人性论点是对立的、不可相容的观点，同时在实质上也承认了董仲舒的人性论并不恰切连贯，实有割裂董仲舒人性论的潜在弊端。此外，两人的界分进路也颇有商榷之处。其一，韦政通先生将两者区分至董仲舒思想形成的不同时期，但他并未提供之所以如此划分的原因，前者之文字处在解读《春秋》的篇章中就定然为早期思想吗？以现有相关董仲舒的文史资料很难为此种界定提供佐证。仔细领会韦先生之观点，他可能认为董仲舒所治乃公羊之学，故解读《春秋》的篇章应为早前思想，而天的哲学则当为后期形成的思想体系，但从《春秋繁露》中解读《春秋》的篇章内容来看，天与《春秋》事例之解析已融汇交错，此种事实更直接地证明了韦先生之区分的不合理性。其二，陆建华先生所做界分的缺失主要表现在：首先，黄开国、苟奉山指出《深察名号》及《实性》中存在诸多关于一般意义上的“人”的人性论述，故将其所论之人性全部归结为“民”之性并不符合文本实际状况[4]。其次，陆建华先生在其论文中最终将前者所归属的“人”之性解释为“圣人之性”，并指出在董仲舒那里不存在抽象而普遍的人性，人在人性面前是不平等的。此种立场显示出其立论的基础在于“性三品”说，但董仲舒是否持“性三品”观点乃是争议颇多的问题，诸多学者已经指出“性三品”说乃是对董仲舒人性论的一个误解①。可知陆先生未对此加以反思，其立论基础并不稳固及可靠。

笔者在反思上述观点及研读文本的基础上，认为两者的人性论点并不对立，若着眼于文本意蕴的内在统一性，可尝试做一个并非强加揉合式的融贯性解释，现展开加以论述。

① 董仲舒区分“圣人之性”“斗筲之性”及“中民之性”的真义是为讨论人性划定范围，其中“圣人之性”及“斗筲之性”是董仲舒基于人性发展的可能性而设想的两种人性类型，而“中民之性”则是对人生来的人性实然状态的揭示，它们并非是指人生来就存在三个等级的人性差别。参见陈静《如何理解董仲舒的人性思想——从“人……善善恶恶之性”的断句谈起》，载《中国哲学史》1997 年第 3 期；曾振宇《董仲舒人性论再认识》，载《史学月刊》2002 年第 3 期。

《玉杯》中此段文字所蕴涵的人性论点主要包括如下几点：其一，人有善善恶恶之性，乃受之于天。其二，此“善善恶恶”之性“可养”及“可豫”。其三，此“善善恶恶”之性不可除去，将永存于人之性中。

考之《深察名号》及《实性》两篇，其中的人性思想亦可析出以下几点：其一，“性”之含义是指“生之自然之资”。其二，此自然之资“两有贪仁之性”，乃“天之所为”，故以副“天两有阴阳之施”。其三，此“两有贪仁之性”需“待教而为善”，此即“民受未能善之性于天，而退受成性之教于王”的含义。其四，王者之教具有两种要旨，一者使万民之性中的善质“觉”发而成善性，二者使心能辨识及“栣”众恶。

对照而言，后者乃是从总体上论述人性，而前者则仅是具体地论述人性中的一种“善善恶恶”之性，然两者皆言人之性受之于天，此是共同之处，其余则各有侧重。由此可知，两者之所论没有截然对立之处，此为融贯性的解释奠定了基础。那么此种融贯性的解释具体是怎样的呢？笔者认为应包括如下两点：

首先，前者所言的“善善恶恶”之性可作为后者之人性论的一个案例，具体而言，此“善善恶恶”是人之性中“仁”的一种类型，即是人之性中的一个善质。然前者论“善善恶恶”之性并非仅仅旨在指出其乃未受教化之前人性中的一种善质，而是着眼于揭示它在受教化后或“成性”之后的性质及特征。之所以如此判定，是因为下文有提及“含容其恶”及“恶恶之征”的内容，此即意味着“善善恶恶”之性已现实地被实践出来，其可被实践即代表它已受过教化而被“觉”发出来。

其次，前者所论“善善恶恶”之性的“可养”“可豫”及“不可去”的特征，董仲舒在《深察名号》及《实性》两篇并未明确提出，但其并不与此两篇中的人性论有冲突之处，故可被看作董仲舒在另一处所言的对人性的普遍规定。“可养”是指善质经教化而“觉”发为善性后可加以涵养，董仲舒另有“义以养其心”及“简六艺以赡养之”的论述即是证明。“可豫”揭示出心的另一功能，即心不仅可栣众恶，还可在特殊境况之中使善性禁而不发。“不可去”是就人性受禀于天而言的，天恒有阴阳，人之性中则恒有贪仁。

上述解释，既避免了韦、陆消极界分所造成的割裂董仲舒人性论的风险，同时也避免了钟、黄强加糅合性的诠释，使《玉杯》中此段文字所显示之人性论点与《深察名号》及《实性》中的人性思想建立了关联性，从而展现出董仲舒在《春秋繁露》中的人性论是一个具有融贯性及统一性的理论建构。

参考文献：

[1] 钟肇鹏. 春秋繁露校释 [M]. 济南：山东友谊出版社，1994：41.

[2] 陈静. 如何理解董仲舒的人性思想——从“人……善善恶恶之性”的断句谈起 [J]. 中国哲学史，1997（3）：59-61.

[3] 黄开国. 儒家性品级说的开端 [J]. 哲学研究，2000（9）：37-43.

[4] 黄开国，苟奉山. 董仲舒的人性学说并非是“中民之性”[J]. 衡水学院学报，2013（6）：1-5.

[5] 黄开国. 儒学与经学探微 [M]. 成都：巴蜀书社，2010：159.

[6] 张世亮，钟肇鹏，周桂钿. 春秋繁露 [M]. 北京：中华书局，2012：34.

[7] 韦政通. 董仲舒 [M]. 台北：东大图书股份有限公司，1986：106.

[8] 陆建华.“中民之性”：论董仲舒的人性学说 [J]. 哲学研究，2010（10）：47-50.

原载于《衡水学院学报》2016 年第 6 期。

黄允仁（1983-）男，湖北广水人，华中科技大学哲学系在读博士。

董子政治思想与政治哲学

在学统与政统之间

——兼论董仲舒对儒学的意识形态转换

朱康有

“中、西、马”是学界对我国人文社科领域三大学术论域的称谓，我自己也不自觉地以之为研究和思考问题的出发点。侯惠勤会长在 2016 年中国历史唯物主义学会的年会（洛阳）上，对此提出了严肃的质疑。他认为，这种有意无意的并列提法，矮化了马克思主义的地位——因为马克思主义在我国处于意识形态的指导地位。那么，有无学术形态的马克思主义与意识形态的马克思主义的区分？抑或这个问题本身就是一个伪问题？无独有偶，马克思晚年特别警惕他的学说以后会沦为政党政治斗争的工具和占统治地位的“国家哲学”，认为那样会“窒息精神创造的本质”，并且举例说黑格尔哲学就是这样衰落的。在一封信中他表达了这样的忧虑：“把马克思主义垄断化并使它成为一种国家宗教，就意味着卡尔·马克思精神的死亡，而这种精神正是他毕生研究和生活的灵魂之所在。”[1]在马克思的早期思想中，对“意识形态”这一术语的使用，主要是从批判和贬斥的意义上讲的，以后则作为建立在经济基础上和政治直接相联系的观念形态，倾向于中性的看法。

在中国历史上实际很早就遇到如何处理学术思想与意识形态关系的棘手问题——不过与我们今天使用的术语不一样，古人分别叫“学统”与“政统”。一如今天有学者主张“回到马克思”，对于儒学而言，现代亦有人主张应当摒弃被董仲舒政治化的儒学（他们有时称之为“犬儒”思想），回到孔孟创立的“原儒”上。且不论能否回到“原儒”上，我们要问的是：一套学术思想提出后，它和国家的意识形态究竟是怎样的关系？从这个意义上探讨董仲舒的思想，即使在今天也不无启发的价值。

一、“学统”与“政统”的交叉

显然，思想家不是生活在“真空”中的。基于对西周末年“礼崩乐坏”的忧虑，孔子提出儒学的核心主张，并被后来的孟、荀发扬。孔、孟、荀不仅参与春秋战国时期学术思想的构建，而且可以说他们本人即站在意识形态斗争的最前沿。我们在《论语》《孟子》中，能够发现他们和当时一些诸侯大夫的交往和对话活动。他们的思想除了个人修身养性的内容之外，其政治主张最为引人注目，比如为政以德、仁政王道、礼仪尊法等观点非常明确。因此，可以说，儒学思想诞生于意识形态激烈对撞的风雨中。这些主张在当时影响极大，一度成为显学——出于富国强兵、急功近利的需要，这些思想文化被目之谓“迂阔”，没有为统治者所接受并付诸实施，似乎停留在学人的传承以及学术思想文化的宣扬和呼吁层面。但毋庸讳言，正是其中包含有关的意识形态内容，才为后来的中央集权治理所选择。

一位开创性的思想家在建构理论的大厦时，往往围绕某个核心的观念来展开其体系。比如说，老子的“道”、孔子的“仁”范畴就是如此。对于这些核心范畴的抽象和提炼，剥离了具体的生活内容而显得“纯而又纯”。与西方哲人追求概念本质属性的单一、严格不同，中国古代的哲人总是极力在不同的语义环境中揭示其基本的属性。当然，一涉及最本质的属性，他们就语焉不详；或者关涉本体的境界，语言的表达功能受到了限制，只能勉强为之“透显”出来一些意义。这同样也是思维抽象功能的体现：好像提炼出来的范畴和观念离开了现实世界，进入一个纯粹思想领域的“真空”。很多时候，它们被剥离出具体的时空、主体和事物，仅留下悬置、空净的“理”的流行。我们在和古人跨越时空的交流中，往往忽视其背景和环境，只是在绝对的、永恒的意义上论述这些文化思想，有些学者甚至奉之为“人文真理”。

因此，在儒学创始人孔子的思想体系内，即可区分出“学统”和“政统”的不同层面。经过历史的不断选择和验证，儒学在实践上真正成为国家意识形态。学统实现了转化，和政统一定程度上实现了统一；学统与政统之间的矛盾，转向外在的冲突或协调。董仲舒在这样一个过程中起到了巨大的作用。如果没有董子出来做这样的工作，那就会出来另外一个张子、李子来完成如此的使命。每一时代的学术精英在建构抽象的理论学说时，他们能够敏锐地把握时代需要解决的问题并给予“普遍性”的解决。这是沉潜的“个性”与普遍的“共性”的融合。或许在孔子的时代，赞同儒学者还是社会的少数，但儒学代表了民族文化的主流。主流可能是很少数人做的事情，可是它里面孕育着合理的东西，在以后能够发展壮大。终于，在统一的中央集权完成和稳定之后，作为放大了个体生命的国家有机体，客观上需要一套能保证其长治久安的精神系统为之服务。从历史的“回溯”看，两千多年我们的民族和国家之所以在一次次战乱分裂之后能够恢复到统一的繁荣局面上来，与儒学提供的治理文化的合法性紧密相关。不管今人如何评价其优劣，直到今天我们还在坐享其悠久文明带来的“红利”，却是不争的事实。

二、“学统”向“政统”的转换

儒学是怎样实现它在现实中向意识形态的转化？春秋战国时期，孔孟是不屑于向统治者低头的。学生评价孔子是通过“温良恭俭让”的个人修身品德预闻政治活动的，孟子也有“大匠不为拙工改废绳墨，羿不为拙射变其彀率”（《孟子·尽心上》）的说法，甚至“说大人，则藐之，勿视其巍巍然”（《孟子·尽心下》）。说明他们都坚持自己的观点，不愿降低自己提出的标准去迎合现实的需要，“穷则独善其身，达则兼济天下”（《孟子·尽心上》），实在不行了，“道不行，乘桴浮于海”（《论语·公冶长》），他们就会挂冠或隐身而去。固然，他们都极力劝说统治者能够实施自己提出的政治观，但也不会为之勉强，屈身侍从。儒家思想文化只能“藏之名山”，留待后世，寻找时遇。

这并不是说，儒学家一定要去“低头”媚世，确实如同马克思曾说：“理论在一个国家实现的程度，总是取决于理论满足这个国家的需要的程度。”[2]问题在于“国家的需要”，没有这种需要，一套理论学说就只能是摆放在架子上的“花瓶”而已。这里，我们不是要贬低理论创立的意义和价值。当世不用，也许后世有大用，历史上有太多这样的例子。终于，儒学在汉代迎来了这样一个为世显示大用的机遇。我们看，这个历程亦并非一帆风顺，毋宁说，它是在竞争中脱颖而出的。兵家学说只能在“不得已”的时候用之。法家学说在富国强兵、征伐统一的过程中发挥了积极的、很快能够见到实效的功能，遗憾的是秦在一统天下之后的“二世而亡”不能说没有它的负面影响。汉初新道家的无为、因循政策，对社会和民力的休养生息也有正面的价值，而时间一长则暴露出消极的弊端。看来，稳定天下、凝聚民心、积极有为的意识形态则只好在儒学中寻找了。

董仲舒提出的“罢黜百家，独尊儒术”恰恰适应了统治阶级和社会生活的思想文化需求。现代学者反复批判董子的这种观点。其实，拿今天的语言来说，我们在意识形态的指导思想上不能搞多元化，也不能来回摇摆，那样很容易造成一治一乱的局面。随着时间的推移，政策的调整、措施的改进是必然的，而占统治地位的意识形态涉及立场等根本规则无须如政令一样朝令夕改。自然，指导思想应有一定的弹性和张力，能在最基本的“原理”层面和现实映照上保持一种动态平衡的关系。因此，董子的观点是从国家意识形态的选择上着眼的，并非完全是一个学术讨论的话题。周桂钿先生正确地指出：董仲舒强调要统一到六艺、孔子之术，即儒学上，其他思想不能并进——后人概括为“独尊儒术，罢黜百家”，应该说是准确的；但是后人做了绝对化的理解，认为只要儒术，消灭其他各家，这就不对了；罢黜并非消灭，独尊不是独存[3]。

董子另外一句“天不变道亦不变”亦多为今人诟病。且不论哲学上讲的形而上之道是否会真的改变或演化，吾以为，它还是在论证这样一个诉求：只要还是汉家刘姓的天下，那么这个统治之“道”就勿需做大的调整或变迁。这就类似我们今天“长期坚持”“永不动摇”的宣称一样。在孔孟的儒学中，天虽然被哲理化了，但仍保留神秘之义涵。董子的发挥在于，既将“天”推向神秘亦将“天”人化为实体。这里边可能有董子不得已的苦衷。在把儒学推上意识形态的“宝座”时，他实际上做了很多的调整。我觉得，

《天人三策》看起来似乎是一个君臣之间的简单策对，实则蕴含着怎样处理好以“天子”为代表的政治集团和百姓之间的关系。树立“天”的权威就是树立“天子”的权威，但不能同时为残暴的最高统治者大开绿灯。董子通过其牵强的“天人感应”说，尤其是天灾谴告，明示“天子”的过失，制约其无上的权力；并间接地指明，此“天”就是民众的力量。在孔孟儒学中，“天”更多地显现为内心力量的支撑。尽管原始的儒学有从《易经》里来的“神道设教”，那也主要是从“天下服”即被统治者着眼的。对统治者的错失，孔孟有规劝、有谏诤，而在理论上的“德教礼治”“天禄”之说似乎过多地发自内在的制约（自律），不足以震慑居上之“大人”。把民众的力量神化为“天意”，或许增加了一份冥冥之中的敬畏感。

作为大儒的董子几次出仕，任汉治下地方王侯的国相，游走在理想化的儒学与功利化的政治之间，为二者架起了沟通的桥梁。这种“嫁接”并非是一帆风顺的。一方面，其“感应”论一旦触及上层统治的合法性，险些使他为此付出生命的代价。董子为原始儒学的政治转换做出了重要贡献。另一方面，我们也应该看到，孔孟儒学在此之前，本身也经过不断的调适，容纳了法家、阴阳家甚至道家的一些思想内容。后儒非议荀子作为正统儒家的身份，不过荀子的“重法”确实使儒学靠向现实的成分增加了。自汉代慢慢成熟起来的“阳儒阴法”治国策略，代表了一种兼容并蓄的政治心态，既避免了儒家的柔弱，也避免了法家的严酷。不过，核心的观点仍然是儒家式的，无论后来入主中原的是少数民族还是大汉民族，这一点都基本上未曾改变过。

占统治地位的意识形态最好反过来还可以转化为施政的举措，儒学的经典提供了这样的政治资源——这样的意识形态指导才不至于“悬空”。董子提出的春秋决狱又称“经义决狱”，是一种审判案件的推理判断方式，主要用孔子的思想来对犯罪事实进行分析、定罪。即除了用法律外，可以用《诗》《书》《礼》《易》《乐》《春秋》六经中的思想来作为判决案件的依据。以《春秋》大义作为司法裁判的指导思想：凡是法律中没有规定的，司法官就以儒家经义作为裁判的依据；凡是法律条文与儒家经义相违背的，则儒家经义具有高于现行法律的效力。儒学经义被提高到法律的权威之上，大大强化了儒学作为意识形态的规范性和强制力等社会功能（其中也增大了把主流意识形态的指导误为代替具体律法的危险）。

"以孝治天下"也把孔子儒学中的孝的观念推向用人选拔的（干部）制度上，并解决了汉初自刘邦以来一直困扰汉统治者的政体（同姓王分封制）问题。《论语》中固有将孝与为政联系起来的思想，但并没有很好地落实到制度层面。无论《孝经》成书于汉或汉前，其中讲的天子之孝、诸侯之孝、卿大夫之孝、士之孝、庶人之孝，不但扩展到全社会每个成员，而且对身份的分工角色、言行做了广义的阐释。由孝移忠，进一步把家庭伦理与社会伦理、国家的责任联系起来，亦使儒学的一些基础性观念得到整个公共意识形态的认同，恰与治理理念的要求相适应且不谋而合。此外，极易被强调平等观念的现代人误解的"三纲五常"，无非亦是奠定秩序的规范性之措。董子首论"三纲"，其中的"纲"可以解读为"主要的"意蕴，非完全谓指"支配的"主从关系；尤其在君臣、父子、夫妇之间的规范伦理含有双向的互动，非仅仅为单向的要求。有学人解读"纲"为"做好表率"，亦不无积极的意义旨趣。

五经博士的设置，是汉朝廷掌握经学的重要标志。通晓儒家经典成为做官食禄的主要条件，儒学和政权紧密相连，从而确立了儒学和儒学经典的权威地位。不过，汉代发达的谶纬之学则将经学的意义和价值推至不适当的地步。董子似乎对此应负一定的责任，而统治者的倡导甚至利用，则扩大了其流衍是不争的事实。

三、双赢还是双输

应该说，学统转化为政统，是各有所得，亦各有所失。

法家、兵家等外王有余内圣不足，道家、佛家则内圣有余外王不足。内圣与外王的制衡与统一，使儒学成为中国历史上中央集权时期最为长久被选择的主导意识形态。这其中的得失怎么看待？

从学术思想的发展来看，政统将其应用到大规模的政治活动层面，突破师徒授受的文化传播途径和范围，极大地发挥了学术引领现实的作用，使儒学产生了广泛的影响力。这是学术思想梦寐以求的实践效果。没有主导意识形态的鼎力相助，“不依国事”，则法事难立。动用整个权威机构来倡议某种思想，能使理念之“毛”附着在宽大之“皮”上，强有力地扩散。又，成为官方“教科书”体系和教条的儒学，极易被定为一尊，不容许做其他意义的解读，实际上就阉割了其发展的活力。“五经”如此，后来的“四书”亦如此。把人们的头脑封闭在几部经典中，皓首穷经，不敢逾越雷池；如果智慧没有得以开发，只能是死读书、读死书，不会变通运用。很多学者皆成了解经的大家，仅会作解读，不会去创新，那种滚雪球似的形式，如经、传、注、笺、义疏、疏证、集注、训诂等等，都无不透露或散发出浓郁的泥古气息。中国古代社会的后期积弱无力，正是与这种创新机能的衰竭密切相关。

从国家意识形态的建构看，统治阶层脱下争霸天下中杀戮的血腥外衣，借助于学术思想为其道义性奠定了辩解的理论基石，凝聚了人心，稳定了秩序，社会不断从一次次的“脱轨”中恢复到正常的“道”上来。真正去落实儒家提出的理念也好，把儒家作为装扮的“花瓶”也好，都能使生活在权利和利益夹缝中的人们感受到些许温情脉脉的人性光辉。历史上家族式的统治免不了治乱循环的周期律，现代政党的执政和治理又岂能轻易躲过一朝倾覆的命运？现实中内圣和外王的断裂困扰着一代代有抱负的儒家知识分子。面对道家、佛家思想的冲击，他们试图弥补汉以后儒学理论上的缺陷，终于在董子等汉儒的基础上，出入佛老，通过对经典的义理式解读，在宋明时期重开新儒学的境界。宋以后出现了诸多的民间讲学之风，但朝廷经筵制度（与今日政治局集体学习制度或有通处）的确立，则为帝王接受新儒学（理学）教育的主要方式，其中打上了深深的革君心、正君心等理学印记。即使是帝王，亦须尊师重道，重视包含道统的学统，理治百官，风化百姓。明代中叶以后君主多不好学，甚至有凌辱讲臣者。景泰元年（1450）诏开经筵，景帝每临讲幄，辄命中官，掷金钱于地，任讲官遍拾之，号为恩典。君主待讲臣如此，讲臣地位之低落可知。明代君主遇讲官若说书之奴，其多昏庸荒怠之主，政治黑暗，与此不无干系。清初仍以经筵日讲为帝王教育的方式。康熙学识超越诸多帝王，能有相当的学问水平，大多得力于儒臣的进讲教授。显然，理学深刻影响到传统中央集权后期的意识形态。人们往往从最后的结局上评价儒学作为意识形态的失败，却没有把更多的目光放在其作为“过程”的成功上。极端地讲，任何思想文化随着人类历史的进步，最终都要被超越。

近现代遭逢完全不同的境遇，儒学退出教育和教化的主流舞台。内外飘零的国人，生存尚不能维持，现代新儒家的呐喊即被淹没在20世纪急速变革的洪流中，遑论再蒙古老文化文明的濡染。一个完全不同于传统的制度及其主体的确立，决定了儒学只能从思想资源的学术层面上（甚至连历史上讲的学统也已经面目全非）进入意识形态。意识形态是一个复杂的、有层次的系统。这种“进入”，不是去取代马克思主义充当指导思想。我始终认为，习主席关于中华优秀传统文化的论述，是从意识形态的全面建构上着眼的。他将中国化马克思主义指导下的文化建设植入我国五千年的文明历史成就中，增强了国人的文化自信。他同时指出，治国理政、解决当代人类面临的疑难问题，传统文化有诸多的启示。在对待传统文化的态度和做法上，可以说实现了一系列的拨乱反正，廓清了人们头脑中长期存在的各种迷雾。

除此之外，儒学在大众意识形态的构建上，能够发挥出更大的作用。传统儒学有许多涉及做人做官做事等操作层面的内在修养，它与社会生活中的个体精神有密切关联。我们高兴地看到，儒学在最近的发展中，分化出生活儒学、乡村儒学等形态，即反映了这种趋势。董仲舒在汉代为儒学做出的努力，能为我们今天普及儒学、弘扬国学（中华优秀传统文化）提供诸多启发。第一，他通过建构今文经学，对《春秋》等经典做出适应时代的解读，有利于统一的国家和民族的稳定发展。同样，适应新时代的实践要求，创造性转换、创新性发展在当今尤为必要，对那些宗教色彩浓厚的内容特别需要“做出符合当代中国发展进步要求、符合中华优秀传统文化的阐释”[4]。第二，董仲舒的意识形态建构有经验，也有教训。在科学昌明、中西文化交流交融不断扩大，互联网深入发展的趋势下，宗教化、神秘化的倾向是要不得的。基于对现实政治残酷性的阅历，董仲舒晚年辞去官职，基本上对什么事情都不主动去过问，只是埋头读书写书——虽然朝廷有大事，还常派人到他家去请教，他都明确进行了答复。在实现新学统、新政统的良性互动中，我们也祈望能够规避本文一开始点出的冲突和尴尬。一方面，主导的意识形态应稍稍超脱权力和利益的“算计”，更多地显示宽容、包容的心态；另一方面，学者也应放大个体的胸怀，着眼国家的长期稳定和民众的可接受程度，在保持理论的理想化引导外，多些“实际”的理解。

参考文献：

[1] 聂锦芳. “到马克思的故乡去!”[J]. 读书，2016（6）：71－80.

[2] 马克思，恩格斯. 马克思恩格斯选集［M］. 北京：人民出版社，2012：11.

[3] 周桂钿. 今天来看董仲舒［N］. 光明日报，2015－05－18（16）.

[4] 习近平. 发展中国特色社会主义宗教理论　全面提高新形势下宗教工作水平［N］. 人民日报，2016－04－24（1）.

原载于《衡水学院学报》2017年第3期。

朱康有（1967－），男，山西平陆人，中国人民解放军国防大学马克思主义教研部教授，哲学博士。

董仲舒限田思想再探（修订稿）

秦进才

兼并，亦作并兼，意为并吞、合并等。起源于战国时代，政治、军事方面，指兼并别国土地的行为；经济上，指商人高利贷资本兼并百姓的财产。兼并别国土地，往往与秦兼天下、兼有天下、并兼天下、并兼六国等相联系，与汉并天下、汉兼天下、大并天下等相组合。西汉中期以后，兼并主要用来表述豪强地主等对农民土地的兼并等行为。李奇曰：兼并，“谓大家兼役小民，富者兼役贫民”[1]180。经常出现在史籍中的词语有：兼并之家、亲戚兼并、并兼役使、权门并兼、并兼任侠、豪杰兼并之家、天下豪杰并兼之家等。兼并一词，由战国时代君主雄心勃勃追求的目标、尊崇鼓励的行动，变成了政治家、学者们不断讨论的土地兼并问题，成为中国古代社会不可医治的基因之病。董仲舒的限田思想，就是针对土地兼并的社会痼疾，最先揭示其奥秘，最早开出的药方，开启了两千余年限田思想变迁史的先河。前些年笔者曾撰写《董仲舒限田塞并兼思想探微》一文略述管窥蠡测之见[2]，现在运用新发现的资料，汲取学术界研究新成果①，再次探讨董仲舒限田思想产生的社会背景，分析其主要内容等，以求教于大家。

一、董仲舒限田思想的历史背景

土地兼并，从两汉到民国一直存在，构成了中国土地制度的特色，影响了中国社会的政治、经济、思想等诸多方面，追根溯源，土地兼并与土地私有密切相联，与土地买卖形影相随。土地私有和土地买卖，是形成土地兼并的客观条件，土地兼并是土地私有和土地买卖的必然结果。然而，从土地国有制到土地私有制、国有制、集体所有制并存和土地买卖的产生、发展，经历了漫长的历史演变。

（一）西周、春秋时代的土地多级所有制

遥远的原始社会、夏商两朝，年代久远，史料散佚，土地制度暂且不说。

西周时代，“溥天之下，莫非王土。率土之滨，莫非王臣”[3]315，本是周人讽刺政府役使不均的诗句，后转化为后世帝王将相追求的目标，现代人又认为是土地国有制的反映，见仁见智，

① 关于中国古代田制的研究，从战国至今一直不断，董仲舒限田思想影响深远，阐释、实践者甚多。三十余年以来，随着简牍新资料的出现，在前人研究的基础上，出现了一批新成果。刘泽华先生在《南开大学学报》1978年第2期发表《论战国时期“授田”制下的公民》，提出战国授田制度，袁林、李瑞兰、张玉勤、乌廷玉、余敏声、晁福林、吴荣增等赞同并进行了完善。林甘泉、施伟青、杨生民、白寿彝、高敏等认为国家授田制与私有制并存。沿袭商鞅变法除井田、民得买卖说法者仍然存在。详请参考郝建平《战国授田制研究综述》（《阴山学刊》2003年第1期）。随着张家山汉墓竹简《二年律令》的发现，张金光、臧知非、杨振红、武建国、朱红林等学者对于汉代的授田制、名田制进行了探讨，深化了其研究成果。胡寄窗、赵靖、徐伟等对董仲舒的限田思想进行研究。笔者受这些研究成果的启迪，在他们研究成果的基础上来探讨董仲舒的限田思想。

说法纷纭。实际上，周天子是天下共主，而不是后世的专制皇帝；是名义上土地最高所有者，而不是能随心所欲地处置天下土地的君主。周天子所直接统治的区域不过方千里①，主要通过天子建国，分封诸侯。“锡之山川，土田附庸”[3]518，授土、授民，把土地分封给诸侯；“封略之内，何非君土？食土之毛，谁非君臣？”[4]1284 从王土变成了君土，诸侯成为封国土地的所有者。诸侯建家，把土地再分给卿大夫。形成了国王、诸侯、卿大夫等土地多级所有制。固然，周天子可以对受封者有权因功加封土地，也可以因罪夺回田地，但随着周朝的东迁，这些权力也不可避免地衰落了。在土地制度上，表现为“田里不粥”。郑氏注曰：“皆受于公，民不得私也。粥，卖也。”[5]357 但债台高筑的贵族，为保持其身份、得到必要的钱财，把受封的土地、田里折合成货币，转让给商人、新贵等。周共王三年（前 919），裘卫以瑾璋、鹿皮披肩等物交换矩伯十三田，执政大臣等主持田地移交手续等事[6]，标志着土地转让行为的出现。

春秋时代，礼崩乐坏，周天子丢掉了号令天下的实力，被人作

① 《诗经今注·商颂·玄鸟》载：“邦畿千里，维民所止。”（第 528 页）（清）焦循撰《孟子正义》卷六《公孙丑上》言：“夏后、殷、周之盛，地未有过千里者也。”（中华书局 1987 年版，第 185 页）（清）王先谦撰《荀子集解》卷一一《强国》称：“古者百王之一天下臣诸侯也，未有过封内千里者也。”（中华书局 1988 年版，第 301 页）《史记》卷六《秦始皇本纪》载：“古之帝者，地不过千里。”（中华书局 1982 年版，第 246 页）裘锡圭主编《长沙马王堆汉墓简帛集成》肆《称》亦言：“天子之地方千里。”（中华书局 2014 年版，第 178 页）《汉书》卷二八下《地理志下》称：“初，雒邑与宗周通封畿，东西长而南北短，短长相覆为千里。至襄王以河内赐晋文公，又为诸侯所侵，故其分墬小。”韦昭注曰：“通在二封之地，共千里也。”颜师古注曰：“宗周，镐京也，方八百里，八八六十四，为方百里者六十四也。雒邑，成周也，方六百里，六六三十六，为方百里者三十六。二都得百里者百，方千里也。故《诗》云‘邦畿千里’。”（中华书局 1962 年版，第 1650—1651 页）从上述引文看，周天子直接统治的区域不过方千里，溥天率土为天子所有，是周人的诗句，而非周王能够实际上控制天下的所有土地。

为尊王攘夷的旗帜。与此同时，争田①、夺田②、赏田③、赐田、丧田④等事件，不断见于记载，这些土地的争夺与主人的变更是政治行为，是凭借着政治权势的抢夺，是君主对于亲属、功臣、宠爱者等人的赏赐，而不是经济买卖活动；井田、爰田、辕田等田制，屡见于典籍文献，昭示着土地国有制逐渐发生变化。齐国推行的相地而衰征、鲁国的初税亩等，标志着随着土地制度的变革，赋税征收的方式也发生了变革。

（二）战国时代的授田

战国时代，诸子百家争鸣，思想解放，此伏彼起的各国变法运动，军功爵制、举贤任能等富国强兵政策的实行，铁工具、牛耕等先进技术

① 《春秋左传注》文公十八年载："齐懿公之为公子也，与邴歜之父争田，弗胜。"（第629页）成公十一年，"晋郤至与周争鄇田，王命刘康公、单襄公讼诸晋。""晋侯使郤至勿敢争。"（第854页）成公十七年，"郤犨与长鱼矫争田，执而梏之，与其父母妻子同一辕。"（第900页）徐元诰撰《国语集解》卷一四《晋语八》载："范宣子与和大夫争田，久而无成。"（中华书局2002年版，第423页）卷一五《晋语九》载："邢侯与雍子争田，雍子纳其女于叔鱼以求直。及断狱之日，叔鱼抑邢侯，邢侯杀叔鱼与雍子于朝。"（第443页）董仲舒概括为："及至周室之衰，其卿大夫缓于谊而急于利，亡推让之风而有争田之讼。"（《汉书》卷五六《董仲舒传》，第2521页）由上述可见争田之激烈。

② 《春秋左传注》闵公二年载："公傅夺卜齮田，公不禁。秋八月辛丑，共仲使卜齮贼公于武闱。"（第262页）夺田成为导致鲁闵公杀身之祸的因素之一。成公十七年，"郤锜夺夷阳五田，五亦嬖于厉公。"（第900页）《国语集解》一二《晋语六》载：晋厉公六年，范文子曰："今我战又胜荆与郑，吾君将伐智而多力，怠教而重敛，大其私昵而益妇人田，不夺诸大夫田，则焉取以益此?"（第393页）可见鲁国、晋国等都有夺田发生。

③ 《春秋左传注》成公七年载："楚围宋之役，师还，子重请取于申、吕以为赏田。王许之。"（第833－834页）《战国策》卷二三《魏策一》载："魏公叔痤为魏将，而与韩、赵战浍北，禽乐祚。魏王说，迎郊，以赏田百万禄之。"公叔痤说明后，魏王又"索吴起之后，赐之田二十万。巴宁、爨襄田各十万"（上海古籍出版社1985年版，第784页）。由此可见贵族求赏田的欲望大，君主赐予赏田规模亦大。

④ 《春秋左传注》襄公十年载："初，子驷为田洫，司氏、堵氏、侯氏、子师氏皆丧田焉，故五族聚群不逞之人，因公子之徒以作乱。"（第980页）可见丧田人之多。

的普及，推动了社会经济的发展，促进了土地制度的变化，秦、魏、齐等国推行授田制[①]。授田制——国家按户授予土地，受田人向国家缴纳租税，服兵役、劳役，受田人年老及身故要还田于国。从国家来看，是授予官僚、黎民百姓田地，从农民来看，是接受国家分给的土地，“授”与“受”字义相通，因此文献中既有授田的说法[②]，也有受田的记载[③]，

① 战国时代，实行授田制，出土文献有记载。四川青川县出土的秦武王二年的《更修为田律》木牍。《天水放马滩秦简集释·乙种竹简集释》八三《贞在黄钟》作：“曰：贞在中吕，是谓中泽，有水不滕，有言不恶，利以贾市，可受田宅，擅受其利，人莫敢若。”（甘肃文化出版社2013年版，第251页。《秦简牍合集》肆《放马滩秦墓简牍》二《日书乙种·贞在黄钟》，武汉大学出版社2014年版，第183页，除与此标点符号稍有不同外，其他一致）《睡虎地秦墓竹简·为吏之道》附《魏户律》曰：“自今以来，叚（假）门逆吕（旅），赘婿后父，勿令为户，勿鼠（予）田宇。”（文物出版社1990年版，第174页）《银雀山汉墓竹简》壹《守法守令等十三篇》曰：“州乡以地次受（授）田于野，百人为区，千人为或（域）。”（文物出版社1985年，第146页）诸如此类的资料，都可以证明秦、魏、齐等国确实行过授田制。

② 有关战国实行授田制的传世文献很多，如（清）孙诒让撰《周礼正义》卷二九《地官·遂人》载：“遂人掌邦之野。以土地之图经田野。……以岁时稽其人民，而授之田野。”注曰：“谓四时小案比，以任民授田也。”（中华书局2013年版，第1121—1122页）石光瑛校释《新序校释》卷七《节士》载：“晋文公反国，酌士大夫酒，召咎犯而将之，召艾陵而相之，授田百万。”（中华书局2009年版，第957页）可见授田是政府的行为。

③ 《汉书》卷二四上《食货志上》载：“农民户人己受田，其家众男为余夫，亦以口受田如比。士工商家受田，五口乃当农夫一人。”（第1119—1120页）《后汉书》卷七六《循吏列传·刘宠》注引《风俗通》载：“人年三十，受田百亩，以食五口。五口为一户，父母妻子也。”（中华书局1965年版，第2478页）可见受田是从百姓接受国家授予的田地而言。

授田行为又称为行田①，国家分配土地给耕者耕种称为分田②或分地③。国家授田给耕者耕种并收其租赋，称之为赋田④。此外，还有国家出租的土地称为假田⑤等。诸如上述的称谓，都可以证明战国国家授田制度形成了多种不同的方式。

（三）秦始皇的“使黔首自实田”

秦始皇统一六国后，三十一年（前216），“使黔首自实田”[7]251。黔首，即平民、百姓。这是中国第一次全国范围内黔首

① 陈奇猷《吕氏春秋校释》卷一六《乐成》载：“魏氏之行田也以百亩，邺独二百亩，是田恶也。”（学林出版社1984年版，第990页）《汉书》卷一下《高帝纪下》载：“且法以有功劳行田宅。”（第54、56页）《张家山汉墓竹简》（释文修订本）的《二年律令·田律》载：“田不可田者，勿行；当受田者欲受，许之。”注释曰：“行，指授田，《礼记·月令》注：‘犹赐也。’”（文物出版社2006年版，第41页）《二年律令·户律》载：“不幸死者，令其后先择田，乃行其余。”（第52页）又载“有籍县官田宅，上其廷，令辄以次行之。”（第52页）上述的行田，或与授田有关的“行”字，都是指给予、赐予田地。由此可知，《龙岗秦简》载：“廿二年正月甲寅以来，吏行田赢律（?）诈〼”（中华书局2001年版，第109页）的“行田”，指授予田地。“行田赢律”，即授田数额超过了法律规定。

② 《孟子正义》卷一〇《滕文公上》载：“经界既正，分田制禄可坐而定也。”（第349页）《荀子集解》卷七《王霸》载：“传曰：农分田而耕，贾分货而贩，百工分事而劝，士大夫分职而听。”（第214页）由上述可见战国分田制的存在。

③ 从田制来看，分地，既有分地予人，又有份地之意。如黄怀信等《逸周书汇校集注》卷四《大聚》载：“称贤使能官有材而归之，关市平商贾归之，分地薄敛农民归之。”（上海古籍出版社2007年版，第407页）《吕氏春秋校释》卷一七《审分》载：“今以众地者，公作则迟，有所匿其力也；分地则速，无所匿迟也。”（第1029页）王利器《盐铁论校注（定本）》卷三《园池》载：“故古者分地而处之，制田亩而事之。”（中华书局1992年版，第172页）其他分地含义，不予列举。

④ 《银雀山汉墓简》壹《守法守令等十三篇》载：“巧（考）参（三）以为岁均计，二岁而均计定，三岁而壹更赋田，十岁而民毕易田，令皆受地美亚（恶）口均之数也。”（第146页）《史记》卷一二八《龟策列传》载：“夫妻男女，赋之田宅，列其室屋。”（第3232页）《汉书》卷二九《沟洫志》颜师古注：“赋田之法，一夫百亩也。”（第1678页）这是从国家的角度看，是赋予百姓之田，故称赋田。从耕作者的角度看，这是国家授予的交纳田赋之田，故也称为赋田。

⑤ 《龙岗秦简·释文注释校证》载：“黔首钱假其田已（?）□□□。”（第125页）“诸以钱财它物假田□□□□□□□〼”（第129页）这些简牍可以证明，秦代有假田，后来被汉朝所继承发展。

土地的大登记。自实、自占，即自己如实申报，由政府审验确定，是秦汉时代的习惯性用语，经常性行为①。自实田的含义，元代马端临《文献通考·田赋考一》说："是年，始令黔首自实田以定赋。"增加了"以定赋"三字。从清朝以来产生了多种不同的解释，康熙五十四年（1715），王之枢等编纂的《历代纪事年表》卷二十《秦世系表》曰："自实，令民自具顷亩实数也。"添加了呈报的意思，这个解释似为今日众说之始祖。一是认为占有土地的地主与农民，只要向政府申报土地数额，交纳税赋，承担徭役，其土地所有权就可以得到政府的承认与保护。二是认为使黔首自由占有土地。三是命令黔首自己去充实（充满、具有）土地，即命令黔首按照国家制度规定的数额，自己设法占有足额的土地，国家不再保证按规定授田[8]。除上述诸说外，还有防止黔首隐匿土地逃避赋税和官员隐匿不报黔首土地贪污的意义等。"使黔首自实田"的措施，承认了黔首拥有土地的现实，无疑给土地私人所有制开了绿灯，但并未公开宣布土地私人所有为合法，也未放弃国家对土地的管理、控制。

（四）西汉初年的授田制

西汉初年，继续推行授田制，张家山汉墓竹简中的《二年律

---

① 自实，如《后汉书》卷五六《王龚列传》载："（王）龚深疾宦官专权，志在匡正，乃上书极言其状，请加放斥。诸黄门恐惧，各使宾客诬奏龚罪，顺帝命亟自实。"（第1820页）自占，如《睡虎地秦墓竹简·编年记》载："十六年七月丁巳，公终。自占年。"（第7页）《张家山汉墓竹简（释文修订本）》的《奏谳书》载："令曰：诸无名数者，皆令自占书名数。"（第97页）《居延汉简释文合校》载："初元三年十月壬子朔辛巳，甲渠士吏强敢言之，谨移所自占书功劳墨将名籍一编敢言之。"（文物出版社1987年版，第472页）可见，秦汉时代的年龄、土地、财产、功劳等登记，往往由本人或户主申报，然后再由官府审验。"自实"与"自占"等，是秦汉时代具有特色的习惯性语言、经常性行为。

令·户律》所载的从关内侯九十五顷、大庶长九十顷，到官大夫七顷、大夫五顷，公卒、士伍、庶人各一顷，司寇、隐官各五十亩的法令，可以证明的确存在国家规定的授田制，授田制中有着授予土地数量的限制。并规定：“其已前为户而毋田宅，田宅不盈，得以盈。”[9]52不足的可以补足。宅与之适应，“关内侯九十五宅，……司寇、隐官半宅”[9]52。授田制使一些开国功臣获得了土地田宅，在落实的过程中也有困难。因此，汉高祖五年（前202）五月，皇帝下诏曰：“七大夫、公乘以上，皆高爵也。诸侯子及从军归者，甚多高爵。吾数诏吏先与田宅，及所当求于吏者，亟与。爵或人君，上所尊礼，久立吏前，曾不为决，甚亡谓也。异日，秦民爵公大夫以上，令丞与亢礼。今吾于爵非轻也，吏独安取此！且法以有功劳行田宅，今小吏未尝从军者多满，而有功者顾不得，背公立私，守尉长吏教训甚不善。其令诸吏善遇高爵，称吾意。且廉问，有不如吾诏者，以重论之。”[1]54—55反映汉初推行授田制的现实以及所遇到的问题，土地已经成为稀有的资源。

（五）土地私有、共有与授田、买卖并存

在汉初实行授田制时，已经存在着合乎法律规定的私有土地和土地买卖。

譬如张家山汉墓竹简记载：“诸不为户、有田宅者，附令人名，及为人名田宅者，皆令以卒戍边二岁，没入田宅县官。”[9]53就是说没有登记于国家户籍建立户名，而实际上占有田宅者，或依附于他人户籍名称占有田宅者，以及用自己户籍替他人占有田宅者，都属于违法行为，要受到惩罚，这三者实质都是自己占有田宅者。如果用自己的户名，登记于政府的册籍，就合乎法律规定了。

又如规定“欲益买宅，不比其宅者，勿许。为吏及宦皇帝，得买舍室”[9]53。百姓、官吏买卖舍室要符合法律规定，才允许购买。

再如规定“受田宅，予人若卖宅，不得更受”[9]53。国家授予的田宅可以赠予或出卖，但国家不再重新授予。

还有规定“代户、贸卖田宅，乡部、田啬夫、吏留弗为定籍，盈一日，罚金各二两”[9]53。基层的政府官员要为购买田宅者按规定办理相关手续，不得故意为难，故意拖延者要受惩罚，说明土地买卖不仅合法，而且得到了国家的支持。

受田者身死之后，土地不再还给国家，可以由亲属继承。“诸（?）后欲分父母、子、同产、主母、叚（假）母，及主母、叚（假）母欲分孽子、叚（假）子田以为户者，皆许之。”[9]53继承方式多种多样，“民欲先令相分田宅、奴婢、财物，乡部啬夫身听其令，皆参辨券书之，辄上如户籍。有争者，以券书从事；毋券书，勿听。所分田宅，不为户，得有之，至八月书户。留难先令，弗为券书，罚金一两”[9]53。这是遗嘱继承方式，基层政府官员要亲自参与其事，办理相应手续，即使不能马上办理手续，也可以先拥有，届时再办理，故意刁难遗嘱，不给办理相关手续者，要予以惩罚。

并且还规定“卿以上所自田户田，不租，不出顷刍稿”[9]53。卿以上的三公等官僚、贵族，不仅可以拥有属于自己的“自田户田”——家庭私有土地，而且享受不缴田租、不出刍稿的优惠政策。

上述史料证明，在汉初推行授田制的同时，已经存在着土地私有、土地买卖。具体到在一个家庭中，有时既有国家授予的土地，也有自己买来的土地，公有、私有共存于一个家庭之中。期望占有更多的土地，是无数人生前的追求、死后的愿望，有墓葬中“溥土”“薄土”简可为证①。授田制下存在的土地私有、土地买卖活动，迅速地膨胀扩展。随着国家掌握的土地资源的萎缩，定期还授调整的授田制很难继续推行下去。汉文帝时，开始“不为民田及奴婢为限”，颜师古注曰：“不为作限制。”[1]1142随之打开了土地买卖的大门，导致土地买卖日益活跃，逐渐形成了国有、私有与集体共有②等并存的土地制度，形成了男耕女织的小农经济形态，导致了土地兼并，从而成为自两汉以后无药可以医治的社会基因之病。

（六）中国古代对于土地重要性的认识

中国古代社会是农业社会，农业是根本所在。土地不仅是国家

---

① 《江陵凤凰山西汉简牍》载汉文、景帝时代墓葬出土遣册简牍上的文字，八号墓有“溥土一”，在竹笥中有一堆泥土（中华书局2012年版，第57页）；九号墓有“薄土一”（第65页）；一六八号墓有“薄土二”（第199页）；一六九号墓有“溥土一”（第221页）；一六七号墓有“薄土一枚”，并有用方绢包裹的土块。六个出土简牍的汉墓中，五个遣册简牍中有“溥土”或“薄土”，可知其并非偶然。对于“薄土”为何物，有学者认为：溥通薄，“薄土，指入册的土地”“薄土，应是地主私人占有土地的直接象征”（《江陵凤凰山西汉简牍》，第173页）。李家浩认为：“名词的‘溥土’实际上也就是《淮南子·坠形训》所说的‘禹乃以息土填洪水’的‘息土’。”（《江陵凤凰山八号汉墓“龟盾”漆画试探》，《文物》1974年第6期，第64—65页）是神奇之土。裘锡圭认为，“薄土”是《急就篇》中的“薄杜”，指车中荐（《古文字论集·说“薄土”》，中华书局1992年版，第564—565页），与土地没有关系。王晖认为：“薄土”“应就是汉代取自薄姑氏故国五色土中的赤土，是用来封建诸侯王的专用土。但这不是实际上的受封之物，而是通过虚拟的方式希望死者在地下能够受封‘薄土’‘溥土’，享有封土而为侯王”（《汉简“薄土”考辨》，《古文字研究》第二十八辑，中华书局2010年版，第609页）。是否是取自薄姑氏故国的五色土，需要化验后才能够确定。笔者认为，“薄土”与汉代诸侯封国时朝廷授予的“茅土”“主土”一样，有表示土地的含义，有等级高低的差别，反映了汉代人生前与死后对于土地追求的理念、愿望。

② 父老僤约束石券曰：“建初二年正月十五日，侍廷里父老僤祭尊于季主疏，左巨等廿五人，共为约束石券里治中，乃以永平十五年六月中造起僤，敛钱共有六万一千五百，买田八十二亩。僤中其有訾次当给为里父老者，共以客田借与，得收田上毛物谷实自给。即訾下不中，还田转与当为父老者，传后子孙以为常。其有物故，得传后代户者一人，即僤中皆訾下不中父老，季、巨等共假赁田，它如约束。”（宁可《关于〈汉侍廷里父老僤买田约束石券〉》，《文物》1982年第12期）此为汉代土地集体共有的例证。

生存、发展的基础，也是主要的农业生产资料。对于其重要性的说法很多，如“地者，政之本也”[10]；“诸侯之宝三：土地，人民，政事”[11]；“四海之内，六合之间，曰奚贵？曰贵土。土，食之本也”[12]；“夫土地者，天下之本也”[13]114；“土田，衣食之源”[14]；“土地，本也；耕获，末也。无地而责之耕，犹徒手而使战也”[15]。诸如此类的言论，从不同角度说明了土地的重要意义。

土地私有，使土地成为自耕农赖以生存生活的基本保障，也使土地成为地主剥削佃农的物质基础，成为可以买卖而能生息、增殖、带来剩余产品的特殊商品，成为社会财富的主要标志。“意民之情，其所欲者田宅也。”[16]楚汉战争时，“天下游士离其亲戚，弃坟墓，去故旧，从陛下游者，徒欲日夜望咫尺之地”[7]2041，“传土地于子孙”[1]2578—2579，是许多人奋斗的动力。清朝人张英指出：“天下货财所积，则时时有水火盗贼之忧。至珍异之物，尤易招尤速祸。草野之人，有十金之积则不能高枕而卧。独有田产，不忧水火，不忧盗贼。虽有强暴之人，不能竟夺尺寸；虽有万钧之力，亦不能负之以趋。千顷万顷可以值万金之产，不劳一人守护。即有兵燹离乱，背井去乡，事定归来，室庐畜聚，一无可问，独此一块土，张姓者仍属张，李姓者仍属李，芟夷垦辟，仍为殷实之家。呜呼！举天下之物不足较其坚固，其可不思所之保之哉！”[17]同时，土地私有使土地成为社会地位和实际权力的基础，占有大量土地的人，不仅可以享受豪华奢侈、高贵舒适的物质生活，而且可以以一介布衣，其权势“大者倾郡，中者倾县，下者倾乡里”[7]3282，成为横行一方的土皇帝，作威作福。这种现实，使人们对土地趋之若鹜，因此，汉字中的“福”“富”等字，都是以田字为底，正是反映了田为富贵、幸福之本的观念。土地私有、土地买卖，形成了“贫富无定势，田宅无定主，有钱则买，无钱则卖”[18]的格局，因此，生活困苦贫贱者迫于生计压力不得不卖，而拥有权势和财富者，都会不遗余力地去购买占有，豪强兼并土地日益兴盛。

（七）两汉第一次土地兼并高潮

土地私有、土地买卖，提供了土地兼并的可能性，土地的特殊属性，又会促使人们去千方百计地兼并土地，但兼并土地者必须拥有一定的财富、权势和被兼并的对象。这种条件，随着西汉初年社会经济的恢复发展，日趋成熟。从汉高祖刘邦到景帝刘启时，政治上，汉承秦制，与民休息，迁徙六国后裔，强干弱枝，使社会逐渐稳定下来。经济上，复故爵田宅，赐予随军征战者土地，招抚流亡，开垦荒地，轻徭薄赋，发展生产。思想上，奉行黄老之学，清静无为。师丹概括为："孝文皇帝承亡周乱秦兵革之后，天下空虚，故务劝农桑，帅以节俭。民始充实，未有并兼之害。"[1]1142 师丹说法是可信的，亦有不准确之处。有土地私有，有土地买卖，就会有兼并之害，当时晁错提出了"商人所以兼并农人，农人所以流亡者"[1]1132 的问题，只是与师丹所处的汉哀帝时相比轻多了，后人美化为"邑里无营利之家，野泽无兼并之民"[19]。历经七十余年的发展，扭转了西汉初年"天子不能具钧驷，而将相或乘牛车，齐民无藏盖"[7]1417 的残破局面，而发展成为"非遇水旱之灾，民则人给家足，都鄙廪庾皆满，而府库余货财。京师之钱累巨万，贯朽而不可校。太仓之粟陈陈相因，充溢露积于外，至腐败不可食。众庶街巷有马，阡陌之间成群，而乘字牝者傧而不得聚会"[7]1420。繁荣的经济，社会的进步，建立在农民辛勤耕作的基础之上，但主要受益者却是官僚贵族、豪强地主、大商人，他们积聚起雄厚的经济实力，以无限膨胀的贪婪欲望，猛烈地兼并农民的土地，掀起了两汉第一次土地兼并的高潮。

官僚贵族，身份高贵，社会地位高，手中掌有权势，经济实力雄厚，是土地兼并的先行者。如淮南王刘安的后妃、子女，“擅国权，侵夺民田宅”[7]3083。衡山王刘赐，“又数侵夺人田”还“坏人冢以为田”[7]3095。汉初诸侯王，是“以千里为宅居，以万民为臣妾”者[1]2138，汉武帝时代，还是“今诸侯或连城数十，地方千里”[7]2961，具体到“淮南、衡山亲为骨肉，疆土千里”[7]3098，但他们还要掠夺、兼并平民百姓的田宅，说明他们也是名义上王国土地的拥有者，实际上只能“独得食租税”① 而已，土地所有权是私有制或国有制，他们并不能够随心所欲地支配土地，因此他们加入兼并土地的行列，掠夺百姓田宅。朝廷大臣上书请求制裁他们，汉武帝不允许。比诸侯王的政治地位略微低些的官僚、列侯，也兼并土地。如相国、酂侯萧何，为免除皇帝的怀疑，“多买田地，贱贳贷以自污”，因此，平民百姓上书“言相国强贱买民田宅数千万”，萧“何买田宅必居穷辟处”[7]2018—2019。萧何贱价购买田地固然是一种政治避祸的方式，但能够买田宅是没有问题的。丞相、南窌侯公孙贺，“倚旧故乘高势而为邪，兴美田以利子弟宾客，不顾元元，无益边谷，货赂上流”[1]2879。乐平侯卫侈，“建元六年，坐买田宅不法，有请赇吏，死”[1]622。外戚在兼并土地方面也不落后，汉景帝王皇后同母异父弟、丞相田蚡，本来就“治宅甲诸第，田园极膏腴”[7]2844，但还不满足，不仅兼并平民百姓的土地，而且要以权势夺取曾为丞相、魏其侯窦婴的城南田，窦婴不允，而种下矛盾的祸根，以致家破人亡。其实，官僚贵族，扩大其田产规模，除了以权势兼并、侵夺外，还可以由受赏赐，合法地把国有土地变为已有，

① 《史记》卷五九《五宗世家》（第 2140 页）。《汉书》卷三八《高五王传》赞曰：“其后诸侯唯得衣食租税。”（第 2002 页）朱谦之校辑《新辑本桓谭新论》卷六《谴非》载：“王但得虚尊，坐食租税。”（中华书局 2009 年版，第 19 页）三书记述大同小异，同在都是“食租税”，异在表述的程度而已。

汉武帝寻找到居住在长陵的同母异父姊金俗，“奉酒前为寿，奉钱千万，奴婢三百人，公田百顷，甲第，以赐姊”[7]1982。因为是王太后的女儿、汉武帝的姐姐，长陵女子金俗变成了贵族修成君，公田百顷转化为修成君的家产。但贵族官僚趁赐予土地之机营私舞弊超出限度则要受到惩罚。“李蔡以丞相坐诏赐冢地阳陵当得二十亩，蔡盗取三顷，颇卖得四十余万，又盗取神道外壖地一亩葬其中，当下狱，自杀。”[1]2449 盗取公有土地，引来了杀身之祸。有些人依靠其俸禄、赏赐等，购买土地。河东霍中孺之子名将霍去病，曾“大为中孺买田宅奴婢”[1]2931，使其父为富人。当然，官僚贵族兼并土地，并不是要自己亲自耕种，而是作为产业遗留给子孙，成为剥削佃农地租的基础。

豪强地主，西汉中期发展起来，武断乡里，作威作福，“邑有人君之尊，里有公侯之富”[1]1137，反映的是作为乡里主宰者豪强地主的情况。他们有的是在职或致仕的官僚，有的是土生土长的财主，他们与官府交通勾结，成为兼并农民土地的重要成员。曾为太仆、燕相的灌夫，“家累数千万，食客日数十百人。陂池田园，宗族宾客为权利，横于颍川”。侵夺百姓，以致人们用儿歌诅咒他“颍水清，灌氏宁；颍水浊，灌氏族”[7]2847。内史宁成因罪受刑，诈刻符传出关，回归南阳郡穰县，称：“仕不至二千石，贾不至千万，安可比人乎!”后来随“贳贷买陂田千余顷，假贫民，役使数千家”。数年后，会大赦，形成产业数千金，挟官吏长短，出从数十骑，“其使民威重于郡守”[7]3135。汉代，“凡编户之民，富相什则卑下之，伯则畏惮之，千则役，万则仆，物之理也”[7]3274。“相与同为编户齐民，而以财力相君长者，世无数焉”[20]1648。至于那些名不见经传的豪强地主兼并土地者，无疑当会更多。

商人、高利贷者，是兼并农民土地的老手。西汉初年，开关梁，弛山泽之禁，富商大贾周流天下，发财致富。不仅从事盐铁业的临邛卓氏、程郑、南阳孔氏、曹邴氏等富至巨万，田池射乐，拟比人君；而且从事平常行业的，如博戏、行贾、贩脂、卖浆等行业的人，也发展到了千金、鼎食、连骑的地步。他们“因其富厚，交通王侯，力过吏势，以利相倾”[1]1132。但他们积累起来的巨额财富，除了供其豪华奢侈的消费、维持简单再生产外，没有合适的部门可供投资牟利，因此将商业资本投向土地，也就是司马迁所说的：“以末致财，用本守之，以武一切，用文持之。”[7]3281穷困潦倒的司马相如、卓文君凭借着盐铁商人卓王孙分予的“僮百人，钱百万，及其嫁时衣被财物，文君乃与相如归成都，买田宅，为富人”[7]3001。宣曲任氏经营粮食发财后，“折节为俭，力田畜。田畜人争取贱贾，任氏独取贵善，富者数世”[7]3280。商人兼并土地，无农夫之苦，而有阡陌之得，粟米之积。

土地兼并者为官僚贵族、豪强地主、商人，而被兼并的土地，除少量官僚贵族、地主、商人的土地和国有土地外，主要是自耕农的土地。西汉初年，社会经济的发展，无疑也给自耕农带来了好处，也会使部分自耕农通过兼并土地而成为地主。但是，大部分自耕农由于小农经济的局限性，男耕女织、自给自足，生产规模狭小、生产水平低下、经济力量薄弱，再加上天灾人祸、赋税徭役和高利贷商人的盘剥，就是在文景之治的盛世，自耕农的日子也不好过。当时晁错曾具体描述过自耕农生活的困境：“今农夫五口之家，其服役者不下二人，其能耕者不过百亩。百亩之收不过百石。春耕夏耘，秋获冬臧，伐薪樵，治官府，给徭役；春不得避风尘，夏不得避暑热，秋不得避阴雨，冬不得避寒冻，四时之间亡日休息；又私自送往迎来，吊死问疾，养孤长幼在其中。勤苦如此。尚复被水旱之灾，急征暴赋，赋敛不时，朝令而暮改。当具有者半贾而卖，亡者取倍称之息，于是有卖田宅鬻子孙以偿债者矣。”[1]1132 到了汉武帝时代，“外事四夷之功，内盛耳目之好”[1]1101。自耕农的生活处境更为恶化，其土地不就更容易被兼并吗？

从历史发展的角度看，土地兼并，是土地私有、土地买卖的必然产物，是经济积累的必然趋势。从根本上讲，弊病不在于是否有土地兼并，而在于：一是兼并的土地，能不能转化为商品生产的资本，由兼并而产生新的生产方式。二是土地是一种特殊商品，地理位置不可移动，买卖之后并不能立即消耗掉，又再重新生产出来，但会使贫穷者欲耕作而无土地，富者有田地而缺乏人耕种。失去土地的自耕农，除部分人转化为“耕豪民之田，见税什五”[1]1137 的佃农外，有的落魄成为奴婢，有的失业成为流民，有的因困苦无告揭竿而起，日积月累就会集聚为推翻皇朝统治的农民起义风暴。这样的土地兼并活动，不仅影响到编户齐民减少、经济衰退，使国家赋税资源枯竭、财政收入减少，而且造成社会动荡不安，直接威胁到国家的长治久安。土地兼并者以个人财富积聚的目的、形式，与统治阶级的长远利益相矛盾，造成了严重的社会问题。因此，从地主阶级的整体利益来看，必须使自耕农拥有一块土地，在维护土地多种所有制并存的前提下，适当地限制土地兼并，以保证国家对自耕农的控制，以保证社会的安定和财政收入的稳定。

在西汉初年，授田制萎缩，土地买卖兴盛，土地私有制逐渐形成以后，官僚贵族、豪强地主、商贾富豪等利用发展起来的权势、金钱，疯狂地兼并国家和农民土地，形成了官僚贵族、豪强地主等

“田宅逾制”[①]“占田逾侈”[②] 的格局，农民生活环境日益恶化。汉武帝在前辈积累的丰富物质基础上，外事四夷，开疆拓土，增设郡县；内兴更化，制礼作乐，大事土木，激化了社会矛盾，土地兼并更为严重，形成了两汉第一次土地兼并的高潮，社会蕴藏着动荡不安的因素，国家面临着严重的社会危机。在这种大背景下，董仲舒没有袖手旁观，而是积极参与社会实践活动，主动地分析思考，向汉武帝上书指出了土地兼并的根源、危害和抑制兼并的办法——“限民名田，以澹不足，塞并兼之路”的思想，以维护汉家统治的长治久安。

二、董仲舒限田思想的初步分析

董仲舒的限田思想，是以董仲舒上书汉武帝请限民名田建议的形式问世的，立足于现实，贯古通今，内容丰富，论述深刻，笔者稍作辩证分析。

① 《汉书》卷一九上《百官公卿表上》（第742页）。对于“田宅逾制”，有些学者认为是观念性词语，而非实指或特指，也有人认为是实指，有具体内容。袁延胜《三杨庄聚落遗址与汉代户籍问题》指出：“张家山汉简《二年律令·户律》规定‘一宅’的面积是‘大方卅步’，约相当于今天1700多平方米。三杨庄聚落遗址中庭院面积近2000平方米，基本符合《二年律令·户律》中普通民户‘一宅’的面积。这表明汉代关于住宅大小的规定，可能是一项长期实行的比较稳定的制度。”（《中原文物》2012年第3期）可见“田宅逾制”有着具体的内容规定。

② （汉）荀悦撰《汉纪》卷八孝文皇帝纪下（《两汉纪》上册，第114页）。占田，亦是当时的习用语，如甘肃简牍博物馆等编《肩水金关汉简（肆）》载：“神爵二年十二月壬申朔，辛卯，东乡啬夫生敢言之：昌乐里韩忠自言以令占田居延，与子女婢温、小男。”（73EJT37：871，中西书局2015年版，下册第75页）。占田居延，即是在居延占有耕种土地。

（一）董仲舒请限民田上书的时间

《汉书·食货志上》说："是后，外事四夷，内兴功利，役费并兴，而民去本。董仲舒说上曰。""是后"叙述了大背景，没有明确记载上书的年月时间，留下了后人见仁见智的空间。东汉荀悦的《汉纪》系于元狩四年（前 119）春，言："是时，董仲舒说上曰。"[13]219 宋朝司马光的《资治通鉴》以为"初，董仲舒说武帝"[21] 系于绥和二年（前 7）师丹建言限田限奴议之前。宋代王益之的《西汉年纪》也将董仲舒上书的时间，排列在元狩四年[22]。宋朝吕祖谦的《大事记》将董仲舒请限民田，系于元狩五年（前 118）三月①。明代王锡爵辑《历代名臣奏疏》标为"汉武帝建元元年"[23]。清朝张英、王士祯等撰《渊鉴类函》则曰："孝武即位，董仲舒说上曰。"[24]"汉武帝建元元年"虽然具体，但与董仲舒建议所言"盐铁皆归于民"不符，因为当时尚未实行盐铁官营，提出如此建议，有些无的放矢。"孝武即位"比较笼统，也有些为时尚早的瑕疵。

《汉书》的《武帝纪》载：元狩三年，"遣谒者劝有水灾郡种宿麦"。《食货志上》载：董仲舒言："今关中俗不好种麦，是岁失《春秋》之所重，而损生民之具也。愿陛下幸诏大司农，使关中民益种宿麦，令毋后时。"两者相同之处在于"种宿麦"，《武帝纪》记载的是皇帝派遣谒者劝有水灾郡种宿麦，《食货志上》记述的是董仲舒建议皇帝下诏大司农使关中民益种宿麦，地点不同、执行机构不同。究竟是汉武帝听取了董仲舒建议，还是董仲舒受皇帝派遣

① （宋）吕祖谦撰《大事记》卷一二元狩五年载：三月"董仲舒请限民田，不从"（《吕祖谦全集》，浙江古籍出版社 2008 年版，第 8 册，第 166 页）。这是系年中较为具体细密的一个。吕祖谦撰《大事记解题》卷一二元狩五年除记载"董仲舒请限民田，不从"外，还说明了系于元狩五年的理由（《吕祖谦全集》，第 8 册，第 818－819 页）。

谒者督促种宿麦的启发，不好判断，但有一点可以确定，那就是两者时间相距不会太远。

元狩三年（前120）是一个可以参考的时间坐标，董仲舒请限民名田的建议当在其后。元狩三年，“以东郭咸阳、孔仅为大农丞，领盐铁事”[7]1428。元狩四年（前119），大农上盐铁丞孔仅、东郭咸阳书，言盐铁官营之策，朝廷“使孔仅、东郭咸阳乘传举行天下盐铁，作官府，除故盐铁家富者为吏”[7]1429。推行盐铁官营政策。在这种情况下，董仲舒言“盐铁皆归于民”才有了针对性。仔细推敲《汉纪》《大事记》《西汉年纪》把董仲舒请限民名田的建议置于元狩四年或元狩五年（前118），都是根据《史记·平准书》和《汉书·食货志》的记载，都是以盐铁官营作为确定年代的依据，差别在于是元狩三年还是元狩四年，东郭咸阳、孔仅为大农丞，领盐铁事。其实这只是说具备了董仲舒上书所言内容的客观条件，究竟董仲舒何时上书史无明文记载，我们只能说元狩四年、五年及以后可能性比较大，不一定就是在元狩四年或元狩五年。

（二）董仲舒请限民田上书的内容

董仲舒限田思想的内容包含在上汉武帝疏中，董仲舒曰：“古者税民不过什一，其求易共；使民不过三日，其力易足。民财内足以养老尽孝，外足以事上共税，下足以畜妻子极爱，故民说从上。至秦则不然，用商鞅之法，改帝王之制，除井田，民得卖买，富者田连仟佰，贫者亡立锥之地。又颛山泽之利，管山林之饶，荒淫越制，逾侈以相高；邑有人君之尊，里有公侯之富，小民安得不困？又加月为更卒，已复为正，一岁屯戍，一岁力役，三十倍于古；田租口赋，盐铁之利，二十倍于古。或耕豪民之田，见税什五。故贫民常衣牛马之衣，而食犬彘之食。重以贪暴之吏，刑戮妄加，民愁亡聊，亡逃山林，转为盗贼，赭衣半道，断狱岁以千万数。汉兴，循而未改。古井田法虽难卒行，宜少近古，限民名田，以澹不足，塞并兼之路。盐铁皆归于民。去奴婢，除专杀之威。薄赋敛，省徭役，以宽民力。然后可善治也。”① 董仲舒立足于现实，反思历史，指出了贫富两极分化的问题，描绘了社会严重危机的状况，提出了盐铁皆归于民、薄赋敛、省徭役等一系列的建议，尤其是提出了解决土地兼并问题的办法——“限民名田，以澹不足，塞并兼之路”，是具有创造性的思想。

（三）董仲舒的商鞅变法“除井田、民得卖买”说法不准确

董仲舒论述了土地兼并的根源，“至秦则不然，用商鞅之法，改帝王之制，除井田，民得卖买”，废除井田制，民得买卖土地，是土地兼并的根源所在。董仲舒看得透彻，抓得准确，论述得简明清楚，思想具有创造性。但从时间角度来看，董仲舒说法似乎不准确。

首先，董仲舒所言“除井田，民得卖买”，并不反映秦国土地制度的实际。20 世纪 70 年代出土的睡虎地秦墓竹简中看不到土地买卖的法律与记载，有“入顷刍稿，以其受田之数，无豤（垦）不豤（垦），顷入刍三石、稿二石”[25]21 的记载，说的是“受田之数”，受田又作“授田”，是说国家把土地分授给农民耕种，农民给国家交赋税、服劳役。战国秦魏齐等国实行授田制情况，前面有所论述，此处不再赘言。

① 《汉书》卷二四上《食货志上》（第 1137 页）。董仲舒的上书，后人收录到多种著述中，拟定了不同的篇名。如：（宋）真德秀编《文章正宗》卷九作《董仲舒论限民名田》，（宋）陈仁子辑《文选补遗》卷五作《论限民名田》，（明）吴国伦校《秦汉书疏·西汉书疏》卷二作《论限民田》，（明）梅鼎祚编《西汉文纪》卷八作《又言限民田》，（明）张溥编《汉魏六朝百三名家集》卷三作《乞种麦限田章》，（清）严可均辑《全上古三代秦汉三国六朝文·全汉文》卷二四命名为《又言限民名田》，（民国）吴增祺编《涵芬楼古今文钞简编》卷一一作《限民名田奏》。各书所拟定的篇名，并不完全相同，但都明确标出了限田的关键词语。

其次，有些秦国晚期或秦始皇时代的秦简记载了秦人的家庭情况。如睡虎地秦墓竹简乡某封守爰书记载了奉县丞文书查封某里士伍甲家室、妻、子、臣妾、衣服、畜产的情况，连“牡犬一”[25]149也未遗漏。湖南里耶古城护城壕发现的秦代户籍简牍记载了户主的籍贯、爵位、姓名，以及户主的兄弟、妻妾、儿子、女儿与奴婢的情况①。也就是说目前所发现的记载秦人家庭情况的秦简中没有关于土地方面的记载。居延汉简中记载的隧长居延西道里公乘徐宗家有宅、妻、子、男同产、女同产、用牛，“田五十亩直五千”[26]34；候长觻得广昌里公乘礼忠家有宅、小奴、大婢、用马、服牛、牛车、轺车，“田五顷五万”[26]61。汉简中专门记载了土地的情况。上述秦汉简牍资料相互比较，家庭成员、奴婢、畜产等项目是相同的，也有明显区别，睡虎地秦墓竹简和里耶秦简的文书中都曾未涉及土地，而居延汉简准确地标明了土地的数量与价值，这说明秦国土地尚归国家所有，尚未计算在家产范围之内。睡虎地秦墓竹简的《日书》中有买卖臣妾、人民（奴隶）、畜生（马牛）、货财（财物）

---

① 湖南省文物考古研究所编《里耶发掘报告》第二章《里耶古城遗址》记录了二十余户的户籍，其中完整者有：“南阳户人荆不更蛮强　妻曰嗛　子小尚早□　子小女驼　臣曰聚　伍长。”“南阳户人荆不更黄□　子不更昌　妻曰不实　子小上造悍子小上造　子小女规　子小女移。”等等（岳麓书社 2007 年版，第 203－210 页）。可见秦国户籍著录的项目，可以由此了解家庭成员的情况。

的记载[①]，说明当时存在着奴隶、财物等买卖，但没有买卖土地的记录，这也证明秦国晚期或秦始皇时代土地尚未随便买卖，那么在此一百年之前的商鞅时代，就会“除井田，民得卖买”吗？

其三，战国两汉人说到商鞅变法，多不言“除井田，民得卖买”，而言决裂或开阡陌。如后为秦国丞相的蔡泽曰：“夫商君为孝公平权衡、正度量、调轻重，决裂阡陌，教民耕战。”[27]216 蔡泽说的是“决裂阡陌”。《史记》的《秦本纪》载：秦孝公十二年，“为田开阡陌”。《索隐》引《风俗通》曰：“南北曰阡，东西曰陌。河东以东西为阡，南北为陌。”[②]《六国年表》载：秦孝公十二年，“为田开阡陌”。《商君列传》载：“为田开阡陌封疆，而赋税平。”《正义》曰：“封，聚土也；疆，界也：谓界上封记也。”《史记》记述的这几条史料都说到了“为田开阡陌”的事情。《汉书》的《食货志上》载：“及秦孝公用商君，坏井田，开仟伯，急耕战之赏，虽非古道，犹以务本之故，倾邻国而雄诸侯。”颜师古注曰：“仟伯，田间之道也。南北曰仟，东西曰伯。”《地理志下》载：“孝公用商君，制辕田，开仟伯，东雄诸侯。”《汉书》说的是开仟伯（即

---

① 《睡虎地秦墓竹简》中有买卖臣妾、畜生、财货不吉利的忌日和吉利的良日等记载。如《日书甲种》载：“毋以午出入臣妾、马【牛】，是胃（谓）并亡。”“毋以申出入臣妾、马牛、货材（财），是胃（谓）□□□”（第197页）。这里说的是忌日。出为卖，入为买。出入，指卖出与买进，也就是买卖，这里所买卖者有臣妾、马牛、财货。《日书乙种》载：“作阴之日，利以入（纳）室，必入资货。”（第231页）又载：“窨日，可以入马牛、臣【妾】〼。敫日，可以入臣妾，驾驹〼。”（第233页）这里说的是吉日。入，即可以买进；又有敫日，“出入人民、畜生”；阴日，“入货、人民、畜生；……出入人民、畜生”（第234页）。人民，指奴婢。这里也是说在吉日可以买卖奴隶、畜生等。壬寅等日，“不可以入臣妾及寄者，有咎主”（第241页），不可以买入奴婢。上述史料证明奴隶、畜生、货财是可以买卖的。

② 《史记》卷六《秦始皇本纪》载：“昭襄王生十九年而立。立四年，初为田开阡陌考。”（第290页）（清）梁玉绳撰《史记志疑》卷五《秦始皇本纪》曰：“此乃孝公十二年事，而以为昭襄四年，误矣。”（中华书局1981年版，第196页）梁玉绳所言为是。

阡陌），即破除原来的阡陌封疆，重新规划农田道路、地界等，建立新的阡陌封疆。上述所引用的《战国策》《史记》《汉书》等都说到了商鞅变法决裂或开阡陌（仟伯），而不涉及“除井田，民得卖买”，这不是偶然的。

除了秦简中不记载土地买卖外，近些年来出土的简牍提供了一些秦国整理规划农田道路的新资料，根据这些资料，可以深化对于秦国阡陌封疆制度的了解。

如青川木牍记载，“二年十一月己酉朔日，王命丞相戊（茂）、内史匽，□□更修为田律：田广一步，袤八则为畛。亩二畛，一百（陌）道。百亩为顷，一千（阡）道，道广三步。封，高四尺，大称其高；捋（埒），高尺，下厚二尺。以秋八月，修封捋（埒），正疆畔，及癹千（阡）百（陌）之大草。”[28]这是秦武王二年（前309）颁布的农田阡陌、疆畔规制的法律，使我们得以了解当时畛、阡道、陌道、疆畔的规格、形制等情况，了解每年整修阡陌封疆的时间。所谓“修封捋（埒）”的“封”，“封，起土界也”[29]692，“封者，聚土之名也”[4]281。封，也就是指用土筑造的田间地界。秦国的农田阡陌、疆畔制度后来变为秦朝制度，并被汉朝所继承沿用①。

又如睡虎地秦墓竹简记载，“‘盗徙封，赎耐。’可（何）如为‘封’？‘封’即田千佰。顷半（畔）‘封’殹（也），且非是？而盗徙之，赎耐，可（何）重也？是，不重。”[25]108封，是田间阡陌，即是地界。盗徙封，指私自移动地界，是要受到赎耐惩罚的。

① 《张家山汉墓竹简（释文修订本）·二年律令·田律》载：“田广一步，袤二百卌步，为畛，亩二畛，一佰（陌）道；百亩为顷，十顷一千（阡）道，道广二丈。恒以秋七月除千（阡）佰（陌）之大草；九月大除道□阪险；十月为桥，修波（陂）堤，利浸梁。虽非除道之时而有陷败不可行，辄为之。”（第42页）此简与秦青川木牍相互比较，两者有同有异，相同者是汉承秦制的具体例证，但已经有些变化，标志着秦汉阡陌制度的不同。

再如龙岗秦简记载，“侵食道、千（阡）、邵（陌），及斩人畴企（畦），赀一甲。”[30]111 “盗徙封，侵食冢庐，赎耐。”[30]112 “黔首皆从千（阡）佰（陌）强（疆）畔之其☐”[30]124。与睡虎地秦墓竹简有相同之处——盗徙封，赎耐，而涉及的范围更广泛——侵食道、阡陌、冢庐等行为，都在受到惩罚范围之内。

上述三种简牍资料都有与秦国阡陌封疆制度相关的法令，证明了秦国存在着阡陌封疆的现实和有些人破坏阡陌封疆的行为，说明了政府对于维护阡陌封疆制度的重视，法令明确规定对于破坏阡陌封疆者要予以惩罚。

封疆，又称为疆畔①、疆埸②、顷畔、田畔③、地约④、封洫⑤

① 徐元诰撰《国语集解》卷一《周语上·宣王即位不籍千亩》载：“恪恭于农，修其疆畔，日服其镈，不解于时，财用不乏，民用和同。”韦昭注曰：“疆，境也。畔，界也。”（第 21 页）疆畔，此处指田界。

② 《诗经今注·小雅·信南山》载：“疆埸翼翼，黍稷彧彧。”注：“疆埸，田界也。”（第 325、326 页）《汉书》卷二四上《食货志上》载：“还庐树桑，菜茹有畦，瓜瓠果蓏，殖于疆易。”颜师古注曰：“《诗·小雅·信南山》云‘中田有庐，疆埸有瓜’，即谓此也。”（第 1120－1121 页）《文选》卷三张平子《东京赋》曰：“兆民劝于疆埸，感懋力以耘耔。”薛综注曰：“兆民，谓百姓也。疆，田畔也。”（中华书局 1977 年版，第 60 页）疆埸，此处指田界、田边。

③ 《汉书》卷八九《循吏传·召信臣》：“信臣为民作均水约束，刻石立于田畔，以防分争。”（第 3642 页）《说文解字注》十三篇下《田部》载：“畔，田界也。”段玉裁注：“田界者，田之竟处也。”（上海古籍出版社 1981 年版，第 696 页）田畔，指田界。

④ 《周礼正义》卷六八《秋官·司约》载：“治地之约次之。”郑玄注曰：“地约，谓经界所至，田莱之比也。”孙诒让引惠士奇云：“地约者，封人所封之四疆，量人所量之涂数，形方所正之华离，遂人所造之形体，匠人所画之沟洫，皆是也。”（第 2845、2847 页）地约，指土地的疆域界线。

⑤ 《春秋左传注》襄公三十年载：“子产使都鄙有章，上下有服，田有封洫，庐井有伍。”注曰：“封，田界。洫，水沟。”（第 1181 页）《吕氏春秋校释》卷一六《乐成》载：“子产始治郑，使田有封洫，都鄙有服。”高诱注曰：“封，界；洫，沟也。”（第 989、994 页）封洫，指田界。

等，后人又称为地界、田界、田陌、疆畛①、疆陇②、地边等。这些丰富多彩的关于封疆、田界的词语，有些是先秦人创造的，有些是后人沿袭使用的，也有些是后人命名的。这些关于田界的词语与新发现的秦、汉初有关阡陌封疆的法令，说明土地属于国家所有，国家重视阡陌封疆，以便于授田制的实行与管理。土地属于国家所有，才能够按照国家的法令规定来实施修理阡陌封疆。到后世土地国有、私有、集体共有等多种所有制并存，土地经营单位日益分散，土地无限细碎化，不可能再修建整齐划一的阡陌封疆，而出现了绘制土地分布状若鱼鳞的鱼鳞图册，国家还会做这些不可能办到的事情吗？后来土地国有、私有、集体共有等并存，也不会再有如此整齐统一的田界。这正说明当时土地“民得卖买”不存在。不独秦国如此，齐国亦有类似的措施③。同时，地邻相互之间对于田界的纠纷争夺历代都有，《周礼》载：“凡民讼以地比正之；地讼以图正之。”汉代郑玄注：“地讼，争疆界者。”唐朝贾公彦疏：“谓民于疆界之上横相侵削者也。”[31]这是汉唐人对于地讼以当时的语言进行了解释。直至当代因为地界发生的纠纷、诉讼等还是习以为常。还有，古代国家授田有阡陌封疆，私有土地也会有田界，占田、均田等都有地边，历代耕种的土地都会有田界、地边，只是重视程度

① 《新唐书》卷一四五《元载传》载：“膏腴别墅，疆畛相望，且数十区。”（中华书局1975年版，第4713页）疆畛，指地界、界限。

② （唐）杜牧著《樊川文集》卷一三《上池州李使君书》载：“然与足下之所受性，固不得伍列齐立，亦抵足下疆陇畦畔间耳。”（上海古籍出版社1978年版，第191页）（宋）曾巩撰《曾巩集》卷三九《太平州祈晴文》：“水之既去，民于完堤防、修疆陇，以从事于田，其艰且劳亦甚矣。”（中华书局1984年版，第537页）疆陇，指田界。

③ 黎翔凤撰《管子校注》卷一《乘马》载：“三岁修封，五岁修界，十岁更制，经正也。”（第90页）卷一四《四时》载：“四政曰：端险阻，修封疆，正千（阡）伯（陌）。”（第843页）定时修理封疆，齐国规定与秦国有些类似，这当是战国时代的特色。

相异，规模大小不一，名词说法不同而已。开阡陌封疆，并不直接涉及土地的“民得卖买”问题，与土地兼并没有直接的联系①。因此，董仲舒说“除井田，民得卖买”，而不说“开阡陌封疆，民得卖买”。土地“民得卖买”是说土地所有权转移的方式，由国家授田转为土地买卖，与开阡陌封疆没有直接、必然的联系，而与土地私有、土地兼并紧密地联系在一起。

其四，有关于战国土地买卖的资料，经常说到的有赵中牟令“王登一日而见二中大夫，予之田宅。中牟之人弃其田耘、卖宅圃，而随文学者邑之半”[32]。这里放弃的是田耘，出卖的是宅圃，从侧面说明土地不能随便买卖②。战国百姓生活困苦时，解燃眉之急的

---

① 有些人认为开阡陌封疆导致了土地兼并，如（宋）廖行之撰《省斋集》卷四《田制论》认为：“自秦开阡陌，坏井田，于是兼并纵横而贫富相绝，上无制民产之法，而趋末者益众。”（《景印文渊阁四库全书》，第1167册，第327页）。（宋）孙梦观撰《雪窗集》卷二《董仲舒乞限民名田》言：“三代之民，所以无甚富甚贫者，以井田之法在也。自秦变为阡陌，而兼并之祸起矣。”（《景印文渊阁四库全书》，第1181册，第97页）（元）马端临撰《文献通考》卷一《田赋考・田赋一》引吴氏语曰：“井田受之于公，毋得粥卖，故《王制》曰：田里不粥。秦开阡陌，遂得买卖。又战得甲首者，益田宅，五甲首而隶役五家，兼并之患自此起。民田多者以千亩为畔，无复限制矣。”（中华书局1986年版，第31页）卷二《田赋考・田赋二》说：“盖自秦开阡陌之后，田即为庶人所擅，然亦惟富者贵者可得之。富者有赀可以买田，贵者有力可以占田，而耕田之夫率属役于富贵者也。”（第43页）诸如此类的说法很多，之所以产生这样的说法，在于把开阡陌封疆与土地民得买卖联在一起了。其实，这是有联系而不完全相同的两回事。

② 对于此问题，传世文献能够提供例证，从现代农村集体土地所有制，农民承包土地，不愿意耕种时出现的抛荒地、撂荒地事实中也可以获得启发。如果土地能够买卖，又不是战火纷飞的年代，为何扔下土地不管而变为抛荒地呢？是因为不能够随便买卖，自己不耕种，又不愿出租或委托他人代耕，只好抛荒。

办法多说是“鬻子”①，不说出卖田地。如果有子女与土地可卖，一般应当是先卖土地，后卖子女，从侧面说明土地还不能买卖。汉文帝时，晁错曰：“当具有者半贾而卖，亡者取倍称之息。于是有卖田宅鬻子孙以偿债者矣。”[1]1132已经是卖田宅优先于鬻子孙，标志着土地可以买卖了。战国时代说到卖地的还有：韩国上党太守冯亭曰：“是吾处三不义也：为主守地而不能死，而以与人，不义一也；主内之秦，不顺主命，不义二也；卖主之地而食之，不义三也。”[27]619－620此处“卖主之地”，既反映当时有了卖地的观念，又说明冯亭所谓“卖主之地”，是指出卖国君之地，并不是民间的土地买卖。赵国将军赵括以“王所赐金帛，归藏于家，而日视便利田宅可买者买之”[7]2447。这是汉朝人司马迁《史记》所记载的赵国土地买卖的资料，是否可靠尚需考索，即使可靠，这也是两个不同国度和时间的问题，是赵国土地买卖的资料，而不是秦国土地买卖的资料；还有商鞅变法的年代与赵国赵括生活的岁月，前后相差一百余年，也不能够证明“用商鞅之法，改帝王之制，除井田，民得卖买”的问题。

由上述可见，董仲舒所说的“除井田，民得卖买”并不符合商鞅变法的实际，而后人以讹传讹，所以土地买卖从商鞅开始是一个不确切的看法。之所以如此，因为董仲舒是思想家，不是历史学家，“用商鞅之法，改帝王之制，除井田，民得卖买”，是董仲舒为

① 《管子校注》卷五《八观》载：“什一之师，三年不解，非有余食也，则民有鬻子矣。”（第261页）卷二三《揆度》言：“轻重不调，无䊪之民不可责理，鬻子不可得使，君失其民，父失其子，亡国之数也。”（第1388页）卷二三《轻重甲》曰：“今君铸钱立币，民通移，人有百十之数，然而民有卖子者何也？财有所并也。”（第1432页）《韩非子新校注》卷一八《六反》言：“相怜以衣食，相惠以佚乐，天饥岁荒，嫁妻卖子者，必是家也。”（第1011页）。上述史料可见战国时代卖子的情况，而不言卖田地。

论证“限民名田”的合理性而制造的一个证据，既与西汉过秦的思潮吻合，也与西汉人对于秦国土地制度的认识吻合①，还给限民名田主张提供了历史的证据，也规避了政治风险，这是战国西汉诸子说明自己主张的惯用手法。王充指出：“夫世间传书诸子之语，多欲立奇造异，作惊目之论，以骇世俗之人；为谲诡之书，以著殊异之名。”[33]167 “盖言语之次，空生虚妄之美；功名之下，常有非常之加。”[33]190 王充所言并非空穴来风，而是持之有故言之成理。如韩非言：“古有伯夷、叔齐者，武王让以天下而弗受，二人饿死首阳之陵。”周勋初指出：“武王让以天下：周武王把天子位置让给伯夷、叔齐。史实不详。”[34]太田方曰：“周武王让天下事，传记所未见，盖战国辩士之言耳。”[35]这是韩非为论证自己的说法而编造了一个周武王让天下的故事。再如《庄子·杂篇·说剑》所说的赵文王喜爱剑的故事，文章本非庄周所撰写，赵文王、太子悝似乎为虚构人物，赵文王喜爱剑当为寓言故事，怎能够用来证明赵国历史问题？董仲舒也曾经说：“昔者鲁君问柳下惠曰：‘吾欲伐齐，何如?’柳下惠曰：‘不可。’归而有忧色，曰：‘吾闻之也，谋伐国者，不问于仁人也，此何为至于我?’”[36]267 这件事似乎也不存在[37]。董仲舒所言“用商鞅之法，改帝王之制，除井田，民得卖买”，沿袭战国诸子所习用的方法，也具有汉代人思维的特色，因为，“世俗之人，多尊古而贱今，故为道者必托之于神农、黄帝而后能入说。乱世暗主，高远其所从来，因而贵之”[38]。为了减少阻力，达到说服别人的目的，因此有托古的必要。再则，理论论证需要有证据，尤

① 《汉书》卷六七《梅福传》载：“秦为亡道，削仲尼之迹，灭周公之轨，坏井田，除五等，礼废乐崩，王道不通，故欲行王道者莫能致其功也。”（第 2918 页）其中的“坏井田”与董仲舒的“除井田”，看法相吻合，也是汉代人立足于现实，追溯历史的言论。

其是历史上的证据，更有说服力，没有只好编造。战国诸子百家争鸣中，把自己对未来的憧憬、想象投射在他们所描述的古代事实中，有些所谓古代的事实，其实就是他们自己的政治主张与理想，是他们思想主张的注脚，是为了论述的需要编造出来的故事，并非都是真实的历史事实。董仲舒所言的商鞅变法“除井田，民得卖买”亦可如此看。

（四）董仲舒限田思想是社会现实的反映

“善言古者合之于今，能述远者考之于近。”[39]37 虽然董仲舒说“至秦则不然，用商鞅之法，改帝王之制，除井田，民得卖买”是不确切的，其实这是董仲舒的一贯做法，如天人三策曾言：“至秦则不然，师申商之法，行韩非之说，憎帝王之道，以贪狼为俗，非有文德以教训于下也。诛名而不察实，为善者不必免，而犯恶者未必刑也。是以百官皆饰虚辞而不顾实，外有事君之礼，内有背上之心，造伪饰诈，趣利无耻；又好用憯酷之吏，赋敛亡度，竭民财力，百姓散亡，不得从耕织之业，群盗并起。是以刑者甚众，死者相望，而奸不息，俗化使然也。”[1]2510—2511 从开头语到句式，以及其思路、精神都很一致，这是在汉代君主专制条件下，批评时政的一般做法，从过秦开始，经针砭现实，到提出自己的主张结束，过秦是引用亡秦的历史借鉴，而重点在于评论现实、完善制度。因此，说董仲舒对于秦国土地制度说得不准确情有可原，但如果说是董仲舒所处时代土地兼并情况的描述倒是十分准确的，对于土地兼并的原因归为“除井田，民得卖买”，即土地国有制转化为多种所有制并存，获得土地的途径由授田制、土地买卖等转变为以土地买卖为主，找到了转折点。有土地私有制度，就会有土地买卖，就会有土地兼并，比起晁错所说商人兼并农人，更深刻地揭示出了土地买卖背后的奥秘。“书不必起仲尼之门，药不必出扁鹊之方，合之者善，可以为法，因世而权行。”[39]44 土地私有、土地买卖、土地兼并，三者形影相随，董仲舒揭示出的这一点，是西汉社会土地兼并存在的现实反映，的确是了不起的形而上的抽象升华，提出了一个具有深远历史意义的话题，是一个卓越的历史贡献。因为从西汉直至民国，土地国有、私有与集体共有等多种所有制并存，土地买卖与土地兼并始终相伴随，贫富两极分化总是存在，从而成为历史变迁的关键所在。所以，两千余年来，众多学者、政客们成百上千次地评价、探讨董仲舒所提出的限田话题，提出了无数的解决方案——理论的论证、学术的探讨、现实的对策、法律的规定等，进行了多次的尝试，既有成功的经验，也有失败的教训，而这一切的起点就在于董仲舒的限田思想。

虽然说董仲舒论述土地买卖的时间起点不准确，但对于现实问题的论述，说得很确切。“汉兴，循而未改”，说明他是借着批判亡秦暴政的题目，而作批判汉代社会现实问题的文章，可见董仲舒批评的重点所在。作为思想家，他尖锐地指出了土地兼并所造成的严重后果——社会两极分化、贫富悬殊的现实；生动地描绘了豪强地主的势力——“邑有人君之尊，里有公侯之富”；诉说了贫民生活的艰难——“贫民常衣牛马之衣，而食犬彘之食”；具体地指出政府横征暴敛的残酷程度——“力役三十倍于古；田租口赋，盐铁之利，二十倍于古”。当然这不仅仅是政府的专横，也是生产方式变化和耕作技术进步的结果。尤其是“富者田连仟佰，贫者亡立锥之地”① 的名言，虽然具有夸张的色彩，但形象生动地道出了贫富两极分化的状况，说明了土地兼并所造成的严重后果。

董仲舒是思想家，是儒学大师，并不是经济学家，也不是统计学家，他在这里没有细致地统计当时全国土地的总数量，没有详细说明富者、贫者各自占有多少土地，也没有准确计算自耕农与地主占有土地的数量比例，而是高度概括地描述了土地兼并所造成的贫富悬殊的社会现象。因土地兼并始终存在于两汉以来的古代社会中，所以后人往往借用这句名言说明贫富分化的情况，有些人还套用董仲舒这句名言的格式，创造了诸如：汉代郑玄“富者贵美且多，贫者贱薄且少”[29]964；刘宋“富强者兼岭而占，贫弱者薪苏无托”[40]；北魏“富强者并兼山泽，贫弱者望绝一廛”[41]；北齐“富有连畛亘陌，贫无立锥之地”[42]；唐代“富者得以专其利，贫者不能专其业”[43]，“富者兼地数万亩，贫者无容足之居”[44]；宋朝“富者有弥望之田，贫者无卓锥之地，有力者无田可种，有田者无力可耕。……富者益以多畜，贫者无能自存”[45]，“富者跨州县而莫之止，贫者流离饿殍而莫之恤”[46]；明朝“大户田连阡陌，小民无立锥之地”[47]；清代“今富民至有田数万，而贫民无寸土可

① 《吕氏春秋校释》卷一九《为欲》载：“使民无欲，上虽贤犹不能用。夫无欲者，其视为天子也与为舆隶同，其视有天下也与无立锥之地同。”“无立锥之地至贫也。”（第 1293 页）古人用“无立锥之地”形容其困难艰苦。如《史记》卷五五《留侯世家》载郦生言：“今秦失德弃义，侵伐诸侯社稷，灭六国之后，使无立锥之地。”（第 2040 页）《史记》卷一一八《淮南衡山列传》载：淮南王言：“陈胜、吴广无立锥之地，千人之聚，起于大泽，奋臂大呼而天下响应，西至于戏而兵百二十万”（第 3090 页）。《史记》卷一二六《滑稽列传·优孟》载：楚国令尹公孙敖死，“其子无立锥之地，贫困负薪以自饮食”（第 3201 页）。无立锥之地，也是具有特色的秦汉语言，董仲舒运用得恰到好处，又影响了后世。

耕”[48]等，从诸如此类的言论中，可见董仲舒对土地两极分化的分析、描述，为后人所认同、所发挥，由此可知历代都存在着土地兼并、贫富分化现象。

董仲舒以其为人廉直的性格，对于现实问题关心的态度，论证了由于豪强兼并自耕农的土地，以“见税十五”的比例剥削佃农，再加上国家垄断山林川泽之利，杜绝了人民谋生之路，还有国家沉重的赋税徭役，致使处于极端贫穷境地的贫民，被迫“亡逃山林，转为盗贼”，以求生存，以反抗剥削掠夺。这样就形成严重的社会问题，不仅直接影响赋税征收、财政收入和徭役调发，而且严重地威胁汉皇朝的统治。如何解决这种严重的土地兼并问题，董仲舒想到了历史上的井田制度，可以作为遏止土地兼并、化解贫富分化的理想措施。他又清醒地看到在土地私有、土地买卖的社会条件下，造成的“网疏而民富，役财骄溢，或至兼并豪党之徒，以武断于乡曲。宗室有土，公卿大夫以下，争于奢侈，室庐舆服僭于上，无限度”[7]1420的状况，绝非一旦就可以改变“法无限，则庶人田侯田，处侯宅，食侯食，服侯服，人亦多不足矣”[49]的现实，地主、自耕农世代拥有自己的田宅，是其安身立命基础所在，与其生命息息相关，土地私有观念根深蒂固，人多势众，难以轻易夺取，恢复古井田不是马上就能办到的，因而应当有所变通①。所以，他认为“古井田法虽难卒行”，建议“宜少近古，限民名田，以澹不足，塞并兼之路”。

董仲舒的“限民名田”的“限”字，说的是限制、限量等，也

① 对于井田制当以《孟子》论述得最为详细，但那是为滕国提供的设想，被后人作为解决土地兼并的法宝来用，古代是否实行过井田制，争论了多年。如着眼于国家土地所有制，在占田制、均田制中曾经多少得到过落实。董仲舒主张“宜少近古”，是指合乎井田制精神但不必恢复井田制，借用井田制的名声，来宣传自己的限田主张。

就是政府应当规定每户占有土地的限额。张家山汉墓竹简《二年律令·户律》规定的关内侯九十五顷到公卒、士伍、庶人各一顷，司寇、隐官各五十亩，也就是晁错所说的“今农夫五口之家，其服役者不下二人，其能耕者不过百亩，百亩之收不过百石”[7]1132。即《二年律令·户律》规定的公卒、士伍、庶人授田额度，这是平民百姓占有土地的基本额度，其他等级的家庭也有着不同的数量规定，超过其相应的数量规定就是“田宅逾制”。实际上，并非所有平民百姓每一户都能够达到百亩规定的额度，按照《汉书·地理志》所记载的土地、户数计算，平均每户占有土地六十七点六亩强，根本达不到平均每户百亩的规定①。江陵凤凰山西汉简牍《郑里廪籍》记载了二十五户农民，能种田者六十九人，人口一百零五人上下，田地六百一十七亩，平均每户占有土地二十四亩七分弱，每个能种田者合九亩弱，每个人合六亩弱[50]141。大大小于根据《汉书·地理志》计算出来的全国平均数字，当是这些户属于贫民所致。最少的一户，“户人圣，能田一人，口一人，田八亩”[50]106。最多的一户，“户人胜，能田三人，口五人，田五十四亩”[50]108—109。而贵族官僚、商贾豪强大大超过限额也是司空见惯的，汉宣帝时，阴子方“田有七百余顷，舆马仆隶，比于邦君”[20]1133。汉成帝时，丞相张禹，“及富贵，多买田至四百顷，皆泾、渭溉灌，极膏腴上贾”[1]3349。汉哀帝一次赏赐给宠臣董贤二千顷土地。贫富两者占有土地数量相比，悬殊可见。是“诸侯王、列侯、公主、吏二千石及豪富民多畜奴婢，田宅亡限，与民争利”，因而导致“百姓失职，

① 《汉书》卷二八下《地理志下》载：“定垦田八百二十七万五百三十六顷。民户千二百二十三万三千六十二，口五千九百五十九万四千九百七十八。”（第1640页）据此计算，平均每户占有土地六十七点六亩强，平均每人占有土地十三点八亩强。

重困不足”[1]336。西汉不同时期有着不同的土地额度规定，汉哀帝时代规定的“诸侯王、列侯皆得名田国中。列侯在长安，公主名田县道，及关内侯、吏民名田皆毋过三十顷”，那是最高限额。王莽改制规定的“其男口不满八，而田过一井者，分余田与九族乡党”，也属于最高限额。从政府法律规定来看，西汉应当是一个限制土地占有数量的时代。从实际情况来看，西汉是中国历史上第一次出现土地兼并高潮的时代。正是法律规定与现实存在的巨大反差，成为董仲舒提出“限民名田”建议的社会基础。

（五）限民名田即限民占田

董仲舒的“限民名田，以澹不足，塞并兼之路”，荀悦记述为“限民占田，塞兼并之路”[13]220，又说：“孝武时，董仲舒尝言宜限民占田；至哀帝时，乃限民占田不得过三十顷。”[13]114 荀悦把“名田”写为“占田”；颜师古注亦曰：“名田，占田也。各为立限，不使富者过制，则贫弱之家可足也。”[1]1138 可见在荀悦和颜师古看来“名田”与“占田”是相通的。那么，汉代名田与占田有何区别联系呢？

首先说说名田。汉武帝时代规定“贾人有市籍者，及其家属，皆无得籍名田，以便农”。《索隐》曰：“谓贾人有市籍，不许以名占田也。”[7]1430－1431《汉书》作：“贾人有市籍，及家属，皆无得名田，以便农。”颜师古注曰：“一人有市籍，则身及家内皆不得有田也。”[1]1167 两者所说同一件事，表述不同，但都有“名田”二字，解释有区别，司马贞解释为“不许以名占田”，这个“名”应当是户籍名。颜师古注释为“不得有田”。可知占田与有田相同，名田即是占有田地。绥和二年（前 7）六月，限田限奴议中规定：“诸王、列侯得名田国中，列侯在长安及公主名田县道，关内侯、吏民名田，皆无得过三十顷。”如淳注曰：“名田国中者，自其所食国中也，既收其租税，又自得有私田三十顷。名田县道者，令甲，诸侯在国，名田他县，罚金二两。今列侯有不之国者，虽遥食其国租税，复自得田于他县道，公主亦如之，不得过三十顷。”又规定：“贾人皆不得名田、为吏，犯者以律论。诸名田畜奴婢过品，皆没入县官。”[1]336－337如淳对于“名田”的注释是“自得有私田”。综合上述两例，可知名田是自得占有的田地。

其次说说占田。荀悦认为：汉代“豪强富人，占田逾侈”，“今豪民占田，或至数百千顷，富过王侯”[13]114。汉哀帝时，规定“王侯已下至庶人占田不得过三十顷，贾人不得占田，过科没入县官”[13]487。这里的“占田”，《汉书》作“名田”。从上述例证看，名田，即占田，也就是私人占有土地。

由此可知，董仲舒所说的限民名田，与商鞅变法的“明尊卑爵秩等级，各以差次名田宅，臣妾衣服以家次”[7]2230和张家山汉墓竹简《二年律令》的“及为人名田宅者，皆令以卒戍边二岁，没入田宅县官，能先告，除其罪，有（又）畀之所名田宅”，有着明显的区别，因为无论是商鞅变法的“各以差次名田宅”，还是《二年律令》的“名田宅”，都是国家把田宅授予黎民百姓，而董仲舒所说的“限民名田”则是在私人占有土地的基础上，限制其占有的数量，要保持一个适当的限度，从而使农民拥有自己的一块土地，以遏制土地兼并的趋势，使“强奄弱，众暴寡，富使贫，并兼无已”[36]107的情况有所缓和，这是两者的不同之处。

当然，作为儒学大师的董仲舒，在论述限田时难免有不严密之处。如前面我们已经说过土地私有和买卖是经过长期发展演变而来，但董仲舒归结为“用商鞅之法，改帝王之制，除井田，民得卖买”，时间不准确，有失片面，并误导了后人对于土地买卖的认识，至今仍然在以讹传讹。同时，董仲舒没有具体说明井田制难以实行的原因，对限田，只是原则主张，而没有具体的限田数量标准、措施，失之于笼统。这些既是不足，也是由董仲舒的社会角色所决定的，作为思想家、儒学大师他所能做的就是观察社会现象，剖析问题结症，升华其认识，提出建议。不可能由他来做出决策，不会由他来制定法律条文，更不会由他来推动实施，因而原则性的话说得多，可操作性比较差。再则，限田作为抑制土地兼并的创造性思想，首先系统论述抑制土地兼并问题，创始者难以做得尽善尽美，我们不能苛求董仲舒一提出问题就论述得完美无缺，解决思路就设想得天衣无缝，那是不现实的。

（六）限田与调均思想关系

董仲舒限田思想的基础，在于孔子的“有国有家者，不患寡而患不均，不患贫而患不安。盖均无贫，和无寡，安无倾”[51]的思想，这里的“均”，并非平均如一而是说差别不要太大，避免贫富两极分化，以保持社会安定。董仲舒继承并发挥了孔子思想，提出了“调均”的概念。“故明圣者象天所为，为制度，使诸有大奉禄，亦皆不得兼小利，与民争利业，乃天理也”[36]230，把官僚贵族不得与民争利业，提高到天理的高度。“有所积重，则有所空虚矣。大富则骄，大贫则忧。忧则为盗，骄则为暴。”[36]227因此，要采取措施，以限制贫富两极分化。主张“故其制人道而差上下也，使富者足以示贵而不至于骄，贫者足以养生而不至于忧。以此为度而调均之，是以财不匮而上下相安，故易治也”[36]228。也就是对富者限制其兼并，生活得不要太骄奢；对贫者搜刮不要太重，日子过得不要太窘迫，把贫富差别限定在适当的范围之内，使利益均布，天下太平。这个限度的界限，董仲舒并没有具体划定。但这个限度的确是历代圣明的统治者都注意的问题——如何使贫苦百姓既不会因生活贫困窘迫而揭竿造反，又不会使贵族官僚、豪强地主因生活富裕而生奢侈邪恶，让社会简单再生产能够平安顺利地继续下去，使“富贵而知好礼，则不骄不淫；贫贱而知好礼，则志不慑”[5]12，让社会各阶层的人认同礼制，各有其位，各安其位，以维护社会的和谐——一般情况下，就是要在社会经济发展的前提下，让贫富两极和中间一般保持在两头小、中间大的正态曲线分布之中。

正是基于调均的思想基础，董仲舒提出了限田思想，反对“身宠而载高位，家温而食厚禄”的人，“乘富贵之资力，以与民争利于下”。他们“众其奴婢，多其牛羊，广其田宅，博其产业，畜其积委”而没有限度，就会使“富者奢侈羡溢，贫者穷急愁苦；穷急愁苦而上不救，则民不乐生；民不乐生，尚不避死，安能避罪”，所以造成“奸邪不可胜者也”[1]2520—2521，也就是走投无路的贫苦农民，揭竿而起反抗残暴的统治。

董仲舒为神圣其调均思想，汲取前贤的“利不兼，赏不倍”[52]的思想，把调均与天理、天意联系起来。他指出：“天不重与，有角不得有上齿。故已有大者，不得有小者，天数也。夫已有大者又兼小者，天不能足之，况人乎？故明圣者象天所为，为制度，使诸有大奉禄亦皆不得兼小利，与民争利业，乃天理也。”[36]229—230固然，其中充满阴阳五行思想的色彩，难免带有牵强附会之意，但从西汉时阴阳五行、天命灾异学说流行的社会现实出发，就不难体会董仲舒为调均思想披上天数、天理等神圣光环的良苦用心。

调均思想是董仲舒对于孔子“不患寡而患不均，不患贫而患不安”思想的发挥，是限田的理论基础，限田是调均思想的具体体现，两者紧密地联系在一起，相得益彰。这种思想为后人所继续阐释。郑玄曰：“玄之闻也，《周礼》制税法，轻近而重远者，为民城道沟渠之役，近者劳远者逸故也。其授民田，家所养者多，与之美田；所养者少，则与之薄田。其调均之而足，故可以为常法。”[29]964 用调均思想来解释《周礼》制度。

董仲舒对土地买卖、土地兼并现象的描述，对其本质的概括，从西汉到民国两千余年没有发生根本性的变化。在两汉第一次土地兼并高潮时，董仲舒提出限田的建议，以求土地与劳动力有较为合适的结合，以缓和阶级矛盾，促进社会的和谐，实现国家的长治久安，无疑具有进步意义。但土地兼并是土地私有和土地买卖的必然结果，与两千余年的古代中国长期相伴，不是依人的意志为转移的。但适当地予以调整限制，总比任其放任自流、不抑制兼并，更有利于社会的和谐稳定，更有利于统治的巩固，更符合多数人的利益。正因为如此，董仲舒的限田思想对历代抑制土地兼并的理论研究和国家授田政策的制定等，都产生了一定的积极影响，具有深远的历史意义。

参考文献：

[1] 班固. 汉书 [M]. 北京：中华书局，1962.

[2] 河北省董仲舒研究会. 董仲舒与儒学论丛 [M]. 石家庄：河北人民出版社，1996：292-311.

[3] 高亨. 诗经今注 [M]. 上海：上海古籍出版社，1980.

[4] 杨伯峻. 春秋左传注 [M]. 北京：中华书局，1981.

[5] 孙希旦. 礼记集解 [M]. 北京：中华书局，1989.

[6] 庞怀清. 陕西省岐山县董家村西周铜器窖穴发掘简报 [J]. 文物，1976 (5)：26-44.

[7] 司马迁. 史记 [M]. 北京：中华书局，1982.

[8] 袁林. 两周土地制度新论 [M]. 长春：东北师范大学出版社，2000：341-344.

[9] 张家山二四七号汉墓竹简整理小组. 张家山汉墓竹简（释文修订本）[M]. 北京：文物出版社，2006.

［10］黎翔凤．管子校注［M］．北京：中华书局，2004：84.

［11］焦循．孟子正义［M］．北京：中华书局，1987：1001.

［12］李昉．太平御览［M］．北京：中华书局，1960：177.

［13］荀悦．前汉纪［M］．北京：中华书局，2002.

［14］曾巩．隆平集校证［M］．北京：中华书局，2012：231.

［15］李觏．李觏集［M］．北京：中华书局，2011：191.

［16］蒋礼鸿．商君书锥指［M］．北京：中华书局，1986：88.

［17］张英．文端集［G］//永瑢，纪昀．景印文渊阁四库全书：第1319册．台北：台湾商务印书馆，1986：708.

［18］袁采．袁氏世范［M］．贺恒祯，杨柳注释．天津：天津古籍出版社，1995：162.

［19］刘珍．东观汉记校注［M］．北京：中华书局，2008：529.

［20］范晔．后汉书［M］．北京：中华书局，1965.

［21］司马光．资治通鉴［M］．北京：中华书局，1956：1059.

［22］王益之．西汉年纪［M］．郑州：中州古籍出版社，1993：267—268.

［23］王锡爵．历代名臣奏疏［G］//《续修四库全书》编纂委员会．续修四库全书：第461册．上海：上海古籍出版社 2002：539.

［24］张英，王士祯．渊鉴类函［G］//纪昀，于敏中．景印摛藻堂四库全书荟要：第290册．台北：世界书局，1988：40.

［25］睡虎地秦墓竹简整理小组．睡虎地秦墓竹简［M］．北京：文物出版社，1990.

［26］谢桂华，李均明，朱国炤．居延汉简释文合校［M］．北京：文物出版社，1987.

［27］刘向．战国策［M］．上海：上海古籍出版社，1985.

［28］四川省博物馆，青川县文化馆．青川县出土秦更修田律木牍——四川青川县战国墓发掘报告［J］．文物，1982（1）：11.

［29］孙诒让．周礼正义［M］．北京：中华书局，2013.

[30] 中国文物研究所，湖北省文物考古研究所. 龙岗秦简·释文注释校证 [M]. 北京：中华书局，2001.

[31] 郑玄. 十三经注疏 [M]. 北京：中华书局，1980：713.

[32] 陈奇猷. 韩非子新校注 [M]. 上海：上海古籍出版社，2000：698.

[33] 黄晖. 论衡校释 [M]. 北京：中华书局，1990.

[34] 周勋初. 韩非子校注 [M]. 南京：凤凰出版社，2009：112.

[35] 张觉. 韩非子校疏 [M]. 上海：上海古籍出版社，2010：273.

[36] 苏舆. 春秋繁露义证 [M]. 北京：中华书局，1992.

[37] 秦进才. “正其谊不谋其利，明其道不计其功”探析 [G] //葛荃. 反思中的思想世界. 天津：天津人民出版社，2014：331.

[38] 刘文典. 淮南鸿烈集解 [M]. 北京：中华书局，1989：653.

[39] 王利器. 新语校注 [M]. 北京：中华书局，1986.

[40] 沈约. 宋书 [M]. 北京：中华书局，1974：1537.

[41] 魏收. 魏书 [M]. 北京：中华书局，1974：156.

[42] 杜佑. 通典 [M]. 北京：中华书局，1988：27.

[43] 章如愚. 群书考索 [G] //永瑢，纪昀. 景印文渊阁四库全书：第936册. 台北：台湾商务印书馆，1986：865.

[44] 陆贽. 陆贽集 [M]. 北京：中华书局，2006：768.

[45] 李焘. 续资治通鉴长编：第3册 [M]. 北京：中华书局，1979：621.

[46] 程颢，程颐. 二程集 [M]. 北京：中华书局，1981：453.

[47] 冯梦龙. 喻世明言 [M]. 北京：中华书局，2009：216.

[48] 郭起元. 介石堂古文 [G] //《四库未收书辑刊》编纂委员会. 四库未收书辑刊：第10辑第20册. 北京：北京出版社，2000：119.

[49] 汪荣宝. 法言义疏 [M]. 北京：中华书局，1987：308.

[50] 湖北省文物考古研究所. 江陵凤凰山西汉简 [M]. 北京：中华书局，2012.

［51］刘宝楠．论语正义［M］．北京：中华书局，1990：649.

［52］裘锡圭．长沙马王堆汉墓简帛集成［M］．北京：中华书局，2014：180.

原载于《衡水学院学报》2017 年第 2 期。

秦进才（1953—），男，河北衡水人，河北师范大学历史文化学院教授，博士生导师，历史学博士，衡水学院特聘教授。

董仲舒与武帝选官制度改革

余治平

清光绪三十一年（1905）9月2日，袁世凯、张之洞奏请立停科举，以便推广学堂，咸趋实学。获皇帝诏准，次年开始，所有乡试一律停止，各省岁科考试亦即停止。中国古代科举制度于此宣告废除，至今已经过了整整110周年。科举制度在古代中国是一项非常成功的文官制度，畅行1300余年而不衰，这是属于我们老祖宗的一项伟大专利和发明，在世界历史上和人类文明进程中都是值得大书特书的一笔。而几乎从一开始，科举的提倡、确立以及考试的教材、内容都与儒家及其基本经典密切关联，所以科举制度的废除也标志着体制化、系统化的儒家正式退出了中国历史的舞台。

科举制虽然正式开始于隋炀帝大业三年（607），但经由读书而跻身官层、面向全社会开科取士的倡议早在汉初就已经为儒者所提出①。根据班固《汉书》的记载，“立学校之官，州郡举茂材孝廉，皆自仲舒发之”[1]1109。可见，中央从州、郡选拔优秀人才，地方有责任和义务向朝廷举荐优秀人才，“茂材孝廉”是优秀人才的标准，这种观念最先起源于董仲舒，应该算他的发明和创造。董仲舒在他著名的“天人三策”中向皇帝建言“兴太学”“养士”，对朝廷选官、量才、用人有比较系统的论述，应该成为后世科举制的历史源头。

一、从“世卿世禄”到“宰相必起于州郡”

西周时代，土地、职官都是分封的，即所谓“世卿世禄”，王侯将相、大夫士族始终享有土地及其户民人口的优先分配权、占有权和使用权。相应的，周王室所采取的用人制度是世官制度，公、侯、爵、子、男身份与一般的官僚职位只能世袭，仅在家族内部可以相互传承，底层百姓是没有机会跃升为社会精英的。但到了春秋、战国时代，王权式微，天下裂变，出身寒门的人群逐渐流入官僚队伍。

法家最先对这种“世卿世禄”的用人制度进行了认真反思，在秦国也最先对其进行了突破性的改革。《韩非子·显学》有言：“明主之吏，宰相必起于州郡，猛将必发于卒伍。”[2]王侯贵族，打江山、创业的时候，或最初那几代人，还能保持足够的锐气与活力，但到后来进取精神锐减，慢慢地就实在选不出可用、能用之人了，

---

① 科举制酝酿、脱胎于察举制，或者察举制孵化出科举制。正如吴宗国所指出的，“隋代科举制终于从察举制的母体中脱胎而出，成为国家纯粹按才学标准选拔文士担任官僚的考试制度”。见《中国古代官僚政治制度研究》，北京：北京大学出版社，2004年版，第14页。没有汉代的察举制度，就没有隋代的科举制度。

于是便只有向民间借才，开放权力、打通进阶、满天下招人。

秦汉之际，世卿世禄的选官制度已经很难继续推行下去了，人才来源囿于王族一室的统治集团暴露出巨大的先天缺陷。秦国的嬴姓还算贵族，而建汉的刘家及其将帅武官皆发自草莽，意味着夺社稷、打江山并不是王公贵族的专利了。后来朝廷布衣君相的格局似乎也在说明：平民百姓之中也不乏可以统御天下、治国理政的人才。天下的事最好还得交给天下人去做，从非卿非禄的市井底层选拔人才而充实官吏队伍已经成为一种大势所趋。

汉初诸帝，思贤之心甚切，“求贤诏”不绝：

高帝十一年（前 196），求贤昭曰：“贤士大夫有肯从我游者，吾能尊显之。布告天下，使明知朕意。”[1]26

文帝时，先后下诏曰：“举贤良方正能直言极谏者，以匡朕之不逮。”[1]42 又，“诏诸侯王、公卿、郡守，举贤良能直言极谏者，上亲策之，傅纳以言”[1]46 。

武帝建元元年（前 140）冬十月，“诏丞相、御史、列侯、中二千石、二千石、诸侯相举贤良方正直言极谏之士”[1]57 。

但这种历史转变对于深陷局中的当事人而言却并不那么清晰明朗，甚至在当时还是一件很令皇帝头疼的大事，武帝经常就被这个问题搞得心烦意乱。现实的迫切需要往往使当事人顾不上思考所谓的历史必然，如何把天下贤才都招揽进来才是最为重要的急务。班固《汉书·董仲舒传》中，武帝的三次策问几乎都涉及了如何选拔和使用天下人才的问题，而董仲舒一一都做了详尽回答。如果不是急务，天子不可能这么猴急地咨询和催问。

二、从“执法之吏”到“德教之官”

第一策问中，武帝制曰：“朕获承至尊休德，传之亡穷，而施之罔极，任大而守重，是以夙夜不皇康宁，永惟万事之统，犹惧有阙。故广延四方之豪俊，郡国诸侯公选贤良修洁博习之士，欲闻大道之要，至论之极。”[1]1094 治理天下的智慧，如何谋得“万事之统”，主意并不唯独出自皇帝一人，故可以广开言路、问计于天下英才。

董仲舒回答武帝第一策问的实质性建议是干部路线的确立与人才资源的保障。他首先提出必须更改过去的用人办法并确立一条恰当的干部路线，“今废先王德教之官，而独任执法之吏治民，毋乃任刑之意与！孔子曰：‘不教而诛谓之虐。’虐政用于下，而欲德教之被四海，故难成也”。两种不同的干部路线导致两种截然不同的治理结果。

秦政是任用“执法之吏”，而周政是提拔“德教之官”，值得汉政借鉴和效法的应该是周政，而不是秦政。秦政“以吏为师”，“严威酷刑”[3]658，“官狱多事”，庶务繁杂，舞文弄墨的小吏一旦失去伦理规约，经常是成事不足坏事有余，二世而亡，吏治失败是主因[4]。这对汉室而言，简直就是血淋淋的教训。干部路线出了问题，走了偏，再好的政策都不可能兑现。皇帝用人，无论如何政治挂帅始终是第一位的。

接着，董仲舒指出，“古之王者明于此，是故南面而治天下，莫不以教化为大务。立太学以教于国，设痒序以化于邑，渐民以仁，摩民以谊，节民以礼，故其刑罚甚轻而禁不犯者，教化行而习俗美也”。优秀人才来自民间，教化好民间，才能涌现一拨拨优秀人才。中央政府“立太学以教于国”，地方政府“设痒序以化于邑”，所注重的是从学制上确保人才资源取之不竭，用之不完。武帝对董仲舒这一建议的积极采纳奠定了后世科举体制的基础。

三、“兴太学、置明师以养天下之士”

第二策问中，武帝有问：“乌乎！朕夙寤晨兴，惟前帝王之宪，永思所以奉至尊，章洪业，皆在力本任贤。今朕亲耕籍田以为农先，劝孝弟，崇有德，使者冠盖相望，问勤劳，恤孤独，尽思极神，功烈休德未始云获也。今阴阳错缪，氛气充塞，群生寡遂，黎民未济，廉耻贸乱，贤不肖浑淆，未得其真，故详延特起之士，庶几乎！”上一次对策中，“子大夫待诏百有余人，或道世务而未济，稽诸上古之不同”，但大多“考之于今而难行”，书生意见，不接地气，根本就兑现不了。所以，这次对策“毋乃牵于文系而不得骋与”，而要求密切联系现实，解决当下急迫问题。

董仲舒回答说：“陛下亲耕籍田以为农先，夙寤晨兴，忧劳万民，思维往古，而务以求贤，此亦尧、舜之用心也，然而未云获者，士素不厉也。夫不素养士而欲求贤，譬犹不琢玉而求文采也。”在董仲舒看来，国家用人，当用贤才，求贤则先当养贤。士子虽然出自民间，但国家应该把他们“养”起来。发现人才重要，但爱护人才、保护人才更重要。而一味地爱护、保护又莫如放开手脚、大胆使用，“养士”是干部政策的最基本要求。排挤士子、打压士子非贤主所为。

而又如何“养士”呢？董仲舒提出：“故养士之大者，莫大乎太学；太学者，贤士之所关也，教化之本原也。今以一郡一国之众，对亡应书者，是王道往往而绝也。臣愿陛下兴太学，置明师，以养天下之士，数考问以尽其材，则英俊宜可得矣。今之郡守、县令，民之师帅，所使承流而宣化也；故师帅不贤，则主德不宣，恩泽不流。今吏既亡教训于下，或不承用主上之法，暴虐百姓，与奸为市，贫穷孤弱，冤苦失职，甚不称陛下之意。是以阴阳错缪，氛气弃塞，群生寡遂，黎民未济，皆长吏不明，使至于此也。”

学校是文教兴盛的场所，“贤士之所关”“教化之本原”，对上能够为国家聚集贤才，提供智力支持；对下则能够垂范风俗，熏陶民人。兴办太学，延请明师，便可以豢养翘楚，天下才俊垂手可得。皇朝眼下的社会矛盾主要就在于吏治不清，用人不当，非但发挥不了先进、师范的表率作用和“承流而宣化”的积极功能，而且还“亡教训于下，或不承用主上之法”，以一种简单粗暴的态度对待百姓，与坏人勾搭成奸，使贫穷的人越加孤独羸弱，也不能为冤苦之民申诉解忧。

四、“郎官制度”之弊端

董仲舒对汉初实行的“郎官制度”提出了批评意见。“夫长吏多出于郎中、中郎，吏二千石子弟选郎吏，又以富訾，未必贤也。且古所谓功者，以任官称职为差，非谓积日累久也。故小材虽累日，不离于小官；贤材虽未久，不害为辅佐。是以有司竭力尽知，务治其业而以赴功。今则不然。累日以取贵，积久以致官，是以廉耻贸乱，贤不肖浑淆，未得其真。”汉初郎选的路径有多种，如“赀选”，即花钱买官，自备鞍马、服装、兵器物资。文帝朝的张释之、景帝朝的司马相如。

武帝接受了董仲舒“以富訾，未必贤”的建议，废除了赀选制度。又如，以军功为主的特拜选郎，楚汉战争中屡立战功的樊哙、灌婴被高祖封为郎中。文帝、景帝两朝的李广、李蔡，多次率兵征战，抵御匈奴侵犯而以战功特拜为郎。再如，父兄保任子弟为郎官的“任子令”，凡二千石郡守以上的官员任满三年，皆可任用一个兄弟或儿子为郎官，即荫任为郎。任子令的对象后来一度扩大到外戚、门从。

如果完全以家世、财产、身份地位为选郎标准，则必然排斥或拒绝了那些有才能、有德行的士子。董仲舒以为，当官要称职，要有个人能力、专业水平，家世、财产、身份地位以及时间长短都不应该成为用人取才的唯一尺度。能力差、水平低的人只能做低级别的小官；能力强、水平高的人即便被发现时间不长，也可以推上辅佐之职位。只有在体制僵化、激励机制不健全、创造力被遏制的官场结构里，人们才借助于“累日以取贵，积久以致官”。

五、察举岁贡

接下来，董仲舒提出了具体的察举措施。“臣愚以为，使诸列侯、郡守、二千石各择其吏民之贤者，岁贡各二人以给宿卫，且以观大臣之能；所贡贤者有赏，所贡不肖者有罚。”察举制度一改周代以来“世卿世禄”的选人办法，突破门族、财富等外在条件的限制，而一律以才学、德行为基本要求，同时还照顾到区域平衡和全国范围的代表性。按照董仲舒的设想，列侯、郡守、二千石以上的官员都应该“择其吏民之贤者”，要求是贤能之人，而非亲戚故旧；“岁贡各二人”，每年选拔一次，每次必须有两人。

建元元年（前140）十月，“举贤良对策”之后不久，武帝便采纳了董仲舒的建议，实行以儒术取士的察举制度，但因为遭到崇尚黄老之术的窦太后的干涉而中止。元光元年（前134），窦太后死，武帝诏令各郡国岁举孝、廉各一人，这便标志着察举制度正式推行于天下。汉代察举的科目主要有“孝廉”“茂才”“贤良方正与文学”“明经”① “明法”② “尤异”③ “治剧”④ “勇猛知兵法”⑤ 等，最主要的是前三科[5]。

孝、廉最初分选，各举一人，后来才合并为一项。“孝”指子女顺从父母或长辈，能够尽心奉养，而不忤逆。“廉”指品行方正，有节操，内心与言行清正无邪，纯厚不染，始终洁身自好，不贪婪纵欲，不苟合于歪门邪道。

茂才科为元封五年（前106）新设，招揽有特别才干与能力的人，属特举而非岁举，不定期察举。被察举的茂才最多只任县令，而非郎官。西汉冯逡为美阳县令，薛宣为宛句县令，肖咸为好畤县令。

贤良，指贤惠优良之人。方正，指品行端庄之人，不奸诈，不阿私。文学，指研习儒家经典之人。“贤良方正与文学”后来又被统称为“贤良文学”。

元光五年（前130），武帝复诏贤良文学。武帝之后，昭、宣、

---

① 明经，指通晓儒家经学，武帝隆儒、尊儒之后，民间治儒学者剧增，昭帝后特设“明经”一科以广招人才。昭帝朝的眭弘以明经为议郎，后升至符节令。邹鲁大儒韦贤及其子韦玄成皆以明经任丞相，夏侯胜、夏侯建叔侄皆以明经分别为博士、议郎博士。

② 明法，指通晓法典律令。汉代在民间察举明法之人经常作为御史监察官、狱官的人选。昭帝朝，尹翁归为狱小吏晓习文法，杜延年以明法补充军司空。元帝朝，郑宾以明法令为御史大夫。

③ 尤异，指官吏智力郡县成效特别优异者。《汉书·赵广汉传》载，昭帝朝，阳翟县令赵广汉“以治行尤异，迁京辅都尉，守京兆尹”。宣帝朝，颍川太守黄霸劝民耕桑，节用增财，外宽内明，户口岁增。宣帝征其守京兆尹，秩二千石。

④ 治剧，指治理那些情况复杂、矛盾众多的郡县，成绩突出的守令。宣帝朝，山阳太守张敞请治农业歉收的渤海、胶东左右郡，获许。成帝朝，左冯翊薛宣奏尹赏能治剧，徙为频阳令。

⑤ 勇猛知兵法，指在民众中募集行动勇敢、通晓兵法的壮士、谋者，补充进军队，始于成帝、哀帝年间，主要针对动荡不安的社会局势和对外战事，开始在北部郡县察举，后来扩大到内地州府。

元、成诸帝一律沿袭，举贤良几成定制[6]，是汉廷向民间开放权力、挖掘人才的最常用通道。

东汉和帝永元年间，察举人数不再以郡国为基础，而改为以人口为标准，郡国每二十万人口，岁举孝廉一人；不满十万的郡国，每三年举孝廉一人。少数民族地区享受优惠，边郡每十万人，两年举一人；五万以下的，每三年举一人。

据《资治通鉴》说："上自初即位，招选天下文学材智之士，待以不次之位。四方士多上书言得失，自眩鬻者以千数。上简拔其俊异者宠用之。庄助最先进，后又得吴人朱买臣、赵人吾丘寿王、蜀人司马相如、平原东方朔、吴要枚皋、济南终军等，并在左右，每令与大臣辨论，中外相应以义理之文，大臣数屈焉。然相如特以辞赋得幸；朔、皋不根持论，好诙谐，上以俳优畜之，虽数赏赐，终不任以事也。朔亦观上颜色，时时直谏，有所补益。"[7]一时间，武帝身边集聚了来自各地的才俊翘楚，呈现出一种天下英雄莫不归往之态势。《汉书·东方朔传》就说，武帝"朝廷多贤材"，"程其器能，用之如不及"。

推行察举制度的好处是显而易见的，最重要的有三点，即集聚"天下之士"，支配精英资源，收拢天下人心。在董仲舒看来，"夫如是，诸侯、吏二千石皆尽心于求贤，天下之士可得而官使也。遍得天下之贤人，则三王之盛易为，而尧、舜之名可及也"。朝野上下形成一种求贤若渴的氛围，武帝的中兴大业便有了充足的人才准备。

六、"贤能为上""量材授官"与"录德定位"

"毋以日月为功，实试贤能为上，量材而授官，录德而定位，则廉耻殊路，贤不肖异处矣。陛下加惠，宽臣之罪，令勿牵制于文，使得切磋究之，臣敢不尽愚!”这段话里，蕴藏着董仲舒察举选官思想的三个重要原则，即“贤能为上”“量材授官”“录德定位”的原则。

对于碌碌无为混日子的腐朽体制而言，甚至对于世卿世禄的封建选官制度而言，强调“贤能为上”无疑是一个重大的历史性突破。英雄不问出处，高手藏在民间。世族、财产、身份地位并不能够起到关键性作用了，个人的贤能品格才是重要的决定性因素。

上级应该根据每个人的能力、水平授予相应称的官职头衔。司马谈曾评价过武帝的用人格局，“博开艺能之路，悉延百端之学，通一伎之士，咸得自效”[3]915。把人才招揽进来，只是第一步，如何做到人尽其才、才尽其用更为关键。班固称赞武帝取才广泛，不拘一格，能够量其所长，分类使用，后来都成为各行各业的领军人才，其效果非一般皇帝所能企及。

> 汉兴六十余载，海内艾安，府库充实，而四夷未宾，制度多阙。上方欲用文武，求之如弗及，始以蒲轮迎枚生，见主父而叹息。群士慕向，异人并出。卜式拔于刍牧，弘羊擢于贾竖，卫青奋于奴仆，日磾出于降虏，斯亦曩时版筑饭牛之朋已。汉之得人，于兹为盛，儒雅则公孙弘、董仲舒、儿宽，笃行则石建、石庆，质直则汲黯、卜式，推贤则韩安国、郑当时，定令则赵禹、张汤，文章则司马迁、相如，滑稽则东方朔、枚皋，应对则严助、朱买臣，历数则唐都、洛下闳，协律则李延年，运筹则桑弘羊，奉使则张骞、苏武，将率则卫青、霍去病，受遗则霍光、金日磾，其余不可胜纪。是以兴造功业，制度遗文，后世莫及[1]1139。

而更为重要的则是个人道德品格，在录用过程中也是最重要的参照。世间三百六十行，行行皆有其道，皆有其德。官有官道，官有官德。人在仕途，能力、才干是官道，而操行、品格则是官德。上级应该根据每个人的德行安排他的位置，德不配位，其害无穷。儒家用人区别于法家，并不一味主张唯才是举、唯能是用，而对人才的德行、情操、品格、境界都有相当严格的要求。

七、整肃纲纪，严格管理

第三策问中，武帝制有曰："今子大夫明于阴阳所以造化，习于先圣之道业，然而文采未极，岂惑乎当世之务哉？条贯靡竟，统纪未终，意朕之不明与？听若眩与？夫三王之教所祖不同，而皆有失，或谓久而不易者道也，意岂异哉？"武帝试图寻找一条"久而不易"的天下治理之道。

董仲舒答曰："陛下有明德嘉道，愍世欲之靡薄，悼王道之不昭，故举贤良方正之士，论议考问，将欲兴仁谊之林德，明帝王之法制，建太平之道也。"先得肯定和赞美一番皇上治理天下的崇高追求。察举天下贤良、方正、文学之士，问计于民，不搞言论禁绝，以仁道圣德为执政根本，遇到这样的圣君明主已经很不容易了。

> 臣愚不肖，述所闻，诵所学，道师之言，廑能勿失耳。若乃论政事之得失，察天下之息耗，此大臣辅佐之职，三公九卿之任，非臣仲舒所能及也，然而臣窃有怪者。夫古之天下亦今之天下，今之天下亦古之天下，共是天下，古以大治，上下和睦，习俗美盛，不令而行，不禁而止，吏亡奸邪，民亡盗贼，囹圄空虚，德润草木，泽被四海，凤皇来集，麒麟来游，以古准今，壹何不相逮之远也！[1]1916

这里，古今天下都是一样的，土地、民人也都差不多，但治、乱局面为什么悬殊就那么大呢？所以董仲舒以为，这应该是由当下的国家治理“有所失于古之道”并且“有所诡于天之理”所导致的。

董仲舒说：“身宠而载高位，家温而食厚禄，因乘富贵之资力，以与民争利于下，民安能如之哉！是故众其奴婢，多其牛羊，广其田宅，博其产业，畜其积委，务此而亡已，以迫蹴民，民日削月浸，浸以大穷。富者奢侈羡溢，贫者穷急愁苦；穷急愁苦而不上救，则民不乐生；民不乐生，尚不避死，安能避罪！此刑罚之所以蕃而奸邪不可胜者也。”皇帝的执政方针一旦确定，接下来，重要的事情就是教育干部了。

无论哪个朝代的官员队伍，都有进、管、出三个环节，选用、管理、惩处任何一个环节都不能疏忽。不但要把好选拔关，对在任官员的管理好坏往往决定着王朝政治的得失。董仲舒观察当时与民争利的官场现象和贫富不均的社会现实，而主张整肃纲纪，严格管理，不让官员经营百姓生计，不让富人兼并穷人田地。

“故受禄之家，食禄而已，不与民争业，然后利可均布，而民可家足。此上天之理，而亦太古之道，天子之所宜法以为制，大夫之所当循以为行也。”官要有官样，当官就不要发财，食禄而不计较利益。董仲舒把这个对官员最基本的要求上升到天理的高度予以论证。“夫天亦有所分予，予之齿者去其角，傅其翼者两其足，是所受大者不得取小也。古之所予禄者，不食于力，不动于末，是亦受大者不得取小，与天同意者也。夫已受大，又取小，天不能足，而况人乎！”士大夫既然为官，就不应该再与民争利。有特权、有俸禄，如果再去跟普通百姓争钱财，那就真叫他们没法活了。实在是没必要也不应该啊！

参考文献：

[1] 班固. 汉书 [M]. 陈焕良，曾宪礼标点. 长沙：岳麓书社，1994.

[2]《韩非子·显学》[M]. //《百子全书》第二册. 长沙：岳麓书社，1994：1794.

[3] 司马迁. 史记 [M]. 李全华标点. 长沙：岳麓书社，1988.

[4] 张金光. 秦制研究 [M]. 上海：上海古籍出版社，2004：710.

[5] 苏俊良. 汉朝典章制度 [M]. 长春：吉林文史出版社，2001：89.

[6] 杨生民. 汉武帝传 [M]. 北京：人民出版社，2015：130.

[7] 司马光. 资治通鉴·卷十七. 汉纪 [M]. 北京：中华书局，1983：九.

原载于《中共宁波市委党校学报》2016 年第 1 期。

余治平（1965-），男，江苏洪泽人，上海交通大学教授，博士生导师，哲学博士，中华孔子学会董仲舒研究会会长，董子学院、董子研究院、董子讲坛首席专家。

董仲舒官德思想及其现代价值

曹迎春

官德问题在当代中国已成为关乎社会稳定的重大问题。党和政府一向关注官德建设，无论是从 2013 年开始的整治“四风”，还是习近平总书记倡导的“三严三实”“两学一做”，都是针对党员干部作风的，是新时期官德建设的重要举措。

进行现代官德建设离不开对传统官德思想的继承和发展。中国传统文化崇尚德治，对官德建设尤为重视。作为儒学发展史上里程碑式的人物，董仲舒的思想体系中蕴含着丰富的官德思想，近年来学界相关研究成果日渐丰富，主要集中在对“廉”的研究上[①]。当然，董仲舒的官德思想不仅包括对为官者道德修养的直接表述，还包括对深层次为官之道的形上追寻，以及对官吏治理制度的精妙构思，充满着政治智慧。因此本文将对董仲舒的为官之道、为官之

---

① 相关研究文章有：赖红卫的《董仲舒的廉政思想》（《工会论坛》2008 年第 5 期）；高春菊的《董仲舒廉政思想精华及其现代启示》（《胜利油田党校学报》2011 年第 7 期）；李奎良、曹迎春的《正义正我正民——董仲舒廉政思想解读》（《衡水学院学报》2012 年第 3 期）。

德、治官之法思想进行全面研究，以期有效挖掘其现代价值，吸取其有益成分以滋养当下的官德建设。

一、董仲舒的为官之道

正所谓“形而上者谓之道”，董仲舒的“为官之道”就是对官德的形上追寻。官德，即从政道德，是指作为国家政权管理者和执行者的官员，在处理国家政权与社会和个人等方面关系的过程中所遵守的规范体系以及所体现出来的道德修养。但这些规范体系和道德修养都属于形而下的范畴。如果我们所倡导的道德规范只有这些“形而下”的具体内容，缺乏“形而上”的价值基础，那么这些道德规范就只是一种外在的约束，很难在人们的内心扎根，很难稳固持久。董仲舒官德思想的一大特色就是对形而上的“为官之道”进行了详尽阐述。

做人有道，为官亦有道，正人先正己，人官本不二。

首先，董仲舒以“天”为宇宙万物之本原，世间伦理原则和规范之本原，在“天人合一”模式下构建起他的道德形上学。《春秋繁露·顺命》曰：“天者，万物之祖，万物非天不生。”[1]410《春秋繁露·为人者天》曰：“为生不能为人，为人者天也。人之为人本于天，天亦人之曾祖父也。”[1]318《春秋繁露·郊义》曰：“天者，百神之君也，王者之所最尊也。”[1]402指出万物包括人都是上天造就的，天是一切生命的总根源，具有神圣性。

以“天”为核心，董仲舒构建起一个相互紧密联系的宇宙系统。《春秋繁露·官制象天》曰：“天有十端，十端而止矣。天为一端，地为一端，阴为一端，阳为一端，火为一端，金为一端，木为一端，水为一端，土为一端，人为一端，凡十端而毕，天之数也。”[1]217《春秋繁露·五行相生》曰：“天地之气，合而为一，分为阴阳，判为四时，列为五行。”[1]362 董仲舒的宇宙模式就是以天为主，以地、人和阴阳五行为构件建起来的宇宙大厦[2]。

其次，董仲舒将“天”与儒家道德联系起来，使之具有神圣性和恒常性，从而在人心中种下“敬”的种子。

董仲舒赋予“天”至高无上的神性，认为人的外部形态由天决定，而且人的内在道德特质也是由天决定的。董仲舒认为“天”是至善的道德化身，仁爱世间，恩泽万物。《春秋繁露·王道通三》曰：“仁之美者在于天。天，仁也。天覆育万物，既化而生之，有养而成之。……察于天之意，无穷极之仁也。人之受命于天也，取仁于天而仁也。”[1]329 天之所作所为包含着无穷的仁爱，为人提供了榜样和准则，人接受天命，从天那里获取仁而表现仁。只有人才能“行有伦理，副天地也”[1]357。

不仅人的道德特质是“天”赋予的，而且人的道德判断能力也是“天”赋予的。《春秋繁露·竹林》中说：“今善善恶恶，好荣憎辱，非人能自生，此天施之在人者也。”[1]63 赞扬善良、厌恶邪恶，喜欢荣耀，憎恨耻辱，这些不是人能自发产生的感情，是上天所赋予人的。这样董仲舒将“天”与儒家道德联系起来，使道德获得了“天”的神圣性和恒常性，人们尊敬“天”也必然尊重道德规范，从而在人心中种下“敬”的种子。

再次，董仲舒强调灾异谴告，重视天的权威性，从而在人心中种下“畏”的种子。

董仲舒不仅讲道德之天，也讲人格神之天。《春秋繁露》中有一组祭天的文章《郊语》《郊义》《郊祭》《四祭》《郊祀》，这里面天的人格神意义非常明显。对于人格神之天，要敬，要畏，要祭。《郊语》篇中董仲舒先列举了一些奇怪的自然现象，并引用孔子

“三畏”之说来说明“天之不可不畏敬”。他认为“不畏敬天，其殃来至暗”[1]396，灾祸就会悄无声息地到来。董仲舒指出秦朝之所以覆亡，就在于不敬畏天，不祭天，“前世王莫不从重，粟精奉之，以事上天。至于秦而独阙然废之，一何不率由旧章之大甚也”[1]397。

董仲舒认为人格神之天会以至上的权威、神秘的方式监督着人的行为，一旦人的行为违背了天意，天将通过灾异来谴告之。他说：“天地之物有不常之变者，谓之异，小者谓之灾。灾常先至而异乃随之。灾者，天之谴也；异者，天之威也。谴之而不知，乃畏之以威。……凡灾异之本，尽生于国家之失。国家之失乃始萌芽，而天出灾害以谴告之；谴告之而不知变，乃见怪异以惊骇之，惊骇之尚不知畏恐，其殃咎乃至。”[1]259李宗桂先生评价道：“服从天人感应的基本原则，纳道德规范于自然秩序之中，以增强其权威性和可接受性，从而更加自觉地为现实政治服务，这正是董仲舒思想的特点和贡献之所在。”[3]

董仲舒通过对“为官之道”的分析，使得儒家的道德规范通过“天”获得了神圣性，从而使人“敬”；通过“天”，具有了权威性，从而使人“畏”。“敬”是主动的，“畏”是被动的，一为阳，一为阴，二者共同将超越的、形上的“天”转化为现实的、强劲的道德驱动力。

董仲舒对“为官之道”的形上论证，对于当今官德建设具有重要的借鉴意义。当代道德建设中存在着强调功利结果，淡化形上价值的倾向，使得道德缺乏信仰的根基。由于我们所倡导的道德缺少形而上的价值基础，道德规范仍然难以在人们的精神世界中扎下根来。没有形上精神支持的道德规范只是一种外在的约束，在外在的强制力量缺乏和利益引诱加大的状况中，这样的道德规范是人们无法理解和接受的。因而它也就不会稳固持久地作用于人们的社会生活[4]。

二、董仲舒的为官之德

董仲舒的官德内容丰富，涵盖了官员从政的多个方面，其核心就是“修身爱民”。董仲舒的“修身爱民”思想是凭借“天”的名义，套用阴阳的理论，在“仁义”的基础上建立起来的。他继承了先秦儒家的仁义思想，并有所发展，提出了颇具特色的仁义观。《春秋繁露·仁义法》曰：“《春秋》之所治，人与我也。所以治人与我者，仁与义也。以仁安人，以义正我。”[1]249 政治就是自治和治人，用什么来自治和治人呢？仁义。对于“仁”，董仲舒强调仁在“爱人”而不在“爱我”，所以要爱民，“正谊明道”，不追求物质利益，不计较个人得失；对于“义”，他强调“义”在“正我”，所以要修身，“显德以示民”，做义的表率。按照董仲舒的仁义原则，统治者应该对人民实行仁政，对自身则要严于律己。董仲舒修身爱民的为官之德，对于现在领导干部廉洁自律具有重要的教育价值。

董仲舒的“爱民”思想以“仁”为本，十分强调“远”与“智”。

《春秋繁露·仁义法》中提出“仁大远”，就是仁以“远”为大，要广施博爱，推及普天下的民众。董仲舒认为仁爱的对象越多，范围越广、越远，就越好，“故王者爱及四夷，霸者爱及诸侯，安者爱及封内，危者爱及旁侧，亡者爱及独身”[1]252。

董仲舒强调仁爱和智慧必须统一起来，提出了“必仁且智”。他认为：“仁而不智，则爱而不别也；智而不仁，则知而不为也。故仁者所爱人类也，智者所以除其害也。”[1]257 仁爱而没有智慧，就会爱人而没有差别，有智慧而不仁爱，虽然知道什么是善事也不会去做，所以，仁爱是用来爱人类的，智慧是用来为人类除害的。

董仲舒认为为官的智慧一个重要的体现就是能够为人民深谋远虑，防患于未然。《春秋繁露·仁义法》曰："观物之动，而先觉其萌，绝乱塞害于将然而未形之时，《春秋》之志也，其明至矣。……故救害而先知之，明也。"[1]252观察事物的运动，事先发现苗头，把祸患消灭在尚未成形的时候。事先防止祸患，这是智慧高明的表现。因为"凡百乱之源，皆出嫌疑纤微，以渐寖稍长，至于大"，小事情如果不事先预防，也会酿成大祸，所以"圣人章其疑者，别其微者，绝其纤者，不得嫌，以蚤防之"[1]231。董仲舒认为为官之人能够具备这种见微知著、防患于未然的智慧，就是对百姓最大的仁德，"爱人之大者，莫大于思患而豫防之"[1]162。

董仲舒的修身思想以"义"为本，强调"正我"。

关于"义"，董仲舒在《春秋繁露·仁义法》中有集中的论述。他首先指出："义之法在正我，不在正人。我不自正，虽能正人，弗予为义。""义云者，非谓正人，谓正我。""义者，谓宜在我者。宜在我者，而后可以称义。"[1]250—253认为义的法则在于端正自我，不在于端正别人。自己如果不正，就算是能够"正人"，也不能算是义。接下来董仲舒举到了楚灵王、齐桓公、吴王阖闾的例子，"楚灵王讨陈、蔡之贼，齐桓公执袁涛涂之罪。……阖闾能正楚、蔡之难"[1]253，从功业上来看他们都能"正人"，但《春秋》并不赞许他们，因为他们在道德上不能"正我"。

毋庸置疑，董仲舒主要是针对统治者来谈"正我"，"正我"是对官德的基本要求。《春秋繁露·保位权》："是故为人君者，固守其德，以附其民，固执其权，以正其臣。"[1]175他认为君主坚决保守着德泽，百姓就会归附，君主坚决把握住手中的权力，来纠正臣子。而臣子呢，也要秉承君主的恩泽去宣扬教化，也就是董仲舒在对策中所说的："今之郡守、县令，民之师帅，所使承流而宣化也；故师帅不贤，则主德不宣，恩泽不流。"[5]1911 由此可见，在董仲舒的思想中，"义"的关键是"正我"。"正我"是"正人"的前提和基础，"正人"是"正我"的外化和扩大。

那么如何"正我"呢？董仲舒以为，"正我"的关键是"正心"。他指出："故为人君者，正心以正朝廷，正朝廷以正百官，正百官以正万民，正万民以正四方。四方正，远近莫敢不一于正，而亡有邪气奸其间者。"[5]1904 而所谓"正心"，就是要君主将仁、义、礼、智、信的道德要求纳入自己的态度体系，成为自己意识体系的有机组成部分。

三、董仲舒的治官之法

董仲舒提出的治官之法主要包括任用贤臣和考绩赏罚，一方面从源头处控制官员的质量，另一方面在过程中加强考核监督。董仲舒的治官之法虽发于两千年前，而至今仍具深意，颇可为近日官德建设之参考。

首先，董仲舒提出要任用贤臣。治理天下须贤才相佐，是儒家一贯之主张，董仲舒继承儒家这一思想，提出"贤者备股肱，则君尊严而国安"[1]170，在《诣丞相公孙弘记室书》中他说："窃见宰职任天下之重，群心所归，惟须贤佐，以成圣化。愿君侯大开萧相国求贤之路，广选举之门。……即君侯大立则，道德弘通，化流四极。"[6] 董仲舒在《天人三策》中举历史事实，以证明不任贤与任贤的结果，说："殷纣逆天暴物，杀戮贤知，残贼百姓。伯夷、太公皆当世贤者，隐处而不为臣。守职之人皆奔走逃亡，入于河海。天下耗乱，万民不安，故天下去殷而从周。文王顺天理物，师用贤圣，是以闳夭、大颠、散宜生等亦聚于朝廷。爱施兆民，天下归之。”[5]1908

董仲舒判定贤臣的标准是什么呢？《春秋繁露·离合根》中说：“为人臣者，比地贵信而悉见其情于主。”[1]165做臣子的要效法大地，要向君主完全展示自己的性情。《春秋繁露·天地之行》中也说：“委身致命，事无专制，所以为忠也；竭愚写情，不饰其过，所以为信也。”[1]459可见，董仲舒认为贤臣最重要的两个品德是“忠”和“信”。

其次，董仲舒强调官员考绩之法，根据功过予以赏罚。《春秋繁露·考功名》曰：“考绩绌陟，计事除废，有益者谓之公，无益者谓之烦。揽名责实，不得虚言，有功者赏，有罪者罚，功盛者赏显，罪多者罚重，不能致功，虽有贤名，不予之赏；官职不废，虽有愚名，不加之罚。赏罚用于实，不用于名，贤愚在于质，不在于文，故是非不能混，喜怒不能倾，奸轨不能弄，万物各得其冥，则百官劝职，争进其功。”[1]179根据考核政绩的优劣来决定官吏的升迁或贬退，审查政事的好坏来决定官吏的任命或罢免，而且强调考核依据不能是“名”，必须是“实”。

另外，董仲舒还有观察德能的方法。《春秋繁露·立元神》曰：“考求众人，得其心遍见其情，察其好恶，以参忠佞。”[1]167意思是，征求大众的意见，了解到他们的内心，体谅他们的情志，观察他们的好恶，以省察为官者是忠臣还是奸佞。

综上所述，董仲舒构建起了一个“道-德-法”的官德有机系统，基础是形而上的“为官之道”，主体是修身爱民的“为官之德”，保障是任贤考绩的“治官之法”，这对当前的官德建设具有重要的借鉴价值。

参考文献：

[1] 苏舆．春秋繁露义证［M］．北京：中华书局，1992.

[2] 周桂钿. 董学探微 [M]. 北京：北京师范大学出版社，2008：48.

[3] 李宗桂. 论董仲舒的文化贡献 [J]. 河北学刊，1991（4）：59－66.

[4] 王为全. 对当代中国道德建设中的形上缺失的分析 [J]. 理论与改革，2004（3）：138－140.

[5] 班固. 汉书 [M]. 北京：中华书局，1999.

[6] 袁长江. 董仲舒集 [M]. 北京：学苑出版社，2003：399.

原载于《衡水学院学报》2017 年第 2 期。

曹迎春（1976－），女，河北景县人，衡水学院董子学院教授，历史学博士。

“规约君权”还是“支持专制”

——重论董仲舒“推明孔氏，抑黜百家”

郑济洲

董仲舒是汉代春秋公羊学的大师，武帝元光元年（前 134），他在贤良对策中提出：“臣愚以为不在六艺之科，孔子之术者，皆绝其道，勿使并进。”后人将他的这一提议概括为“罢黜百家，独尊儒术”，大多数学者认为这一提议是为“君主专制”推波助澜。然而，如果我们深入挖掘文本，《天人三策》的要旨是“规约君权”，而非“支持专制”。本文先简略梳理思想史对“罢黜百家，独尊儒术”的研究，再以“规约君权”为问题意识重新诠释董氏的提议。

一、既往研究的梳理

新文化运动“反传统”的思潮认为董仲舒“提议”的“罢黜百家，独尊儒术”是为“君主专制”服务的。但是，班固在《汉书·董仲舒传》中将董氏的“提议”概括为“推明孔氏，抑黜百家"[1]212，在同书《武帝纪》有"罢黜百家，表章六经"[1]2525，原典并无"独尊儒术"的提法，也未将"罢黜百家"和"独尊儒术"连用。根据笔者的考证，"独尊儒术"在五四新文化运动以前的文献中仅出现一次，即南宋史浩撰著的《鄮峰真隐漫录》卷三十《谢得旨就禁中排当札子》中提到："下陋释老，独尊儒术。"[2]因此，"独尊儒术"在中国古代社会的出现是与宋代儒家排佛抑老密切相关，而并非董仲舒提出的。对比"独尊儒术"与"推明孔氏"（"表彰六经"），可以发现班固以及汉代儒林对董仲舒对策中的"提法"的认识重在对孔子和六经的推崇，以及将官僚队伍纯化为儒家团体，并非要让儒家思想在社会上形成"独尊"的局面。后人用"独尊儒术"来指称董氏对策的内容，是一种过度诠释。

根据笔者的考证，"罢黜百家，独尊儒术"的连用是在新文化运动时提出的。1916 年，易白沙在《新青年》上发表《孔子平议》，文中称："汉武当国，扩充高祖之用心，改良始皇之法术，欲蔽塞天下之聪明才志，不如专崇一说，以灭他说。于是罢黜百家，独尊儒术，利用孔子为傀儡，垄断天下之思想，使失其自由。时则有赵绾、王臧、田蚡、董仲舒、胡毋生、高堂生、韩婴、伏生、辕固生、申培公之徒，为之倡筹安会。"[3]作为"罢黜百家，独尊儒术"的提出者，易白沙的思想带有强烈的新文化运动的情节，他追求西方式的民主和自由，继而否定了汉武帝时期君主专制的治国模式，并认为君主专制的政体伴随着思想专制的推行，而董仲舒正是君主专制的拥护者。

近代以来，尊重儒家传统的知识分子不愿接受易白沙等"反传统"知识分子对董仲舒的非难。他们的理论研究往往将董仲舒与汉武帝视为两个阵营，徐复观对此有明确的表述，他认为汉代政治是专制的，而儒家文化却是积极的，他指出董氏被定性为汉代文化专制的发起者是学术史的“冤狱”。他说：“在对策中说：‘诸不在六艺之科，孔子之术者，皆绝其道，勿使并进’的话，实际上是指当时流行的纵横家及法家之术而言。他的反纵横家，是为了求政治上的安定。他的反法家，是为了反对当时以严刑峻法为治。他的推明孔氏，是想以德治转移当时的刑治，为政治树立大经大法。而他的所谓‘皆绝其道，勿使并进’，指的是不为六艺以外的学说立博士而言。”[4]钱穆的观点与徐复观类似，他说：“武帝从董仲舒请，罢黜百家，只立五经博士，从此博士一职，渐渐从方技神怪、旁门杂流中解放出来，纯化为专门研治历史和政治的学者。”[5]

徐、钱将“独尊儒术”与博士官的设立相联系，将董仲舒在对策中的提议从易白沙认为的支持“君主专制”的问题转变为博士官的“纯化”问题。通过这种转化，把董仲舒从“专制”的拥护者，变成了促进儒者治世和儒家思想治国的倡议者。他们的观点的共同点之一都将《天人三策》的发生时间确定在建元元年（前 140），《汉书·武帝纪》载：“建元元年冬十月，诏丞相、御史、列侯、中二千石、二千石、诸侯相举贤良方正直言极谏之士。丞相绾奏曰：‘所举贤良，或治申、商、韩非、苏秦、张仪之言，乱国政，请皆罢。’奏可。”[1]156他们认为，董氏在这一次贤良对策中崭露头角，他的对策导致了“所举贤良”的“纯化”，并最终促成了建元五年（前 136）的汉武帝“置五经博士”[1]159。陈苏镇根据《天人三策》中“今临朝而愿治七十余岁矣”，对策发生的时间应当为元光元年（前 134），而非建元元年[6]。徐、钱对《天人三策》发生时间的误解，必然造成他们对“推明孔氏，抑黜百家”所要表达的内涵的误解。

徐、钱的学术努力反映了他们对儒学的尊重，在当代学界，尊儒的学者大有人在，他们不愿相信西汉儒宗董仲舒是君主专制的拥护者。其中庄春波[7]和孙景坛[8]都从不同角度论证了《天人三策》为“伪作”，力图把董仲舒与《天人三策》完全隔离，从而恢复他汉代儒宗的形象。庄、孙的努力实际上在一定程度上承认了《天人三策》推崇的政治思想是“君主专制”。尽管他们的论证相当严密，他们却忽视了一个最基本的史学常识，汉武帝和董仲舒之间的贤良对策是汉代皇家文献，史家对它的编撰是非常小心的，班固作为一个杰出的史学家怎么可能在这么重要的文献上犯下错误？

实际上，徐、钱、庄、孙等人的研究有一个共性，即不愿意将董仲舒与汉武帝划归同一阵营。在他们看来，董仲舒应当具有独立的儒者风骨，不应成为君主专制的拥护者。笔者认为，这一思路是正确的，当我们审视董仲舒的政治哲学思想时，必须认清他所处的时代背景，辨析他的思想与汉武帝王朝意识形态的区别。唯有如此，我们才能真正还原汉代儒宗董仲舒的形象与思想。

二、“规约君权”而非“支持专制”

董仲舒在对策之末提出：“《春秋》大一统者，天地之常经，古今之通谊。今师异道，人异术，百家殊方，指意不同。是以上亡以持一统，法制数变，下不知所守。臣愚以为诸不在六艺之科孔子之术者，皆绝其道，勿使并进。邪辟之说灭息，然后统纪可一而法度可明，民知所从矣。”[1]2523对策内蕴的“推明孔氏”问题，是树立孔子的“素王”地位，确立儒家为汉代的意识形态，实现“素王”孔子对汉天子的德性规约和《春秋》王道对汉王朝治理模式的矫正。对策内蕴的“抑黜百家”问题，是纯化官员团体，让国家的行政团体在思想上高度一致。而“教化天下”是“推明孔氏，抑黜百家”的题中之意，董氏此议力图使汉王朝成为一个“德治共同体”。

（一）“推明孔氏”

在东周封建制时期，天下诸侯林立，士大夫可以凭借自己的所学“选择”为哪个诸侯国的君主效劳。因此，孔子说：“君使臣以礼，臣事君以忠。”[9]197 孟子则说：“君之视臣如手足，则臣视君如腹心；君之视臣如犬马，则臣视君如国人；君之视臣如土芥，则臣视君如寇仇。”[10] 荀子则提出：“从道不从君。”[11] 随着秦汉大一统时代的来临，郡县制代替了封建制，士大夫治国之理想只能于一国之内实现，士大夫也只能与天子合作才能实现自己的价值。而在中央集权的汉朝政府方面，由于汉初统治者多出于草莽，汉高祖刘邦在建国伊始极为重视对贤人的任用，他曾下《求贤诏》广纳天下贤人。汉武帝刘彻继承了这一汉家传统，他在位期间亦多次下诏求贤。《天人三策》正是在这一背景下发生的，它是董仲舒与汉武帝政治思想互动的结果，是汉武帝时期王朝政治改弦更张的纲领。《天人三策》内蕴的“推明孔氏”是要确立孔子的“素王”地位，力图让汉王朝采纳儒家治国的意识形态，实现“素王”孔子对汉天子的德性规约和《春秋》王道对汉王朝治理模式的矫正。

《天人三策》载：“孔子作《春秋》，先正王而系万事，见素王之文焉。”[1]2509 在此，董仲舒把孔子所作之《春秋》视为“素王之文”，其中蕴含着两层意思：其一，《春秋》彰显了王道；其二，孔子是立法的“素王”。正如对策所言，“素王”孔子作《春秋》的目的是具有先后性质的两项内容，即“先正王”而后“系万事”。对于“先正王”，孔子认为一个良好的政治体首先要有一个有德性的君主，他说：“政者，正也。”[9]864 儒家致力于构建的就是一个德性的政治共同体，而天子必须做出德性的表率，因此对策中提出：“故为人君者，正心以正朝廷，正朝廷以正百官，正百官以正万民，正万民以正四方。四方正，远近莫敢不壹于正，而亡有邪气奸其间者。”[1]2502-2503在董仲舒看来，君主德性的良好是政治良好的前提。

对于“系万世”，众所周知，孔子制作《春秋》，被汉代公羊学家认为是一种通过“立言”的方式为汉立法。《春秋》的要旨是托古改制，它将中国历史的过去、现在和未来纳入一个完整的历史进程之中，确立了一套政治历史的形而上学。董仲舒借“素王之文”为汉王朝确立了发展的蓝图，在为汉立法的儒者情怀中，孔子的“素王”地位被确立了下来。“素王”孔子的成立是对天子王权的德性规范，《春秋》则是天子行政所参照的根本大法。董仲舒确立孔子的“素王”地位为儒家士大夫确立了一个精神领袖，在他的理论设计中，天下有两个王，一个是掌握政权的汉朝天子，另一个则是确立王朝意识形态和王朝发展道路的“素王”孔子。因为“素王”孔子的存在，儒家士大夫在与天子进行对话时，不再因地位的谦卑而“失语”，而是据有道德的高位而“有权”。

事实上，儒家士大夫在王朝的政治运作中承担着在德性上规约君权的责任。作为王朝最富知识的一个集体，他们被认为是天降灾异的最好解释者。在古人的政治权力结构中，天是高于天子的，他们认为，天下的每一次灾异并非偶然，而是上天在警示天子的失职。董仲舒说：“国家将有失道之败，而天乃先出灾害以谴告之；不知自省，又出怪异以警惧之；尚不知变，而伤败乃至。以此见天心之仁爱人君而欲止其乱也。”[1]2498因此，灾异的出现实际上是“天”有意为之，其中体现了“天”在政治秩序中的责任，体现了“天”对人主的关爱。而面对天下之灾异，臣子扮演的角色则是“代天立言”，他们是最有能力解释灾异的群体。董仲舒就曾多次针对灾异，向武帝谏言，陈述武帝在政治上的得失。因此，钱穆先生把汉武帝时期的政府称为“中国历史上第一个‘文治的统一政府’即‘士治’或‘贤治’的统一政府之开始”[12]。

（二）“抑黜百家”

班固在《武帝纪》中用“罢黜百家”来赞扬汉武帝的政治决策，在《董仲舒传》中用“抑黜百家”来指称董仲舒贤良对策的核心议题之一。联系两者，我们可以明确，汉武帝“罢黜百家”的决策即是来源于董仲舒“抑黜百家”的提议。然而，班固只是片面地揭示了汉武帝时期的政治决策，上述两个术语在武帝时期的选官制度和社会文化上都未得到充分的落实。先看选官制度，众所周知，武帝的治国之策是儒、法并用的，在武帝时期存在着大量的法家官员（例如张汤和杜周）。因此，“罢黜百家”不符合武帝时期的选官制度。再看社会文化，如果我们留意《史记·龟策列传》，其中提到：“至今上即位，博开艺能知路，悉延百端之学，通一伎之士咸得自效，绝伦超奇者为右，无所阿私，数年之间，太卜大集。”[13]由此可见，在汉武帝早期的执政中，他对社会文化的开放程度是极大的。因此，“罢黜百家”也不符合武帝早期对社会文化的政策。换言之，董仲舒“抑黜百家”的提议并没有造成武帝时期官僚队伍和社会文化的“独尊儒术”。有鉴于此，我们有必要重新理解董仲舒的“抑黜百家”，而这也是本节需要讨论的重点。

董仲舒是一个理想的儒者，他提出的“抑黜百家”虽然并不符合汉武帝时期的政治实情，但是体现出他对王朝官僚队伍的理想设计。他在对策的末尾强调“统纪可一而法度可明，民知所从矣”，其中的意思很清楚，统一法度的最终受益者是百姓，让百姓在统一的礼制生活中稳定地存活是统治者必须考虑的。根据公羊学的要义，要做到统一法度，最先要做的就是改正朔，使整个王朝在一个新的统治秩序中有序展开。董仲舒“抑黜百家”的建议正是针对汉武帝时期“法制数变”的政治现实。建元元年（前 140），汉武帝重用窦婴、田蚡、赵绾、王臧等儒家官员，意图用儒家意识形态取代武帝之前汉代采用的黄老道家的意识形态。然而，由于当时汉代的实际掌权者是武帝的祖母窦太后，崇好黄老的窦太后毅然终止了建元新政。直至建元五年（前136），窦太后死后，武帝才重新任用田蚡为丞相，进行了一系列的儒学改制。因此，在董仲舒元光元年（前134）对策之前，汉武帝在即位的六年间就三次改变了国家的意识形态。虽然当时的汉帝国已走出了太后摄政的政治现实，国家的治理也正朝着用儒学治国的道路前进，但是董仲舒清醒地意识到，人治是影响政治走向的重要因素，而比人治更为根本的是影响人的思想，因此要实现汉帝国长久地使用儒家思想作为意识形态，必须在思想上实现儒家学术的一统。因此董仲舒才提出要“推明孔氏，抑黜百家”。

董仲舒对汉武之世的定位是“太平之致”[1]2512，即公羊学张三世中“太平世”即将到来，“太平世”没有真正到来的原因是汉武帝没有采用儒家作为国家的意识形态进行政教活动。他称汉王朝的政治现实是“师申商之法，行韩非之说，憎帝王之道，以贪狼为俗，非有文德以教训于（天）下也”[1]2510。由于汉王朝不仅在意识形态上“师申商之法”，当时官员队伍的成分是极其复杂的，围绕在汉武帝身边的官员，有儒家（如田蚡），有黄老道家（如司马谈），有法家（如张汤），亦有纵横家（如主父偃）。在董仲舒看来，如此混杂的官僚思想系统，必然影响着汉武帝在政治决策上的判断。因此，必须做到“诸不在六艺之科，孔子之术者，皆绝其道，勿使并进”，让官员队伍不再掺杂进非儒家的人员。而天子也必须遵守儒家的意识形态来行政，而非专制独裁、任刑用法。

（三）教化天下

“教化天下”是《天人三策》的主题之一，根据笔者的统计，对策中共出现了16次“教化”。先秦儒家所倡导的教化有深刻的政治意义，教化活动与其说属于教育活动，不如说属于政治活动。在这一意义上，孔子晚年的教化活动就不能单纯地被视为一种教书育人的活动，在儒家政治哲学的视域中，这应该是一种政治活动。因此，《淮南子·主术训》的作者称孔子“专行教道，以成素王”[14]，将孔子的教化事业与他被后世尊为有政之“素王”联系起来。

董仲舒推崇儒家为王朝的意识形态，当然有个人儒者情怀的主观因素，但也有社会治理的客观因素。周公治礼作乐以来，中国古人普遍接受并遵循着礼来进行社会生活。礼乐文明以血缘为纽带，与中国宗法制社会结构互为表里，它所规定的农业生活亦与中国古代的农业文明相得益彰。礼乐文明重在教化，通过教化使每一个人知礼行礼，每一个人在自己所承担的礼制角色中，他就是礼的执行者，就是治理的主体。因此，教化的普及必然会形成一个“德治共同体”。董仲舒在对策中建议要在“一郡一国”中设立“太学”，要将教化的广度推扩到天下的每一个人，使他们理解王朝的政治制度，并主动融入到王朝的政治生活中去。董氏主张让儒家知识分子服务于最基础的教化层级，让师不“异道”，人不“异论”。举国之民在思想上与王朝的执政者高度一致，共同推进王朝有序的政治生活。

在董仲舒所向往的政治结构中，“天”是高于天子的，而在先秦儒家的典籍中一直存在着“天视自我民视，天听自我民听”[15]的思想，这就意味着“天”与民在政治结构中具有同等的地位，“天”所要表达的意志都可以在民身上体现出来。因此，“天民同构”的政治秩序必然内蕴着民的地位也是高于天子，如此“天”对天子的制衡就转换成民对天子的制衡。董仲舒说：“为礼不敬，则伤行而民弗尊；居上不宽，则伤厚而民弗亲。弗亲则弗信，弗尊则弗敬。”[16]这意味着民在现实政治结构中具有最高的地位，民是可以裁判天子的得失的。然而，汉武之世的社会现实是民失教化已久，无教之民无法根据国家约定俗成的德性标准来裁判天子之得失。如此一来，民在现实政治中就是“失语”的。因此，董仲舒力倡“教化天下”，重新建立民的德性，使天下之人共同构建一个“德性共同体”。

三、“推贤进士”而非“文化专制”

崔涛对“推明孔氏，抑黜百家”的解读是：“此乃董氏立学校以养士（及岁举茂材、孝廉）的政治思路的基础要求：即必须树立以儒家学说为标准的养士（及选士）制度的根基。这种根基实际上是一种以社会教化为背景的制度土壤。”[17]董仲舒“推明孔氏，抑黜百家”的目的之一是形成一个“德治共同体”，而其具体手段之一则是教化。通过教化，确立每个人的德性，使王朝浸润在礼乐文明之中。在论证了董氏的这一提议是为了“规约君权”并非“支持专制”后，我们的下一个问题是儒家意识形态的一统天下会不会造成“文化专制”?

答案是否定的。儒家自身即具有极大的开放性，在《论语》中我们可以看到儒家思想对道家退隐思想的借鉴，孔子说：“道不行，乘桴浮于海。”[9]299可以看到儒家思想对法家刑法的提升，孔子说：“不教而杀谓之虐。”[9]1373也可以看到儒家思想对墨家节用思想的吸收：“麻冕，礼也。今也纯，俭，吾从众。”[9]571儒家思想的开放性完全为董仲舒所继承，因此每每有学者称董仲舒为“杂家”。然而董仲舒并不是“杂家”，本文仅以董仲舒思想中的儒法关系略做分析。

在《天人三策》中，董仲舒力图在形上学的层面论证儒家之德治与法家之刑治的关系。他说："天道之大者在阴阳。阳为德，阴为刑；刑主杀而德主生。是故阳常居大夏，而以生育养长为事；阴常居大冬，而积于空虚不用之处。以此见天之任德不任刑也。天使阳出布施于上而主岁功，使阴入伏于下而时出佐阳；阳不得阴之助，亦不能独成岁。终阳以成岁为名，此天意也。王者承天意以从事，故任德教而不任刑。"[1]2502 董氏力图通过天道阴阳的变化，从形上学的角度论证德教先于任刑。阳为德，阴为刑，因此德教在现实政治的运行中要先于且重于刑罚。儒家从来没有反对过法家的刑法思想，而是主张教化先行和教化为本。正如董仲舒在对策中所引用的孔子的话"导之以政，齐之以刑，民免而无耻"[1]2511，如果想真正实现"儒家德治共同体"，就必须要重视德教的作用。董仲舒的时代是多元文化并存的时代，他面临的一个主要理论工作是如何以儒家为内核整合各家的学说。从现有文献来看，董仲舒的理论工作是成功的，他有效地吸收了各家的思想为儒家治世所用。

在澄清董仲舒的文化立场之后，我们必须意识到，"文化专制"并不是董仲舒在《天人三策》中所要传达的信息，对策的重点在于劝导天子广施教化，设立太学，通过设立太学培养国家的治理队伍。他说："故养士之大者，莫大乎太学；太学者，贤士之所关也，教化之本原也。今以一郡一国之众，对亡应书者，是王道往往而绝也。臣愿陛下兴太学，置明师，以养天下之士，数考问以尽其材，则英俊宜可得矣。"[1]2512 汉武帝在策问中曾经问道："盖闻虞舜之时，游于岩郎之上，垂拱无为，而天下太平。周文王至于日昃不暇食，而宇内亦治。夫帝王之道，岂不同条共贯与？何逸劳之疏也？"[1]2506 董仲舒的回答是："众圣辅德，贤能佐职，教化大行，天下和洽，万民皆安仁乐谊，各得其宜，动作应礼，从容中道。"[1]2508 儒家的治世策略与法家有一个明显的不同，儒家重在用有德之臣以辅助有德之君来治理天下；法家重在用法、术来绳制臣子以实现君主的集权统治。在董仲舒看来，如果要实现儒家式的“无为而治”，就必须任用贤人，而兴太学、致教化正是养士用贤的必要制度基础。

在这一基础上确立考核制度以“推贤进士”，《天人三策》载：“臣愚以为使诸列侯、郡守、二千石各择其吏民之贤者，岁贡各二人以给宿卫，且以观大臣之能；所贡贤者有赏，所贡不肖者有罚。夫如是，诸侯、吏二千石皆尽心于求贤，天下之士可得而官使也。”[1]2513董仲舒提出通过“考核”来推贤进士的人，这种“选官”制度以儒学的德性标准来衡量和选拔官员队伍，使士人和儒学真正结合了起来。这一制度是汉代教化大行的制度保证，天下之人皆愿意承教化而应官举，董仲舒“推贤进士”的政治理想也在这一基础上逐渐实现。

但是，当我们分析董仲舒“规约君权”的政治理想时，又必须认识清楚汉代的现实政治。众所周知，汉武帝是中国帝制史上集权的代表，他在一定程度上利用了董仲舒的思想，充实了汉家的意识形态，而并非用儒家意识形态置换了既有的意识形态。汉家的意识形态即是“霸王道杂之”，这是汉家的“自有制度”[1]277，汉高祖在《求贤诏》中说：“盖闻王者莫高于周文，伯者莫高于齐桓，皆待贤人而成名。”[1]71由此可见，儒法并用是汉家的基本国策。汉武帝之时并没有动摇这一国策，而是在法术治国的基础上，加强了德治建设。直到汉宣帝时这一原则并未松动，因此太子（汉元帝）谏言到：“陛下持刑太深，宜用儒生。”[1]277汉家在意识形态上采取儒法并用的形式，给董仲舒“规约君权”的政治理想所留下的空间就极其有限，因为天子可以随时用法术来绳制臣子，以实现自己的“君主专制”。正是在这样的意识形态统摄下，董仲舒才会因谏言辽东高庙失火而被下狱。丁耘指出："董生则杜绝了任何等级贵族对皇权的挑战。虽然保留了'天意'对皇权的干预，但董生本人后因妄测天意下狱，这是机运改变历史的绝佳例子——皇权不会承认任何集团对天意的代表权。这就从根本上杜绝了教权挑战主权、社会挑战国家的可能。"[18]

丁耘的论述基本符合政治的事实，然而董仲舒所倚仗的规约天子政权的力量不仅有"天意"，还有"素王"孔子所立之"法"。但是，无论是"天"还是"孔子"，他们在汉代现实政治中都是虚置的，孔子所立之王道大法在汉家"霸王道杂之"的制度框架内所发挥的作用亦有限。而汉武帝作为现实政治的主宰者，他的集权使得臣子的代天立言显得苍白和无力。即便如此，董仲舒所确立的"规约君权"的儒家治世理想仍然为一代代儒者所推崇和继承。对儒家士大夫来说，随着教化的普及，他们是最有能力治理社会的群体，也只有他们对政治的参与才能在德性上限制"君主专制"。汉武帝虽然用自己的专制权威置换了众多丞相，但是他最终不得不面对民生凋敝的现实，接受道德的审判，下《轮台罪己诏》。因此，董仲舒"规约君权"的理想不因现实政治的"君主专制"而黯淡无光。

参考文献：

[1] 班固. 汉书 [M]. 北京：中华书局，1962.

[2] 史浩. 鄮峰真隐漫录 [G] //. 纪昀，陆锡熊，孙士毅，等. 景印文渊阁四库全书：第 1141 册. 台北：台湾商务印书馆，1982-1986：765.

[3] 易白沙. 孔子平议 [J]. 新青年，1916 (6)：2.

[4] 徐复观. 两汉思想史 [M]. 上海：华东师范大学出版社，2001：113.

[5] 钱穆. 国史大纲 [M]. 北京：商务印书馆，1996：145.

[6] 陈苏镇. 《春秋》与"汉道"：两汉政治与政治文化研究 [M]. 北

京：中华书局，2011：224.

[7] 庄春波. 汉武帝“罢黜百家，独尊儒术”说考辩 [J]. 孔子研究，2000 (4)：59-71.

[8] 孙景坛. 汉武帝“罢黜百家独尊儒术”子虚乌有新探——兼答管怀伦和晋文（张进）教授 [J]. 南京社会科学，2009 (4)：90-96.

[9] 程树德. 论语集释 [M]. 北京：中华书局，1999.

[10] 焦循. 孟子正义 [M]. 北京：中华书局，1987：546.

[11] 王先谦. 荀子集解 [M]. 北京：中华书局，1988：529.

[12] 钱穆. 中国文化史导论 [M]. 北京：商务印书馆，1994：94.

[13] 司马迁. 史记 [M]. 北京：中华书局，1959：3224.

[14] 刘文典. 淮南鸿烈集解 [M]. 北京：中华书局，1989：312-313.

[15] 焦循. 孟子正义 [M]. 北京：中华书局，1987：646.

[16] 苏舆. 春秋繁露义证 [M]. 北京：中华书局，1992：256.

[17] 崔涛. 董仲舒的儒家政治哲学 [M]. 北京：光明日报出版社，2013：162.

[18] 丁耘. 中道之国：政治·哲学论集 [M]. 福州：福建教育出版社，2015：123.

原载于《衡水学院学报》2016 年第 2 期。

郑济洲（1988-），男，福建福州人，中山大学哲学系在读博士。

熊十力论董仲舒学说中的现代民主精神

姜淑红

熊十力（1885－1968），原名继智、盛恒、定中，号子真、漆园、逸翁，湖北黄冈人。熊十力年轻时爱好读王船山的书，佩服船山的民族大义，后受到康梁维新时印刷的小册子所宣传的“民权”“君民共主”思想的影响，萌发了反清思想，并参与了辛亥革命和护法运动。熊十力中年时期，时值军阀混战，他认为“革政不如革心”，慨然脱离政界，潜心跟随欧阳渐研习佛理。后由佛归儒，著作了《新唯识论》，之后，熊十力又写了《读经示要》。《读经示要》是熊十力在经历了弃政从文后，重新定下学术救国的目标下著作完成的，他立志挺立中华道统与中华文化精神，因此在书中对儒家民主思想进行阐扬，从而体现他的自由民主的政治理想。在《读经示要》中的《春秋示要》部分，熊十力大篇幅引用董子的话说明《春秋》古经中有适合于当下社会之用的大义存在，是“内圣”与“外王”相结合的大学问。熊十力认为中国固有文化就是讲民主自由的，这在董子阐明《春秋》义中多有表述，其中存在改革君权、要求民主等现代精神，因此读经不仅必要而且十分重要。

一、《春秋》改制到“万世制法”

熊十力首先指出，孔子作《春秋》之说首先见于《孟子》，之后主此说者有醇儒董仲舒。熊十力认为董、何于三科九旨说，居功至伟，在《读经示要》卷三中说：“孔子作《春秋》，其说既不便于当时天子诸侯，故不著竹帛，而口授七十子。公羊高亲受之子夏，世传口义，至玄孙寿乃与弟子胡毋生，著于竹帛。同时董仲舒，著《春秋繁露》，广大精微，盛弘《公羊》。其后何休作《解诂》，虽云依胡毋生条例，而义据亦大同《繁露》。故治《春秋》者，当本之董何。”[1]1011 可见熊十力对董、何推崇之至。熊十力说董子《春秋繁露》中有明显的证据证明孔子作《春秋》并且有深义在，“仲舒作《春秋繁露》有云孔子明得失、差贵贱（贵义而贱利），反王道之本，讥天王以致太平，刺恶讥微，不遗大小。善无细而不举，恶无细而不去，进善诛恶，绝诸本而已矣”[2]241。司马迁说：“汉兴五世之见，惟董仲舒名为明于《春秋》。”既然董子说孔子作《春秋》有贬绝讥刺之辞，那是一定有的，熊十力说两汉诸儒距离古代不远，他们的说法比较可信，而魏晋以后的人以猜测之说降圣人制万世之法的大经为记史之书，肆无忌惮之极。

熊十力认为治《春秋》当本之董、何，《春秋》中有微言大义，但微言与大义颇不同。对于二者之别，《读经示要》卷三曰：“大义者，如于当时行事，一裁之以礼义。微言者，即夫子所以制万世法，而不便于时主者也。如《公羊》之‘三科九旨’多属微言。”[1]1011 在熊十力看来，大义一般指适合于当朝统治者的一些思想，如大一统、尊王等，而微言则指变法改制等类。在封建专制时代，皇帝高高在上，微言不为其所喜，为免触怒时君，所以一直以口授方式流传。然而时过境迁，到了民国时期，微言不再是禁忌，所以微言便和大义基本上趋同。

熊十力说孔子作《春秋》乃是为万世立法，他说董子对策中有："孔子作《春秋》。先正王，而以系万事，见素王之文焉。"[2]242 什么样的人才能称得上是素王呢，熊十力说"孔子《春秋》之作乃通万世而权其变"，使得"仁及未来无量众生而无穷竭"。在这里有两层含义，一层是"假文王以明仁道"，另一层是"假文王以明志"[2]242。熊十力说，孔子本义是作《春秋》为万世制法，但是却被后来的汉儒篡改成"为汉制法"，尤其是汉代的纬书中比比皆是，熊十力说此举无非是为了谄媚时主，但是危害却极其深远，到了清代甚至有为清制法之说。皮锡瑞说："《春秋》为后王立法虽不专为汉，而汉继周后，即为汉制法，有何不可？且在汉言汉。推崇当代，不得不然。今人生于大清，大清尊孔教，即为清制法，亦无不可。"熊十力严厉驳斥此说："锡瑞此解鄙陋已极。《春秋》之道，归于去尊以伸齐民。贬天子，退诸侯，讨大夫，是不容有统治阶级也。人民皆得自由自尊自主，所以致太平。……汉之帝制，清人覆二帝三王之统，皆《春秋》之所以必诛绝而不容宽假也。"

在熊十力看来，古代经书中有值得当代人研读的微言大义存在，这些微言大义如果研究透彻精确，是可以有益于现实政治的。其中重要的一点是"孔子作《春秋》乃为万世立法"之说，这就否定了过去延续千年的为一代正统之王立法的说法，对于任何一个妄图借"《春秋》为一朝立法"之理论来行专制独裁来说无异于釜底抽薪。

二、“三世说”到“一统论”

《春秋繁露·楚庄王》云：“春秋分十二世以为三等：有见、有闻、有传闻。有见三世，有闻四世，有传闻五世。故哀、定、昭，君子之所见也，襄、成、文、宣，君子之所闻也，僖、闵、庄、桓、隐，君子之所传闻也。所见六十一年，所闻八十五年，所传闻九十六年。”《原儒·原学统》曰：“董生受学公羊寿，与胡毋生业，其所说三世义，最符于《公羊传》。”[3]425 然而熊十力认为董仲舒的所谓有见三世，提倡君臣恩义，这与《春秋》极端相反，纯是统治阶级之史法[3]425。在熊十力看来，《春秋》改乱制，即是改革君主制度。董仲舒所谓的诛暴君而另外拥戴贤君，所谓易姓更王，称不上是革命。

因此，熊十力对董仲舒的三世说重新加以诠释。熊十力说据乱世有君主，因为此时民众觉悟低下需要君主的领导。而到升平之世，民品已经大有提高，有了自主自治之权利，此时就不应当再有专制君主，但是自从有国家以来，人民习惯于君主的信念，于是仍然有君，但此时是虚君，君权受到限制，只是作为维系群众信仰之用，正所谓“无用之用”。“故为人主者，以无为为道，以不私为宝，而承备具之官，足不动，而相者导进，口不自言，而宾者赞辞，心不自虑，而群臣效当。故莫见其为之而功成矣。”[2]258 他解释“无为”为“虚君权”之义，“承备具之官”的意思则是“自中央到地方政区，百官无不备，而各司其职，各治其事”。可见，熊十力以现代西方的君主立宪理解董仲舒学说中的《春秋》升平之世，赋予其现代民主精神。

到了太平之世，“夷狄进诸夏”，人人有士君子之行。需要说明的是，“诸夏”指的是能服于礼仪而有高尚智慧、富于创造之民族，于是全人类没有不平等的担忧。《春秋繁露·俞序》云：“天下之人人有士君子之行而少过矣。”[2]253 熊十力说此时的人们都能用功于内，即在内心修养上下功夫，于是仁义之道行而侵害之风气熄灭。《春秋繁露·观德》云：“鲁晋俱诸夏也，讥二名，独先及之。”又《春秋繁露·俞序》云：“亦讥二名之意也。”[2]253 因为二名为不合乎礼仪所以讥之。

此外，太平之世，董子还有存三统之说。《春秋繁露·三代改制质文》曰：“《春秋》作新王之事，绌夏、亲周、故宋。”熊十力解释说：“统之为言，宗也，一也。言其统一天下之志，而为天下之所共宗也。统以三，《春秋》当新王，一也。仲尼祖述尧舜，宪章文武、周之道为《春秋》所直接，故亲周，二也。宋者商后，商汤承尧舜禹之道而传至于周以逮《春秋》，故亲周而不得不上及商，是以故宋，三也。”[2]258 由此熊十力得出结论说“三统元是一统，一者仁也，《春秋》始于元，元即仁，虽遂世改制而皆本仁以为治，《春秋》当新王，即以仁道统天下也”[2]259。

熊十力的通三统，三统原是一统，即仁统。此说与董仲舒的存三统归于一统也就是大一统，在形式上非常相似，但实质却不同。董仲舒将其视为大义，是就政治来说的，并非真有三统。熊十力将其视为微言，是就文化而言的，借事明义，即以仁道统天下，以此达到天下太平。而继统之人，即不仅指天子，凡能行仁之人，就能维护统之绵延不绝，这是全体中国人的责任。熊十力认为孔子作《春秋》、制素王之法，孔子之后能继斯统者，并非天子，而是能行仁道之儒，如濂溪、二程等，熊十力亦以斯统自任。熊十力借董仲舒三世说发挥成“一统论”，其说出于董仲舒而超越董仲舒，直接探源孔子，成为后来新儒家春秋学的研究方向。

三、以“元”统天到“元”乃“仁”也

熊十力说不懂得人的生命本体和道德主题，仅仅依一种科学如物理学或生物学中的一种学说去解释宇宙万化之源或生命之源，则未免以管窥天。《春秋》以元统天，董子讲以“元”为本，如《春秋繁露·重政》云：“惟圣人能属万物于一而系之元也，终不及本所从来而承之，不能遂其功。是以《春秋》变一谓之元，元尤原也，其义以随天地终始也。……故元者为万物之本，而人之元在焉，安在乎？乃在乎天地之前。”[2]247 熊十力认为董子此语最为深邃，值得后学好好推敲，“董子言《春秋》，首发明元义，以为此经之宗极。与《大易》首建乾元同旨。内圣外王之学，其源底在是也。夫元者，万化之宗主，万物之本命”[2]248，但是这仍然只是属于外在的，没有从本体论方面反己体道。故《原儒·原学统》曰：“董生《繁露》，名为说《春秋》，而实建立事天之教。”[3]427 由于董子只有宇宙论，而无本体论可言，所以熊十力认为董子乃一“事天之教”者。

熊十力在董仲舒外在“元”论的基础上加以扩展，既言宇宙论，又言本体论，不只就天道，更就人事而言，天道人事兼具，内圣外王并备。熊十力的春秋为万世制法说，既然认为倡导革命，反对君权，那么治法就不能以君臣恩义，而要以仁义为据。熊十力曾举《春秋繁露·仁义法》为“先义后利者，先自正而责人”之例证，即“《春秋》之所治，人与我也。所以治人与我者，仁与义也。以仁安人，以义正我。故仁之为言，人也；义之为言，我也。……是故《春秋》为仁义法。仁之法，在爱人，不在爱我；义之法，在正我，不在正人。我不自正，虽能正人，弗予为义。人不被其爱，虽厚自爱，不予为仁”[3]498-499。

熊十力认为董仲舒虽知《春秋》特重仁义，然对于二者的关系，却不知其关联及差异之处，以至仁义混而为一，而成君臣恩义。熊十力说："仁义可以体用言，仁是体，义是用，而义者乃仁之权，两者虽非相即，然亦不离，看似相反，实则不违，诚乃相反相成。"[3]499 以仁而言，熊十力认为即使父母之于子，虽必以仁，然犹有义在，以为权衡，方无所失。而董仲舒却说"人不被其爱，虽厚自爱，不予为仁"，唯有仁，而不度之以义，则必流于姑息而反害之，此非《春秋》本旨。以义而言，熊氏认为"义之法，在于正人，必先正我"[3]499，唯有先正我而后能正人，而正我之后亦必进而正人，己立立人，己达达人，务使人我皆正，所谓达则兼善天下，方是《春秋》外王之教。而董仲舒却说"义之法，在正我，不在正人"，恰恰与熊十力相反，虽亦强调正人必先正我，然正我之后，并不进而正人，己立而不立人，己达而不达人，不能人我皆正，只是独善其身，实非《春秋》本旨。

总之，熊十力扩充了"元"的含义，除了具有万物之本之义外，更赋予其至高意义，即"仁"的意义，即"以天下万物为一体"。既然天地万物为一体，那么就是说人人平等，不该有专制，应当推翻君权。因此，君权不应高高在上，而是人民自觉自主，如此之天地，才是一个人人平等之世界。

熊十力重新诠释了董仲舒的春秋改制、三世说和"以元统天"论。熊十力将董仲舒的春秋为一世制法改为"万世制法"；还将董仲舒的三统说总结为"一统"；在董仲舒的"元"的宇宙论基础上扩充上本体论，即"仁"的理论。总之，熊十力阐释的董仲舒学说是以"仁"为最终落脚点的。熊十力认为《春秋》之道，"内圣"而"外王"，"以仁道统天下"，由据乱世、升平世到太平世是人的内心觉悟不断升华的阶段。据乱世人们觉悟低，所以需要君主的领导；升平世人们觉悟提高了，可以有自治的权利，所以不再需要专制而应该是虚君；到太平世，人人有士君子之行，全人类无不平等，此时应当废除君主。由熊十力的三世历程可以看出他把对个人人性的改造，看成是最根本的东西，他认为只有改造人性，使人的真性即“以宇宙万物为一体”得到切实充分的发挥，世界才能达到民主进而以臻大同。

熊十力对于董仲舒学说民主精神的阐扬，是其儒家民主自由政治思想体系的一个组成部分。作为第一代现代新儒家，熊十力的儒学思想体系是针对“五四”后思想界反儒学运动而展开的，意图谋划传统儒学的现代化发展。他侧重从儒学的“价值阐扬”上去复兴儒学，彰显儒学特质，克服了“五四”学人对于儒学的片面批判，确立了儒学传统的人文价值意义，然而，熊十力没有从学理上深刻思考儒学与现代文化之间的融通关系，而只是用“六经注我”的方式，以“中体西用”的思维来谋求儒学的现代化发展，没有也不可能找到一条通往民主自由的现代化之路。尽管如此，我们亦不能否定熊十力以自己独特方式为中国实现民主自由而孜孜以求的思想价值之所在。

参考文献：

[1] 熊十力．熊十力全集：第三卷［M］．武汉：湖北教育出版社，2001.

[2] 熊十力．熊十力集［M］．北京：群言出版社，1993.

[3] 熊十力．熊十力全集：第六卷［M］．武汉：湖北教育出版社，2001.

原载于《衡水学院学报》2016 年第 5 期。

姜淑红（1983-），女，山东潍坊人，淄博职业学院稷下研究院讲师，历史学博士。

董子法律学

董仲舒的德本法助思想

李俊芝　朱冰清　朱云鹏　宋风轩

董子的思想包罗万象，其“儒术”并非传统的儒术。汉宣帝曾说：“汉家自有制度，本以霸王道杂之，奈何纯任德教，用周政乎！”[1]277这并不是说汉宣帝放弃了“独尊儒术”的政策，而是董子的新儒术中就包含着“霸道”。“王道”本是指战国时期儒家通过“讲道德，说仁义”而实现“王天下”的主张；“霸道”则是指法家通过厉行法治，统一人们思想，富国强兵，以暴力手段取天下的主张。到了统一社会，这种“王”“霸”之争就成为以道德教化治天下与以刑罚治天下的争论。汉宣帝所谓“霸王道杂之”，就是指西汉时期治理天下是德刑并用的。而德本法助、德刑并用正是董仲舒新儒术中一个重要内容。德为本的体现就是教化、引导为主，法为助的体现就是以刑罚为辅。此正如董子所言：“圣人之道，不能独以威势成政，必有教化。故曰：先之以博爱，教以仁也；难得者，君子不贵，教以义也；虽天子必有尊也，教以孝也；必有先也，教以弟也。此威势之不足独恃，而教化之功不大乎！”[2]319

在《春秋繁露》与《天人三策》中，董仲舒从各个角度论证了欲治理天下、实现天下治平必须坚持以德为本、以法为助、德刑并用的思想。

一、德本法助是天道的体现

“天地之常，一阴一阳，阳者，天之德也，阴者，天之刑也。”[2]341 “天出阳为暖以生之，地出阴为清以成之，不暖不生，不清不成。”[2]351-352 在董仲舒看来，人世间有德有刑，就如同自然界有阴有阳一样，二者是不可偏废的。然而在二者之中却又有轻有重、有主有辅，不能等量齐观。自然界中，“暖暑居百而清寒居一”，人世间，德教与刑罚也应该与此相类，“故圣人多其爱而少其严，厚其德而简其刑，以此配天”[2]352。他进一步阐述道：“天道之大者在阴阳。阳为德，阴为刑；刑主杀而德主生。是故阳常居大夏，而以生育养长为事；阴常居大冬，而积于空虚不用之处。以此见天之任德不任刑也。”“终阳以成岁为名，此天意也。王者承天意以从事，故任德教而不任刑。刑者不可任以治世，犹阴之不可任以成岁也。为政而任刑，不顺于天，故先王莫之肯为也。”[1]2502 “天之志，常置阴空处，稍取之以为助，故刑者德之辅，阴者阳之助也。”[2]336 站在天人感应、天人合一的角度来看，如果只靠刑罚来治理国家，那是逆天之道，是“不顺于天”的，也是历代明君贤王所不取的。

当然，从另一个角度说，只讲德治而不讲刑罚也是不合于天道的。“天使阳出布施于上而主岁功，使阴入伏于下而时出佐阳；阳不得阴之助，亦不能独成岁。”[1]2502 只有阳，没有阴之助，自然界不能成岁功；同样没有法之助，只靠德治也不能成就治世。

董子认为，道德教化为本，法律刑罚为助，正是天道的具体体现。

二、德本法助是人性完善的需要

对于人性，先秦思想家都有论述，但却是人言人殊。孟子主性善论，指出："恻隐之心，人皆有之；羞恶之心，人皆有之；恭敬之心，人皆有之；是非之心，人皆有之。恻隐之心，仁也；羞恶之心，义也；恭敬之心，礼也；是非之心，智也。仁义礼智非由外铄我也，我固有之也。"[3]112 "人皆有不忍人之心。所以谓人皆有不忍人之心者，今人乍见孺子将入于井，皆有怵惕恻隐之心。非所以内交于孺子之父母也，非所以要誉于乡党朋友也，非恶其声而然也。"[3]35这种不忍人之心没有任何功利的目的，就是人性善的表现。并且，这种善心是一个人先天所固有的，而不是来自任何外力的影响。同为儒家的荀子则主张人性本恶。他说："今人之性，生而有好利焉，顺是，故争夺生而辞让亡焉；生而有疾恶焉，顺是，故残贼生而忠信亡焉；生而有耳目之欲，有好声色焉，顺是，故淫乱生而礼义文理亡焉。然则从人之性，顺人之情，必出于争夺，合于犯分乱理而归于暴。故必将有师法之化，礼义之道，然后出于辞让，合于文理，而归于治。用此观之，人之性恶明矣，其善其伪也。"[4]荀子在这里举出很多例子说明人性本恶，其善的一面只是后天教化、教育的结果。

董仲舒有异于前人，他认为人性中都有善恶两面，其称之为"仁""贪"两性。董子认为，人有仁、贪两性，正如同于天之有阴阳。"人之诚有贪有仁，仁贪之气两在于身。身之名取诸天，天两有阴阳之施，身亦两有贪仁之性。"[2]294－296百姓人人皆有仁善之质，但还不等于都是仁善之人，这一点还有待于在上位的统治者的后天教化。董仲舒说："性如茧、如卵，卵待覆而成雏，茧待缫而为丝，性待教而为善，此之谓真天。天生民性有善质而未能善，于是为之立王以善之，此天意也。”[2]300—302他举了米与禾的例子，形象地说明这一问题。他说：“且名者性之实，实者性之质，质无教之时，何遽能善。善如米，性如禾，禾虽出米，而禾未可谓米也；性虽出善，而性未可谓善也。”“性者，宜知名矣，无所待而起生，而所自有也；善所自有，则教训已非性也。是以米出于粟，而粟不可谓米；玉出于璞，而璞不可谓玉；善出于性，而性不可谓善。”[2]311—312粟要靠后天的加工而成为米，璞要靠工匠的雕琢而成为玉，性要靠在上位者的教化而达到善。如果统治者完不成这个使命就是没有尽到上天所交给的责任。

董仲舒从人性的角度把天下之人划分为三类，即：圣人之性、斗筲之性、中民之性。其中，圣人之性，先天就是纯善的、完美的、不需要教化的；斗筲之性则是不可雕的朽木，是经过教育也不能变好的，是不可教化的。因此董仲舒说：“圣人之性，不可以名性，斗筲之性，又不可以名性。”这也可以说是“唯上智与下愚不移”的另一种解释。但这两种人无论是圣人之性者还是斗筲之性者，其人数都是极少的，社会中绝大多数人属于“中民之性”，而这部分人如果施以教化，则可变善、变好，如果不经教化，则可能变恶、变坏。“名性者，中民之性。中民之性，如茧如卵，卵待覆二十日，而后能为雏；茧待缫以涫汤，而后能为丝；性待渐于教训，而后能为善。”[2]311—312作为人口之绝大多数的“中民之性”都是可以通过教化而致善，因而需要导之以礼，以使其向善；“斗筲之性”毕竟是社会的极少数，需要齐之以刑，通过刑罚来震慑。所以在治理国家上那就必须是以道德教化为先、为主，以法律、刑罚为辅，恩威并施。如此则可求得国家的长治久安。

三、德本法助是先贤的一贯主张，也是历代明君的一贯做法

董仲舒说："先王显德以示民，民乐而歌之以为诗，说而化之以为俗，故不令而自行，不禁而自止。……化大行故法不犯，法不犯故刑不用，刑不用则尧舜之功德，此大治之道也。"[2]266 先王通过道德教化，化民成俗，做到了不令而行、不禁而止，以至刑错而不用，这是儒家所盛称的三皇五帝之事功，是天下大治之道。三代之治天下，也莫不由此，是故西周有"明德慎罚"。时至孔子，则提出："导之以政，齐之以刑，民免而无耻；导之以德，齐之以礼，有耻且格。"[5] 董子则提出："故以德为国者，甘于饴蜜，固于胶漆。"[2]169 董仲舒笔下描绘了一个以道德教化治国而达大治的美好蓝图："五帝三王之治天下，不敢有君民之心，什一而税，教以爱，使以忠，敬长老，亲亲而尊尊，不夺民时，使民不过岁三日，民家给人足，无怨望忿怒之患、强弱之难，无谗贼妒疾之人，民修德而美好，被发衔哺而游，不慕富贵，耻恶不犯，父不哭子，兄不哭弟，毒虫不螫，猛兽不搏，抵虫不触，故天为之下甘露，朱草生，醴泉出，风雨时，嘉禾兴，凤凰麒麟游于郊，囹圄空虚，画衣裳而民不犯，四夷传译而朝。"[2]101－103 在这里与其说董仲舒所描绘的是五帝三王治天下的盛况，倒不如说这是董仲舒的一种美好的政治理想。

先贤之主张德本法助，还有一个深刻的原因，那就是"夫礼者禁于将然之前，而法者禁于已然之后"[1]2253。道德教化能使人自觉抵制不道德行为发生，有效减少社会不稳定因素的出现；法则是不法行为发生后的制裁措施，也就是危害社会的结果已经发生，不良

影响已经造成才进行制裁，显而易见，这是治标而不治本的。社会生活的中心目的应在于防止不法或不道德行为的发生，即要“防”字当头，而不应是在危害社会的行为发生后再去考虑如何对其制裁。因而董仲舒指出：“法出而奸生，令下而诈起，如以汤止沸，抱薪救火。”[1]2504 单纯地依靠法律，不惟不能起到制止犯罪的目的，却可能是适得其反。“不示显德行，民暗于义不能炤，迷于道不能解，因欲大严憯以必正之，直残贼天民，而薄主德耳。”[2]266

四、德本法助是从亡秦得出的教训

董仲舒认为，教化是防止作奸犯科的最有效手段。教化立，则如同堤防设，就能从根本上预防犯罪；教化废弃，犯罪就会防不胜防。所以历代明君贤王都十分重视教化的功用，设立各级学校，“渐民以仁，摩民以谊，节民以礼”[1]2503，从而出现教化大行、天下大治的社会政治局面。

秦统一后，却不是这样，“师申商之法，行韩非之说，憎帝王之道，以贪狼为俗，非有文德以教训于下也。……又好用酷之吏，赋敛亡度，竭民财力，百姓散亡，不得从耕织之业，群盗并起。是以刑者甚众，死者相望，而奸不息”[1]2510－2511。其最终结果则是二世而亡，身死国灭，为天下笑。因此董仲舒总结说：“自古以来，未尝有以乱济乱，大败天下之民如秦者也。”[1]2504

“故汉得天下以来，常欲善治而至今不可善治者，失之于当更化而不更化也。”也就是说，当今的汉王朝要想成就天下大治之局面，要以亡秦为鉴，反其道而行之，大行教化而改变“独任执法之吏治民”的做法，“圣王之继乱世也，扫除其迹而悉去之，复修教化而崇起之”。只有这样，才能“阴阳调而风雨时，群生和而万民殖，五谷孰而草木茂，天地之间被润泽而大丰美，四海之内闻盛德而皆来臣，诸福之物，可致之祥，莫不毕至，而王道终矣”[1]2503—2504。

五、德本法助体现了立法与刑罚的最终目的——教化

立法与刑罚是为了惩治犯罪，而惩治犯罪却不是为惩治而惩治，其惩治的最终目的还是在于教化，是想使百姓震于刑罚之威而归于正道，最终归之于善。董仲舒说：“春秋之听狱也，必本其事而原其志。志邪者不待成，首恶者罪特重，本直者其论轻。”[2]92 在这里，董仲舒提出了一个很重要的观点，那就是“原其志”。所谓“原其志”，就是查看其犯罪动机。而这个“原其志”不是虚无缥缈的主观臆断，而是建立在“本其事”的基础上，也就是我们今天所说的“以事实为根据”。也就是要在客观事实的基础上推究行为人的主观动机、心理状态。

笔者认为，董仲舒提出“本其事而原其志”的目的至少应有两个方面的含义：一是想矫正秦以来的酷吏援引刑法，肆意构陷人罪的种种弊端，以体现法律不得已而为之的“仁”的一面；二是为体现刑罚也是为了教化的最终目的。而后者似乎更为重要。“故折狱而是也，理益明，教益行；折狱而非也，暗理迷众，与教相妨。教，政之本也，狱，政之末也，其事异域，其用一也，不可不以相顺，故君子重之也。”[2]94 董仲舒认为，断狱的目的是为了明理，而明理的目的则是为了更好地教化百姓。如果断狱不能明理，就会使百姓更加迷惑，不能使迷途之人归正，如此则妨害了教化，而道德教化是本，刑罚是末，这样一来就颠倒了本末的关系，这是断狱的大忌。

总之，我们看到，在董仲舒那里，德本法助实为实现天下治平之第一要义。这一观点在提倡“依法治国”的今天也不无借鉴意义。

参考文献：

［1］班固. 汉书［M］. 北京：中华书局，1962.

［2］苏舆. 春秋繁露义证［M］. 北京：中华书局，1992.

［3］孟子. 孟子［M］. 北京：北京燕山出版社，2009.

［4］荀子. 荀子［M］. 北京：北京燕山出版社，2009：167.

［5］孔子. 论语［M］. 张燕婴译注，北京：中华书局，2006：15.

原载于《衡水学院学报》2015年第6期。

李俊芝（1963—），女，河北故城人，衡水学院法政学院讲师。

朱冰清（1988—），女，河北故城人，衡水学院生命科学学院助教，工程硕士。

朱云鹏（1964—），男，河北故城人，衡水学院继续教育部，历史学硕士。

宋风轩（1989—），男，河北故城人，衡水市交通局助理工程师。

“德主刑辅”说之驳正：董仲舒德刑关系思想新诠

李德嘉

学界普遍认为，“德主刑辅”是中华法系的重要特征，其理论缔造者是东汉大儒董仲舒。然而，“德主刑辅”一词却并非古人的原话，董仲舒对此最为接近的表述是“刑者，德之辅也”。可见，“德主刑辅”的概念其实是现代学者对古代儒家德刑关系思想做出的总结。其实，董仲舒所主张的德刑关系并不是在刑事政策的层面讨论德教与刑罚在社会统治上的作用孰轻孰重，或以“任德不任刑”加以概括更为确切。所谓“任德不任刑”思想则是针对当时政治中的“刑治”思想，彻底清算暴秦所遗留下来的弊政，要求汉武帝恢复儒家“德治”之传统。在董仲舒看来，任德的首要内容是正君，对统治者树立政治正当性的观念和准则，只有先树立君德、官德，才能使百姓有德。而最终才是以德教治理天下，对百姓施教。同时，董仲舒还指出对百姓施教的前提是将百姓视作有理性、有仁心的具有人格的主体来对待，施教不能急于求成、扭曲人性，应该成全人性。

一、以“德主刑辅”说概括董仲舒德刑关系思想的不足

学界普遍认为，“德主刑辅”是中华法系的重要特征，其理论缔造者是东汉大儒董仲舒。然而，“德主刑辅”一词却并非古人的原话，董仲舒对此最为接近的表述是“刑者，德之辅也”。可见，“德主刑辅”的概念其实是现代学者对古代儒家德刑关系思想做出的总结。学术界首先在教科书中将儒家德刑关系思想总结为“德主刑辅”说的学者是法律思想史学科体系的奠基者杨鸿烈。杨鸿烈在《中国法律思想史》的第四章“儒家独霸时代”中专门列了一节来讨论中国古代的“德主刑辅”思想。杨鸿烈对“德主刑辅”说的解读主要可以分为两个方面：从治理方式来看，“德主刑辅”是儒家德治思想的重要组成，主要是以“德化”或是“德教”的方式管理社会，而不是以法律的规范来统治社会；而从法律与道德的关系看，“德主刑辅”意味着道德和法律的混同，法律的目的在于实现道德，而道德则是更重要的法律。杨鸿烈所提出的“德主刑辅”说现在已经成为学界“定论”。所谓“德主刑辅”实际就是推行依靠统治者自律的德政，对百姓以道德教化为主的统治策略。这样的“德主刑辅”说实质上是一种“道德治国”论，要么寄托于统治者道德的自律，要么对百姓进行道德教化。这样的“德主刑辅”说实际上很难解释为什么奉行“德主刑辅”思想的古代中国会有如此发达的律令体系。有学者在质疑法律史研究中的某些“定论”时指出：“当‘中国法律思想史’教科书将‘德主刑辅’作为中华法系主导思想时，‘中国法制史’的教科书却把中国古代法律发展的主线定位在‘以刑为主’‘重刑轻民’上。”[1]目前学界主流的“德主刑辅”说实际上误读了古代儒家的“德”观念和德刑关系思想。古

代儒家的“德”并非今人所谓的道德，这一点已经成为学界共识。然而，一些学者关于“德主刑辅”说的解读却依然停留在道德与法律的相互作用关系上。

欲对近现代学者所提出的“德主刑辅”说进行去伪存真的驳正，必须首先对董仲舒的德刑关系思想进行一番正本清源的解读。首先，应该明确“德主刑辅”的概念并非董仲舒原话。董仲舒与之接近的表述是“刑者，德之辅也”，这种表述仅是对德与刑的相对关系进行概括总结，并不能意味着治国理政总是应该以德为主而刑辅之。其次，董仲舒对德刑关系最为核心的概括是：任德不任刑。理解董仲舒德刑关系思想的关键就在于对其“任德不任刑”的思想主张进行解读。本文试图通过解读“任德不任刑”的思想，重新诠释董仲舒德刑关系思想的真正内涵，从而对深刻影响法制史学界的“德主刑辅”说进行检讨。

二、“任德不任刑”：董仲舒德刑关系思想的核心

（一）“任德不任刑”思想的提出背景

秦汉之际的制度与思想经历了一场翻天覆地的变革，秦以法家之“刑治”统一天下，废封建为郡县，在政治上以“刑治”为核心构建国家制度，严刑峻法统治百姓，最终酿成民怨，二世而亡。汉初黄老思想偏重于经济改革，提出与民休息的自由经济政策，但是对于政法体系，黄老思想则倾向于承袭秦朝法家“刑治”之余绪，以在立国之初迅速恢复秩序、建立法制。因此，汉初政治之弊就在于其传承了秦朝法家“刑治”刻薄寡恩的政法传统，未能给经济与文化的复苏提供一个宽容、自由的政治环境。汉初官场崇尚酷吏，官员以学习刑名之学，治狱严苛为荣，一时之间出了诸如张汤等一

系列的酷吏。司马迁认为酷吏以刑名之学统治乡里，摧毁了社会的优良治理秩序。虽然酷吏的铁腕可以收一时之效，使地方社会出现短暂的“道不拾遗”局面，然而，社会的自生活力及礼俗秩序被严重破坏，政治高压一过，社会立即溃崩。酷吏的政治高压所带来的结果只能是“吏民益轻犯法，盗贼滋起”（《史记·酷吏列传》）。而班固则对汉初的法制状况做了一个概括性的描述：“今郡国被刑而死者岁以万数，天下狱二千余所，其冤死者多少相覆，狱不减一人，此和气所以未治者也。”（《汉书·刑法志》）

针对汉承秦制之蔽，董仲舒提出了“更化”的主张，所谓“更化”就是要改革秦政以“刑”治天下的政治体制和统治精神，起到拨乱反正的历史意义。在董仲舒看来，汉初之政治已经犹如“朽木粪墙”，必须经历彻底的改革才能恢复治理。他说：“今汉继秦之后，如朽木、粪墙矣，虽欲善治之，亡可奈何。”（《汉书·董仲舒传》）董仲舒所提倡的“彻底改革”“更化”并不是革新，而是要恢复西周以来的儒家德治传统。董仲舒批评汉初的统治者没有深刻反思秦政“刑治”之恶劣，反而继承了秦政狱吏治天下的弊政，他说：“今废先王德教之官，而独任执法之吏治民，毋乃任刑之意与！孔子曰：‘不教而诛谓之虐。’虐政用于下，而欲德教之被四海，故难成也。”（《汉书·董仲舒传》）董仲舒的全面更化不仅仅只有以“德教”取代刑罚这么简单，而是要以儒家之“德治”全方面地代替原来秦政中的“刑治”，这就是董仲舒所提出的“任德不任刑”。

（二）“任德不任刑”的思想内涵

董仲舒的更化方案主要集中于其上书武帝的《天人三策》一文中，其最为重要的主张可以概括为“任德不任刑”，下面仅就其中最为有意义的三个方面加以评述[①]：

其一，董仲舒“任德不任刑”的思想主张建立在其天人合一的王道政治基础之上。董仲舒的天命政治观的目的是实施王道政治。董仲舒所谓王道政治，第一步则是“深察名号”，即确立君主权力运作的合法性标准。“是非之正，取之逆顺。逆顺之正，取之名号。名号之正，取之天地”，而君主权力的合法性标准最终则落实于“天”。“是故事各顺于名，名各顺于天，天人之际，合而为一。”（《春秋繁露·深察名号》）按天道的要求施行统治，具体说来就是“任德不任刑”，因为天有阴阳，而德为阳，刑为阴，“阳常居大夏，而以生育养长为事；阴常居大冬，而积于空虚不用之处”。既然天道是以阳为生育养长之事，那么统治者要施行统治，养育万民，就必须“承天意以从事，故任德教而不任刑。刑者不可任以治世，犹阴之不可任以成岁也”。徐复观在论及董仲舒政治思想时，认为董仲舒的真正精神被其“迂拙神怪的天的哲学所遮掩了”。其实，董仲舒的“天人合一”论重点并非应验神怪，而是为了给现实政治寻找一个超验的正当性标准。从古至今，政治的正当性无非诉诸人或超验的神，诉诸人的正当性标准或为民主政治或为圣人政治，而诉诸超验的神的政治在西哲则谓之自然法，在董仲舒则谓之“天”。

其二，董仲舒讲“任德教而不任刑”并没有将“德教”简单为对百姓实施道德教化，而是将矛头指向了统治者。董仲舒认为，德政治下之民也有德，而乱政专门产生暴民。既然百姓之道德修养取决于统治者是否有德，那么，德教的关键就不在于教民，而在于正君。“或夭或寿，或仁或鄙，陶冶而成之，不能粹美，有治乱之所

① 下文所引原文，如无特别注明，皆引自董仲舒所著之《天人三策》，载于《汉书·董仲舒传》。

在，故不齐也。”因此，董仲舒一方面强调君主统治必须有德，认为施行王道的开端就是要正君、正朝廷然后正百官、正万民。另一方面，董仲舒继承先秦儒家的“仁学”思想，以仁为核心解释人的精神实质，认为人之所以“超然异于群生”，是因为人有伦理、知仁义。论证人具有仁心、有伦理是为了说明人“超然异于群生”，人是具有尊严和个性的，董仲舒将此称之为“性”。“性”与“天命”都是统治者所必须认真对待的，“是故王者上谨于承天意，以顺命也；下务明教化民，以成性也”。因此，君主应该成全人之秉性，以德化的方式治理天下。君主以刑赏驾驭民众、役使民众的做法都是违背人之秉性的做法。董仲舒将教化与人之“性”相联系，并不是认为民众天性愚顽需要教化，而是认为民众天生具有理性和仁心因此可以教化，因此，教化也必须“以渐而至”，不可急于施教，教化必须符合人之本性，任何违背人之本性的教化都是残害人性的做法。

其三，董仲舒提出的“任德不任刑”是在社会管理模式的层面主张应该施行儒家的“德治”，而非法家的“刑治”，并没有否认刑罚或是法律在社会管理中的作用和价值。就社会调整的手段而言，董仲舒将“庆赏刑罚”比喻为一年之四时，认为在社会管理当中，刑罚与德教犹如一年四季，不可或缺。他说：“庆赏刑罚之不可不具也，犹春夏秋冬不可不备也。”（《春秋繁露·四时之副》）但是就德与刑的关系而言，其中却有着明确的本用之别。德在董仲舒的政治哲学体系中居于“本”的地位，董仲舒的“复古更化”之核心就在于恢复西周以来的德治传统，可以说“德”规定了政治性质和根本。而刑在社会治理的体系中则居于“用”的层面，是说在社会管理中刑政的手段不可或缺。若以后世《唐律疏义》中的话来概括则是：德礼为政教之本，刑罚为政教之用。

三、“正己”与“治人”之别：董仲舒德治思想的自由价值

董仲舒“任德不任刑”的核心是恢复儒家“德治”传统，清除汉初因承袭秦制而保留的法家“刑治”之弊端。现代学界对儒家“德治”思想有一种批评，认为“德治”就是统治者借政治之权威向百姓推动某种道德标准的建立，而全面伦理化的法律不仅调整人的行为而且干涉人的内心，从而导致自由空间的丧失[2]。实际上，这种批评是对儒家“德治”思想的误读。儒家的“德治”思想有两个面向：一是规范君主的行为，要求君主实施德政；另一方面则是德教，培育百姓自治之德。儒家之德教并非君主对某种价值观念的强制推行，而是启发人的德性之心，使其能够耻于为非作恶而向善。儒家德治思想的两个面向在汉代就体现在“正己”与“治人”的区别，在方法上不仅主张“先自正而后正人”（《公羊传》襄公九年春何休注），同时强调“躬自厚而薄责于人”（《公羊传》隐公二年春注）。

董仲舒在孟子“仁心义路”的基础上对汉代“先自正而后正人”的朴素政治伦理进行了发展，形成了“仁义法”的核心思想。《春秋繁露·仁义法》提出：“以仁治人，义治我，躬自厚而薄责于外，此之谓也。”董仲舒提出“仁治人”“义治我”的思想使先秦儒家关于“仁”与“义”的关系更加明确。董仲舒认为“人莫欲乱，而大抵常乱”的主要原因在于“暗与人我之分，而不省仁义之所在”，人们通常对自己宽仁，而对他人则责之以义。所以，“《春秋》为仁义法”，规定“仁之法在爱人，不在爱我；义之法在正我，不在正人”（《春秋繁露·仁义法》），仁与义必须分别用来治人与正

己，不可颠倒，二者的根本区别在于作用方向正好相反。“仁谓往，义谓来，仁大远，义大近。”（《春秋繁露·仁义法》）

就正己与治人的关系而言，董仲舒继承孟子“君正而物正”的思想，提出了“我虽不自正，虽能正人，弗予为义；人不被其爱，虽厚自爱，不予为仁”（《春秋繁露·仁义法》）的主张。就“正己”与“治人”的关系而言，关键在于理解“反理以正身”“据礼以劝福”的内治之道与“推恩以广施”“宽制以容众”的外治之道的深刻内涵。

“反理以正身”与“据礼以劝福”均为统治者以“义”正己的内治之道。其中，“反理以正身”的“理”与“义”相近，指“义”中所包含的道理。贾谊《新书·道德说》中说：“德生理，理立则有宜，适之谓义。”说明“义”不过是“理”在实际运用中所体现的外在原则。董仲舒的“义理”主要在于两个方面：一是“事明义”，即君主以自身的德行感化万民，其中事明义的要义在于君主之德行应该足以德泽万民，如日月照耀阴暗。“圣人事明义，以照耀其所暗，故民不陷。《诗》云：‘示我显德行。’此之谓也。”（《春秋繁露·身之养重于义》）二是“义之养生人大于利”。《春秋繁露》中解释：“天之生人也，使人生义与利。”其中“利以养其体，义以养其心”（《春秋繁露·身之养重于义》），这些义利之辨的目的均只是君子正身之任务，而从来不是对小民所施加的道德要求。君主辨义利的目的在于“据礼以劝福”，即要求统治者不要穷奢极欲，要合理分配财富，以实现社会秩序的稳定。故“诸有大俸禄亦皆不得兼小利，与民争利业”，先王之礼正是对君主之利的限制。在董仲舒看来周末以来社会动荡的根本原因，正是由于统治者不遵先王之礼，而“乘富贵之资力，以与民争利于下”（《汉书·董仲舒传》）。大一统时代，帝国之势力日益庞大，国家对财富的需求也日益增加，必然引起国家与小民争利业的现象产生。董仲舒提出“据礼以劝福”实际是对国家权力干涉民间经济以聚敛财富的限制。

“推恩以广施”和“宽制以容众”是君主“以仁治人”的外治之道。周桂钿对这两句话的解释是：“推恩广施，可以使多数人得到好处。宽制容众，就是放宽制度，容纳各种各样的人。”[3]此说比较准确地概括了“推恩广施”与“宽制容众”的意义，但是除此之外，董仲舒“以仁治人”还有更为深刻的内涵。

“推恩广施”是与“据礼劝福”相对应的治人之道。前文已述，“据礼劝福”是对君主提出的正己之道，要求君主明辨义利之别，对君主、国家提出不与民争利的要求。而“推恩广施”则是要求大兴民利，要求君主在享受天下之大利的同时，同情民间疾苦，为百姓寻求谋利的道路与途径。董仲舒以孔子“治民者先富之，而后加教”之语说明治理社会以富民为先，富民是教化的必备前提与基础，故此，董仲舒提出“先饮食而后教诲，谓治人也”（《春秋繁露·仁义法》）。“宽制以容众”强调的是儒家德治的非强制性与启发性。董仲舒承认民性虽有向善的本质，但是却常常“趋利而不趋义”，因此而产生祸患。要想使民自觉地趋义而不趋利，必须使百姓对义做到“自得”与“自好”，主动认识和遵守“义”的要求。实现这一目的不能以礼法将义强加于民，只能通过统治者与接受儒家教化的士君子的躬亲示范而使百姓“自省悟以反道”（《春秋繁露·身之养重于义》）。

董仲舒对“治人”“正己”之别的讨论类似于富勒所谓“愿望性道德”与“义务性道德”。富勒所言“义务性道德”是指“从最低点出发，它确立了使有序社会成为可能或使有序社会得以达到其特定目标的基本原则”[4]8，也就是人们最低限度的道德要求。与“义务性道德”相对应，富勒对“愿望性道德”的定义是“它是善的生活的道德、卓越的道德以及充分实现人之力量的道德”[4]7。“义务性道德”与“愿望性道德”的意义在于为法律推进道德实现划定了一个界限与范围，法律以“义务性道德”为基础内容，因此法律成为人们的最低道德标准，以维护人类社会中最低限度的道德共识的存在。而“愿望性道德”则为法律推进道德进步划定了一个范围，“愿望性道德”属于伦理与道德的领域，政府不得以推进道德为名立法干预个人的私德空间。一直有人认为，儒家“风行草偃”的教化是树立以君子为典型的道德楷模，然后要求全社会效法君子之行的道德教化。因此，有人将儒家的“风行草偃”之教与现在的道德教育相比较，认为这样的做法不仅造成教化者假话、空话、大话连篇，而且在社会上酿成了伪善成风的局面。树立君子为榜样，要求一般百姓人人向君子学习，要求人人致圣，会导致强制推进道德，消灭公权力与私人生活的界限，使得个人自由的空间消失殆尽。这种对儒家的指责实际上并不能成立，将“忠恕之道”一以贯之的儒家怎么可能认可这种强人从己的思想呢?“子曰：君子不以其所能者病人，不以人之所不能者愧人”（《礼记·表记》)。董仲舒明确了“内治反理以正身，据礼以劝福；外治推恩以广施，宽制以容众”的儒家德教原则，实际上为儒家的德教确立了两个方面的基本范围：一是就正己而言，君主应该以“义”正己，对自己提出更高的伦理要求；二是治人，则应该“宽制以容众”，不能以儒家“君子”之教教化小民，不能以君主的政治手段提高社会的道德水平。

四、《春秋》决狱：司法领域的“任德不任刑”

儒学真正对国家的政治制度起到影响，开始制度化的发展是在元、成以后，史称：“自元、成后，学者蕃滋，贡禹毁宗庙，匡衡改郊兆，何武定三公。”此处所说的元、成以降，改郊兆、定三公可以说是儒家制度化的关键转折。而在此之前，《春秋》决狱就已经开始了以儒家经义影响、改变司法审判的努力。因此，有学者指出，《春秋》决狱所引领的“法律儒家化”趋势，其实是政体“儒家化”的其中一个环节。其引用春秋经义以论断刑狱者，则以儒家之道德人伦主义及仁恕思想，注入实证法制之中[5]。法律体系不纯是一些技术性规范的整合与杂糅，而是以一整套伦理基础和价值信念为其基本的内核，不仅与政治体制相关，而且与一个时代或民族的道德规范、风俗习惯息息相关，并不是一朝一夕所能全盘改变的。所有的成文法典的规范、原则往往是从反复出现的个案中抽象、凝练出来的。《春秋》决狱恰恰就体现了这样一个由个案逐渐形成一般性原则的过程，这个过程其实就是“法律儒家化”的发展历程。

董仲舒以《春秋》决刑狱的核心原则是“原心论罪”。“原心论罪”之本义是为了矫正秦政之弊，董仲舒在一份对汉武帝的奏章中指出秦朝法律之弊病在于：“诛名而不察实，为善者不必免，而犯恶者未必刑也。是以百官皆饰，虚辞而不顾实，外有事君之礼，内有背上之心，造伪饰诈，趣利无耻。……是以刑者甚众，死者相望，而奸不息，俗化使然也。”在董仲舒看来，秦朝政治法律之问题在于法律的僵化规定与情理的现实状况之间的冲突，也就是规范的外在性与人的意志、情感之间的矛盾。孔子说：“人而不仁如礼何！人而不仁如乐何！”在孔子看来，人如果没有真性情，即便行为符合礼乐的外在规范也不过是使人更加虚伪。因此，儒家传统历来要求外在的规范与内在的情理要相互统一。而秦汉之际的政法体系源自于法家“循名责实”的思想，其发展流弊就是过分强调行为与规范的外在一致，而忽视了行为的主观态度和实际情感。现实中的事实问题复杂多变，行为背后的心理基础也千差万别，如果仅以简单、僵化之法条调整规范复杂之人情现象则会有“削足适履”之嫌。同时，由于古时所谓“法”实则只是“刑”，只强调人的行为外在与规范的符合，未免会导致刑法的过分严苛，董仲舒认为良好的司法应该探究人的内心状况和事实的真切，因此说：“《春秋》之听狱也必本其事而原其志，志邪者不待成，首恶者罪特重，本直者其论轻。”（《春秋繁露·精华》）同是一种行为，如何处断，关键要看行为人的内心意志究竟如何。所谓“《春秋》之定狱，论心定罪。志善而违于法者免，志恶而合于法者诛”（《盐铁论·刑德》），这种司法方式之目的就在于消除法律僵化之流弊，以追求人情与法理的相互协调。

> 甲有子乙以乞丙，乙后长大，而丙所成育。甲因酒色谓乙曰：汝是吾子。乙怒杖甲二十。甲以乙本是其子，不胜其忿，自告县官。仲舒断之曰：甲生乙，不能长育，以乞丙，于义已绝矣。虽杖甲，不应坐[6]。

本案并没有直接引用《春秋》或其他儒家经典中的成例，但董仲舒却凭着儒家经义，将儒家的义理抽象为一项司法裁判中的原则，矫正了僵化适用法律所造成的不公正。儒家自孔子起对内容和实质的重视远远超过了形式和外在规范，因此，儒家往往更注重人在具体案件中的情感，而不是表面的合乎规范。任何规范，不仅是法，甚至于礼、乐都不过是内在的人的情感和人性的表现和辅助。礼乐法制之规范制度都是为了顺应、调节人情和人性而产生的，所以说：“缘人情而制礼，依人性而作仪，其所由来尚矣。”在这样的思想影响下，儒家对于案件的审理就要求必须合乎人情、义理的要求。

儒家对于“孝”的伦理规范也更重视其情感的实质，子对父母应心存有“孝亲”之情，而父母对子则须有“慈爱”之意，若为父者已失亲亲之义，为子者不再负为人子的责任。所以《春秋》所载，献公不以申生为子，而申生自杀，实乃愚孝；又不以重耳为子，而重耳逃亡，《春秋》不以为不孝。可见父子之慈孝的义务不仅出于血缘的表面关系，而是需要有内在的情感和恩义为基础。因此，在此案中父甲对于乙一无供养之事实，二无哺育之恩情，董仲舒援引儒家重视情感实质的伦理原则认定乙杖父不是子杖父，不能加重处罚。

在法制发展的历史经验中，一个基本问题就是：法律形式上的严格适用和法律目的的实现之间的冲突。一方面，为了防止司法者滥权并且取得心理强制的效果，因此需要在司法中严格适用法律条文的文本规定，不因司法者主观的好恶和案件的具体情况排除或改变法律的适用；而另一方面，律文的规定过于僵硬、刻板，则不免使法律的目的和个案的正义难以实现。在中国古代，法律往往以刑事制裁为强制力的表现形式，因此，如果像法家一样片面强调法律在形式上的严格遵守，难免会有刑罚过于严苛的危险。从功利的视角来分析，严格执行成文法虽然可以在专制社会维护法律的普遍适用，有效地减少官吏滥权的可能，但是僵化执行法律所造成的不正义的后果却十分严重，而且无法恢复。在这样的历史背景下，儒家强调司法首先应该原其情理，并且以儒家思想中的伦理原则来解释法律，实际上所产生的后果就是减轻传统法制运作中的严酷性，并且使得传统法的实践趋于人性化。

汉代的《春秋》决狱开始了以儒家经义解释法律甚至以儒家经义作为司法审判依据的实践，在这场司法实践的运动中，儒家经义中“仁政”“恤刑”的思想对汉初的政治法律起到了极大的影响，很大程度地改变了酷吏们“重刑思想”对司法的影响。《春秋》决狱的推行，由于儒家宽仁思想在司法审判中的运用，使得汉代的司法逐渐趋于“宽厚”，有效地缓和了社会矛盾，有利于社会秩序的稳定。有如《后汉书·何敞传》中的记载：“以宽和为政，举冤狱，以《春秋》义断之，是以郡无怨声。”

参考文献：

[1] 马小红. 中华法系中“礼”“律”关系之辨正——质疑中国法律史研究中的某些定论 [J]. 法学研究，2014（1）：171－189.

[2] 孙莉. 德治与法治正当性分析——兼及中国与东亚法文化传统之检省 [J]. 中国社会科学，2002（6）：95－105.

[3] 周桂钿. 秦汉思想史 [M]. 石家庄：河北人民出版社，2000：135.

[4] 富勒. 法律的道德性 [M]. 郑戈译. 北京：商务印书馆，2007.

[5] 黄静嘉. 中国法制史论述丛稿 [M]. 北京：清华大学出版社，2006：66.

[6] 杜佑. 通典 [M]. 北京：中华书局，1992：1911.

原载于《衡水学院学报》2017 年第 2 期。

李德嘉（1987－），男，河南洛阳人，中国政法大学刑事司法学院博士后研究人员，法学博士。

董学与孔孟

《天人三策》引孔子论说

王文涛　秦　奕

一、问题的提出

《天人三策》初见于《汉书·董仲舒传》，该传记述董仲舒生平与《史记》大致相同，绝大部分篇幅用于记载《天人三策》。日本学者福井重雅统计，“《史记·董仲舒传》只是318字的短篇，《汉书·董仲舒传》则由相当于23倍多的7384字构成”①[1]。多出的文字是《天人三策》。《汉书·董仲舒传》涉及孔子的引文二十条，而《天人三策》即占十八条，其中有一条是孔子弟子的言论。不在《天人三策》中的两句是“孔子称殷有三仁”和“孔子曰：‘噫！天丧余’”。《天人三策》的十八条引文中有十七条引自《论语》，一条是《孝经·圣治》中的“子曰：‘天地之性，人为贵’”。值得关注

① 福井重雅《儒教的国教化》，载佐竹靖彦主编《殷周秦汉史学的基本问题》，第270页。《史记》卷五六《董仲舒传》，当为《史记·儒林列传》卷五六《董仲舒传》。

的是，《天人三策》引用《诗》《书》《易》三部经典合计才七条。其中，《诗》四条（不算武帝所引《周颂》），《书》两条，《易》一条；此外，未引用其他经典①。《诗》《书》《易》经典地位的确立早于《论语》，有《史记·儒林列传》的记载为据：

> 及今上即位，赵绾、王臧明儒学。而上亦乡之。于是召方正贤良文学之士。自是之后，言《诗》于鲁则申培公，于齐则辕谷生，于燕则韩太傅。言《尚书》自济南伏生。言《礼》自鲁高堂生。言《易》自菑川田生。言《春秋》于齐鲁自胡毋生，于赵自董仲舒。

可见，《论语》的学术地位在董仲舒上《天人三策》之时不如五经。汉文帝所立《论语》博士现已不可考。武帝建元五年（前136）春正月，初置五经博士。至东汉时《论语》的地位才渐有升至与五经比肩的趋势。那么，董仲舒为什么在《天人三策》中大量引用《论语》呢？这是一个值得思考的问题。下面分析《天人三策》引用孔子论说的情况，以期得出较为合理的认识。

二、《天人三策》引孔子论说

（一）《天人三策》第一策引《论语》

第一策中引用《论语》八条。其中有六条是有关“德政”和“礼乐教化”的阐述。

> 1.“是以孔子在齐而闻《韶》也。”《论语·述而》的文字

① “臣谨案《春秋》之文……得之于正”“臣谨案《春秋》谓一元之意……元者辞之所谓大也”“《春秋》大一统者……古今之通谊也”这三条都是解释《春秋》和《春秋公羊传》，故未视作引用。

与此略有不同，“子在齐闻《韶》，三月不知肉味”[2]456。

2. 孔子曰：“德不孤，必有邻。”[2]279

3. 孔子曰：“君子之德风，小人之德草，草上之风必偃。”[2]866

4. “绥之斯来，动之斯和”，此之谓也[2]1342。

5. 孔子曰：“不教而诛谓之虐。”[2]1373

6. 孔子曰：“凤鸟不至，河不出图，吾已矣夫！”[2]588

前五条引文直言“德政”和“礼乐教化”，第六条解释“天地未应而美祥莫至”的原因，是因为“教化不立而万民不正”[3]2503，引出“教化”。董仲舒在论述“德教”的必要性时，列举正反两方面的事例来论证。前四条引文从正面阐述：引用孔子欣赏尽善尽美的《韶》乐，高度肯定虞舜的政绩，表达了对君主实行仁政的殷切期盼。“德不孤，必有邻”则有“天人感应”理论的色彩：只要君主诚心诚意施行德政，上天就会有祥瑞“应诚而至”[3]2500；否则，上天就会显现灾异来“劝诫”君主。此句与《论语·为政》“为政以德，譬如北辰，居其所而众星拱之”有异曲同工之效，这同样也是“天人合一”的观点。刘泽华先生认为，所谓“天人合一”，准确地说就是“天王合一”[4]65。“君子德风，小人德草”与“绥之斯来，动之斯和”两句正面强调了德政的重要性，主张君主应率先为民垂范；同时也映射出儒家思想中的愚民色彩，儒家认为臣民不过是君主的附庸，“上之化下，犹风靡草。东风则草靡而向西，西风则草靡而东，在风所由，而草为之靡，是故人君之动不可不惧也”[5]。皇侃在《论语义疏》中这样解释“动之斯和”：“动，谓劳役之也。悦以便民，民忘其劳，故役使之，莫不和穆也。”诚然，“悦以便民”有其进步性，但臣民依旧要受君主的役使。由此不难看出，“德政”的目的是在“便民”的同时巩固君主的统治，增强君主的权威。

第五、六两条引文从反面论述，如果君主不行德政，统治就有沦为“虐政”的危险，也就得不到天的嘉佑和庇护。某种程度上，君主统治的神圣性也会大大减弱，甚至会带来王朝覆灭的危险，“秦项之失”① 就是前车之鉴。

第一策中还有两条引文是：

7. 孔子曰：“人能宏道，非道弘人。”[2]1116

8. 孔子曰：“腐朽之木不可彫也，粪土之墙不可圬也。”[2]310

这两条引文是对儒家政治哲学的论述。“人能宏道，非道弘人”与老子（及其学派）的“道无为无不为”和“道法自然”的主张不同，是对在政治上“欲不藉人力”与“任道之自然”[2]111 的清静无为思想的驳斥，更是对老子学派“以礼义为出于人为而不足贵”[2]1117 的否定；其次，肯定人在国家兴废更替中的重要作用，即所谓“治乱废兴在于己”，不但“人能弘道”，人还能大其道，即如朱熹所言：“人外无道，道外无人，然人心有觉，而道体无为，故人能大其道，道不能大其人也。”[6]167 人能大道，则王必能大道，而“道之大原出于天，天不变，道亦不变”[3]518，由此得出，王亦不变。天与王成功地联系起来，为君主统治增添了神圣的光环，为其披上了永世不变的盔甲。君主的永久统治会导致惰政的出现，为了防止这种情况，董仲舒把天作为警醒君主的力量，他在《春秋繁露》中说道：“且天之生民，非为王也，而天之立王，以为民也。故其德足以安乐民者，天予之；其恶足以贼害民者，天夺之。”[7] 有

① 《论语述何》：“五美四恶皆春秋法也。秦项之失皆以四恶也。”载于《皇清经解》卷一千二百九十八，亦见程树德《论语集释》，第 1375 页。

些学者认为，这种灾异谴告论具有政治批判性，借助灾异劝谏君主，有积极意义；另一种意见认为，灾异谴告论充满了迷惑性，附会灾异在汉代往往成为统治集团争权夺利的工具，容易形成混乱的政治局面。刘泽华先生说："董仲舒的谴告论是欺骗人民、转移人民斗争视线的反动理论，进步作用是一点也没有的。"[4]66"腐朽之木"句，在《论语》中的含义与《天人三策》的语境并不很吻合，引用的作用是为了引出下文的"更化"主张，在不改变君主制度的前提下，实现修缺补漏的政治改良。

（二）《天人三策》第二策引《论语》

第二策中引《论语》共五条。

1. 孔子曰："如有王者，必世而后仁。"[2]910

2. 孔子曰："《韶》尽美矣，又尽善也。"[2]222

3. 孔子曰："《武》尽美矣，未尽善也。"[2]222

4. 孔子曰："奢则不逊，俭则固。"[2]504

5. 孔子曰："导之以政，齐之以刑，民免而无耻。"[2]68

从上述引文不难发现：第一条和第五条引文内容是一类，都是关于君主为政的建议；第二、三、四条引文均涉及礼乐。下面分类论析。

"必世而后仁"句，《论语集解》解释为"三十年曰世。如有受命王者，必三十年仁政乃成"。朱熹说："王者，谓圣人受命而兴也。三十年为一世。仁，谓教化浃也。"[6]144这段话规劝君主施行仁政。仁政的施行建立在物质基础之上，故为"后仁"，即"养而后教"①，也就是先使民众衣食充足，然后教化民众，最终实行仁政，收到礼乐兴的效果。"导之以政"句，反映的是孔子主张以礼和德

① 语出包慎言《温故录》，转引自《论语集释》，第911页。

来引导教化臣民，而不是仅仅依靠“法教”[8]14、刑罚来治理臣民。此说与《天人三策》中的“任德教而不任刑”的观点相通。《天人三策》在理论上的创新在于，将“德主刑辅”与天之阴阳联系了起来[3]2502，从而为“任德不任刑”增加了权威性和神圣性。

策文中引用“《韶》尽美矣，又尽善也”与“《武》尽美矣，未尽善也”的目的，是为了说明面对不同的时代和不同的政治问题时，君主会采取不同的措施。孔子对舜和周武王的不同评价则彰显了二人不同的政治实践，“《韶》”乐和“《武》”乐俱美，却非皆善。因为舜“揖让而代，于事理无恶，故曰尽善”，而武王“以臣伐君，于事理不善，故曰未尽善”[8]43。《天人三策》引用孔子对周武王的评价，有其深层原因。汉景帝时，名儒辕固生与黄生争论汤武是否受命，景帝不满，下令“学者无言汤武受命”，致使“是后学者莫敢明受放杀者”[9]。意思是说，此后，学者再无人胆敢争辩商汤、周武王是受天命而立还是放逐桀纣篡夺君权的问题了。《天人三策》说“《武》尽美矣，未尽善也”，明确地站在了黄生一边。这个表态反映了“汤武革命”思想的变化，统治天下近七十年的汉朝君主绝不能接受“汤武革命”之类的事件发生在自家身上。而食汉禄的书生，称扬这种论调也就在所难免了。如此主张，同孟子“闻诛一夫纣矣，未闻弑君也”[10]2680的观点相比是大大地退步了；这也显现了汉儒作为汉代帝制的卫道士形象。“奢则不逊，俭则固”句，孔子阐述关于“礼”所应遵循的原则。《天人三策》引用该句是想说明“宫室旌旗之制，有法而然者也”[3]2510。孔子这句话的后半句没有引，即“与其不逊也，宁固”，奢侈与简陋都不好，但奢侈的害处远大于简陋。董仲舒希望君主遵照“礼”的原则治理国家，他继承了儒家的“礼”治，而为了维护“礼”，就需要“刑”来助力。

（三）《天人三策》第三策引《论语》与《孝经》

第三策引《论语》四条，引《孝经》一条。

1. 论语曰："有始有卒者，其唯圣人乎！"[2]1319

2. 孔子曰："天地之性，人为贵。"[10]2553

3. 孔子曰："不知命，亡以为君子。"[2]1375

4. 孔子曰："亡为而治者，其舜乎！"[2]1062

5. 孔子曰："殷因于夏礼，所损益可知也；周因于殷礼，所损益可知也；其或继周者，虽百世可知也。"[2]68

这五条引文依据含义可分为三类：第一条为一类，在文中仅有自谦的作用；第二、三条为一类，涉及哲学的讨论；第四、五条为一类，是关于历史规律的阐述。下面按分类逐一讨论。

"有始有卒者，其唯圣人乎"句，在《天人三策》中表达了作者对君主的尊敬和对自己难以企及先圣孔子所达高度的自谦。需要指出的是，此语出自孔子弟子子夏之口，子夏在和同门子游辩论时，表达了对孔子的赞佩。

"天地之性，人为贵"句，是《天人三策》中唯一一句出自孔子，但未见于《论语》的引文。此句颇有些人文主义气息，而其迷惑性也在于此，语主承认"人"的伟大，但并没有忘记宣扬管理万民的王的神圣性，正如前文所论及董仲舒的"天人感应"进而言之就是"天王感应"，此处引用《孝经》所言，当亦如是。

"不知命，亡以为君子"句，皇侃解释说："命，谓穷通夭寿也。人生而有命，受之由天，故不可不知也。若不知而强求，则成为君子之德，故云无以为君子也。"[8]281 依皇氏所说，颇近于宿命论。《韩诗外传》说："天之所生，皆有仁义礼智顺善之心。不知天之所以命生，则无仁义礼智顺善之心，谓之小人。故曰不知命，无以为君子也。"[11]《天人三策》引用孔子此语，其意似近于后者。

"亡为而治者，其舜乎"句，将作者充当汉家制度卫道士的形象，展露无遗。在这里，作者先言作为君主统治的基本原则——

“道”的永恒正确性，“道者万世亡弊”，正因如此，君主的统治制度也就不能捐弃，“王者有改制之名，亡变道之实”[3]2518，只能在君主允许的范围内调整统治制度。紧接着，《天人三策》就引用了“殷因于夏礼，所损益，可知也；周因于殷礼，所损益，可知也；其或继周者，虽百世可知也”。继而指出：“道之大原出于天，天不变，道亦不变。”而这种主张似与前文所提“更化”观点不尽吻合，所以又说：“继治世者其道同，继乱世者其道变。今汉继乱之后，若宜少损周之文致，用夏之忠者。”作者先言“亡道变之实”，后又说“继乱世者其道变”，不知其道究竟变也不变。如董子之类汉儒的善谏能辩可见一斑。

三、小结

董仲舒在《天人三策》中引用孔子的言论，大致有两大特点：一为以孔子所说为根据，使其合于己说。例如，董仲舒先引孔子的“德不孤，必有邻”，接着说：“皆积善累德之效也。及至后世，淫佚衰微，不能统理群生，诸侯背畔，残贼良民，以争壤土，废德教而任刑罚。”[3]2500董子将“德不孤，必有邻”和后世的“淫佚衰微”进行鲜明的对比：“德不孤，必有邻”是“积善累德”的成效；而“淫佚衰微”则是“废德教而任刑罚”的恶果。在鲜明的对比中表达了他希望汉代君主力行“德教”的主张。这类引用中还采用了《诗经》中“兴”的手法，即先言他物以引起所咏之词。例如，董仲舒先引孔子所说“不教而诛谓之虐”，紧接着这个“虐”字说道：“虐政用于下，而欲德教之被四海，故难成也。”[3]2501“德教”之所以不能推行，就是因为虐政。董氏借孔子之口批评了当时“任刑”而不“任德”的政治现实与理论误区。

二是将孔子之言依己意引申阐发。例如，董仲舒先引述孔子关于殷继承夏礼、周继承殷礼的言论，“殷因于夏礼，所损益可知也；周因于殷礼，所损益可知也；其或继周者，虽百世可知也”。接着阐述自己“天不变，道亦不变”的观点。夏、商、周三代之礼，适合于百王之用。“夏因于虞，而独不言所损益者，其道如一而所上同也。道之大原出于天，天不变，道亦不变。”所以，禹继舜，舜继尧，“三圣相受而守一道，亡救弊之政也，故不言其所损益也”。由此观之，“继治世者其道同，继乱世者其道变”。如今汉代继承秦朝大乱之后，适宜稍减“周之文致，用夏之忠”[3]2518。这样一来，就把孔子关于殷、周损益前代制度的主张与自己对前代制度选择性继承、增减的观点有机联系起来，从而大大增强了论证的说服力。

《天人三策》大量引用孔子及其弟子的言论，基本引自《论语》。笔者以为，这应是汉代“孔子为汉家制度”思潮的集中反映。“汉儒认为，汉朝的制度是依据孔子的思想制定的。如郅恽言：“汉历久长，孔为赤制。”[12]1025班固也说：“孔猷先命，圣孚也。”李贤注：“猷，图也。孚，信也。言孔丘之图，先命汉家当须封禅，此圣人之信也。”[12]1384既然汉家制度是遵照孔子思想所制定，引用其言论来论述政治主张就是理所当然的了。更为关键的是，“孔子为汉家制度”的思潮正是西汉中期以后今文经学独尊的产物。今文经学者尊孔子为“素王”、教主，而后则发展为“后之为人君者，必遵孔子之教，乃足以治一国”[13]云云，把孔子尊为“万世师表”，而他删定的《六经》则为万世教科书[13]。董仲舒进献《天人三策》时，正是今文经学开始兴盛之际①，在其回答武帝的策问中，受汉

① 皮锡瑞《经学历史》：“经学至汉武始昌明，而汉武时之经学为最纯正。”第70页。经今文学家皮锡瑞所说的经学，当是今文经学。

武帝倡导儒学思想的影响，频繁引用孔子之言，也就不难理解了。

参考文献：

[1] 福井重雅. 儒教的国教化［G］//佐竹靖彦. 殷周秦汉史学的基本问题. 北京：中华书局，2008：270.

[2] 程树德. 论语集释［M］. 北京：中华书局，1990.

[3] 班固. 汉书［M］. 北京：中华书局，1962.

[4] 刘泽华. 中国政治思想史集：第二卷［M］. 北京：人民出版社，2008.

[5] 刘向. 说苑校证［M］. 北京：中华书局，1987：3.

[6] 朱熹. 四书章句集注［M］. 北京：中华书局，1983.

[7] 苏舆. 春秋繁露义证［M］. 钟哲点校. 北京：中华书局，1992：220.

[8] 王云五. 论语集解义疏［M］. 上海：商务印书馆，1937.

[9] 司马迁. 史记［M］. 北京：中华书局，1959：3123.

[10] 阮元. 十三经注疏［M］. 北京：中华书局，1980.

[11] 韩婴. 韩诗外传今注今译［M］. 赖炎元注译. 台北：台湾商务印书馆，1972：254.

[12] 范晔. 后汉书［M］. 北京：中华书局，1965.

[13] 皮锡瑞. 经学历史［M］. 北京：中华书局，1959：26.

原载于《衡水学院学报》2017 年第 2 期。

王文涛（1956－），男，河南潢川人，河北师范大学历史文化学院教授，博士生导师。

秦　奕（1990－），男，河北元氏人，河北师范大学历史文化学院在读硕士。

孟子与董仲舒对仁、义理解之同异

陈　昇

《论语》中有“仁”“义”二字，但仁与义二字尚未连用。仁义二字在孟子与董仲舒那里既单独使用，也把仁义连用。但二人对仁、义的理解，有同有异。研究此问题也许有助于了解这一历史阶段价值观变化的走向。

《春秋繁露》篇幅庞大，“仁义”二字出现频繁，一时不能逐字考证，令人遗憾。

一、对仁的理解

（一）相同之处

把仁理解为“恻隐之心”是孟子与董仲舒之所同。

《论语》中没有用“恻隐之心”释仁的语句，用“恻隐之心”释仁是孟子的发明。孟子讲“恻隐之心，仁也”（《孟子》11.6），又说“恻隐之心，仁之端也”（《孟子》3.6）“人皆有不忍人之心”等等。用“恻隐之心”释仁，实际上是在揭示仁者为什么会爱别人的原因。反过来说，没有同情心的人是不会爱别人的。在这个问题上，董仲舒与孟子的理解相一致。董仲舒认为司马子反“废君命，与敌情”[1]51 之所以被《春秋》肯定，是“为其有惨怛之恩，不忍饿一国之民，使之相食。推恩者远之而大，为仁者自然而美”[1]52。这些评价都是说司马子反有恻隐之心。可见董仲舒也是同意用恻隐之心释仁的。

（二）相异之处

其一，孟子既讲“恻隐之心，仁也”（《孟子》11.6），又讲“亲亲，仁也”（《孟子》12.3，13.15）。在这二者之间，孟子更看重亲亲，而董仲舒更强调爱人。这是二者之所异。

《论语》中记载了多位弟子问仁于孔子，孔子没有一次用“亲亲”作答。《论语》中唯一把亲与仁联系在一起的语句，是“君子笃于亲则民兴于仁”（《论语》8.3）。用“亲亲”释仁、揭示仁的功能，是孟子首倡的。所谓“亲亲，仁也”，是说爱自己的亲人是有仁德的表现；换成另一种说法，那就是爱自己的亲人是仁德的重要功能。“亲亲，仁也”的另一种说法是“仁之实，事亲是也”（《论语》7.27），即事亲是仁德所结的果实。《春秋繁露》中也出现几次“亲亲”用语，但都没有把仁与亲亲直接联系在一起。

其二，孟子把恻隐之心视为自然而然的情感，董仲舒所理解的爱人带有很浓厚的理性成分。这是两人又一个相异之处。

在孟子看来，“亲亲”与“恻隐之心”都是一种自然而然的情感。“人之所不学而能者，其良能也；所不虑而知者，其良知也。孩提之童无不知爱其亲者，及其长也，无不知敬其兄也。亲亲，仁也；敬长，义也；无他，达之天下也。”（《孟子》13.15）在讲恻隐之心时，他特意说：“今人乍见孺子将入于井，皆有怵惕恻隐之心——非所以内交于孺子之父母也，非所以要誉于乡党朋友也，非恶其声而然也。”（《孟子》3.6）所谓“乍见”就是突然看见，没有思想准备，事先没有思考的过程。这种恻隐之心是纯粹的情感因素，没有半点理性思考在其中，没有任何超出救人之外的目的。

而董仲舒所讲的“爱人”不纯粹是情感因素，其中的理性思考是十分明显的。请看他所举的例子：“仁者，爱人之名也。巂，《传》无大之之辞。自为追，则善其所恤远也。兵已加焉，乃往救之，则弗美。未至预备之，则美之，善其救害之先也。夫救蚤而先之，则害无由起，而天下无害矣。然则观物之动，而先觉其萌，绝乱塞害于将然而未形之时，《春秋》之志也。其明至矣。非尧舜之智，知礼之本，孰能当此？故救害而先知之，明也。公之所恤远，而《春秋》美之。详其美恤远之意，则天地之间然后快其仁矣。非三王之德，选贤之精，孰能如此？是以知明先，以仁厚远。远而愈贤，近而愈不肖者，爱也。”[1]251－252这里所讲的“爱”，不是个人的行为，而是一个军事集团的行为。这种行为也可能包含着爱人的因素，但它是以“先知”为前提的。这个“以知明先，以仁厚远”固然有“爱”在其中，但也有很多理性思考在其中。“内治反理以正身，据理以劝福。外治推恩以广施，宽制以容众。”[1]254“推恩”这个术语是孟子首先使用的，它是对“老吾老，以及人之老；幼吾幼，以及人之幼”的概括。推恩者推己及人也，其心理过程是情感和理性两种因素同时在起作用。由此可知董仲舒讲的“爱人”不是纯粹的自然而然的情感，其中有理性因素。

其三，董仲舒理解的仁只是爱别人，不能包含有利己的目的在内。孟子理解的行仁既是利人，也允许包括利己的因素在其中。这又是二人的一个重要区别。

在《仁义法》中董仲舒讲：“仁之法在爱人，不在爱我；义之法在正我，不在正人。我不自正，虽能正人，弗予为义；人不被其爱，虽厚自爱，不予为仁。”[1]250又说：“仁谓往，义谓来，仁大远，义大近。爱在人谓之仁，义在我谓之义。仁主人，义主我也。故曰仁者人也，义者我也，此之谓也。君子求仁义之别，以纪人我之间。然后辨乎内外之分，而著于顺逆之处也。”[1]254 在董仲舒看来，行仁应当完全是无私的，不应有利己的意图在内。在这个问题上，孟子的理解与董仲舒有所不同。

《孟子》一开篇就提出了君王应当行仁义的问题。“孟子见梁惠王。王曰：‘叟！不远千里而来，亦将有以利吾国乎？’孟子对曰：‘王！何必曰利？亦有仁义而已矣。’”（《孟子》1.1）过去我们大多把这段话解释为“孟子把道德和功利看成是对立的”[2]。冯友兰认为这段对话是“孟子特别注重动机的言论。儒家认为义与利是对立的，孟子特别强调这种对立”[3]。张岱年也说“孟子尚义反利，比孔子更甚”[4]。

现在，我们除去极“左”思想的影响去反复读《孟子》时，会觉得我们过去对孟子讲的“何必曰利？亦有仁义而已矣”的解释大概是错误的。孟子并没有用仁义排斥、否定对利益的追求，而是讲仁义与利益是相通的。行仁行义对于主体来说也有利可得。朱熹在解释“未有仁而遗其亲者也，未有义而后其君者也”时就说：“此言仁义未尝不利，以明上文亦有仁义而已之意也。”（《孟子集注》卷一）

孟子虽然讲“王！何必曰利？亦有仁义而已矣”，但他对行仁行义可以给行为主体带来利益是坚信不疑的。此言有何根据？根据就是他对于仁的功能以及他对君王行不行仁义会给自己带来什么样的后果的论述。

孟子在讲到仁的功能时认为仁是“人之安宅”。他说：“自暴者，不可与有言也；自弃者，不可与有为也。言非礼义，谓之自暴也；吾身不能居仁由义，谓之自弃也。仁，人之安宅也；义，人之正路也。旷安宅而弗居，舍正路而不由，哀哉！”（《孟子》7.10）

在另一处他又说：“居恶在？仁是也；路恶在？义是也。居仁由义，大人之事备矣。”（《孟子》13.33）

孟子所说的“仁，人之安宅也”是什么意思呢？他的意思是说行仁德能庇护自己的生命与有利于自己的事业。他引孔子的话说：“孔子曰：‘道二，仁与不仁而已矣。’暴其民甚，则身弑国亡；不甚，则身危国削，名之曰‘幽’‘厉’，虽孝子慈孙，百世不能改也。《诗》云：‘殷鉴不远，在夏后之世。’此之谓也。”（《孟子》7.2）又说：“三代之得天下也以仁，其失天下也以不仁。国之所以废兴存亡者亦然。天子不仁，不保四海；诸侯不仁，不保社稷；卿大夫不仁，不保宗庙；士、庶人不仁，不保四体。”（《孟子》7.3）这些论述都表明，孟子认为行仁义对于行为主体自己是有莫大的益处的；而不行仁义，灾难迟早会降临到头上。

我曾经把“安宅”解释为人的精神家园，认为仁是安顿人的灵魂的地方，行仁则己心安。没有这个精神家园，人的灵魂就无家可归，不得安宁。这样解释是把仁作为一个名词对待的，是把人视为一个精神存在物看待的。这样的解释有一定的道理。

但是反复读《孟子》中的相关文字，觉得在《孟子》中“仁义”二字在很多地方不是当名词用，而是当动词用的。仁义当动词用时可解释为行仁行义。这个时候，仁义就不仅仅是人的精神家园了，它就变成了能切切实实庇护人的生命、成就人的事业的“安宅”与“正路”了。就是说，人行仁义不仅是为了爱护别人，它也能给自己带来切切实实的利益，甚至他说“以德行仁者王”（《孟子》3.3），又说“仁者无敌”（《孟子》1.5）。

这就是说行仁义对于利益攸关的双方都有利，在孔子那里称之为“己欲立而立人，己欲达而达人”，时下流行语把这种行为叫作“双赢”。因此，行仁义比只讲单方面对利益的追求要好得多。它在自己得利的时候兼顾了相关方的利益。如果只是追求自己一方面的利益，就会形成孟子说的“王曰，‘何以利吾国?’大夫曰，‘何以利吾家?’士、庶人曰，‘何以利吾身?’上下交征利而国危矣。万乘之国，弑其君者，必千乘之家；千乘之国，弑其君者，必百乘之家；万取千焉，千取百焉，不为不多矣。苟为后义而先利，不夺不厌”（《孟子》1.1）的局面；行仁义能够在人我之间达到双赢，这就是所谓的“美美与共”。

二、对义的理解

（一）相同之处

董仲舒在《仁义法》中说：“义云者，非谓正人，谓正我。”又说：“义在正我，不在正人。”这是董仲舒对义的功能的一种理解。《孟子》中没有与“义在正我”相似的表述，但我认为孟子对义的功能的理解，有与董仲舒相通的地方。请看“羞恶之心，义也”这句话。

所谓“羞恶之心”，讲的是行为主体的一个心理过程的两个阶段。当行为主体意识到自己的行为违背了社会公认的行为准则时，首先是自己会感到羞愧、内疚，这是第一个阶段。如果过失比较严重，悔恨的情绪比较激烈，当这种激烈的情绪发展到主体感到自己面目可憎时，就会谴责自己，深刻反省自己的过错与采取相应的补救行动，以减轻自己的过失和平衡自己的心理。这是第二个阶段。只有内心的羞耻，没有由憎恶自己所导出的反省与行为上的改正，那还不能说“义在正我”，至少是正我的勇气不足。只有达到憎恶自己的过错，下决心痛改前非，才能算是“正我”。据此，我认为孟子虽然没有“义在正我”的表述，但是有“义在正我”的思想。在这个问题上，孟子与董仲舒对义的理解有相通、相同之处。

不过要是按照朱熹对于这句话的解释，就不能得出我所讲的结论。他说："羞，耻己之不善也。恶，憎人之不善也。"（《孟子集注》卷三）他认为"羞"与"恶"的主体是一个，而"羞"与"恶"的对象是两个。"羞"的是自己，"恶"的是别人。"恶"别人当然就不可能"正己"了。我以为朱熹对"羞恶"的解释只对了前一半，后一半是错误的。

（二）相异之处

其一，孟子提出五伦说，其中第二伦是"君臣有义"（《孟子》5.4）。董仲舒在《春秋繁露》中多次论述"君臣大义"。他们二人都认为君臣的关系要由"义"来调节。这是二人之所同。但是对于君臣之义的具体内容，二人的看法大相径庭。这是二人之所异。

孟子虽然主张"君臣有义"，但是他对这个"义"的具体所指，没有一个概括的说法。我们只能从他对一些具体问题的论述中来概括：

第一条：齐宣王问曰："汤放桀，武王伐纣，有诸？"孟子对曰："于《传》有之。"曰："臣弑其君，可乎？"曰："贼仁者谓之'贼'，贼义者谓之'残'。残贼之人谓之'一夫'。闻诛一夫纣矣，未闻弑君也。"（《孟子》2.8）

第二条：责难于君谓之恭，陈善闭邪谓之敬，吾君不能谓之贼。（《孟子》7.1）

第三条：孟子告齐宣王曰："君之视臣如手足，则臣视君如腹心；君之视臣如犬马，则臣视君如国人；君之视臣如土芥，则臣视君如寇仇。"（《孟子》8.3）

第四条：王曰："礼，为旧君有服，何如斯可为服矣？"曰："谏行言听，膏泽下于民；有故而去，则君使人导之出疆，又先于其所往；去三年不反，然后收其田里。此之谓三有礼焉。如此，则为之服矣。今也为臣，谏则不行，言则不听；膏泽不下于民；有故而去，则君搏执之，又极之于其所往；去之日，遂

收其田里。此之谓寇仇。寇仇，何服之有？”（《孟子》8.3）

第五条：齐宣王问卿。孟子曰：“王何卿之问也？”王曰：“卿不同乎？”曰：“不同；有贵戚之卿，有异姓之卿。”王曰：“请问贵戚之卿。”曰：“君有大过则谏；反覆之而不听，则易位。王勃然变乎色。曰：“王勿异也。王问臣，臣不敢不以正对。”王色定，然后请问异姓之卿。曰：“君有过则谏，反覆之而不听，则去。”（《孟子》10.9）

从以上五条论述看，孟子所讲的“君臣有义”包括以下几点意思：第一，君臣在人格上是平等的，不分高低。由此决定了处理君臣关系的原则是相互尊重，共同维护。第二，为臣的有责任、有义务对国君提出相关的建议与意见，为君的应当择善而从之。否则，臣有权废掉君，另立新君；或者是弃君而去。第三，对于残暴之君，为臣的有权处死他。

董仲舒所理解的君臣大义具体内容是什么呢？他在《盟会要》中说：“立义以明尊卑之分，强干弱枝以明大小之职。”[1]141 这个意思在《正贯》中又重复了一遍，具体说法略有变化：“立义定尊卑之序，而后君臣之职明矣。”[1]143 在《玉杯》中他说：“屈民而伸君，屈君而伸天，《春秋》之大义。”[1]32 在《王道》一文中对尊卑之序讲得非常具体：“《春秋》立义，天子祭天地，诸侯祭社稷，诸山川不在封内不祭。有天子在，诸侯不得专地，不得专封，不得专执天子之大夫，不得舞天子之乐，不得致天子之赋，不得适天子之贵。君亲无将，将而诛。大夫不得世，大夫不得废置君命。立适，以长不以贤，立子以贵不以长。立夫人以适不以妾。天子不臣母后之党。亲近以来远，未有不先近而致远者也。”[1]112－116 而他对君臣关系最简要而又最深刻的表述，莫过于三纲五常中所讲的“君为臣纲”。

孟子与董仲舒都讲“君臣之义”，但义的具体内容相差甚远。

其二，他二人对于义利之辨中的义与利的理解也有不同之处。

董仲舒也谈到义与利的关系问题，但是仔细推敲，董仲舒使用的义与利的含义，与孔孟所讲的义与利的含义已经有了不小的差别。

不论是孔子讲的“君子喻于义，小人喻于利”（《论语》4.16），还是孟子讲的“非其义也，非其道也，禄之以天下，弗顾也；系马千驷，弗视也”（《孟子》9.7），义都是指道德原则，利是私人利益。道德原则是什么？道德原则看来是抽象的条文，但一旦付诸实践，道德原则所承载的就是公共利益。到了宋、明时期，理学、心学都认为义与利只是个公与私的问题。就是说，在道德实践中，孔孟讲的先义后利，就是把公共利益摆在第一位，其次才是个人的私利。如此看来，孔孟讲的义与利实际上是如何处理公私两种利益的关系问题。而董仲舒在《身之养（莫）重于义》中所讲的义与利的关系，并不是公利与私利的关系问题，而是人的精神生活与物质生活的关系。

董仲舒说：“天之生人也，使人生（于）义与利。利以养其体，义以养其心。”[1]263 这个“义”中包括了道德原则，但不能归结为道德原则，它是与物质利益相对的、人不可或缺的精神食粮的总称。其中包含道德原则，但不限于道德问题。他讲的利也不是私人利益，而是人不可或缺的物质利益。我这样理解董仲舒义与利的含义的根据，就是他是把“利”与“体”（即人的身体）联系在一起，把“义”与“心”联系在一起。所谓“利以养其体”，就是滋养肉体的是物质利益；所谓“义以养其心”，就是滋养心灵（人的精神世界、人的灵魂）的是精神食粮。难怪胡毋敬说：“此篇与孟子‘养其小体为小人，养其大体为大人’相发明。”[1]263 苏舆在这句话下面写道：“宋程子言‘义理养心’，本此。孟子曰：‘义理之说（悦——陈注）我心，犹刍豢之说（悦）我口。’”[1]263 苏舆对于董仲舒所用“义”字含义的理解我以为是符合董仲舒的本义的。孟子所讲的“小体”是耳、目、口、鼻、四肢等，“大体”是心——精神世界。耳目口鼻四肢靠物质食粮滋养，精神世界（心）靠精神食粮滋养。这与董仲舒讲的“利以养其体，义以养其心”完全相同。

三、对仁义的理解

（一）相同之处

其一，孟子与董仲舒都既把仁、义二字单独使用，也把仁义二字连用。之所以要把仁义二字连用，表明他们认为仁与义这二者有某种关联性，分开使用时体现不出这种关联性。

从董仲舒在《基义》篇的论述来看，他认为世界上的事物都不是孤立存在的，在这个世界上总有与其相对的另一物在伴随着它。他说：“凡物必有合。合，必有上，必有下；必有右，必有左；必有前，必有后；必有表，必有里。有美必有恶，有顺必有逆，有喜必有怒，有寒必有暑，有昼必有夜；此皆其合也。”董仲舒虽然没有十分明确地说仁与义也是相偶合的关系，但是他在总结这段论述时说：“物莫无合，而合各有阴阳。……是故仁义制度之数，尽取之天。”[1]350－351 他所说的“仁义制度”我理解就是所谓的“仁义法”，即“仁大远，义大近”“仁主人，义主我”等。

这就表明他是把仁与义也视为一种“凡物必有合”的现象，即仁与义在性质、功能上有相反之处，但它们又相互关联在一起。这种关联表现在它们是同一个复杂事物的两个不同的环节；其功能只有在起到相互补充的作用的时候，这一复杂事物才能正常存在与发展。具体地说，只有以义正我、以仁爱人，才能处理好人我关系。

《孟子》中虽然没有相似的理论阐述，但是仁义连用达 27 次，仁与义对举有 10 多次。孟子认为仁与义有关联是可以肯定的。在肯定仁义相关的问题上，孟子与董仲舒一致。

其二，董仲舒在《仁义法》中讲“春秋之所治，人与我也。所以治人与我者，仁与义也。以仁安人，以义正我”。他反复说：“仁之法在爱人，不在爱我；义之法在正我，不在正人。我不自正，虽能正人，弗予为义；人不被其爱，虽厚自爱，不予为仁。”[1]250－251他要求人们明于仁义之别，“君子求仁义之别，以纪人我之间”。董仲舒讲的仁义之分是有价值的，因为《论语》中虽然讲了仁是爱人，但并没有讲义是正我。

董仲舒从功能上明确区分仁义的思想在孟子那里有相通之处可寻。孟子说：“恻隐之心，仁也；羞恶之心，义也。”（《孟子》11.6）另一处讲“恻隐之心，仁之端也；羞恶之心，义之端也。”（《孟子》3.6）“恻隐之心”即对他人的同情心，对他人的同情心也可以说是爱他人。“羞恶之心”即是对自已过错的悔恨、内疚之情。对自已过错的悔恨、内疚之情是主体的自我批判、自我纠正的行为。这就是董仲舒所讲的“以义正我”。

“恻隐之心，仁也；羞恶之心，义也”的提法中虽然隐含着董仲舒讲的仁义之分，但孟子的立意不是董仲舒讲的“君子求仁义之别，以纪人我之间”，所以很少有人从人我之分的角度去理解“恻隐之心”与“羞恶之心”的关系。因此在这个问题上孟子对中国后来的影响，远远不如董仲舒大。孟子的贡献在于对孔子仁义思想的发展。第一，他明确了“恻隐之心”与仁的关系；第二，明确了孔子在回答“樊迟问仁”（《论语·颜渊》）时所说的“爱人”的“人”是指他人；第三，“义”在《论语》中出现24次，没有一次是明确阐述义的含义。“羞恶之心，义也”的表述，是对“义”的一个义项的揭示。

其三，董仲舒在《对胶西王越大夫不得为仁》中有一句名言，即“正其道不谋其利，修其理不急其功”（这个说法与《汉书·董仲舒传》中的说法有很大的区别。我认为在这个问题上评价董仲舒，不能采用《汉书》上的说法)，在这个问题上，我觉得董仲舒与孟子的认识有一致的地方。

“正其道不谋其利，修其理不急其功”与孟子讲的“何必曰利，亦有仁义而已矣”可以说是一个意思，即都是讲“义”（与“利”相对的“道”也就是“义”）是本，利是末。“正其道不谋其利，修其理不急其功”就是说在自己的“道”尚不端正的时候，先要端正自己的“道”，而不能为了获得一点利益而忘记端正自己的道路。简单地说就是不能急功近利。只要自己的道路、方向是正确的，功利自然就能够获得。

《孟子》中虽然没有相似的语句，但这个思想在《孟子》中比比皆是。孟子说“以德行仁者王”（《孟子》3.3)，又说“仁者无敌”(《孟子》1.5)“仁，人之安宅也”等论述中，都隐含着一种思维方法。即看问题要着眼于长远，着眼于根本的、方向性的问题。所谓“仁者无敌”之类的说法，都是一种战略家的眼光，是从长远、从根本上讲的，而不是战术行为。把“仁者无敌”当作战术是错误的，必然会带来类似宋襄公那样愚蠢的行为。

（二）相异之处

虽然孟子与董仲舒都认为仁与义二者之间有相关联的地方，因此有时要把二者连用，但是他们对于仁与义的具体关联是什么，认识不太一致。

董仲舒在《基义》中说：“凡物必有合。”从行文看，他所讲的“合”是相对的意思，所指的是世界上只要有一种事物（或事物的一种属性）存在，就必然会有另一种在性质上与之相反的事物（或事物的一种属性）与之相对（二者除了性质相反之外，是否有相互依存的一面，不太清楚)。按照这一理论，与“仁”相对的则是“义”。他在

《仁义法》中反复说："以仁安人，以义正我，故仁之为言人也，义之为言我也，言名以别矣。"又说："仁之法在爱人，不在爱我。义之法在正我，不在正人。""仁谓往，义谓来。""仁大远，义大近。""仁主人，义主我。"等等。就是说，董仲舒所理解的仁义的关联性，表现在二者在性质上有相对的地方。所以他说："君子求仁义之别，以纪人我之间，然后辨乎内外之分，而著于顺逆之处也。是故，内治反理以正身，据礼以劝福。外治推恩以广施，宽制以容众。"[1]254

孟子所理解的仁义的关联性大致有以下三种情况，其中第一种与董仲舒理解的关联性相同。

其一：

未有仁而遗其亲者也，未有义而后其君也。(《孟子》1.1)

亲亲，仁也；敬长，义也。(《孟子》13.15)

这两段话中的"仁"与"义"所表征的是一种亲与疏的关系。仁为亲，义为疏。用董仲舒的模式讲即是亲与疏相对，有亲必有疏。

其二：

仁，人心也；义，人路也。(《孟子》11.11)

这一段话中的"仁"与"义"表征的是内心世界（灵魂）中两种既不同而又不是截然对立、互不关照的因素。仁是人的内心世界中的情感，义是人的内心世界中的理性。不过对后者要做一番说明：义仅就羞恶之心而言，也是情感——羞愧与憎恶。但是，这个羞愧与憎恶之情是事物的外在现象，它是人的内心世界中的一种复杂的心理过程的外在流露。其根本的环节、起主导作用的是理性判断，即主体根据公认的行为准则判定自己的行为失当。从根本上说，义是人的理性表现。所以仁与义有较明显的情理的关系。情与理交织在一起，相互制约，甚至经常发生冲突，然而二者又不能分离。情与理的关系协调，既合情又合理，是中国文化所追求的境界。《孟子》“尽心上”第35章所表现的就是折衷于情与理的问题。

其三：

杀一无罪非仁也，非其有而取之非义也。居恶在？仁是也；路恶在？义是也。居仁由义，大人之事备矣。（《孟子》13.33）

仁，人之安宅也；义，人之正路也。旷安宅而弗居，舍正路而不由，哀哉！（《孟子》7.10）

这两段话中的仁义的寓意与上一段相似，都说仁是人生的安宅，义是人生的道路。但从用语上看，孟子是用安宅和正路的比喻，强调了仁和义缺一不可的关系：仁是家园，义是道路；有家必有路，走对了路才能找到家。

孟子大量使用连用的与对举的仁义，是在向人们表明仁义是有关联性的，只有仁没有义或者只有义没有仁都是不行的。亲疏要兼顾，情理不可只居其一，仁与义、内心世界与外在行为不可分割。

孟子与董仲舒对仁义理解的同异，反映了从先秦到两汉儒家价值观的继承与变化。

参考文献：

[1] 苏舆. 春秋繁露义证［M］. 北京：中华书局，1992.

[2] 朱伯崑. 先秦伦理学概论［M］. 北京：北京大学出版社，1984：68.

[3] 冯友兰. 三松堂全集：第七卷［M］. 郑州：河南人民出版社，1989：247.

[4] 张岱年. 中国哲学大纲［M］. 北京：中国社会科学出版社，1982：387.

原载于《衡水学院学报》2016年第3期。

陈　昇（1945—），男，山西闻喜人，中国青年政治学院社科部教授。

董子与文艺

董仲舒的诗观念

王硕民

汉武帝举贤良文学之士，董仲舒对策："诸不在六艺之科，孔子之术者，皆绝其道，勿使并进。"[1]237 这一观念为武帝所采纳，开此后两千余年封建社会以儒学为正统的先声，在思想史上具有划时代意义。"六艺"是董仲舒思想基础，而《诗》被置于六艺之首。董仲舒用齐诗[2]172，说《诗》贵志重德，提出诗书序其志、诗颂显德、以诗为法、诗无达诂等一系列观点，其诗观念体现其治经的方法论，并以此为其传播儒家思想、巩固皇权政治寻找理论根据。

一、诗序其志，且长于质：贵志含情的重志观

《玉杯》在论述执政者不能以"君子知在位者不能以恶服人也"时，强调要精选"六艺"以培养人之德性，指出："《诗》《书》序其志，《礼》《乐》纯其美，《易》《春秋》明其知。"认为诗书有序列人之心志，礼乐有纯洁美化人之心灵，易春秋有开启聪明才智之功效。进而称赞"六学皆大，而各有所长"。

先看论中之“序”。董仲舒很重视次第秩序，认为从天道的运行到社会人伦关系应是有序的。《春秋繁露》中“序”出现 29 次，大多数有次序、秩序、排序之意。就天的运行规律讲，“天之道，有序而时”。就天人关系讲，《立元神》：“天序日月星辰以自光，圣人序爵禄以自明。”《天辨在人》：“天下之三王随阳而改正，天下之尊卑随阳而序位。”就社会秩序讲，《度制》：“故贵贱有等，衣服有制，朝廷有位，乡党有序。”《奉本》：“礼者，继天地、体阴阳，而慎主客、序尊卑、贵贱、大小之位。”董仲舒对《春秋》解说即是重秩序的范例。观念上，《竹林》有：“春秋之序辞也，置王于春正之间。”《顺命》云：“春秋列序位，尊卑之陈，累累乎可得而观也。”实践中，《观德》分析《春秋》僖公十六年云：“陨石于宋五，六鹢退飞，耳闻而记，目见而书，或徐或察，皆以其先接于我者序之。”以此说明“其于会朝聘之礼亦犹是”的道理。在《汉书·董仲舒传》“举贤良对策”中对《春秋》“隐公元年”开篇的“春，王正月”进行比附：“《春秋》之文，求王道之端，得之于正。正次王，王次春。春者，天之所为也；正者，王之所为也。”王者只要上承天的旨意，端正自己的行为，这就是王道的开端。春、王、正、月这四个字的排列次序都被赋予了深奥的道理。在《三代改制质文》中还将此作为“王者必改正朔，易服色，制礼乐，一统于天下”的理论依据。

在诗论上，除董仲舒的《诗》“序其志”外，其他还有“诗言志”“诗道志”“诗往志”等说法。《尚书·尧典》：“诗言志，歌永言。”“言志”即“表达志向、思想、情怀”。南宋蔡沈注：“心有所之谓之志，心有所之比行于言，故曰：诗言志。”[3]《左传》襄公二十七年记赵文子对叔向说“诗以言志”，即借《诗》表达自己的怀抱。皆以“言志”体现史书纪事特色。《管子·山权数》还有“诗者所以记物”的说法。《慎子·逸文》云：“诗往志也，书往诰也，春秋往事也。”“往志”，即前人用以抒发心志的。《史记·太史公自序》：“夫《诗》《书》隐约者，欲遂其志之思也。此人皆意有所郁结，不得通其道也，故述往事，思来者。”《庄子》除《天运》中“夫六经，先王之陈迹”[4]说法外，还有《天下》“诗以道志，书以道事”的说法。清末郭庆藩《庄子集释》疏云：“道，达也，通也。诗道情志。”陆德明释文云：“道志，音导。”[5]此“道”有疏导之意，展现道家重道特色。儒家著作《荀子·儒效》云：“《诗》言是，其志也。”王先谦《荀子集解》云：“是，儒之志。”[6]《毛诗序》则说：“诗者，志之所之也，在心为志，发言为诗，情动于中而形于言。”诸此表明，不同动词与“志”搭配其含义也不相同，反映诗人对“志”的不同关注点及其思想倾向。董仲舒认为《诗》表达心志与《春秋》同样讲究秩序的。从董仲舒用诗看，在其中探寻上天意志、先王之德等方面较为突出。《玉林》引《小雅·小宛》“弛其文德，洽此四国”；《玉英》引《大雅·丞民》“德輶如毛”；《郊语》《郊事对》分别引《大雅·抑》“有觉德行，四国顺之”“无德不报”等。这是典型的《诗》“序其志”例证，意在倡导治国理政重在德治。

《诗》学中的“四始”之说即是认识诗编排重次序的最好证明。《史记·孔子世家》：“《关雎》之乱以为《风》始，《鹿鸣》为《小雅》始，《文王》为《大雅》始，《清庙》为《颂》始。”《诗大序》认为《风》“一国之事，系一人之本”；《雅》“言天下之事，形四方之风”“言王政之所由废兴也”；《颂》“美盛德之形容，以其成功告于神明者也”。“是谓四始，《诗》之至也。”孔颖达疏引郑玄《答张逸》云：“四始，《风》也，《小雅》也，《大雅》也，《颂》也。此四者，人君行之则为兴，废之则为衰。”还有“《周南》《召南》正始之道，王化之基”的评语。治《齐诗》的匡衡论《关雎》云：“后夫人之行不侔天地，则无以奉神灵之统而理万物之宜。”“可以配至尊而为宗庙主，纲纪之首，王教之端也。”[1]309 亦明此为“慎始”之义。

因此，董仲舒称“六学皆大”。有的理解“大”为重要、大法[7]36。除此，其中“大”还有完美、博大的意思，先秦典籍中“大”多次出现。《易·乾》彖辞有：“大哉！乾元，万物资始，乃统天。”“大”是对自然伟力的夸饰。老子亦云：“有物混成，先天地生。寂兮寥兮，独立而不改，周行而不殆。可以为天下母。吾不知其名，字之曰道，强名之曰大。”[8] 这是以“大”对天地剖判之前，混然寂寥、循环往复而无终始、产生天地万物根源之“道”的概括。《论语》有“大哉，尧之为君也，巍巍乎，唯天为大，唯尧则之”，这是以“大”对尧君完美人格的赞誉。这些意义的“大”，并非形容实体、空间范围，而是用以对自然与社会运行规律的认识，或对人、对事、对物及其相互作用所达到完美境地的夸饰，已转化为哲学概念。《诗经》中多有此意。《椒聊》有“硕大无朋”，《笺》：“大，谓德美广博也。”[2]421－422 “大”在《春秋繁露》中频繁出现，大多有完美博大精深之义。《楚庄王》云：“然则春秋义之大者也，得一端而博达之。”《玉杯》云：“故屈民而伸君，屈君而伸天，春秋之大义也。”“大义”，指《春秋》的微言大义。《竹林》云：“推恩者远之为大，为仁者自然为美。”这就将“大”与“美”直接融而为一。

不但董仲舒认为诗有完美的意思，而且早期子夏也认为《诗》有“大”的特点，云：“诗之于事也，昭昭乎若日月之光明，燎燎乎如星辰之错行，上有尧舜之道，下有三王之义。”子夏自以为得诗旨。但孔子斥其仅见皮毛而已：“然子以见其表，未见其里。”

“窥其门不入其中，安知其奥藏之所在乎。”[9]256汉代其他治诗者也有此认识。韩婴借子夏之名论《关雎》时，慨叹：“大哉！《关雎》之道也，万物所系，群生之所悬命也。”[9]382以为《关雎》所表达的是尽善尽美境界。不仅《关雎》蕴涵如此之“大”，其他篇亦如此。《诗大序》也议为“正得失，动天地，感鬼神，莫近于《诗》。先王以是经夫妇，成孝敬，厚人伦，美教化，移风俗”[10]。这里虽然没有直接用“大”来涵盖诗中之美，但却蕴含着赞美之意。

至此，“《诗》《书》序其志”与“六学皆大”之深蕴不言而喻。

同时，董仲舒在《玉杯》中还提出了“诗道志，故长于质；礼制节，故长于文”之说。质，本质、真情，相对于“文”而言。《神灭论》：“形者神之质。”还有事物的特性、本性、本质、性质之意。《史记·乐书》：“中正无邪，礼之质也。”质，还可指人的朴实、朴素单纯的本性、真情实感。《论语·雍也》：“质胜文则野，文胜质则史；文质彬彬，然后君子。”志与质有何关系？《玉杯》云：“春秋之论事，莫重于志。”进而说：“缘此以论礼，礼之所重者，在其志，志敬而节具，则君子予之知礼；志和而音雅，则君子予之知乐；志哀而居约，则君子予之知丧。故曰非虚加之，重志之谓也。”志的作用如此之大，就是因为“志为质，物为文”。这里将心志、思想理解为本质，将物质、存在理解为形式，过于强调心志的作用。质与文实际上是内容与形式的关系，二者要紧密结合，进而补充：“文着于质，质不居文，文安施质；质文两备，然后其礼成。”如果文质失衡，“不得有我尔之名”；如果俱不能备，而偏行之，“宁有质而无文，虽弗予能礼，尚少善之；有文无质，非直不予，乃少恶之”。基于此董仲舒认为：“然则春秋之序道也，先质而后文，右志而左物。”“春秋之好微与，其贵志也。”从认识论上讲，将心志、精神看作是存在的本质，心即存在，这对于理解董仲舒附会思维方式及其思想产生的根源很有帮助，同时表明董仲舒已认识到诗具有表达真实情感的一面。所以，《春秋繁露》在不同语境下引诗，不仅用以表达“胸怀大志”，而且也寄托复杂情感。如《楚庄王》叙述鲁国公子庆父之乱，鲁危殆亡，齐桓公与鲁并无亲戚而使鲁安定，鲁人感激齐而痛恨晋，引《小雅·小宛》：“宛彼鸣鸠，翰飞戾天。我心忧伤，念彼先人。明发不昧，有怀二人。”其中感恨交集，为此断言“人皆有此心也”。

二、取其一美，不尽其失：既美且刺的显德观

董仲舒的另一诗观念是诗颂“显德”。《身之养重于义》说：“先王显德以示民，民乐而歌之以为诗，说而化之以为俗。”认为《诗》是古代圣王用明德昭示人民，人们快乐了便作诗歌颂他。圣人感天动地、变化四时，就是施展义大的缘故，人受感动而能变化，教化才能普及，人才不犯法，刑罚才不用，尧舜之功德即如此。《周颂·敬之》“示我显德行”就是这个意思。《汉书·董仲舒传》记载，武帝欲为“万事之统”，闻“大道之要，至论之极”。董仲舒以贤良对答：至于宣王，思昔先王之德，兴滞补弊，明文武之功业，周道灿然复兴，“诗人美之而作，上天祐之，为生贤佐，后世称诵，至今不绝”。认为《烝民》是赞颂“夙夜不解，行善之所致”的。

当然，《春秋繁露》也认为《诗》中也有不求全责备的内容。楚臣司马子反出使宋国，未经国君授意，擅自做主与宋国媾和，有人对此有异议。《竹林》解说：《春秋》之道有常有变，变用于变的场合，常用于不变的场合，各有其规范，互不相妨。还称赞子反的作为，“一曲之变，独修之意也”，富有创新意味。比如，目惊而体失其容，心惊而事有所忘，这是人的本能，应懂得触目惊心的原

理，“取其一美，不尽其失”。《邶风·谷风》“采葑采菲，无以下体”即此意。子反至宋，闻人相食，大惊而哀之，不意宋国竟如此，因此心骇目动，而违常礼。礼本来就是汇聚仁德而成。《尧舜不擅移汤武不专杀》论述“其德足以安乐民者，天予之，其恶足以贼害民者，天夺之”时，引“殷士肤敏，祼将于京，侯服于周，天命靡常”[2]826，就是讲“天之无常予，无常夺”道理的。《毛传》：“肤，美；敏，疾也。”孔颖达疏引王肃曰：“殷士有美德，言其见时之疾，知早来服周也。”《郊语》在回答为何不能废除天子祭天的“郊礼”时说：“问为而为之，所不为而勿为，是与圣人同实也。”引《大雅·假乐》“不骞不忘，率由旧章”，并阐论：“旧章者，先圣人之故文章也，率由者，有循从之也，此言先圣人之故文章者，虽不能深见而详知其则，犹不知其美誉之功矣。”《循天之道》论述“德莫大于和，而道莫正于中”时说，“中者，天地之美达理也，圣人之所保守也”，认为“不刚不柔，布政优优”即赞“中和”之美。

《诗》同样有“刺”义。《基义》说，凡物必有合，有美必有恶，有顺必有逆，有喜必有怒，有寒必有暑，有昼必有夜。《同类相动》云：“美事召美类，恶事召恶类。”《汉书》载：董仲舒在对武帝策问时，以周室衰时为例，卿大夫不讲究礼义而急于求利，失去谦让之度而有争田之讼。诗人疾而刺之，曰：“节彼南山，惟石岩岩，赫赫师尹，民具（俱）尔瞻。”[1]236做官的人心向仁义，人民自然就爱好仁义，风俗也就趋向善良；做官的人好利，人民就不正直，风俗也就败坏。《诗》有“刺”义也是符合《诗》本义的。如《魏风·葛屦》：“维是褊心，是以为刺。”《小雅·节南山》：“家父作诵，以究王讻。”诗人用“赋”法直抒胸臆。再如《小雅·巷伯》“寺人孟子，作为此诗。凡百君子，敬而听之”，旨在警戒惊醒。《周颂·小毖》“予其惩，而毖后患”，意在惩前毖后。像《陈风·株林》虽未出现“刺”字，但是通篇在讥刺陈国君臣乱伦之事，应该受到严厉批评与谴责。编诗人将它们列入诗集中来，主要作为反面教材，以警世人。这些既是《诗》所反映的实情，也是编诗人的理念，也恰为董仲舒说《诗》提供了依据。

“美”“刺”说《诗》是汉儒说诗的一大特点。《说文》：“刺，直伤也。”引申用尖锐话语批评别人，如讥刺、刺邪、刺戒等。刺比谏更为尖刻直截了当，被刺者的错误在初露端倪时就被尖锐地指出来，以便及早改正。《白虎通·谏诤篇》云：“纤微未见于外，如《诗》所刺也。”若过恶已著，民蒙毒螫，天见灾变，事白异露，“作诗以刺之，幸其觉悟也”。反复强调诗刺的作用。《汉书·艺文志》“六艺之文”也说：“龟厌不告，《诗》以为刺。”颜师古说这里引的就是《小雅·小旻》中的“我龟既厌，不我告犹”，云：“言卜问烦数，媟嫚于龟，龟灵厌之，不告以道也。”意思是说，过于繁琐，亵渎了神龟，神龟厌恶了。此可与《春秋繁露》参看。

《春秋繁露》还认为《诗》有“谏”义。《必仁且智》论“谴之而不知，乃畏之以威”时引《周颂·我将》“畏天之威”，以强调“圣主贤君尚乐受忠臣之谏，而况受天谴也”。《五行相生》云：“微谏纳善，防灭其恶。”《白虎通·谏诤篇》指出：“谏，间也，因也，更也，是非相间革更其行也。”这是因为“人怀五常”，臣所以谏君目的在于“尽忠纳诚也”，讽谏者，智也，患祸之萌，深睹其事，未彰而讽告，此智之性。谏，就是对君主、尊长等，以委婉言辞善意规劝，尽忠竭诚，拾遗补缺。《周礼·司谏》注：“谏，犹正也。以道正人行。”

三、诗文正直，报德赐福：以诗为法的诗法观

董仲舒认为《诗》与《春秋》一样可以为“天下法”。这里旗帜鲜明地将《诗》与国家法制紧密联系在一起，是董仲舒诗论上的

又一新见。《楚庄王》曰:“春秋尊礼而重信,信重于地,礼尊于身。”有何根据?宋国伯姬坚守礼节而死于大火中,齐桓公坚守诚信而丢失土地,“春秋贤而举之,以为天下法”,实际上,董仲舒是在倡导要以《春秋》中的礼、信“为天下法”。

除此而外,董仲舒还提出为政要以《诗》为天下法,因为《诗》与《春秋》同样含有重“礼”的内容。这是《祭义》在论述行祭礼时要对鬼神敬畏诚信时提出的。明白了祭祀的意义,才能重视祭祀活动,要像孔子说的那样:“祭神如神在。”祭祀神灵如侍奉活人,恭恭敬敬。因而圣人对于鬼神,敬畏而不欺骗,相信而不放任,敬奉而不依赖。所有这些都是《诗》中说的:“嗟尔君子,毋恒安息,静共尔位,好是正直,神之听之,介尔景福。”[2]745 于是阐发:“恃其功,报有德也,幸其不私与人福也。”正直者得福,不正者不得福,“此其法也”。因此,“以诗为天下法矣,何谓不法哉!”因为诗文辞正直,一唱三叹,教化深入。孔子早就赞叹《诗》之奥妙:“书之重,辞之复。呜呼!不可不察也,其中必有美者焉!”

而践行《诗》中之法要有“至诚之心”,执政者要加强自身修养,怜爱百姓,品行正直,以身作则,做至诚之君,这样才能得到上天恩惠。董仲舒引诗用意在劝诫执政者施行德治。《郊事对》以周公为典范,“周公继文武之业,成二圣之功,德渐天地,泽被四海,故成王贤而贵之”,引《大雅·抑》“无德不报”,提倡君王重德,才能延绵祖业,恩福泽润百姓。弘扬德治思想在《春秋繁露》中随处可见。《身之养重于义》说,圣人事明义,以照耀其所暗,故民不陷。如汤受命而王,“作《濩乐》,制质礼以奉天”;文王受命而王,“作《武乐》,制文礼以奉天”;武王受命,则“作《象乐》,继文以奉天”;周公辅成王受命,“作《汋乐》以奉天”[7]227。这里把诗乐舞等艺术创作与天授王权、礼乐奉天联系起来,有助于对“以《诗》为天下法”的理解。董仲舒以为，《诗》承载着君王德行，具有极高的权威性与合理性，无疑应当做后人学习与效法的典范，以此正言、达意，实现政治理想。

在实践中，《诗》同样可以作为法律依据。杜佑《通典》卷六十九载董仲舒曾断一桩棘手的案子：某甲养子杀人有罪，某甲得知，将养子藏匿。当如何处置？董仲舒断：养子，虽非己出，而其父子关系谁也改变不了，便引《小雅·小宛》云：“螟蛉有子，蜾蠃负之。”又引《春秋》之义，父为子隐。“甲宜匿乙，而不当坐。”当时法律规定，藏匿犯人理应当坐，但甲为养子隐情不报，系出人伦之情，因此董仲舒断某甲不当坐。在董仲舒心目中，《诗》不仅在思想意识上具有熏陶作用，而且在执法过程中也有权威性。《郊语》强调德行对于淳风化俗之重要时引《大雅·抑》：“有觉德行，四国顺之。”王者之德行于世，则四方莫不响应风化。所以说：“悦于庆赏，严于刑罚，疾于法令。”

四、天意难见，从变从义：诗无达诂的治诗观

晋人责难《春秋》“子”的称谓不符合春秋之法。《精华》解答：“所闻《诗》无达诂，《易》无达占，《春秋》无达辞。”“达”，本义为道路畅通。《说文》：“达，行不相遇也。”《广雅》：“达，通也。”引申为明白、通晓、通达事理之意。《虞书》：“达四聪。”柳宗元《送薛存义序》：“有达于理者，得不恐而畏乎？”“诂”，以今言释古语。《说文》：“诂，训故言也。”《毛诗·关雎》诂训传疏：“诂者，古也。古今异言，通之使人知也。”《后汉书·桓谭传》注：“诂，训故言也。”达诂，即肯定确切的解释。“诗无达诂”，即《诗》没有完全符合本义的训说。

“诗无达诂”，主要是就整篇诗旨而言的，由于对诗旨理解的歧义，影响到对篇中章句理解的不同。从先秦对《诗》义的认识看，无论是在理论上还是在实践上，都存在同一诗篇或诗句在不同典籍中有不同理解的现象。董仲舒这一提法是对先秦诗论的传承与创新。一方面可以看出董仲舒是个思想灵活的智者。《诗》《易》《春秋》难“达”其本义，理解经义就要“从变从义，而一以奉人”[7]97。这种灵活思维在其他篇章中还有体现。《正贯》揭示：幽隐之人与事并非深不可测，只要接近他们就能发现其中的奥秘，“而后万变之应无穷者，故可施其用于人，而不悖其伦矣”。又说：“故明于情性，乃可与论为政。”另一方面践行了断章取义的理论。《春秋繁露》引诗不在本义，而是为阐发自己思想，根据所需取诗句字面义，以诗强调、证实自己的观点。春秋时期，这种用《诗》方法已成风气，《左传·襄公二十八年》就有“赋《诗》断章，余取所求焉”的说法，为学界所熟知。断章取义，“借他人酒杯，浇自己块垒”，所引诗义因人、因事而异。曾异撰《纺授堂文集》卷五《复曾叔祈书》称“左氏引《诗》，皆非《诗》人之旨”，所以说“《诗》无达诂”。如《韩诗外传》将《诗》句编为故事，便脱离诗本义。卢文弨《抱经堂文集》卷三《校本〈韩诗外传〉序》所谓“《诗》无定形，读诗者亦无定解”。宋王应麟《困学纪闻》卷三说，董仲舒的“诗无达诂”，就是孟子的“不以文害辞，不以辞害志”。

诗无达诂，就治学态度讲不够严谨科学，从训诂学角度看不足取。《春秋繁露》说《诗》、用《诗》共32处，其中《国风》2篇2次，《小雅》7篇8次，《大雅》9篇18次，《颂》3篇3次，逸诗1次。引《诗》以《雅》《颂》为主，《雅》《颂》许多诗义较为明确，书中用诗义大部分还是符合本义的，仅部分为我所需，离开本义。《竹林》与《度制》同引《邶风·谷风》：“采葑采菲，无以下体。”

前者引用以说“取其一美，不尽其失”；后者说“君子不尽利以遗民”，利益不能一人尽占。两处取义截然不同。《魏风·伐檀》本是愤怒抨击剥削者不劳而获的，但像“彼君子兮，不素餐兮”极富讽刺意味的诗句，却被认为歌颂不劳而获的“君子”“先其事，后其食”，是不会尸位素餐的[7]321，从而化“刺”为“美”。

董仲舒并非不能“达诂”，有意回避探究诗本义，而是今文经学家的治经观念与风格。其一，今文学家训说“经”义是为了迎合统治者的政治需要，表达个人的见解，尤其是带有一定的政治目的。其二，《诗》距离遥远，诗人究竟表达何思想情感，除诗中明确提到外，其他确实难以明断其本义。其三，诗的意境具有朦胧性，接受者应有不同理解。明谢榛《四溟诗话》说：凡作诗不宜逼真，如朝行远望，青山佳色，隐然可爱，其烟霞变幻，难于名状。“远近所见不同，妙在含糊”，即意境朦胧之美。沈德潜《唐诗别裁·凡例》也说：读诗者心平气和，“况古人之言，包含无尽，后人读之，随其性情浅深高下，各有会心”。比如好《晨风》而慈父感悟，讲《鹿鸣》而兄弟同食，斯为得之。最后，从天人哲学看，《春秋繁露》深刻理解诗人不易，提出了“知天，诗人之所难”。《天地阴阳》在论述天人关系时指出：“《春秋》举世事之道，夫有书天，之尽与不尽，王者之任也。”引《大雅·大明》“天难谌斯，不易维王”。谌，毛诗作“忱”，韩诗作“訦”。《毛传》训：“忱，信也。”此诗本义是说天道变化无常难以信赖，君王确实不容易。自古以来人们不断受到自然灾害，从没停止过对天的探究、认识。从早期的《易》到汉代的《史记》无不将“知天”作为重要内容。《尚书·咸有一德》就有“天难谌，命靡常”之说。《诗》中出现不少有关“天”的诗句，尤其在《雅》《颂》中很多，这些诗篇反映了人们对“天”的敬畏、顺从、歌颂，或是慨叹、埋怨，说明当时人们对天的认识是朦胧、模糊的。汉代司马迁写《史记》，一个重要目的是“究天人之际”。《春秋繁露》认为：“天意难见也，其道难理。”要观天道，知天意，顺天志。因此，“王者不可以不知天，知天，诗人之所难也”。为君王者不易就是天难知。知天，对于诗人来说也不易，但是诗人却懂得知天的方法，即能“观天志，得天道”[7]650。天意难知体现在《诗》中，因此诗义难明。这正是对“诗无达诂”的照应，回答了前人一直在探讨的问题。

“诗无达诂”，是董仲舒适意发挥《诗》义乃至其他经典的理论依据，成为一种诗观念并对后世产生很大影响。作为用诗方法早已被许多学人所接受，“诗无达诂”被认作文学鉴赏中的差异性。《永乐大典》卷九〇七《诗》所录南宋刘辰翁之子刘将孙作王安石《唐百家诗选序》云：“古人赋《诗》，独断章见志。固有本语本意若不及此，而触景动怀，别有激发。”其中“别有激发”，即在诗鉴赏中因人而有不同的感悟。王夫之《姜斋诗话》所说“作者用一致之思，读者各以其情而自得”，更为一语中的。

五、综论

《汉书》载，董仲舒在对策推行大一统学术思想时指出，“今师异道，人异论，百家殊方，指意不同”，处在上位的人君不能掌握统一的标准，“法制数变，下不知所守”。为此要断绝“诸不在六艺之科，孔子之术者”之道，灭息邪辟之说，“然后统纪可一，而法度可明，民知所从矣”[1]237。从其《诗》观念与实践看，董仲舒治经在实用，将以《诗》为首的“六艺”视为治国理政的法典，为需要有时竟致牵强附会，将天人比附在一起。董仲舒赋予《诗》以哲学意蕴，贵志重德，以诗证诗、以诗证事、以诗证志，以阐发其政治思想为要旨。这些对诗义的理解产生一定影响。深入系统研究董仲舒诗观念，可以看出其思维方式与认识论根源，同时对于全面深入认识汉代《诗经》研究成果、深化《诗经》研究，有效整理古代典籍，弘扬优秀传统文化具有重要意义。

参考文献：

[1] 班固．二十五史·汉书［M］．上海：上海古籍出版社，1986.

[2] 王先谦．诗三家义集疏［M］．北京：中华书局，1987.

[3] 蔡沈．四书五经［M］．北京：中国书店，1985：10.

[4] 王先谦．诸子集成·庄子集解：卷 3［M］．上海：上海书店．1986：95.

[5] 郭庆藩．新编诸子集成·庄子集释［M］．北京：中华书局，1985：462.

[6] 王先谦．诸子集成·荀子集解：卷 2［M］．上海：上海书店，1986：84－85.

[7] 董仲舒．春秋繁露［M］．张世亮，钟肇鹏，周桂钿译注．北京：中华书局，2012.

[8] 魏源．诸子集成·老子本义：卷 3［M］．上海：上海书店，1986：19.

[9] 韩婴．四库全书·韩诗外传［M］．上海：上海书店，1982.

[10] 杨伯峻．论语译注［M］．北京：中华书局，1980：61.

原载于《衡水学院学报》2016 年第 6 期。

王硕民（1959－），男，安徽蚌埠人，解放军汽车管理学院基础部教授。

清唱剧《董仲舒》的歌词创作及其价值

李爱云　吴海涛

西汉大儒董仲舒的一生充满传奇色彩，非常适合以清唱剧的形式来呈现。用音乐化的叙事手段，将历史文化名人资源转化为大众易于接受的流行产品，以通俗易懂的歌词形式展现董仲舒深邃的哲学思想和传奇的人生经历，艺术地再现他的伟大形象，既是对历史文化名人资源的一种保护与开发，也是对中华传统文化精髓的一种弘扬与传承。

一、清唱剧《董仲舒》歌词的内容

清唱剧《董仲舒》以《史记》《汉书》为蓝本，同时参考王桓、刘鸿玉主编的《董仲舒记闻》[1]一书的内容创作而成，歌词以董仲舒的一生经历为线索，选取重要的生活片段为创作基点，运用古典诗歌平仄押韵的形式，艺术地再现董仲舒的传奇人生和哲学思想。具体来说，全剧大致分为七个乐章。第一乐章“千古一圣”，以宏观的历史视角，颂扬董仲舒承接孔孟之道，敢于突破儒家自身局限，海纳百川，对先秦诸子百家学说兼收并取，创立新儒学，确立了儒家学说在中国文化发展史上的统治地位，深深影响中国两千多年的社会政治格局和文化心理。第二乐章“三年不窥园”，以董仲舒研究《春秋》，三年不窥园的人生经历为基点，颂扬董子专心致志的治学精神。第三乐章“武帝问策”，主要讲述董仲舒参加石渠对策的经历，颂扬董子的天人三策思想。第四乐章“规劝易王”，主要叙述董仲舒做江都相的十年经历，歌颂董子忠心爱国的情怀。第五乐章“小人恶告”和第六乐章“罢官入狱”，这两章主要写董仲舒因撰写《灾异论》而遭到主父偃陷害、被罢官入狱的经历，歌颂董仲舒正直不阿的性格。第七乐章“功达千秋”主要概述董仲舒一生的业绩和对后世的影响。歌词如下：

第一乐章　千古一圣

秦始皇，一把火，六经学说成灰烬。
文景帝，崇黄老，仲尼文章无人问。
董仲舒，立鸿志，誓把儒学来创新。
学六艺，治春秋，
三年不窥园，穷经守幽独。
破局限，纳百家，
兼收并取创新儒。
遇明君，下诏书，
论更化，明义利，
三策大廷存国史，十年贤相卧江都。
自此大汉兴礼乐，
嘉言孔彰，道传千古。
大哉，董仲舒！
东西两汉一醇儒。

壮哉，董仲舒！
华夏千古一圣人。
承前又启后，
堪称儒家中流砥柱。

第二乐章　三年不窥园

清江水悠悠，美丽宽又广。
枣强旧县地，汉时广川场。
董家花园里，人间赛天堂：
三月望莺飞，五月看草长，
八月枣儿甜如蜜，十月红枫赛朝阳。
春夏秋冬四时景，哪个儿童不玩赏？
唯有少年董仲舒，不爱花香爱墨香，
一心只做读书郎，春秋大义记心上，
穷经奏华章。
十年磨一剑，三策震汉堂。
从此百家暗，儒家万古扬。

第三乐章　武帝问策

大风起兮云飞扬，少年天子坐明堂。
雄才大略强国梦，一纸诏书求良方。
百余策士聚石渠，广川醇儒中金榜。
三对天子策，策策说到君王的心坎儿上。
一策倡德政，三纲定五常；
二策任贤良，五经太学创；
三策黜百家，儒学揽朝纲。

第四乐章　规劝易王

三策对罢赴江都，仲舒奉命相郡侯。

易王刘非素骄勇，自比勾践欲称雄。
忠心江都相，礼义劝易王。
自古仁者无私利，端正礼义位国邦。
不必建国封公侯，治国之道须明彰。
昔者柳下惠，鲁君问伐以为羞，
皆因为，自古伐国不问仁，使得忠臣忧。
现如今，郡王本是汉皇胄，
理应当，辅佐天子把边陲镇守。
怎可学春秋五霸把仁义丢！
武力征伐，称雄一时，
仁义道德，万古风流。

第五乐章　小人恶告

大火烧了高祖庙，朝野上下人心焦。
忠臣为把君恩报，日夜来把原因找。
据春秋，析灾异，仔细推敲；
论古今，劝君王，施行王道。
谁料书稿竟被来客盗，
断章取义先把恶状告，
竟说仲舒谤朝廷，言之凿凿。
皆因为，盗者妒火心中烧。

第六乐章　罢官入狱

直言不讳君王恼，众儒生纷纷列罪条。
吕步舒不知是师书，人云亦云说不好。
交予法官论刑罚，圣人蒙冤入死牢。
恪守理念不动摇，自在人间有公道。
汉武帝怜才惜才不忍杀，

董仲舒辞官回乡树文道。
仕禄生涯终有尽，儒意教化传亿兆。
心怀天下思社稷，一生舍己为正道。

第七乐章 功达千秋

《天人三策》兴汉世，
《春秋繁露》润千秋。
《春秋公羊传》，微言说大义。
援经以致用，曾为史圣师。
近君王而怀天下，居乡野而忧天子。
正其义而不谋其利，明其道而不计其功。
文王之文在孔子，孔子之文在仲舒。
华夏悠悠数千载，忠孝礼义仁智信，
几经离乱终一统，全凭董子续孔孟。
“王佐之才”盛世功，
“下马陵”旁存君影，
贤良街，正谊巷，千古儒坊传圣名！

二、清唱剧《董仲舒》创作的价值

（一）开拓董子宣传的新视野

目前，人们对历史文化名人的宣传方式主要有四种：笔墨立传、人文景观立传、光影立传、声乐立传。所谓笔墨立传，就是以文字的形式进行研究，包括理论学术研究和文学性较强的人物传记、故事趣闻；所谓人文景观立传，就是将历史文化名人无形的思想化为有形的建筑实体，看得见摸得着，让历史文化名人从书斋和研究室中走出来，走进寻常百姓、普通大众的视野中，比如说为他塑像，建他的公园、纪念馆等；所谓光影立传，就是用电影、电视讲好中国名人故事，用标准化的电影、电视叙事手段，将历史文化名人资源转化为大众易于接受的流行产品，透过人物传奇经历或坎坷命运的表象，展现主人公的精神跋涉之路和内心强烈冲突，为观众带来更多的精神享受，从而扩大历史文化名人的影响力；所谓声乐立传，就是用戏曲、音乐、演唱的形式宣传历史文化名人。就董仲舒宣传而言，前两种宣传方式已经取得了较为丰硕的成果。在文字方面，出版了《董仲舒的春秋公羊学》《董仲舒学说内在理路探析》《旷世大儒董仲舒》《哲学家董仲舒》《董子浅论》《董子记闻》《董仲舒珍闻》等多部传播董子思想的书籍；研究董子的论文达800多篇。在人文景观方面，已经为董子立像，建立了董子公园、董子祠堂、艺术碑廊等。在影视方面也有一定的成就，中国教育电视台来衡水景县录制了《董子故里行》专题片，多角度、多侧面地宣传推介董子[2]。但是，在声乐宣传方面，关于董仲舒的创作仅有一部新编历史京剧《董仲舒》，是由衡水市人民政府、国家京剧院、景县人民政府联合出品的，河北省还没有运用清唱剧形式的艺术作品。清唱剧《董仲舒》歌词的创作，可以填补河北文化的空白，开拓董子宣传的新视野。

（二）提高学校传承董子文化重镇的地位

衡水学院作为董子故里唯一的一所本科院校，本着服务地方经济文化、促进地方经济文化发展的办学理念，自觉承担起传承和弘扬董子思想文化的重任，不仅组织专家、学者展开关于董仲舒的课题研究、出版著作、申报课题、发表论文，而且发起成立了河北省董仲舒研究会，开辟了《衡水学院学报》“董仲舒与儒学研究”专栏，成立了董子学院，开办了董子讲坛，组织了董学高端学术论坛，为董子文化的研究、宣传搭建起越来越多的平台。创作清唱剧

《董仲舒》，不仅为传承董子文化思想增添一种新的艺术形式，而且，可以作为衡水学院标志性的剧作形式，在校内外演出，一方面提高本校师生的音乐修养，另一方面也可以透过清唱剧的形式，了解董子的生平故事和思想文化内涵，达到宣传董子的目的，客观上提高学院作为传承董子文化重镇的社会地位。

（三）提升高校教师的实践能力

长期以来，高校教师把“传道授业解惑”作为自己的职责，侧重于知识的传授、答疑解惑和学术理论研究，在创作实践方面存在明显不足。随着高校向应用技术型大学的转变，学校对高校教师提出了更为严格的要求，不仅会讲授理论，更要有一定的实践操作能力。清唱剧《董仲舒》的创作，为广大教师提供了很好的实践机会。

首先，清唱剧歌词创作是一种实践性很强的研究课题，一方面需要研究者搜集、阅读与董仲舒有关的历史文献资料、闲闻趣事、故事传说、人物传记，多角度了解历史人物的生平事迹和思想；另一方面还要有一定的诗歌写作能力，了解清唱剧的歌词创作特点，巧妙地将古代文献、历史故事转化为优美动听的歌词，不仅语言要生动准确，还要注意各种修辞手法的运用和韵律节拍的吻合，讲究平仄对仗，歌词读起来朗朗上口，合辙押韵，给人一种音韵美。清唱剧歌词创作工作可以由文学与传播学院的老师负责。

其次，歌词创作为清唱剧《董仲舒》的系统创作奠定了基础，有了歌词，才能谱曲、排练、演唱。清唱剧谱曲，也是一项实践性很强的创作，为音乐学院的老师提供了很好的实践机会。从体裁上来说，清唱剧是介于歌剧和康塔塔之间的多乐章大型声乐套曲，包括独唱、重唱及合唱，由管弦乐队伴奏。清唱剧《董仲舒》音乐方面的创作和表演可以由音乐学院的师生共同完成，组成一个创作和表演团队，年年传承下去，成为衡水学院标志性的节目。在这方面，一些高校已经有了成功的范例，例如原创清唱剧《先行者——孙中山》就是华南理工大学为孙中山先生诞辰150周年，各个专业的师生联合创作的杰作，该剧歌词由新闻与传播学院谭元亨教授执笔，作曲是艺术学院何平、张晓峰、马波、刘丁、梁军几位老师的合作，声乐系师生担任演唱，器乐系师生担任伴奏，并成功地于2016年11月12日进行首演。这些成功的范例，为清唱剧《董仲舒》的创作提供了很好的借鉴。综上所述，历史文化名人是一个民族的宝贵财富，是重要的文化遗产和资源，具有文化传承、教化民众甚至促进一个地区经济发展等多重价值功能。形象诠释、广泛传播我国历史文化名人的事迹，对继承和发扬中华传统文化的精髓、增强文化自信具有深远意义[3]。毫无疑问，董仲舒是一个历史文化名人。时代在变迁，要想文化自信，必须文化创新。在新的时代、新的条件下，如何运用审美化、艺术化的形式，塑造出董仲舒这个历史文化名人的鲜活立体形象，讲好中国名人故事，是一个值得深入研究和探索的重要课题。

参考文献：

[1] 王桓，刘鸿玉．董仲舒记闻［M］．北京：中国文史出版社，2002.

[2] 曹迎春．董子文化产业开发研究［J］．衡水学院学报，2014（6）：36－39.

[3] 郭超．传播历史文化名人事迹　发扬中华传统文化精髓［N］．光明日报，2017－01－11（1）.

原载于《衡水学院学报》2017年第5期。

李爱云（1967－），女，河北卢龙人，衡水学院文学与传播学院副教授。

吴海涛（1965－），男，河北深州人，衡水学院文学与传播学院副教授。

儒学基本问题研究

儒家“君子文化”的哲学特征及其伦理价值

李季林

君子是儒家文化的一种理想人格，是一个社会的楷模，是人中之花——“人花”；他赋有拯人救世的道义、行仁仗义的情怀、谦恭礼让的胸襟和恪守诚信的践约精神，即赋有道义、礼让、诚信、乐进等独特的君子之性。

我国自先秦至近代的典籍中，关于君子的言论有一万多条，其中经典的名句有“天行健，君子以自强不息；地势坤，君子以厚德载物”（《周易》），“恺悌君子，民之父母”（《诗经》），“君子尊道而利民”（《墨子》），“君子坦荡荡，小人长戚戚”（《论语》），“君子见利思义”（《论语》），“君子和而不同”（《论语》），“君子当仁不让”（《论语》），“君子成人之美”（《论语》），“君子与人为善”（《孟子》），“君子与物为春”（《庄子》），等等。

儒家经典代表“四书”中关于君子的言论较为集中，关于君子的形象也较为生动。

下面我们分别以《论语》《大学》《中庸》《孟子》等文献来梳

理儒家理想人格“君子”的哲学文化特质及其伦理价值。

一、《论语》君子的仁义、和乐精神

《论语》中提到“君子”的有109处，其中涉及君子之性、君子之行、君子之品、君子之德，和仁、义、礼、智、信、和、乐、中行等君子应具备的品质及行为规范等重要范畴。

君子之性：孔子认为人最初的本性是相近的。但是，为何会有后来的君子与小人之分呢？孔子认为那是由于人的人生境遇、行为习惯的迥异造成的，因为君子成于仁心、“义境”，而小人生于奸情、“利境”。因此君子之性的本质是仁义。

那么，如何修养、体现君子之性呢？

内外双修、文质并茂。孔子说：“质胜文则野，文胜质则史。文质彬彬，然后君子。”[1]《雍也》一个人只有他的内在性情与外在文采表里如一、相得益彰，才能成为一位君子。现在我们说一个人文质彬彬、有绅士风度，就是形容他言行得体、有君子风范。而仁爱是君子之性的基本内容、是君子所以成为君子的前提。诚如孔子所言：“君子而不仁者有矣夫，未有小人而仁者也。”[1]《宪问》

君子之行：孔子认为要全面地判断一个人，必须察其言、观其行。而君子的行为如日月当空，并以其吉祥的光辉照耀众人。“君子之光，其晖吉也。”[2]《未济》当然，君子在成为众人榜样的同时，也接受众人的监督。

那么，君子的行为有哪些原则性的内容呢？

仁、义、礼、智、信、和、乐、中行。

孔子的弟子有子说：“君子务本，本立而道生。……孝悌也者，其为人之本与！”[1]《学而》做人首先要从根本上做起。只是，什么是做人的根本呢？孔子认为是“仁”，是“孝悌”。

孔子说：“仁者，人也。”[3]《中庸》“人而不仁，如礼何？人而不仁，如乐何？”[1]《八佾》仁爱就是人之为人的根本；对于没有仁爱之心的人，礼法和音乐有什么用呢？如果一个人连自己的父母都不孝敬、连自己的兄长都不恭敬，那么他怎么能够在社会上立足呢？更别说成为众人的榜样了。

樊迟问仁。孔子说：“仁者，先难而后获，可谓仁矣。”[1]《雍也》只有吃苦在前、享乐在后，才能算“仁”行啊。

子张问仁。孔子说：“恭、宽、信、敏、惠。恭则不侮，宽则得众，信则人任焉，敏则有功，惠则足以使人。”[1]《阳货》庄重、宽厚、诚信、勤敏、慈惠：庄重就不会受侮辱，宽厚就会得到拥护，诚信就会受到重用，勤敏就会获得成功，慈惠就会有本钱使用人。

子贡问仁。孔子说：“夫仁者，己欲立而立人，己欲达而达人。”[1]《雍也》所谓仁人，就是能做到自己想成功时先帮助别人成功、自己想得到时先帮助别人得到的人，即做一个凡事能够推己及人的人。

仲弓问仁。孔子说：“己所不欲，勿施于人。”[1]《卫灵公》自己不想要的，不要强加给别人。如果能够做到人己平等、以“人”的方式对待人，那就是“仁”行。

关于义，即与利益相对应的道义，《论语》把它视为度量君子行为的一个重要标准，说见利思义、见得思义、义然后取，“君子喻于义”“君子义以为上”，孔子甚至说：“不义而富且贵，于我如浮云。”人们称呼行为不符合道义的人为“不义子”“不义人”。

孔子在回答子路关于君子是否应当崇尚勇敢的问题时，说：“君子义以为上。君子有勇而无义为乱，小人有勇而无义为盗。”[1]《阳货》君子当然要勇敢，但是不能唯勇敢。孔子认为，君子应当以道义为上：因为君子如果勇敢而不讲道义就会颠覆国家，小人如果勇敢而不讲道义就会沦为强盗。

关于礼，孔子说："君子博学于文，约之以礼，亦可以弗畔矣夫！"[1]《雍也》君子广泛地学习、遵礼守法，就不会误入歧途！又说："不知命，无以为君子也。不知礼，无以立也。"[1]《尧曰》一个人倘若不懂得客观规律，就不能成为君子；不遵守道德法则，就无法建功立业。

樊迟问智。孔子答道："务民之义，敬鬼神而远之，可谓智矣。"[1]《雍也》孔子认为做事顺应民心，尊重鬼神而又远离鬼神，就算明智了。

关于信，孔子说："人而无信，不知其可也。大车无輗，小车无軏，其何以行之哉？"[1]《为政》人无信誉，不知道能干什么？就像大车、小车没有车轴，怎么能启动呢？

子贡问政。孔子答道："足食，足兵，民信之矣。……民无信不立。"[1]《颜渊》所谓政事，就是确保国民丰衣足食、军事强大、人民信任。如果缺少人民的信任，国家就会灭亡。

孔子的弟子子夏进而就君民之间的信任予以论述："君子信而后劳其民，未信则以为厉己也；信而后谏，未信则以为谤己也。"[1]《子张》领导树立了威信后，才可以指使群众；没信誉时，群众会以为你在虐待他们。下属取得了领导的信任后，才可以去劝谏领导；没得到信任时，领导就会以为你在诽谤他。信任是信用的前提。

孔子最后总结道："君子义以为质，礼以行之，孙以出之，信以成之。君子哉！"[1]《卫灵公》一个人如果做到了崇尚道义、遵纪守法、说话谦逊、做事守信，那他就是一位君子了！

子贡则对他的老师孔子给予了高度的评价，说："夫子温、良、恭、俭、让。”[1]《学而》孔子具有温和、善良、恭敬、节俭、谦让的品德，是一位正人君子。正因为赋有那样的品德，他才能率领弟子们周游列国，并整理出海量的文化古籍。

和、乐则是君子之行的另两个重要特征。

在论及君子与小人的区别时，孔子说：“君子和而不同，小人同而不和。”[1]《子路》君子和睦相处而不同流合污，小人同流合污而不和睦相处。为什么呢？因为君子有义，遇事可以变通，但是坚持原则；小人无义，则凡事利益高于原则。而“和为贵”[1]《学而》“和无寡”[1]《季氏》则分别阐述了君子行礼和治国的妙用。

由史伯的“和实生物”[4]《郑语》而衍生的“阴阳合和而万物生”[5]《天文训》以及和生财、和生利、和生乐、和生美等，则展示了儒家的和生文化和君子致和的目的。

孔子所景仰、敬重的历代君子，除却仁爱人民、平治天下的政治理想和拯人救世的道义之外，在性情上则一律坚毅、乐观。孔子高度地评价了颜回安贫乐道的行为，他自己更是“发愤忘食，乐以忘忧”[1]《述而》“知其不可而为之”[1]《宪问》。

纵观《论语》，可知仁是君子为人的根本，义是君子为人的量度，礼、信、和是君子为人的原则，智、乐是君子为人的态度，而恭、宽、敏、惠、温、良、俭、让则是君子为人的情怀。

君子之德：孔子评价子产，说子产具备了君子的四种品德：“有君子之道四焉：其行己也恭，其事上也敬，其养民也惠，其使民也义。”[1]《公冶长》即行为谦逊、尊敬领导、关心民众的疾苦、体惜民众的劳动即利用人民符合道义。这就是一位关心人民生活、受人民爱戴的古代的好干部啊。

君子在具体的行为中能够做到仁而不忧、智而不惑、勇而不惧。

而君子的品质就是君子的一件件德行的积淀和积累。

总之，君子厚德载物、自强不息，怀仁心、施义行、敢担当，乐于助人、光明磊落、胸怀坦荡，泰而不骄、和而不同、言行一致，敬天知命、尊生重死、安贫乐道，先义后利、先人后己、先公后私，谋道不谋食、谋道不谋器（纵览全局而不限于具体事务），内可以圣、外可以王，像太阳一样，以君子之光照耀众人。

二、《大学》君子的自律、自觉意识

《大学》中关于君子的言论有15处，说君子慎独而忠诚，具有很强的自觉性，并且为人们特别是为君子设计了格物、致知、诚意、正心、修身、齐家、治国、平天下的人生向度。

《大学》说，小人“闲居为不善，无所不至”[3]《大学》。小人之所以为所欲为、肆无忌惮，是因为小人凡事缺乏自律、自制。

在论述“诚意”的时候，《大学》说明了君子“慎独”的必要性和必然性：“所谓诚其意者，毋自欺也，如恶恶臭，如好好色，此之谓自谦，故君子必慎其独也！……人之视己，如见其肺肝然，则何益矣！此谓诚于中，形于外，故君子必慎其独也。”[3]《大学》

“君子必慎其独也！”为什么君子在独处的时候依然能够谨言慎行、明善自爱、真诚无欺呢？因为君子把他律已经内化成自律了，君子的行为已经成为一种自觉意识下的自觉行为。那么，为什么君子能够内化而小人就不能够内化呢？因为君子能够“思诚”而诚意。

可见，无论是《礼记》还是《孟子》，其关于诚、善以及君子的理念，都是先验的、前置的。但是相对于大众，君子作为一种人格典范，赋有更多的自觉的自律性则是无疑的。

三、《中庸》君子的中正、中庸思想

《中庸》中关于君子的言论有34处，说君子“尊德性而道问学”，有操守有才华，德才兼备，赋有“中庸”的性情和“中正”的形象，行事不狂不狷、不偏不倚、中道而行、公正适中。用现在的话说，就是君子赋有理性和辩证思维。

“君子尊德性而道问学，致广大而尽精微，极高明而道中庸……君子之中庸也，君子而时中。……（君子）宽裕温柔，足以有容也；发强刚毅，足以有执也；齐庄中正，足以有敬也。”[3]《中庸》

中庸是君子行为处事的一种方法，即中庸之道。中庸之道，并非是后来被异化了的好好先生的无原则的“和事”法则，而是一种适中、中正、适当的“中事”方法。它比较易于接近客观事实和客观真理。

《管子》《礼记》《论语》均言：“政者，正也。”而所谓正就是中立、公平。一个人如果能够遇事做到“中正”，就会被人敬重。君子能够做到中正，是因为君子心中无私。而无私才能无畏、公正。

四、《孟子》君子的平等、伟岸人格

《孟子》中关于君子的言论有82处，其君子的形象比《论语》中的更生动、更伟岸。

孔子说：“君子喻于义，小人喻于利。”[1]《里仁》君子钟情于道义，在道义上明白；小人钟情于私利，在私利上明白。孟子继承了孔子的这种思想，说：“鸡鸣而起，孳孳为善者，舜之徒也。鸡鸣而起，孳孳为利者，跖之徒也。欲知舜与跖之分，无他，利与善之间也。”[6]《尽心上》天不亮就孜孜不倦地去做公益的事，那是圣人舜那样的人；天不亮就孜孜不倦地去做私利的事，那是大盗跖那样的人。圣人舜与大盗跖的区别，就是公益与私利，即义与利。

孟子进而由利与义、生与义、得与义、富与义、仁与义、道与义的论述而推衍出一个人格平等、精神独立、思想自由、形象挺拔的“大丈夫”即君子。

在利与义的关系上，孟子主张先义后利、唯义是从。说大人“居仁由义”[6]《离娄上》“言不必信，行不必果，惟义所在”[6]《离娄下》。没有义，也就无所谓仁。在仁爱与道义的关系上，孟子主张道义之行高于仁爱之心。孟子这里所说的义是人生大义、社会道义，它大于个人一时一地言行上的小诚小信。这种义其实也还是一种利，即他利、公利。在孟子看来，无私利、非私利即大利、大义。孟子把个人利益包括个人的正当利益与他人利益、集体利益、国家利益对立起来了。而在当今社会，个人的正当利益是受法律保护的。

在富与义、得与义、生与义的关系上，孟子同样延续并发展了孔子的“不义而富且贵，于我如浮云”[1]《述而》“杀身以成仁”[1]《卫灵公》“见得思义”[1]《子张》的思想，提倡富而仁、仁而富，见利思义、舍生取义。说：“鱼，我所欲也；熊掌，亦我所欲也。二者不可得兼，舍鱼而取熊掌者也。生，亦我所欲也；义，亦我所欲也。二者不可得兼，舍生而取义者也。”[6]《告子上》这种见利思义、见得思义、杀身成仁、舍生取义的价值观，成就了一代又一代的仁人志士和道德楷模，成为引领社会前进的、高尚的、积极的价值观。

司马迁在其《史记·货殖列传》中说：“天下熙熙，皆为利来；天下壤壤，皆为利往。”认为人在本质上是欲望和利益的产物，无利不起早、无利不奔波。因此，人们谋取利益、追求财富、希望过幸福的生活，无可厚非。但是，在追求利益、名誉的过程中，不可不择手段而沦落为小人甚至罪人。

是的，也许我们一生都做不了一个光芒万丈的大人物，但是可以做一个熠熠生辉的小人物；也许不可能事事都做君子，但是可以事事不做小人。

在现代法治的、市场经济社会，大公无私是我们所倡导的，先公后私、先人后己、利人利己是我们所肯定的，损公肥私、损人利己是我们所反对的，唯利是图、先利后义、先己后人是我们能够包容的，而不当得利则是依法要归还的。

孔子说："仁者，人也。"它高度而简要地阐述了儒家"人"的本质。以孔孟为代表的先秦儒家的所谓"人"，包含四个层次即小人、民、君子、圣人，其中君子和圣人是他们所追求的理想人格和人生境界。

儒家历来把小人与君子对应、把民与君对应。相对于君而言的民，就是广泛意义上的人民大众，就是"治于人"的"劳力者"。

在君与民的关系上，孟子有一句响彻了几千年的名言："民为贵，社稷次之，君为轻。"[6]《尽心下》在天子、诸侯、大夫、士、庶民等阶级等级森严的封建社会，君权神授是常理、君贵民贱是常识；孟子为什么会冒天下之大不韪而提出民贵君轻的所谓民本的思想？这与他的"劳心者治人，劳力者治于人"[6]《滕文公上》的观点不是相互矛盾吗？

其实并不矛盾。孟子在这里所说的是"民贵君轻"而不是"民贵君贱"。他是从人民的重要性而不是从人民的尊贵性而言的。他"贵民"的目的，是"用民"。因为就在他的"民贵君轻"一句的后面，给予了解释："得乎丘民而为天子，得乎天子为诸侯，得乎诸侯为大夫。"[6]《尽心下》有了人民才有天子，有了天子才有诸侯，有了诸侯才有大夫。是啊，如果没有人民尤其是没有人民的拥护，哪来的天子之说呢？您孤单单的一个天子去统治谁呢？

孟子的“民贵君轻”思想与其所意欲推行的仁政、王道、德治的主张是一致的。

孟子“民贵君轻”的民本思想是中国思想史上的一面旗帜。

而孟子的“君轻”中，确实有“轻君”的内容。孟子认为，君主并非都是君子。君主不但不一定是君子，而且还可能是“民贼”。这样的话几千年来也只有伟岸的孟子才敢说。

在《孟子·梁惠王下》中有一段齐宣王与孟子关于“武王伐纣”的论辩：

> 齐宣王问曰：“汤放桀，武王伐纣，有诸？”
>
> 孟子对曰：“于传有之。”
>
> 曰：“臣弑其君可乎？”
>
> 曰：“贼仁者谓之贼，贼义者谓之残，残贼之人谓之一夫。闻诛一夫纣矣，未闻弑君也。”

孟子认为武王不是“弑君”而是“诛一夫”，因为纣王残害仁义，失仁于臣、失义于民，已经沦为民贼民寇——人民的公敌。

敢于在一位君主面前言说一位古代的君主不是人君而且在当诛之列，可见孟子的智慧，更可见他的勇气。而孟子指责一位当世的国君梁襄王不仁，“不似人君”，则真正地体现了孟子作为一介知识分子的勇敢和人格的伟岸。

君子是“君”与“子”的合璧，是“君”中之“子”，“子”中之“君”，最初指古代贵族中的优秀分子，而后引申为优秀的士即知识分子甚至优秀的庶民，即君子历经了贵族君子、精英君子、平民君子的下移和广延的过程。

君子，也称大人、大丈夫，是孟子人论中的一种理想人格、一种人生境界。

君子在言行上，“惟义所在”；在义利关系上，唯义是从；在生活中，能够自觉地做到先义后利、先人后己。

君子具有独立的人格、浩然的正气，有责任、敢担当，有节操、不屈服。

孟子说：“我善养吾浩然之气。”[6]《公孙丑上》这种浩然之气，集“道”与“义”，是一种澎湃的正气；它“至大至刚”，充塞于天地之间、刚正不阿。一个人如果胸中充满了这种气，那他就能够昂首挺胸、顶天立地，就会是一个人格平等、精神独立、思想自由、形象挺拔的“大丈夫”，而不是一个整天点头哈腰、唯唯诺诺、精神佝偻的势利小人。

孟子认为一个人如果胸中有了那种浩然之气，就近乎是一位正人君子了，在社会上就会有责任、敢担当，遇事就能够有节操、不屈服。

孟子说：“天将降大任于斯人也，必先苦其心志，劳其筋骨，饿其体肤，空乏其身，行拂乱其所为，所以动心忍性，曾益其所不能。”[6]《告子下》君子、大丈夫因为有远大的志向，将来要承担重大的责任，因此不仅要具备相当的能力，还要在身心、精神上有所历练和磨难。有了健康的身体、健全的心理、坚韧的意志、宏大的理想以及能够大有作为的能力，你才有资格豪迈地说：“五百年必有王者兴，其间必有名世者。……如欲平治天下，当今之世，舍我其谁也？”[6]《告子下》

为了把君子、大丈夫的形象说得更明了，孟子在《孟子·滕文公上》一章中列举了齐国大夫成眮评说齐景公和孔子弟子颜回自比舜帝两个例子：成眮评说齐景公道：“彼丈夫也，我丈夫也，吾何畏彼哉？”他齐景公是一个男子汉大丈夫，我也是一个男子汉大丈夫；大家在人格上彼此是平等的。我干嘛要畏惧他呢？以“一箪食，一瓢饮，在陋巷。人不堪其忧，回也不改其乐”[1]《雍也》，安贫乐道而著称的贤者颜回更是自况古代圣人、“仁政和王道的楷模”舜帝，说：“舜何人也？予何人也？有为者亦若是。”[6]《滕文公上》他舜帝是谁啊？我颜回是谁啊？只要是实施“无为而治”、有所作为的人，就都能够做到。

而像公孙衍、张仪那样崇尚武力、推行霸道的纵横家，虽然能够“一怒而诸侯惧，安居而天下熄”[6]《滕文公下》，但是孟子并不认为他们是君子、大丈夫。

关于君子、大丈夫的形象，孟子还有一句更生动、更精彩的话，说：“居天下之广居，立天下之正位，行天下之大道。得志与民由之，不得志独行其道。富贵不能淫，贫贱不能移，威武不能屈。此之谓大丈夫。”[6]《滕文公下》

在当今社会，贫富分化现象比较严重，脱贫思富之心是人之常情，然而面对金钱和贫穷、弱势和强权，富贵而淫、贫贱而移、威武而屈不但未被疑惑、非难，竟然还成了部分人的时尚和共识，则不能不令人愕然。

我国改革开放三十多年了，一部分人确实先富起来了。但是先富起来的人不能为富不仁、为富不智，整日花天酒地，追求奢侈、寻求刺激，不能忘了还有“天下为公”[3]《礼运》和“民吾同胞，物吾与也”[7]《西铭》的理想。

某电视台相亲栏目的一位女嘉宾的肺腑之言“我宁愿坐在宝马车里哭，也不愿坐在自行车上笑”，说明在物质时代，人性的物化和人们行为的功利性是多么严重：功利或功利主义实在还是一种本能，其高度还在匍匐与站立之间。人们好像忘了人生还有“美好爱情”和“坚贞不屈”的传说。但是，人毕竟是人，不能沦为物质的非人，非物质性便是人性中可以光辉的元素。因此，孟子说人不仅要有恻隐之心、辞让之心、是非之心，还要有羞恶之心。

孟子说“威武不能屈”，就是说为了人民群众的利益、为了国家的利益、为了他人的合法利益、为了个人的正当利益，不畏权势，坚持真理和正义。这是作为君子、大丈夫的应然之义。在当今，这也是全体党员和各级干部的应然之义。

我国而今所处的是市场经济社会，我们不可能完全仍然按照传统文化儒家君子的标准来要求现代人“近义远利”“无私”“无欲”“无己”，而是要汲取传统文化中儒家君子拯人救世、民胞物与、见得思义、先人后己的道义和崇高精神，以道义、礼让、诚信、乐进的君子之性，践行人民性、时代性、先进性，以情养心、以德修身、以业立功，争做当代君子，从而达到“情德兼修，义利双获，美乐皆至”的当代君子的理想境界。

王充在论及他的社会理想时，归结道：“家有十年之蓄，人有君子之行。”[8]《期治》这种从“小康之家”到“大同社会”过渡期间的“中美生活”的社会，实则就是一个人人衣食无忧、情趣高尚的“君子社会”。

君子文化启示我们，在现实中，虽然我们不可能事事都做君子，但是可以事事不做小人，而“人有君子之行”则是我们人之为人的道义；在一个注重礼仪的文明古国，如果我们能够重振君子之风，能够自觉地以君子之心践君子之行、成君子之德，形成人人崇尚君子、人人争做君子、以做当代君子为荣的良好的社会风气，进而形成一个“君子社会”，那应当是我们的共同理想。

我们探究传统文化中君子文化的本质，就是要重塑“当代君子”形象，更好地建设有中国特色的社会主义文化，从而构建有中国特色的“君子社会”。那样，就诚如一位学者所言，我们中华民族就真正成了中华贵族，成了一个不但富有、富强而且文明、高尚、备受世人尊重的民族。

参考文献：

[1] 杨伯峻. 论语译注 [M]. 北京：中华书局，2006.
[2] 杨天才，张善文. 周易译注 [M]. 北京：中华书局，2011.
[3] 王文锦. 礼记译解 [M]. 北京：中华书局，2013.
[4] 左丘明. 国语 [M]. 陈桐生译注. 北京：中华书局，2013.
[5] 陈广忠. 淮南子译注 [M]. 北京：中华书局，2012.
[6] 方勇. 孟子译注 [M]. 北京：中华书局，2010.
[7] 张载. 张载集 [M]. 章锡琛校. 北京：中华书局，2012.
[8] 黄晖. 论衡校释 [M]. 北京：中华书局，1990.

原载于《衡水学院学报》2016 年第 3 期。

李季林（1964－），男，安徽阜阳人，安徽省社会科学院哲学与文化研究所副研究员，哲学硕士。

先秦儒家的内圣外王观

林存光　杨美桂

推崇圣人统治或期望圣人做王，可以说最突出地体现了先秦诸子所普遍怀抱着的一种政治理想。如墨子说："圣人以治天下为事者也。"(《墨子·兼爱上》) 墨子并认为，只有"选择天下贤良圣知辩慧之人，立以为天子"(《墨子·尚同中》)，置以为政长，遵循天志仪法，奉行"兼相爱、交相利之法"(《墨子·兼爱中》)，而"从事乎一同天下之义"，整个天下才能由乱而治。而老庄道家则推崇道法自然的圣人帝王，老子希望"圣人处无为之事，行不言之教"(《老子·2章》)，以"辅万物之自然"(《老子·64章》) 或"无为""好静""无事""无欲"的方式来引导人民过一种无知无欲、知足淳朴的生活(《老子·57章》)，《庄子》亦向往"游心于淡，合气于漠，顺物自然而无容私焉"，或者是"功盖天下而似不自己，化贷万物而民弗恃"的"明王之治"(《庄子·应帝王》) 的政治理想，并明确提出"静而圣，动而王"(《庄子·天道》) 的观念和"内圣外王之道"(《庄子·天下》) 的说法。法家亦对圣人治国怀抱着无限的期许，所不同的是在治国方式上，法家主张以法制、刑赏和权术的办法来强制性地操控和驱使人民专心致志地从事于耕战的事业，以实现富国强兵的目的，如《商君书·农战》篇曰："圣人知治国之要，故令民归心于农。"而韩非说："夫圣人之治国，不恃人之为吾善也，而用其不得为非也。恃人之为吾善也，境内不什数；用人不得为非，一国可使齐。为治者用众而舍寡，故不务德而务法。……国法不可失，而所治非一人也。故有术之君，不随适然之善，而行必然之道。"（《韩非子·显学》）

由上可见，诸子各家共同推崇圣王统治的理想，其实儒家亦不例外。如所周知，有一种说法常常被用来概括和说明孔孟儒家的政治思想主旨，这种说法就是所谓的"内圣外王之道"。但是，诸子各家所谓"圣王"的具体内涵却是大为不同的，尤其是他们关于治国之道的理念更有着实质性的差异。据此，我们可以更好地来反思儒家有着自家独特意涵的有关内圣外王之道的政治理想和思想主张，尤其是儒家士人君子之学的特殊含义。

那么，我们究竟应如何来理解和把握儒家内圣外王之道的独特意涵及其士人君子之学的特殊含义呢？

在我们看来，"内圣外王之道"的说法概括性地表达了儒家的一般政治理想诉求，而在历史上它又确乎最宜于被专制帝王现实而歪曲地利用为"王圣"化的思想资源。正是在这种理想化的政治诉求与现实化的歪曲利用之间，我们才能更好地来理解或深切地领悟儒家君子的道德性命之学的独立意义及其生存困境，这也决定了儒生士人在政治参与和道义追求之间行止出处的选择方式及其生存困境。

一、内圣外王的一般含义

身处危时乱世之中，孔孟儒家基于对宇宙与人生问题的认识与感悟，对自身与他人的心性修养问题的反省与体验，对政治问题的了解与民生问题的关切，对社会伦理与道德生活的洞察与体认，对人文价值领域的永恒道义的追求与信守等，发展出了一套系统而独具特色的有关人生、教育、道德伦理、社会政治的思想学说。

可以说，所谓的孔孟之道或儒家之学，既是一种个人修身的人生学问，亦是一种善待他人的生活伦理；既是一种人文教养的精英传统，亦是一种治国安人的政治学说。它大体具有两个基本的面向或维度：一是对个人独立人格的坚持和对个人道德修养的关注，使孔孟儒家发展出了一套“匹夫不可夺志”与“穷则独善其身”，或内省不疚、俯仰无愧而但求一己之心安的修身为己之学；二是对社会伦理秩序、政治民生问题的关切，又使孔孟儒家同时发展出了一套“达则兼善天下”，或以王道仁政为核心的治国平天下的社会理想和政治学说。在我们看来，这两个方面既是彼此相关，又是不容混淆的。前者是后者的前提与根基，后者是前者的延伸和目标。然而，除了理想的状态之外，在现实生活中，两者的实现并不必然是一种逻辑的先后关系。

而无论是修身为己之学或独善其身的心性修养，还是兼善天下的经世济民或治国平天下的社会理想和政治学说，儒家所追求的显然不是古希腊哲学家所探求的那种知识性的真理，而是一种人文性的道义，一种向内反身讲求道德性命、向外提撕上达天命天理的人文道德信念。不过，正像古希腊著名政治哲学家柏拉图追求实现知识或真理与权力相结合的哲学王理想那样，孔孟儒家也希望能够在人间现世实现道义或人文道德信念与权力相结合的圣王理想。正因为如此，他们才会怀抱着一种强烈的积极入世的精神与情怀，希望用他们理想中的“内圣外王之道”来上启君心、下救苍生。

所谓的“内圣外王之道”，分别来讲，“内圣”指的是孔孟儒家讲的修身之学，孔子所谓的克己和修己，《大学》所谓的诚意、正心和修身，孟子所谓的存心养性，荀子所谓的修身和治气养心，都属于此，这是一种内在品德修养的问题；而“外王”则是指治国平天下的政治之学，孔子所谓的安人和安百姓，孟子所谓的仁政王道，荀子所谓的礼治王道，都属于此，这是一种外在事功作为的问题。

按照一般的理解，上述两个方面的问题是彼此关联为一体的，简单讲，所谓的“内圣外王之道”乃是一种由内圣而外王的逻辑思维理路，即在内圣的道德修为的基础上来实现外王的事功作为，按照《大学》的表述方式来讲就是，由格物而致知，由致知而诚意，由诚意而正心，由正心而修身，由修身而齐家，再由齐家而治国，最后是由治国而平天下。

按照上述对内圣外王之道一般含义的理解，将孔孟儒家的政治思想主旨概括为“内圣外王之道”，我们认为大体上是不错的。因为从逻辑推理上来讲，毕竟他们的政治思考基本上是遵循着一种由内圣而外王即内修道德性命而外求经世济民的逻辑思维理路的。如孔子即希望当时的各国国君和执政当权者应先修己而后治人或先正己而后正人，不过，孔子也有明言，他生活在一个圣人不得而见的时代，他似乎并不急切地希望和期盼圣人出世而作王。而与孔子不同的是，孟子和荀子所处的是一个世事的变乱更趋剧烈的时代，因此，他们希望和期盼圣人出世而作王的心情也更为急切和紧迫。

孟子的理想是“惟仁者宜在高位”，同时他也希望现实中的各国统治者能够寻找回来已放失掉的自己的良心善性加以存养扩充，然后“举斯心加诸彼”，在政治上实行“仁政王道”，从而实现统一、平治天下的政治目标。不仅如此，孟子还曾经作过一个预言性的历史推论，提出了“五百年必有王者兴”的重要命题，认为从尧舜到商汤，从商汤到周文王，大体上是每过五百年就会有一位圣王出现，而自周文王和周武王之后，降至春秋战国时代，圣王应运而兴正当其时，由此足可见孟子盼望圣王降世的急切心情。因为在孟子看来，正是由于圣王的消逝，才导致了当下世事的混乱，而唯有圣王再次出世，才能彻底扫除和根治天下的乱源和祸害。

荀子盼望圣王出世的心情也不亚于孟子，甚至是更有过之，而且他把“圣人最宜于作王”的观念表达得是再清楚明白不过了。也就是说，在荀子看来，只有最适合的人选才能够做统一和平治天下的天子或王者，这个最适合的人选就是集所有美德、道义和智慧于一身的“备道全美者”的圣人。所以，荀子说：“天下者，至重也，非至强莫之能任，至大也，非至辨莫之能分；至众也，非至明莫之能和。此三至者，非圣人莫之能尽，故非圣人莫之能王。圣人，备道全美者也，是县天下之权称也。”（《荀子·正论》）

可以说，由孟子和荀子所阐明的“惟仁者宜在高位”或“圣人最宜于作王”的观念，充分地表达了儒家的一般政治理想，这是一种将整个天下的治乱系于仁君圣王，并希望治世的仁君圣王再次降临人世的政治期望。

二、圣与王的分离

然而，在我们看来，孔、孟、荀的整个思考和论说显然并没有以上所述这么简单，因为他们很清楚地知道，由内圣而外王的整个过程，其实是需要其他的一些条件才能真正完成和实现的。

孔子自觉地意识到他生活在一个被圣人遗弃的时代，所以他所追求的只是躬行君子之道。

而孟子虽然曾历史地推断说“五百年必有王者兴”，而且，从尧舜到商汤，从商汤到周文王，从周文王再到孔子，都是相距五百多年，按道理讲，孔子德如舜禹，理应当上天子而成就一番政治的外王事业，但是，孟子也清醒地意识到，孔子虽然德为圣人，可他不过是一位布衣圣人，需要在位的天子举荐，他才能够当上天子，而这在孔子的时代是不可能的，所以孔子才没有当上天子。

再就孟子本人来说，他去孔子不远，虽然从周武王到此时已经七百多年了，早过了五百年之数，不过此时也还是圣人出现的时候。所以，孟子说：“夫天未欲平治天下也；如欲平治天下，当今之世，舍我其谁也?”（《孟子·公孙丑下》）圣王不出，则“舍我其谁”而天命自当。不过，孟子本人虽然勇于担当平治天下的大任，但是，孟子心中也必定很清楚，外王的事业并不是说成就就能成就的，并不是说一个人的心性修养如圣人一般，他就必定能够成为平治天下的王者。反过来讲，那些现实中的君王们，也不一定就是圣人，这样说还只是指一种理论上的可能性，而具体到孟子的时代来讲，很明显，在孟子的心目中，当时整个天下的君主没有不嗜好杀人的，因此，真正够得上贤人标准的君主肯定是很稀少的，更别说圣人了。

对荀子而言，问题也是一样的，正如其弟子所言，尽管荀子本人之贤“宜为帝王”，但他生不逢时，“迫于乱世”而“上无贤主，下遇暴秦”，所以“礼义不行，教化不成”（《荀子·尧问》）。因此，“圣人最宜于作王”所表达的不过只是一种理想，而现世中的君王离他心目中“备道全美”的理想圣王实在差距太远太大。

总之，对孔、孟、荀来讲，治世的圣王只存在于过往的历史之中，如尧、舜、禹、汤、文、武等，而在他们所处的礼崩乐坏的时代境遇，是既需要圣王的出世，而真正的圣人却又难以做王而成就外王的政治事业。

正是因为清醒而自觉地意识到了理想与现实的差距、圣与王的悖离或孔子圣人之道与现实帝王之权势的分裂，所以，孟子和荀子虽然向世人特别是当时的统治者发出了“人皆可以为尧舜”或“涂之人可以为禹”的呼吁，希望“致君尧舜上”，但是，他们又不得不在能不能与为不为或可不可与能不能之间做出明确的区分，乃至划定了一道深深的鸿沟，如孟子说：“王之不王，不为也，非不能也。”（《孟子·梁惠王上》）而荀子则言：“涂之人可以为禹，则然；涂之人能为禹，则未必然也。”（《荀子·性恶》）因此，“能不能”与“可不可”之间的不同实在是相差太远了。

三、影响与意义

果如上言，则孔孟儒家的圣王观念实际上包含着两个极为不同的方面，而依我们之见，这两个方面对于人生和政治具有各种不同的理论与实践上的意义，同时也产生了错综复杂的历史影响。

首先，圣王治世的政治理想诉求，既可以作为一种理论的尺度或标准，被用以批评和反思暴君虐政的现实政治状况，同时，由内圣而外王的表述方式和逻辑推理在历史上也极容易造成一种观念上的误解。这种误解就是，儒家的修身之学一旦施行便非到平治天下而不止，或者说，修身之学只是一个逻辑的起点，它本身并不具有独立的意义，而只有实现或达成了平治天下的政治目标，它才富有价值和意义，换言之，圣人一定要做王才是圣人。如果说这样一种误解似乎还没有太大的毛病或流弊的话，但它一旦被倒转过来，其弊端便会立马凸显出来，那就是：那些实现了统一、平治天下的政治目标的王，一定是圣人，要不然他怎么能够统一、平治天下呢？正因为这样想，所以自暴君秦始皇开始，秦汉之后的大大小小、或昏聩或暴虐的帝王们，便莫不喜欢称自己是“圣人”，把自己装扮成“圣王”的样子。正如有的学者指出的，他们不过是些“王圣”而已，即做了王之后再来霸占、垄断“圣人”的称号。因此，儒家的圣王观念在历史上常常被歪曲利用为美化现实帝王的一种文化资源。

其次，圣与王的分离又究竟意味着什么呢？在我们看来，它具有非常重要的理论意义。这可以从两个方面来讲：一方面，正因为现实中的君王并不是理想中的圣王，甚至大多是一些不仁不义、自暴自弃、“望之不似人君”的君主，所以，像孟子那样才要期待豪杰之士的兴起，因为豪杰之士是不用等待圣王的出现便兴起而奋发作为的，等待圣王的出现而后兴起，那是一般民众的心理；另一方面，既然内圣的道德修养并不能够必定达成或实现平治天下的政治事功，或者使一个人必定成为平治天下的王，那么，内圣的道德修养或心性的存养扩充便不必以实现平治天下的政治事功或追求使一个人成为平治天下的王作为自己的根本目标，果真如此的话，则内圣的道德修养或心性的存养扩充本身便必定含有其独立自足的价值和意义，而不仅仅是平治天下的政治事功或成为平治天下之王的逻辑的起点。

对由圣与王的分离所带来的上述两个方面的问题做进一步的思考，我们也就不难发现，正是前者促使、启发和激励了有志之士的兴起，而有志之士的强烈的社会责任感和历史使命感也正来自于他们对现实统治者的不满，来自于对现实政治的缺陷与弊端的批判性反思，如孔、孟之所以要去游说诸侯、宣扬尧舜之道、倡导仁政王道等等，其内在动机都是源自于对第一个方面的问题的清醒意识或自觉反思。而另一方面，又正是后者将儒家的内圣修身之学引向了另外一种不以成就外王事功为目标的思考方向，也就是说，它所成就的目标除了外王的政治事功之外，也可以只是一种个体生命的道德尊严、个体人生的独立价值以及一种完满自足、自信快乐的心灵境界，对孔、孟、荀来讲，这样一种人生目标的实现比外王事功的政治目标的完成要更为重要。

因此，在人生的穷达祸福之间，孔子坚守着“守死善道”而“君子固穷”的人生信念，他所谓的君子之学也就是“为己之学”。孟子则从心性本身的存养与扩充中来体认人生圆满而自足的真正快乐，他所谓的君子之乐恰恰是将“王天下”排除在外，所以说：“君子有三乐，而王天下不与存焉。父母俱存，兄弟无故，一乐也。仰不愧于天，俯不怍于人，二乐也。得天下英才而教育之，三乐也。君子有三乐，而王天下不与存焉。”（《孟子·尽心上》）而荀子亦强调“君子之学也，以美其身”（《荀子·劝学》）的独立人生价值与意义，所以说：“志意修则骄富贵，道义重则轻王公，内省而外物轻矣。”（《荀子·修身》）也正是从上述儒家的君子之学发展出了一种士人的理想，那就是：仁以为己任，而志尚仁义，或者是以维护公共的道义和弘扬仁义为职志。

然而，儒家圣王治世的政治理想诉求及其士人君子之学的循道正行、修身以俟的内在品格，使儒家的学说拥有了一种道义和价值观上的思想优势，乃至儒家学者可以借助于圣王的理想来批评现实的帝王，借助于孔子圣人之道或自己的内圣之德来抗衡现实帝王的权势，同时这也常常使他们陷于现实与理想的张力之间或圣与王分离的现实生存困境之中。因为道义上的思想优势并不等于就是现实中的实力优势，正所谓“秀才遇到兵，有理讲不清”，因此，面对历史上“王圣”们的愚昧、霸道和嚣张以及群小用事的政治局面，儒家的士人君子在坚守道义与入仕为官、得君行道与谋求稻粱利禄之间，常常陷入进亦忧、退亦忧的现实困境，而终究难以实现其经世济民的政治理想和抱负。

原载于《衡水学院学报》2015年第3期。

林存光（1966-），男，山东济宁人，中国政法大学政治与公共管理学院教授，博士生导师。

杨美桂（1979-），女，山西太原人，中国政法大学政治与公共管理学院在读博士。

"外儒内法"政策形成的内在理路与外部原因

杨 喜

秦祚短促，世人多以不行仁政，酷法严苛而亡。前汉继秦而兴，若以统治思想之主流而论，大抵可分为三个时期：1）自汉高而至文景；2）由汉武延至汉宣；3）从汉元直至王莽。汉初承秦之弊，务清静无为，与民休息。推行黄老思想，以巩固初生政权，渐次以富国强兵为己务。逮至汉武，援儒以治，改弦更张而兴"有为"。采董仲舒之言而"罢黜百家，独尊儒术"，封禅明礼，典章大备，扩土封疆，四方莫不宾服。其治国之思想——"外儒内法"，较之秦朝赤裸裸地实行法家之政治又隐蔽许多。刚柔相济，此一思想实乃促成汉朝鼎盛时期之方针。传至汉元，于统治思想有所取舍，则又成一局面矣。本文拟论述之主题乃在探讨其第二时期统治思想之所由及其何以能最终固定之因。

一、言"王道"与"霸道"

据《汉书·元帝纪》载：（元帝）八岁立为太子，壮大，柔仁好儒，见宣帝多用文法吏，以刑名绳下，大臣杨恽、盖宽饶等坐刺讥辞语为罪而诛，尝侍燕从容言：“陛下持刑太深，宜用儒生。”宣帝作色曰：“汉家自有制度，本以霸王道杂之，奈何纯德教，用周政乎！”[1]182在此，汉宣帝明确提出前汉之治国思想是“霸王道杂之”。该语不以“法”字加之，却冠之以传统儒家所倡导之“王道”与“霸道”之意，笔者以为此即是汉武以来“外儒内法”思想的直接告白。

对于“王道”与“霸道”的论述，多见于儒者典籍。二者是在相互比较中渐次出现的，大抵以“王道”为早，而“霸道”起初是不为儒者所提倡。其道有优劣之分，亦可以从各自首冠之字“王”与“霸”之不同而意会①。按儒家之意，三代承德而王，礼崩乐坏之际，五霸以力而起②。儒者崇德而不尚力，故齐宣王问孟子以齐桓晋文之事，夫子顾左右而言他，导之以王道[2]14—17。王道之由，自孔子提倡之“仁”发展而来。孟子分析出人之有“四端”[2]79—80，即“恻隐之心”“羞耻之心”“辞让之心”“是非之心”，由此而发展出的仁、义、礼、智“四维”则有助于“仁政”的产生。“仁政”即是“王道”，其施政纲领是：以不忍人之心，行不忍人之政。“不违农时，谷不可胜食也。数罟不入洿池，鱼鳖不可胜食也。斧斤以时入山林，材木不可胜用也。谷与鱼鳖不可胜食，材木不可胜用，是使民养生丧死无憾也。养生丧死无憾，王道之始也。五亩之宅，树之以桑，五十者可以衣帛矣。鸡豚狗彘之畜，无失其时，七十者

① 案：《说文》对于“王”与“霸”之解说不同于此文之说。《说文》之说“王”采经文家说，多附会之词，“霸”说主要与月相有关。上文所说之“王”与“霸”同《春秋左传》，“王”为三代之“王”，“霸”为春秋五伯之“伯”。

② “孟子将政治体制，分别为‘王道’和‘霸道’两种，‘以力假仁者霸’‘以德行仁者王’。”引自杨宽《战国史》第496页。

可以食肉矣。百亩之田，勿夺其时，数口之家，可以无饥矣；谨庠序之教，申之以孝悌之义，颁白者不负戴于道路矣。七十者衣帛食肉，黎民不饥不寒，然而不王者，未之有也。”[2]5这是有关“王道”的经典论述。

然而，以政治家之眼光看来，治国若依孟子之“王道”所行，则稍嫌迂阔。汉代桑弘羊就曾说道：“孟轲守旧术，不知世务，故困于梁、宋。”[3]温补之药不能济恶疾，必也猛剂，故有荀子之论继其而起。荀子在继承“王道”的基础上，顺应统一形势，从“礼”入手，首倡性恶论，法后王。他认为王者之政是一种用贤罢废，诛恶化民之政治。赏罚分明可以使人归于礼义，处理政事必须用“礼”和“法”，明尊卑等级使之相互制约[4]338—418。在提倡“王道”的同时，他也将“霸道”提出。“用国者，义立而王，信立而霸”[4]472，具体点则是，王者“仁眇天下，义眇天下，威眇天下”，霸者“辟田野，实仓廪，便备用，按谨募，选、阅材技之士，然后渐庆赏以先之，严刑罚以纠之，存亡继绝，卫若禁暴，而无兼并之心”[4]356。荀子似乎比前贤更懂得治理国事，其主张与现实政治更贴近一步，具有较强的可操作性。章太炎在评价孔孟时有“超出人格”之语，评荀子则言“荀子专主人事，不务超出人格，则但有人趣。若论政治则荀子高于思、孟”[5]。

二、儒学路向之转变

（一）礼、法合流

“听政之大分，以善至者待之以礼，以不善至者待之以刑”[4]338，荀子的可贵之处就在于他发挥了儒家思想最易见功效，又切实可操作的“礼”，从此给政治家们的“有为”提供了一种理论。在孔、孟那里，贵族所专用的“礼”原本被认为是天定的，不可改变的，“礼之端”只能求之于主观的“克己”和“辞让之心”；而荀子论“礼”却是着眼于人类物质欲求的“度量分界”，这已包含有明显的“法权观念”[6]。韩非、李斯被称为法家的集大成者，历来被认为是荀子的弟子。“礼者，禁于将然之前；法者，禁于已然之后。”[7]253尽管一定程度上与师说宗旨有悖，但不得不说他们也是顺着老师的意思走，只是走得更远了一点。钱穆先生在论及春秋末学术路向之转变时说道：“孔子死后，贵族阶级，堕落崩坏，益发激进，儒家思想暂转入消极的路去，如子夏、曾子等是。从此等消极状态下又转回来，走上积极的新路，便是后来所谓法家，李克、吴起、商鞅可为代表。法家用意，把贵族阶级上下秩序重新建立，此仍是儒家精神。”[8]按其叙述，先秦法家的代表人物多与儒者有着种种师承关系，法家重建治世的精神仍是儒家之精神。冯友兰认为，观荀子《正名篇》的言论，“可知秦皇、李斯统一思想之政策之理论的根据矣”[7]233。《史记·商君列传》里记载商鞅曾以“帝、王道”干禄，在游说不行的情况下又以“霸道”说秦孝公，这才使对方叹服[9]1721。虽不免投机取巧之嫌，却也可以从另一个侧面说明商鞅可能之前也兼治儒术。葛兆光先生认为按照法度和规则管理社会，其实都是对人性之善端失去信心后的想法。传统的儒者企图希望仪式与象征来增加人的敬畏，理性的自觉来挽救世道人心，在现实的需要与日益膨胀的欲望面前，却终究为功利主义与实用主义取代[10]164。在一篇论及儒法思想形成的论文中，论者认为儒、法思想的同源是先秦军礼，言之凿凿，可备一说[11]。

从相关研究来看，儒、法两家不论是否真实存在师兄弟关系，要之，儒家的“礼”与法家的“法”在某种程度上是契合的。葛兆光先生虽然在论述儒家思想与法家思想二者谁影响谁上与上文论点相左，但他同时也承认“我们并不认为儒法之间有不可逾越的鸿沟，相反，可以认为从‘礼’到‘法’是当时关于社会秩序重建的思路的自然延伸”[10]169。

（二）儒家的“杂家化”与统治者的“有为”

前汉的统治在汉初至窦太后时期在名义上是奉行黄老无为的（事实上也存在法家思想的伏流），到了汉武亲政便要“有为”，于是儒学复兴。作为君主，汉武帝要求儒家所提供的不仅仅是一套修己安人之术，更重要的是如何能够在其进行暴力统治臣民的同时，又证明其统治之合法性的理论。此后出现的一个典型人物——董仲舒，便迎合了汉武帝的口味。

对于董仲舒，《汉书·叙传》称其为“纯儒”，但扬雄却把他列为讲“灾异”者，并不将其归入“守儒”行列[12]。冯友兰在“治国平天下的哲学主张”一章中指出，在战国末便已开始了“折中主义”思想倾向[13]，从此百家互补，开始了杂家化的趋势，前期以《吕氏春秋》和《淮南子》为代表。这种趋势在此后便一直继续下去，前汉的儒家思想可以实际上称之为“杂家”，以董仲舒为代表。从其代表作《春秋繁露》与《天人三策》的思想来看，确乎不是纯粹的儒家思想。董子利用战国以来阴阳、法、道、名诸家思想，结合孔孟的“法古”“法先王”“任德”“任贤”等政治主张，建立了一套有利于汉代专制主义中央集权政治需要的思想体系。他强调“《春秋》大一统者，天地之常经，古今之通谊也”“道之大原出于天，天不变，道亦不变”。董仲舒之言虽与孔子“不语怪力乱神”相违，然而从某种程度上来说却是儒学与君权相互妥协、相互支持的产物。“春秋大一统”“天人感应”说在塑造天子权威的同时，也使统治者默认了圣人的道德权威。于是，便有了“外儒内法”的契机。司马迁将荀孟并列入传，刘向的《孙卿新书》说：“如人君能用孙卿，庶几乎王。”[4]1186 可知汉朝人是欣赏荀子的。董仲舒曾“作书美孙卿”[4]1186。其性说，调和荀孟，认为“天生民性，有善质而未能善，于是为之立王以善之，此天意也”[7]24。儒家在名正言顺地推行道德价值的同时，给汉朝的法制建设带来了一种新做法，即在肯定圣贤道德崇高的前提下，以儒家经典来治狱。该做法既没有受到儒者的坚决反对，也没有被统治者叫停，反倒开始盛行起来。“外儒内法”得以推行，似乎得到大家的默许。自从儒学成为官方承认的学问，并作为晋升之阶后，表面上是儒学胜利了，但实际上却使其不得不受到皇权的制约与束缚，为了利益从此便不得不采取实际而灵活的策略与态度。一系列的制度化的策略随之而取代了理论上的合理性，以自由思想为职业的文士不得不承认官僚行政系统的政治正确性。按董子的意思，引《春秋》决狱原是为了慎刑、减刑，仍然是为了推行“仁政”。但先例既开，统治者的意思则又另是一套。在对待刑罚的问题上，历来是主张“性恶论”的，似乎这更能解释罪恶之所以然（荀子倡之，统治者和之）。既然儒学中开始了法家化，一些儒者也便顺应这一趋势。在人治与法治的问题上，荀子是主张人治的，但要靠有道德的君子来操作①。文法吏出现了对经典的歪曲解读，酷吏政治的实行便戕害了这一理想。这似乎符合了这样一种观点“只要坐而论道的前者（儒者）真正进入了实际管理者的后者（法家）的行列，他就很容易改变自己的立场。所以从荀子到韩非、李斯的传续，不仅是任务的师承关系，也是思想史上的理路延续与伸展”[10]169。

① “法者，治之端；君子者，法之原也。故有君子，则法虽省，足以遍矣；无君子，则法虽具，失先后之施，不能应事之变，足以乱矣。”引自《荀子校释·卷第八·君道篇第十二》第526页。

儒家的理念在不断地被修改着，儒家法家化半推半就，却仍限定在儒家的框架之内。这既是自身之特性："古制未完全破坏，儒者通以前典籍，知以前之制度，又有孔子以来所有与各种原有制度之理论。若别家，则仅有政治、社会哲学，而无政治、社会之具体办法，或虽有亦不如儒家完全。""儒家之六艺，本非一人之家学，其中有多种思想之萌芽，易为人所附会。此富有弹性之六艺，对于不同之思想，有兼容并包之可能。"[7]297－298 又有后来发展之结果（儒法的某种共通性，使二者渐趋合流），更多的是统治阶层的有意为之。戆直的大臣汲黯就曾经指责过汉武帝："陛下内多欲而外施仁义，奈何欲效唐虞之治乎。"[9]1622

三、后话"外儒内法"

有论者指出汉武帝时期之政策不是固定不变的，不能静态地、简单地归为"外儒内法"，而应动态地划分为四个阶段[14]。所论有一定道理。然若论及汉武时期之主要政策，其影响之深远，则莫如"王霸道杂之"。公元前 87 年，汉武帝崩殂。汉昭帝统治时期，西汉政府在汉武帝晚年《轮台罪己诏》的精神指示下，开始实行休养生息的政策，而由此引起了一次大讨论，即盐铁会议。虽然有人认为，盐铁会议"不仅在政治上是终止武帝的战争政策，转入新的休养生息的和平状态的开始和标志，也是思想上终止汉初儒、法合流，重新恢复先秦孔孟思想传统的历史契机"[15]。但笔者却不以为然。因为，在政治上霍光秉政，萧规曹随仍然"遵武帝法度，以刑罚痛绳群下，由是俗吏上严以为能"[15]。及宣帝亲政，霍氏虽一朝瓦解，但就统治方针而言，宣帝却基本上延续霍光秉政时期的为政方略。终于有一天，汉武帝时期潜伏的要求所谓"纯儒"的呼声再次作起，汉元帝便为之响应，故汉宣帝叹曰：“乱我家法者，太子也！”[1]182 正是在汉元帝时期，才真正开始了中止儒学法家化的趋势。按照这种做法，似乎他们要走的是思孟一系的路线。然而，此时的儒家却已非“纯儒”，而是杂家化了的儒学。汉元帝二年春二日诏曰：“盖闻唐虞象刑而民不犯……咎至于此，朕甚自耻。”[1]189 又五年春二月，诏曰：“盖闻明王之治国也，明好恶而定去就……‘百姓有罪，在予一人。’”[1]194 自汉武帝至汉宣帝时期所施行“外儒内法”政策，表现出的是国政的好坏由君主与臣子共同负责的态度，但此时却变了。《汉书·元帝纪》“赞”说，元帝“牵制文义，优游不断，孝宣之业衰焉”[1]196。汉元帝时期纯洁儒术的做法带来的后果是五德始终说，法尧禅舜所引起的统治危机愈演愈烈。

在一篇文章中，有人指出“官僚帝国的本质在于君主与官僚共同构成了社会的统治阶级。官僚的构成，自秦到西汉：秦政用文吏‘优事理乱’，汉朝取儒生参政，则是为其‘轨德立化’之功。”[15] 笔者以为此论尚有值得商榷之处：恐怕统治者之意思未必仅仅是立儒以彰德，而汉朝的一些所谓纯粹的儒者也似乎混淆了社会伦理改造之理想（修己安人之道）与政治统治实际要求之界限，所以汉宣帝斥之曰“俗儒不达时宜”[1]182。孔子曾说：“政宽则民慢，慢则纠之以猛，猛则民残，残则施之以宽，宽以济猛，猛以济宽，政是以和。”[14] 且不说儒家不排斥法家，刑德并用实际也是儒家一贯提倡的治国手段。在政治领域内，与其说是与道德相关联，还不如说是与权力更接近。

参考文献：

[1] 班固．汉书［M］．上海：上海古籍出版社，2003.

[2] 杨伯峻．孟子译注［M］．北京：中华书局，1960.

[3] 杨宽．战国史［M］．上海：上海人民出版社，2003：498.

[4] 王天海．荀子校释［M］．上海：上海古籍出版社，2005.

[5] 张德美．家族本位视角下的法律儒家化［J］．比较法研究，2011（3）：12－23.

[6] 侯外庐．中国思想史纲［M］．上海：上海世纪出版社，2008：108－109.

[7] 冯友兰．中国哲学史［M］．上海：华东师范大学出版社，2000.

[8] 钱穆．国史大纲［M］．修订版．北京：商务印书馆，1996：104－105.

[9] 司马迁．史记［M］．郭逸，郭曼标点．上海：上海古籍出版社，1997.

[10] 葛兆光．中国思想史［M］．上海：复旦大学出版社，2001.

[11] 朱晓红．论先秦军礼与儒法思想的形成［J］．陕西师范大学学报（哲学社会科学版），2011（5）：122－127.

[12] 扬雄．法言［M］．上海：上海书店，1986：34.

[13] 冯友兰．中国哲学简史［M］．赵复三译．天津：天津社会科学院出版，2005：163－169.

[14] 周晓露．论汉武帝政策发展的四个阶段——兼谈“儒表法里”定位之误［J］．北方论丛，2011（2）：91－94.

[15] 赵沛．汉代中前期的政治结构与“霸王道杂之”的政治意义［J］．山东大学学报（哲学社会科学版），2004（4）：105－109.

原载于《衡水学院学报》2016年第3期。

杨　喜（1989－），男，江西樟树人，广西师范大学历史文化与旅游学院在读硕士。

儒学伦理与史学主题关系析论

谢贵安

儒学与史学的关系，在学术分类上表现为经部与史部的关系，在意识形态上表现为主导思想与辅助思想的关系，在功能和作用上表现为辐射与扩散的关系。儒学作为官方意识形态，对传统社会的各种学术和观念都起统治和主导的作用，对史学的影响也不例外。因此，儒学伦理常常成为史学主题，甚至影响史学体裁的变化。当然，非主流史学（野史）的主题，并不总受儒学理论的影响，有时甚至出现与儒学观念相反的倾向。目前或对儒学伦理有密集的研究[1-3]，或对史学主题有较多的关注[4-6]，本文将二者结合起来讨论。

一、儒学对史学施加的基本伦理

儒学是孔子以宗周的礼乐和宗法制度为基础发展完善而成的学说和思想体系，主要内容包括仁义礼乐思想、尊君重民观念和纲常伦理意识。其以忠、孝、节、义为核心的伦理思想，对中国传统史学产生了深刻而深远的影响，因此有必要对这些伦理加以讨论。

（一）正统观念和忠君意识

忠是对君主及其朝廷的尽忠，然而当历史发生歧异时，会出现不同的政权，因此必须选择一个政权来效忠，于是忠的观念又引出正统观念。儒家创始人孔子非常重视正统观念和忠君思想。生逢春秋乱世，他深知维护拥有正统地位的统治者权威的重要性，奋起维护周王室的正宗地位，当周王室失去合法性后，他起而维护诸侯的权威，以此维系国家稳定，消弭社会动荡。孔子认为周天子拥有正统地位，因此必须加以维护，指出："天下有道，则礼乐征伐自天子出；天下无道，则礼乐征伐自诸侯出。"[7]2521在回答问政的齐景公时，特别强调"君君、臣臣、父父、子子"[7]2503－2504。孟子进而提出"父子有亲，君臣有义，夫妇有别，长幼有序，朋友有信"[8]125。在此基础上，儒家形成了君为臣纲、父为子纲和夫为妻纲的三纲观念。董仲舒把三纲论证为天定的原理，指出："君臣、父子、夫妇之义，皆取诸阴阳之道。君为阳，臣为阴；父为阳，子为阴；夫为阳，妻为阴。阴道无所独行，其始也，不得独起，其终也，不得分功，有所兼之义。是故臣兼功于君，子兼功于父，妻兼功于夫，阴兼功于阳，地兼功于天……王道之三纲，可求于天。"[9]《基义》《白虎通》直接解释道："三纲者，何谓也？谓君臣、父子、夫妇也。"[10]唐代孔颖达征引《礼纬·含文嘉》的原文，正式道出"君为臣纲，父为子纲，夫为妻纲"的提法[7]1540，从此完整地形成了三纲之说。宋代理学形成后，把"三纲"进一步神圣化，认为是永恒不变的天理，朱熹声称天理"其张之为三纲，其纪之为五常"[11]。三纲之首便是君为臣纲，忠是诸伦理之首。孔子在政权歧出的纷乱中，强调正统观念，突出忠君意识，对后世的史学产生了强烈的影响。无论是司马迁的五体形式的纪传体的创立，还是实录对先帝历史的追述，都注入了正统观念和尊君意识。正史中专门立有《忠义传》《诚节传》或《死节传》，便是儒学忠的伦理对史学主题产生的直接影响。

（二）孝顺观念

孝是忠的基础。在家国一体的古代社会，在家行孝，在朝则尽忠，因此儒家特别推崇孝道，认为“万恶淫为首，百善孝为先”。在传统男权社会中，父亲在家中拥有绝对崇高的地位，孝顺成为子女必须遵从的伦理准则。儒家的这种孝顺伦理，必然反映到史学之中，成为史书的主题之一。正史中专门立有《孝义传》《孝行传》或《孝感传》和《孝友传》等，便是孝的伦理在史学中的直观反映。

（三）三从四德和男尊女卑观念

“三从”是要求妇女在家从父，出嫁从夫，夫死从子。《仪礼·丧服》谓：“妇人有三从之义，无专用之道，故未嫁从父，既嫁从夫，夫死从子。”[12]1106 班固在《白虎通·爵》中解释：“妇人无爵何？阴卑无外事，是以有三从之义。”三从是“夫为妻纲”的折射和延伸；四德是妇德、妇言、妇容、妇功[12]687，是对妇女的单向度要求。受这种儒学观念的影响，史学的主题打上了重男轻女的深刻烙印。古代史书记载的对象绝大多数都是男人，历史成为男性的历史。历史舞台上活跃的帝王将相、才子佳人，佳人是才子的陪衬和偶尔的点缀。二十四史、《资治通鉴》等史书中，几乎都以男人为主角。虽然有些正史中也立有《后妃传》和《列女传》，但就整个史书来看，它们仍然处于配角地位。只有唐代所修的《武则天实录》和吴兢所撰的《国史·则天本纪》，才书写了以女人为主角的历史，但这种情况不仅罕见，而且在当时即受到卫道士们的强烈反对。德宗建中初，史馆修撰沈既济针对“吴兢撰《国史》，立《则天本纪》，次于高宗之下”的情况，上奏表示强烈反对，指出“则天皇后进以强有，退非德让，史臣追书，当称为‘太后’，不宜曰

‘上’”，并且指出“今以周厕唐，列为帝纪，考于《礼经》，是谓乱名”。认为“宜入皇后传，题其篇曰《则天顺圣武皇后》”[13]。宋人孙甫则直接声称“武后僭窃位号，唐史臣修实录、撰国史者，皆为立纪，系后事于帝王之年，列伪国于有唐之史”，是“名体大乱，史法大失”，他要求“正帝统而黜僭号”[14]。《列女传》甚至只是阐释“夫为妻纲”伦理教条的载体，后来成为忠、孝、节、义四大伦理之一“节”的贯彻，所录之人基本都是节烈之妇。

（四）民本意识和重民思想

儒家与绝对尊君的法家不同，在尊君的同时提出重民思想，形成“尊君-重民”的政治模式。当然，这种尊君与重民的平衡木，在实践中总是倾向于尊君一端。然而，为了防止因过度尊君导致民变，使统治之舟沉覆，在官方意识形态中，总是不断突出民本思想。在史学中，也经常贯彻重民意识。史书中经常记载地方百姓所遭受的苦难和儒臣提出的解决方案，特别是在旱灾和水灾发生时，政府和地方官员对赈灾救民所做的努力。需要指出的是，这并不表明古代史书具有“人民性”。在所有正史中，均没有为当时最主要的人民——农民设立《农民传》[15]。古代史书在贯彻重民观念时，实际上是“义”的体现，体现了君主对百姓所尽的“道义”。

儒学还有其他一些伦理观念，如仁、礼、智、信、廉、耻等，均对史学的记载产生过一定的影响，有时也成为史书主题。限于篇幅，不赘。

二、儒学伦理决定史学主题

儒学是中国传统社会绝大多数朝代的官方意识形态，对史学起到了决定性的影响，使史学的主题总是受儒学伦理的支配。史书经常贯彻儒家的忠君思想、孝顺伦理、节烈观念和民本意识，形成自己的书写主题。

（一）史学的忠君主题

中国传统史书中，充满着尊君意识和忠君主题。忠是对尊君原则的内心服从。以实录体史书为例，它是皇帝个人及其政权的专史和独有体裁，渗透着儒家“君为臣纲”的伦理和强化皇权专制的思想。

古代实录史书对君主的形象进行过神化、圣化和雅化的塑造[16]。所谓神化，就是将皇帝塑造成神圣之君和天之骄子，试图通过儒家董仲舒的“君权神授”观念，将皇帝及其专制统治说成是顺天应人和天命所归。唐初贞观朝的史臣在修纂实录时，便为唐朝统治者李渊、李世民附会出生时的异象。《唐高祖实录》虚构出武德初晋州人吉善在羊角山遇见乘白马的白衣老父，让其回去告诉李渊他将会当上天子的故事；又记载郇州献瑞石，上有文曰“天下千万”的奇象。这些描绘实际上在将李唐王朝之得天下粉饰成早有预兆。《清世祖实录》卷一称，世祖福临于崇德戊寅（1638）正月三十日戌时诞生于盛京，“孝庄文皇后方娠时，有红光绕身衣裾间，如有龙盘旋状。女侍皆惊以为火，近视之不见，如是者屡。众皆大异。诞之前夕，孝庄文皇后梦一神人抱一子授之曰：此统一天下之主也。孝庄文皇后受置膝上，其人忽不见。既寤，以语太宗。太宗曰：‘是异祥，子孙大庆之兆也！’次日，上诞生，视之顶中，发一缕耸然高起，与别发迥异。是日红光照耀宫闱，经久不散，香气弥漫数日。上生而神灵，聪明英睿，志量非常。天日之表，龙凤之姿，仪范端凝，见者慑服”。以此暗示帝生非常和君权神授，达到尊君目的。所谓圣化，就是史书将皇帝描写成“生而知之”的聪明英睿之人。如《清宣宗实录》卷一称道光皇帝“聪明天亶，目下十行”“经史融贯，奎藻日新”。所谓雅化，则是将粗鄙如朱元璋之类的君主，塑造成学问高深的文化人。

此外，史书还将皇帝塑造成道德典范。如《清太宗实录》卷一称太宗皇太极“天赐睿智，恭孝仁惠，诚信宽和，圣德咸备”“又善抚亿众，体恤将卒。无论疏戚，一皆开诚布公以待之”。《清宣宗实录》卷一称道光皇帝“生有圣德，神智内充”。《清穆宗实录》卷一称同治皇帝“聪明天亶，孝敬性成”。凡此种种，都是儒家强化纲常观念在史书编纂中的具体体现。

忠君的执行者是忠臣。为了表达尽忠观念，古史还特别重视对忠臣的书写和奖励。《宋实录》载，至道二年（996），合祭天地于圆丘后，太宗下令对“历代圣帝明王、忠臣烈士，有祠宇在，逐处并令精洁致祭”，对于“近祠庙陵寝处，并禁樵采。如庙貌隳坏，令所在量加修葺”。又要求对为王事牺牲的官吏，录其子弟为官生，对于其中有“妻息寡弱不能自达者”，要求“诸司职掌及郊庙行事官等并与加恩”[17]，以此旌恤忠臣。《清实录》记录了顺治六年（1649）浙闽总督陈锦的奏疏的内容：“福建福清等二十县士民同心效死守城，忠义可嘉，请免本年丁徭以示鼓劝。”并记载了“疏下部议”的决策[18]卷四三，顺治六年三月戊寅。通过这种记录，表达对忠臣的旌恤。

即使是正史列女传中，也出现了从“夫为妻纲”到“君为臣纲”主题的转变。衣若兰指出：“与元明官修胜朝《列女传》不同的是，殿本《明史·列女传》对于烈女传记的收录，较不特重殉夫，而是强调崇祯朝抗辱死烈者。”[19]这就转向对忠君意识的强调。

（二）史学的孝顺主题

史书还经常贯彻儒家孝道，形成“显亲尽孝”的主题。在正史中，不少列传都反映了孝的主题，如《宋书·孝义传》《梁书·孝行传》《魏书·孝感传》和《新唐书·孝友传》等。

以古代实录史书为例，其修纂的基本主题，除了忠君之外，居然是表彰孝行。实录一般都是继任皇帝为先君所修，修纂的目的就是为了“显亲”尽孝。《实录》是“家国一体”的集中表现，既是国家大典，又是皇家私史，修纂《实录》的目的既是为国家保存史实，更是为先帝显亲尽孝。

北宋侍御史陈次升在《上徽宗论修〈神宗实录〉》疏中明确提出：“圣人之治无以加于孝，孝莫大于严父，严父莫大显名于后世。”他认为，只有认真为父皇修史才是“显亲之道”，否则便是对显亲之道“未至加隆”，会“有累圣德”[20]。南宋范成大也指出：“追孝莫大于显亲，显亲莫大于述事。”故主张对“御历三纪”的高宗既要记述在位时的“休功盛德”，还要记录其退休后的英明训谟[21]。清皇太极在动员文馆诸臣为其父修《太祖实录》时，显然也受到儒家孝道的影响，指出：“朕嗣大位，凡皇考太祖行政用兵之道，若不一一备载，垂之史册，则后世子孙无由而行，岂朕所以尽孝乎？”[22]顺治帝亲政后，内院大学士希福投其所好，要求将太宗的德业“必载史册，永为法守，用昭我皇上孝思”[18]卷六一，顺治八年十二月戊辰。正是在这种观念的影响下，古代实录都以突出孝道为己任。《唐顺宗实录》卷一记载德宗与顺宗父子的关系时指出：“德宗之幸奉天，仓卒间，上常亲执弓矢，率军后先导卫，备尝辛苦。上之为太子，于父子间，慈孝交洽无嫌。”以突出顺宗对德宗的孝心。南宋绍兴十三年（1143）实录院修撰王赏提议：“皇帝亲享太庙，圣孝格天。前数日阴云欲雪，至日澄霁。伏望宣付史馆，以昭圣孝。”高宗自然“从之”[23]。《明世宗实录》记载了大礼议之争，通过情与理、孝与礼的较量，最终确立了孝的地位，使世宗得以称其生父为“皇考”而不是“皇叔考”。

实录不仅对先帝尽孝，而且对臣民的孝行也同时加以表彰，使实录益显家国一体的特征。《宋太宗实录》卷七六载，至道二年（996）正月辛亥，皇帝制曰："孤老惸独不能自给者，长吏倍加存恤。"《明神宗实录》卷二六八载，万历二十一年（1593）十二月丁卯，"旌表孝子周勃。勃，湖广奉新县民，幼失母，事父至孝。父年八十病疽，勃口衔药洗疽，且尝粪，延其父六年。从御史旌之"。《清仁宗实录》卷二八一载：嘉庆十八年（1813），"旌表孝子，江南等省谢文锦等十三名；孝妇，江苏杨王氏；孝女，江苏李氏等六口"。

对于统治者来讲，尽孝的重要途径是显亲，即让先帝名声得到记载和张扬。刘知幾曾说过："上起帝王，下穷匹庶，近则朝廷之士，远则山林之客，谅其于功也，名也，莫不汲汲焉，孜孜焉。夫如是者何哉？皆以图不朽事也。何者而称不朽乎？盖书名竹帛而已。"[24]因此"今上"对先帝的事迹通过载诸《实录》而流传下去，以此显亲而尽孝。北宋陈瓘在《上徽宗乞别行删修绍圣〈神宗实录〉》的奏疏中，提出了《实录》修纂的基本主题："盖以国史、实录皆欲显扬宗庙之美，非人臣之所得私也。"[25]衡之所有《实录》，赞美君亲都是十分明显的主题思想。

（三）史学的节烈主题

儒家受时代局限，提出了"三从四德"和男尊女卑的观念，直接影响到史学中的妇女书写。在正史中，第一次出现《列女传》是范晔的《后汉书》，当时处于魏晋南北朝时期，在儒家独尊地位动摇的背景下，故所记女性既有节女，也有才女。但随着儒学复兴和程朱理学兴起，正史的《列女传》所述女性向节妇和烈女方向转变，亦即突出"三从四德"和"夫为妻纲"之主题。

章学诚对《列女传》的伦理化倾向有清醒的观察，指出："后世史家所谓列女，则节烈之谓；而刘向所叙，乃罗列之谓也。节烈之烈为《列女传》，则贞节之与殉烈，已自有殊；若孝女、义妇，更不相入，而闺秀、才妇，道姑、仙女，永无入传之例矣。夫妇道无成，节烈、孝义之外，原可稍略；然班姬之盛德，曹昭之史才，蔡琰之文学，岂谓不及方技、伶官之伦，更无可传之道哉？刘向传中，节烈、孝义之外，才如妾婧，奇如鲁女，无所不载；及下至施旦，亦胥附焉。列之为义，可为广矣。自东汉以后，诸史误以罗列之列为殉烈之烈，于是法律之外，可载者少；而蔡文姬之入史，人亦议之。”[26]衣若兰指出：通过各史《列女传》的考察，可以发现，魏晋南北朝时期的历史文献，记载人物重在辨其郡望、世系，论其人品、口辩；而宋元人撰史则侧重于叙述历史人物的忠孝节义。这一变化导致“《列女传》道德标准的窄化约从十至十一世纪开始”，其结果使“历朝列女传记所强调的女性角色，贤能辅助的色彩，渐为贞烈所取代。历代诸史《列女传》收录女性慷慨捐生的传记，在比例上有渐增的趋势，动机却走向集中于贞操一项”。她还指出，元明两朝是《列女传》走向“烈女传”的关键，元人所修的辽、金、元三史《列女传》，“因贞节而死的烈女（尤其殉夫者），比例大增”[19]。程朱理学获得统治地位，正是从元代后半期开始的，此时所修的《列女传》，正好突出了夫为妻纲的主题。衣若兰还注意到，在列女传多样性窄化之前，记录女性死烈的原因尚有多种：一，基于孝亲，如《后汉书》的曹娥殉父等；二，本于爱国，妇女报国的行为见《魏书·列女传》北魏孝文帝时的孟氏与刘氏，《晋书·列女传》的荀灌、张茂妻陆氏为夫讨伐沈充等。“然这些传中，一是为子，一是为夫守城，另一更为报夫仇而举兵，所显现的替夫、子而非出于己身爱国的意涵，亦不得不注意”。她敏锐地观察到：“这样的忠勇行为与忠诚之心，虽符合国家统治的意识形态，然仍源自于女子三从的基本架构。”因此，这些列女的记事主题，仍然是儒家的“三从四德”。

(四) 史学的重民主题

古代史书以儒家的民本思想为指导，不断记述农民的苦难和民间的灾害，以及朝廷对抒困和救灾所采用的措施，反映了朝廷对民瘼并非漠不关心。重民思想的贯彻，实际上是儒家“仁义”观念在史学上的表现。

以《明实录》为例，该书中记载了许多赈济灾民的活动。《明英宗实录》表彰了漕运总督王竑所开展的大规模赈济灾民的活动。据该书卷二二九载，景泰四年（1453）五月甲戌，“直隶徐州大雨水淹没禾稼，民饥愈甚。巡抚、巡按官右佥都御史王竑等各具以闻”。代宗“诏命竑悉以改拨支运及盐课粮赈济之”。这次水灾，在王竑等人的赈济下，安然渡过。卷二三二载，景泰四年八月乙未，总督漕运右佥都御史王竑奏：“比因直隶凤阳并山东、河南荒歉，民多流徙趁食。臣委官于河上每遇经过舟船，量令出米煮粥给之，赖以存活者一百八十五万八千五百余人。又多方劝输殷实之家，出米麦谷粟二十五万七千三百四十石有奇，银三千六百七十余两，铜钱绵布半之，给与被灾者五十五万七千四百七十九家，其缺农具种子者七万四千三百九十七家，臣亦以官物给之，流入外境而招抚复业者五千五百九十三家，外境流来而安辑之者一万六百余家。即今人颇安业，盗贼稀少。”奏入，代宗颁令嘉奖。对于赈济所剩银两，王竑从民本思想出发，建议代宗将剩银二万四千六百五十两留在灾区，继续济民[27]卷二三四,《废帝郕戾王附录》第五十二,景泰四年十月庚子。水灾刚过，雪冻之灾接踵而至。王竑又忙于救济雪灾。据英录卷二三八载，景泰五年（1454）二月丁未，总督漕运左副都御史王竑奏：“山东、河南并直隶淮、徐等处，连年被灾，人民困窘。去岁十一月十六日至今正月，大雪弥漫，平地数尺，朔风峻急，飘瓦摧垣。淮河、东海冰结四十余里，人民头畜冻死不下万计，鬻卖子女莫能尽赎……身无完衣，腹无粒食，望绝计穷……皇上端居九重，无由目睹。设若一见，未必不为动心。大臣居处庙廊，少得亲视，使或视之，未必不为流涕。”要求朝廷设法赈济。对于上述史事的记载，反映了史学对儒学伦理重民和仁义观念的贯彻。

同时，史书还经常记载朝廷官员对吏治的整饬和对贪官污吏的整肃。《明英宗实录》记载了漕运总督王竑减少冗官、减轻民扰的行为。卷二〇八载，景泰二年（1451）九月甲辰，“初自济宁至徐州设管河主事三员，至是以官多民扰减一员，从总督漕运左佥都御史王竑请也”。同时，治理违犯官吏。卷二二一载，景泰三年（1452）闰九月乙亥，“监察御史王珉被命巡河，数于济宁诸处奸淫，微服至所淫者家，拜其父母，所索运粮军官馈赠尤多，为右佥都御史王竑所奏”，谪充开平卫军。王竑严厉打击腐败行为和贪官。景泰五年（1454），总督漕运左副都御史王竑奏：“运河自通州抵扬州，俱有员外郎等官监督收放粮、收船料钞及管理洪闸、造船、放甑，此等官员辄携家以往，占居公馆，役使人夫，日需供给，生事扰人。又南京马快船有例禁约，不许附带私货及往来人等，近来公差官员每私乘之。宜通行禁约，违者治罪。其掌船官吏，妄自应付者，一体罪之！”[27]卷二三七，《废帝郕戾王附录》第五十五，景泰五年正月己未 王竑曾经一次就奏黜了78个不称职的官员。据《明宪宗宪录》卷五载，天顺八年（1464）五月辛未，“总督漕运、巡抚淮扬等处左副都御史王竑奏黜老疾、庸懦、不谨官监运司同知刘曦等七十八员”。该实录还记载了王竑解决粮长科害小民问题。景泰六年（1455）三月，巡抚淮安等处左副都御史王竑奏：“江北直隶扬州等府县粮长，往往科害小民，乞准湖广例，尽数革罢。粮草令官吏里甲催办。”[27]卷二五一，《废帝郕戾王附录》第六十九，景泰六年三月丙辰 从之。王竑这样做的目的，就是舒缓民困。史书对这些史事大书特书，表明了它对民本思想的重视和贯彻。

与此相应，史书还记载了朝廷任命官员，有时还以百姓的口碑和心愿为标准的历史事实。据《明英宗实录》记载，巡抚王竑保留了任满离任却为百姓不舍的巢县知县阎徽。该书卷二一五载，景泰三年（1452）夏四月辛巳，“升直隶庐州府巢县知县阎徽于本府通判，仍理县事。徽满九载当去任，属民五百九十余人保留。巡抚右都御史王竑审实以闻，故有是命”。这些史实的记载，反映出史书的民本思想，是儒家重民观念和仁义伦理在史学上的体现。

三、儒学伦理确定史学体裁

史学体裁是表达史学主题的载体。如果说史学主题代表内容的话，那么史学体裁就代表其形式。中国历代产生的史学体裁，基本上是史学主题在形式上的反映，都是为了更好地突出儒学主题，以反映儒学的时代变化。下面逐一分述。

（一）编年体突出君主的独尊地位和君事的纲领性质

编年体是最早的一种记事形式，也成为最早的史学体裁之一。一般认为编年体的滥觞是孔子删定的《春秋》。孔子在该书中，通过微言大义强化尊君意识，“孔子成《春秋》而乱臣贼子惧”[8]155。孔子在删定《春秋》时形成的“三讳”原则，正是尊君、敬长和睦亲等儒家观念的直接反映。所谓“三讳”就是“为尊者讳，为亲者讳，为贤者讳”[28]。这些原则，在编年体史书中得到完全的贯彻和落实。

编年体以帝王或君主的年号为线索，突出了君主的主体地位，是尊君的绝佳体裁。宋人认为，编年体以帝王为中心，而国之治乱尽系于帝王之心，故编年体易于认清历史盛衰与帝王之心的关系，于是编纂了不少有影响的编年体史书。司马光撰成了继《左传》后最大的一部编年体通史。他秉持尊君的观念，决意为皇帝提供资治的镜鉴。李焘的《续资治通鉴长编》和李心传的《建炎以来系年要录》，均是编年体的鸿篇巨制，皆以北宋和南宋的每位皇帝的年号为线索，叙述北宋和南宋的漫长历史。虽然宋代皇帝多有荒淫行径，但这些编年体史书均对之加以隐讳。两宋实录一修再修，一改再改[29]，就反映出史书对儒家尊君意识和讳饰观念的忠实执行。

除了编年体外，在纪传体的本纪（本纪用编年形式）和“编年附传”体的实录（大类上属于编年体）中，都秉着尊君的观念，以皇帝的年号为主线，铺叙历史事实，凸显皇帝的中心地位。在编年中，对于君主持粉饰或隐讳的态度。实录虽为专记皇帝事迹的史书，但据现存的《唐顺宗实录》《宋太宗实录》和明、清两朝《实录》来看，都对皇帝做正面歌颂，连篇累牍地收录反映皇帝光辉形象的史料，很少有揭露其阴暗的一面。偶有像《明武宗实录》这样的实录，直接暴露皇帝的丑行，但这种情况十分罕见。它是信奉道教的明世宗朱厚熜报复“大礼议”中敌对势力刻意而为的。朱厚熜上台后，将自己忌恨的武宗“留中不报”的八百六十余本奏疏，全部“宣付史馆”，让史臣“据实直书”[30]。但这种现象仅得一见，在实录中成为绝响。

到宋代，编年体演变成纲目体，更鲜明地突出了正统观念和尊君意识。为突出尊君意识和正统观念，宋代儒臣将编年体创造性地发展为纲目体。编年体易于表达《春秋》的微言大义，而难于像纪传体论赞那样直接表达对历史的评判。宋儒创立纲目体正好将二者结合起来，符合宋人笔削褒贬和驰骋议论的特点。在纲目体的发明上，南宋朱熹厥功至伟。他用“天理”标准衡量《资治通鉴》，发现“帝曹魏而寇蜀汉，帝朱梁而寇河东”，不尽合于《春秋》劝惩准则，同时认为《通鉴》按年系事，线索不明，难以检寻，因而将《资治通鉴》改编成《资治通鉴纲目》，创立了“纲目体”，最后由其门人赵师渊完成。朱熹在《序》中指出，纲目体“岁周于上而天道明矣，统正于下而人道定矣，大纲概举而鉴戒昭矣，众目毕张而几微著矣”[31]。纲目体把历史叙述与历史评论结合了起来，其特点是“质诸人心而无疑，参诸众论而无愧，信夫可以接《春秋》之坠绪也!”[32]它的出现，是儒家伦理进一步强化的结果。

（二）纪传体确立忠君意识和大一统格局

自秦始皇统一六国后，中国一直在向尊君和中央集权方向发展。但是，儒家的尊君与法家有较大的不同：法家尊君是绝对的，认为君主是主子，臣子是奴仆；而儒家尊君则是相对的，强调君为元首，臣为股肱。儒家在贯彻忠君思想的同时，竭力做到君臣共治，明良相得。在此背景下，史学体裁的发展，反映了儒家伦理和政治观念的变动趋向。

纪传体是西汉司马迁创立的影响巨大的史学体裁，成为后世承传不辍的官方史学的首选形式，并被长期冠于“正史”之名。它正是在从黄老道家的无为政治向“罢黜百家，独尊儒术”转折的时期横空出世的，适应了儒家的尊君观念和大一统格局形成的趋势，具有既尊君又重臣的儒家特点。

司马迁用纪传体撰成了他的宏伟巨作《史记》。该书问世之初，曾被视作子部杂家，称为《司马子》或《太史公书》[33]，但在官方认可的正史目录中，却被视为经部春秋类的著作，被附入《汉书·艺文志》的“六艺略”（即经部）的“春秋家”下，反映出它所具有的类似《春秋》的记事特点和儒家意识。

以《史记》为代表的纪传体，其体裁是一种适应忠君意识和大一统格局的史书形式。《史记》的第一部分就是本纪，共有十二个本纪，代表一年十二个月，本纪编年为史，记载帝王的事迹和一朝大政，为全书之纲，属于史书的核心部分，代表君主对整个历史的统摄；然后是三十个世家，表明一个月有三十天，在政治上的含义则是世家对帝王的拱卫，属于历史的中层部分；然后是七十列传，代表一年三百六十五天的五分之一，是次于世家的众多的大臣列传，属于历史的外层部分。从本纪，到世家，再到列传，表现了儒家“君君臣臣”的等级有差的社会秩序，是儒家“礼”制社会的表现。后两个部分构成了对代表帝王的本纪的环绕和拱卫。凸显了司马迁确立的“二十八宿环北辰，三十辐共一毂，运行无穷，辅拂股肱之臣配焉，忠信行道，以奉主上”[34]的主题，这显然是对儒家尊君意识和大一统格局的绝佳印证。《史记》的列传，先大臣，而后众臣，最后是《四夷列传》，表明由内及外、由中心到边缘的书写模式，是大一统国家格局的鲜明写照。

（三）实录体强化忠君意识和中央集权制

实录体属于编年体之一种，但较编年体有进一步的发展，成为“编年附传体”（元清两朝除外）。经过魏晋南北朝的动荡，到隋唐统一全国后，统治者决定重新树立儒家作为官方意识形态的地位，不仅在经学上组织人员大规模从事《五经》的注疏活动，而且在史学上也大规模地修撰正史，二十四史的三分之一——八种正史都产生于此时。并且在史学体裁上还做了适应于儒家忠君观念和大一统思想的创建，这就是对实录体史书体例的改进。实录史书本来出现于南朝萧梁时期，但其体例已不可考。从唐代开始，进行了大规模的修纂实录活动，将实录发展成“编年附传”体裁。实录体的创立和盛行，本身就是与以君主为核心的中央集权制发展相适应的，是为了突出儒家君为臣纲的观念。

实录体同时兼有帝王编年与大臣列传，与司马迁所创立的纪传体有相通之处。不过，以《史记》为代表的纪传体正史，其本纪与列传分属不同的部分，虽在内在结构上是列传环拱帝纪，但在外在形式上列传与本纪却是并列的两个部分。实录体虽同时具有帝王编年和列传，但帝纪与列传却以编年的形式混编在一起，使列传无论从内在结构上还是外在形式上，都附属于帝王编年，表明尊君观念的发展和以皇权为核心的中央集权制的进一步强化。以帝王编年为主线的实录融入传记后，在保持记事的同时，增加了记人的分量。实录的最大传主是皇帝，同时又融入众多的大臣传记，形成众星捧月之势，使实录体成为更加适合中央集权制的史书体裁，从而获得迅猛的发展。自唐以后，五代、宋、辽、金、明诸朝均修有“编年附传”形式的实录体史书，自成一系，绵延不绝。由此可见，实录体裁的形成与发展，与儒家的尊君观念和大一统思想有密切的关联。

然而，也需要指明，有些史学体裁的出现，并不完全是在表达儒学伦理的变化，如南宋袁枢在阅读《资治通鉴》时，因编年体在叙事上时断时续，难以掌握完整的历史线索，而另创纪事本末体，就与儒学伦理无关，纯粹是史学体裁自身发展需要所致。此外，野史以窥探宫闱秘事为己任，“人臆而善失真”，但却能够“征是非，削讳忌”[35]，显然也脱离了尊君思想和“三讳”原则的轨道。鉴此，我们不能过于夸大儒学伦理对史学的无限影响。

总而言之，儒学伦理作为中华文化之根，对史学主题产生过深刻的影响。传统史学是以叙事为其基本形态，叙述者或史书修纂者在叙事时，无法摆脱当时主流思想——儒家伦理观念的影响。对于传统史学而言，无论是尊君、尽孝、旌节、彰义的史学主题，还是编年、纲目、纪传、“编年附传”等史书体裁，都深受儒学伦理忠、孝、节、义等观念的辐射和牵引。儒学伦理对史学主题的影响，既有正面效果，也有不良倾向，作为历史现象和既成史实，今人已无法干预其中，只能接受这种历史的结果。然而，对这种现象进行分析，却能对儒学伦理的主导地位产生更加深切的认识，也更能认清传统史学的发展脉络，了解史学主题形成的原因和背景，从而增进对中国传统史学史的探究。

参考文献：

[1] 朱伯崑. 先秦伦理学概论［M］. 北京：北京大学出版社，1984.

[2] 刘彦生，梁晋华. 从儒学伦理到儒学哲学——孔子儒学与朱熹儒学的比较［J］. 思想战线，1997（4）：42-47.

[3] 刘红叶. 汉代儒学伦理政治一体化特征的形成［J］. 西北民族学院学报，2008（4）：86-89.

[4] 屈小强. 论中国古代史学的思想主题［J］. 天府新论，1996（6）：76-80.

[5] 汪高鑫. 董仲舒与汉代历史思想研究［M］. 北京：商务印书馆，2012.

[6] 方同义. 论浙东学术之史学主题［J］. 宁波经济（三江论坛），2005（11）：43-47.

[7] 阮元. 十三经注疏：下册［M］. 北京：中华书局，1980.

[8] 杨伯峻. 孟子译注［M］. 北京：中华书局，1960.

[9] 董仲舒. 春秋繁露［M］. 北京：中华书局，2011.

[10] 班固. 白虎通［M］. 丛书集成新编本. 台北：新文丰出版公司，1984：410.

[11] 朱熹. 晦庵集［M］//景印文渊阁四库全书：第1145册. 台北：台湾商务印书馆，1986：383.

[12] 阮元. 十三经注疏：上册［M］. 北京：中华书局，1980.

[13] 宋祁，欧阳修等. 新唐书 [M]. 北京：中华书局，1975：4539.

[14] 孙甫. 唐史论断：卷上，不称武后年名 [M] //景印文渊阁四库全书：第 685 册. 台北：台湾商务印书馆，1986：662.

[15] 谢贵安. 史记人民性悖论 [J]. 华中师范大学学报，1992 (6)：64−70.

[16] 谢贵安. 试述《明太祖实录》对朱元璋形象的塑造 [J]. 学术研究，2010 (5)：97−105.

[17] 宋太宗实录 [M]. 四部丛刊本. 上海：商务印书馆，1936：卷七六，至道二年正月辛亥.

[18] 清世祖实录 [M]. 北京：中华书局，1985.

[19] 衣若兰. 女性入史——正史列女传之编纂 [EB/OL]. [2015−11−23]. http://www.douban.com/note/291897035/.

[20] 陈次升. 说论集 [M] //景印文渊阁四库全书：第 319 册. 台北：台湾商务印书馆，1986：338.

[21] 杨士奇. 历代名臣奏议 [M] //景印文渊阁四库全书：第 440 册. 台北：台湾商务印书馆，1986：794.

[22] 清太宗实录 [M]. 北京：中华书局，1985：卷一六，天聪七年十月己巳.

[23] 李心传. 建炎以来系年要录 [M] //景印文渊阁四库全书：第 327 册. 台北：台湾商务印书馆，1986：65.

[24] 刘知幾. 史通 [M] //景印文渊阁四库全书：第 685 册. 台北：台湾商务印书馆，1986：82.

[25] 陈瓘. 上徽宗乞别行删修绍圣《神宗实录》[M] //景印文渊阁四库全书：第 431 册. 台北：台湾商务印书馆，1986：729.

[26] 叶瑛. 文史通义校注 [M]. 北京：中华书局，1985：829.

[27] 明英宗实录 [M]. 台北：台湾"中央研究院"历史语言研究所，1962：卷二三四，《废帝郕戾王附录》第五十二，景泰四年十月庚子.

[28] 四书五经 [M]. 陈戍国点校. 长沙：岳麓书社，1991：1298−1299.

［29］谢贵安. 宋实录研究［M］. 上海：上海古籍出版社，2013：394－453.

［30］谢贵安. 明实录研究［M］. 上海：上海古籍出版社，2013：118.

［31］朱熹. 资治通鉴纲目序例［M］//景印文渊阁四库全书：第689册. 台北：台湾商务印书馆，1986：3.

［32］何乔新. 椒邱文集［M］//景印文渊阁四库全书：第1249册. 台北：台湾商务印书馆，1986：23－24.

［33］李纪祥. 《太史公书》由“子”入“史”考［J］. 文史哲，2008（2）：65－90.

［34］司马迁. 史记［M］. 北京：中华书局，1959：3319.

［35］王世贞. 弇山堂别集［M］//景印文渊阁四库全书：第409册. 台北：台湾商务印书馆，1986：253.

原载于《衡水学院学报》2016年第3期。

谢贵安（1962－），男，湖北襄阳人，武汉大学历史学院、国学院暨中国传统文化研究中心教授、博士生导师。

儒学史问题研究

荀子的养生思想探赜

马翠莲

荀子（约前 313—前 238），名况，字卿，战国时期著名的思想家、哲学家、教育家。荀子的思想主要是批判地继承了孔子以来的儒家思想，在此基础上，他糅百家之说，融独特之论，构建起了一套博大精深的荀学体系，成为儒家学派孔孟以后最具代表性的人物。他虽没有专门的养生论著，但对于养生却有着丰富的见解和主张。他在汲取前人养生经验的基础上，结合自己的思想，提出了一些较为具体的养生理论和养生方法，其相关论述主要见于其论著《荀子》一书当中。同时，荀子的养生思想也是其整体学说的基本折射，与其朴素的唯物主义思想及重礼的思想等都是一脉相承、密切相关的。荀子的养生思想不乏合理之处，对于当今人们的养生实践也颇具启发意义和借鉴价值。

一、惜生恶死的“贵生”思想

“贵生”即是爱惜生命、肯定自身的生命价值，这是荀子养生思想的基础性主张。荀子说：“人莫贵乎生。”（《荀子·强国》，以下只注篇名）即人们没有不把生看作是宝贵的。“水火有气而无生，草木有生而无知，禽兽有知而无义，人有气、有生、有知，亦且有义，故最为天下贵也。”（《王制》）在这句话中荀子指出人是天下最为宝贵的生命存在。他还说：“人之所欲，生甚矣，人之所恶，死甚矣。”（《正名》）这是荀子从其自然本性观上来说的，也就是说荀子认为人人都有趋利避害、惜生恶死的本能选择。荀子肯定了人生命的宝贵，在此基础上也就更关注人的生命价值，也正因为如此，荀子主张对现有生命给予最大程度的珍惜和养护。

荀子的“贵生”思想与其朴素的辩证唯物主义思想密切相关。荀子在《天论》篇中说：“天行有常，不为尧存，不为桀亡。应之以治则吉，应之以乱则凶。”“大天而思之，孰与物畜而制之？从天而颂之，孰与制天命而用之？”（《天论》）从而明确提出了“制天命而用之”的思想。而这种思想对于“贵生”思想的主要意义即在于，荀子把以往“天人合一”观念下人低于天、要服从于天的认识，向前推进到“天人之分”的基础上人天平等或者人高于天的程度。这就极大地肯定了人生命的存在价值，并提高了人的主体性地位。此外，“物畜而制之”“制天命而用之”的思想启发人们发挥主体性作用，调动一切有利条件以养护生命，这也就为“贵生”思想的实践开辟了途径。

荀子“贵生”，但并不贪生、偷生。他指出：“故人苟生之为见，若者必死。”（《礼论》）同时，荀子还说：“然而人有从生成死者，非不欲生而欲死也，不可以生而可以死也。”（《正名》）这体现出了儒家“杀身成仁”的思想主张。舍生就死的价值判断并不违背荀子养生或“贵生”的思想主张，而是其思想的另一种体现方式。因为生命无论怎么保养都是有限的，而“杀身成仁”或“舍生取义”则能实现人的社会价值并保全人的高尚道德，而道德的崇高性则保证了生命意义的无限敞开，即使是死亡，也无法阻止生命意义的延伸，以此就能超越死亡，达到精神上的不朽。此外，荀子这种恶死但不惧死的主张，能使人坦然面对死亡从而有助于保持人身心的豁达，有益于身心的健康。

二、形神兼顾的“保体”思想

荀子在《天论》篇中指出：“天职既立，天功既成，形具而神生。”物质的形体在先，情感的精神在后，说明形体是第一性的，精神是第二性的，精神依附在形体里面。没有身体就不会有精神的存在，有了身体才具备了养生的基础[1]。因此人应当首先注重保养人的身体，这在荀子看来，实现的主要方法就是要“养备”。所谓“养备”，就是要使衣食之类的养生之具充足，尽可能地利用自然界中一切能为人类生存服务的资源。荀子还说：“圣人清其天君，正其天官，备其天养，顺其天政，养其天情，以全其天功。”（《天论》）[2]荀子“养备”的思想也是与其朴素的唯物主义思想密切相关的。正是因为荀子认清了天人之间的客观关系，才提升了人的主体性地位，从而使人相信自身具有“制天命而用之”的力量，因此才能积极发挥人的主动性，利用自然界中的一切完备养生之具。而养生之具的充足便能在物质上给予身体以满足和舒适，从而有助于保持人的身体健康，达到“万物各得其和以生，各得其养以成”（《天论》）的理想状态。

在养形的同时，荀子也主张注重养神，形神兼养，才能成为一个身心两健的强者。身体的健康是养生的基础，而精神的健康则是养生的更高追求，且其对于身体的健康具有一定的控制作用，因此养神具有关键意义。对于养神，荀子提出了“虚壹而静”（《解蔽》）的方法，即要虚心、专一、安静，只有这样才能达到精神透彻、没有遮蔽的境界，也就是荀子所言：“虚壹而静，谓之大清明。”（《解蔽》）虚心、专一、安静这三种品德，能使人心神合一、泰然自若，从而利于精神的保养。

形体和精神是真正意义上的人存在的两个方面，缺一不可，因此养生也应当做到形神兼顾。形体的健康是基础，精神的健康是保证，二者相互联系、相互影响。形神兼养是养生应当遵守的重要原则。

三、追求美善的“修德”思想

荀子主张“性恶论”，认为最本质的人性具有恶的性质和倾向。但这并不意味着人就要随之、任之或其无法改变，而是可以通过后天外在的道德教化和自身的努力使之趋善。荀子认为“性者，本始材朴也；伪者，文理隆盛也。无性则伪之无所加；无伪则性不能自美”（《礼论》）。“伪”即指人为，其核心是礼，人只有通过以礼为核心的各种人为，才能使自身的道德修养趋向完备，在这里，荀子强调了礼的作用。与孟子“性善论”观念下重视内倾型修德不同，荀子侧重从外到内，通过对外倾性的礼的遵守来实现内在道德的提升。

修德与养生密切相关，道德不断完备的过程也是人修心养性以养生的过程。荀子提出了许多修德的方法。他说：“见善，修然必以自存也；见不善，愀然必以自省也。”“体恭敬而心忠信，术礼义而情爱人，横行天下，虽困四夷，人莫不贵。”（《修身》）在这句话中荀子提出要恭敬、忠信、内心仁爱，这样能使自身保持一种平和之态，且与人为善利于创造一种和谐的外部环境，这是养生的重要条件。荀子也说："君子贫穷而志广，富贵而体恭，安燕而血气不惰，劳倦而容貌不枯，怒不过夺，喜不过予。"（《修身》）在这句话中，荀子提出要志向远大、恭敬有礼、不懈怠，且要懂得节制情感。志向远大能使人意念坚定、心神守一，进而激发自强的精神；恭敬有礼且节制情感则使人长存平和之心，促进心神安定；不懈怠则使自身永葆生命的活力。荀子还主张修德的过程要有锲而不舍的精神，他说："积善成德，而神明自得，圣心备焉。……锲而舍之，朽木不折；锲而不舍，金石可镂。"（《劝学》）只有锲而不舍，才能有坚定毅力，从而长久地坚持修德及养生。而以小善积成大德，又能达到最高的智慧，具备圣人的神明境界，这是道德养生所追求的目标。因而"美善相乐"不仅仅指一种礼乐教化的美学目标，也可引申为一种道德修养的理想状态。以美善为追求，以礼制为规范进行修德的过程，对养生的作用可谓大矣。

四、通血养心的"治气"思想

荀子在《修身》中讲："扁善之度，以治气养生则后彭祖；以修身自名则配尧、禹。宜于时通，利以处穷，礼信是也。"在这句话中，荀子提出了治气养生的思想主张。而"气"既指人全身的气血，又指人精神上的气度。治气养生就是既要使人的气血通畅，又要修养人的气度。而所谓"扁（遍）善之度"即无往而不善之道，在荀子看来就是"礼"，"礼"既适宜于通达之时，也适宜于窘困之时，以"礼"为规范修身和行事，则能使人身心通达、气度提升。

除了以"礼"治气之外，荀子还提出了一些其他的具体方法：

“治气养心之术：血气刚强，则柔之以调和；知虑渐深，则一之以易良；勇胆猛戾，则辅之以道顺；齐给便利，则节之以动止；狭隘褊小，则廓之以广大；卑湿、重迟、贪利，则抗之以高志，庸众驽散，则劫之以师友；怠慢僄弃，则炤之以祸灾；愚款端悫，则合之以礼乐，通之以思索。凡治气养心之术，莫径由礼，莫要得师，莫神一好。夫是之谓治气养心之术也。”（《修身》）荀子的言论中也体现出了一种“中和”的思想，注重调和、和谐、节制等的作用，这些都有利于维持人身心的平衡。荀子还提出“君子养心，莫善于诚，致诚则无它事矣”（《不苟》）。以诚意来养心，则可排除杂念，使人心纯正。

五、有欲节欲的“节制”思想

在肯定并重视人的生命价值的基础上，荀子主张肯定人正常合理的生理欲望。他指出“饥而欲食，寒而欲暖，劳而欲息，好利而恶害，是人之所生而有也，是无待而然者也，是禹、桀之所同也。”（《非相》）即说明了一些欲望是人人具备的正常的生理需求，也是人生存的基本需要，应当予以适当的满足。因而，荀子对许多思想家提出的“去欲”“寡欲”等主张提出了批评，他认为对于欲望，重要的是节欲、导欲。“故虽为守门，欲不可去，性之具也。虽为天子，欲不可尽。欲虽不可尽，可以近尽也；欲虽不可去，求可节也。”（《正名》）[3]荀子还曾说：“欲不待可得，所受乎天也；求者从所可，所受乎心也。”（《正名》）也指出欲望是出自人的天性，只做自己认为可能的事，是因为心能够节制欲望。

适当地满足人合理的欲望，在生理上能保证身体的正常运行，在精神上能给予人适度的满足感以保持心念的愉悦，这可以说是养生的起点和基础。过分强调“去欲”，是对人自身规律的否定，不顺应规律，自然于养生无益。若过分嗜欲，不加以节制，则会被物欲缠身，日渐欲壑难填，最终“荡而无度，将以自败”。面对欲望或其他事情，若懂得节制，亦容易知足常乐，而不患得患失，从而有助于保持心理的平衡，这对于养生是大有裨益的。

而要践行“节制”思想，荀子提出的具体途径即是“依礼行事”。其对于礼和节欲之间的关系有过专门的论述：“礼起于何也？曰：人生而有欲，欲而不得，则不能无求；求而无度量分界，则不能不争；争则乱，乱则穷。先王恶其乱也，故制礼义以分之，以养人之欲，给人之求，使欲必不穷于物，物必不屈于欲，二者相持而长，是礼之所起也。”（《礼论》）在这段话中，荀子先指出了无欲和嗜欲的害处，继而说明礼的起源即是为了协调欲求关系，以达到合理平衡之态。在《修身》篇中荀子说：“凡用血气、志意、知虑，由礼则治通，不由礼则勃乱提僈；食饮、衣服、居处、动静，由礼则和节，不由礼则触陷生疾；容貌、态度、进退、趋行，由礼则雅，不由礼则夷固僻违，庸众而野。”也就是说人身心的调和、饮食起居、待人接物等都需要礼。荀子还提出“礼以顺人心为本”（《大略》），反映出了礼对于人本身的合理性，同时一定时期的礼制也是顺应当时政治社会的客观情况而定，也必然存在一定的社会合理性。礼的这些特征也就使其成为一种合理的行为规范，人们依礼行事，以礼作为节制嗜欲的准绳，这样能使自身对外物保持一种相对客观冷静的状态，使对外物的欲求有一种度的自觉意识，从而不至于为物欲所役，以达到以己役物的状态，这也便利于人们保持主正神明的状态，进而利于道德健康。

六、以动为妙的“动养”思想

荀子提倡以运动来健身的“动养”思想。他在《天论》篇中指出：“养备而动时，则天不能病；……养略而动罕，则天不能使之全。”[1]所谓“流水不腐，户枢不蠹，动也”（《吕氏春秋·尽数》），适当的运动能促进身体各个器官的正常运转，使其功能正常发挥，增强体质，提高抗病能力，这是运动对于人生理的作用。同时，运动的过程能使人精力充沛、心胸阔达、情绪乐观，这又有利于人精神的保养和心理的健康。因而适当的运动对于养生的作用是不容忽视的。

荀子动养思想的确立，也与其朴素的唯物思想有很大关系，是源于荀子对客观世界的正确认识，即运动变化是自然界固有的特征，世界是物质的，而物质又是运动变化的，人作为客观世界的一部分，自身也是处于永恒的运动当中。因此，荀子的动养思想是对包含人的客观世界规律的正确把握。正确把握规律、利用规律以养生，是养生的基本原则和重要方法。

七、崇尚音乐的“怡情”思想

荀子非常重视音乐对人身心的陶冶作用。荀子分音乐为“奸声”与“正声”。他认为：“凡奸声感人而逆气应之，逆气成象而乱生焉；正声感人而顺气应之，顺气成象而治生焉。唱和有应，善恶相象，故君子慎其所去就也。”（《乐论》）荀子说明了不同的音乐，对人的心理生理上的不同影响，音声韵律健康的音乐，才能有利于教育养生，否则只能适得其反[4]。而这里所说的荀子用以“怡情”

的音乐即是指“正声”。

荀子认为：“君子以钟鼓道志，以琴瑟乐心，动以干戚，饰以羽旄，从以磬管；故其清明象天，其广大象地，其俯仰周旋有似于四时。故乐行而志清，礼修而行成，耳目聪明，血气和平，移风易俗，天下皆宁，美善相乐。”（《乐论》）这段话明确地指出了高雅的音乐对于人养生的重要作用。钟鼓雄壮之音可导引志向，志向的坚定既能起到排除杂念、维持精力的作用，又能激发出生命的活力，使人自强不息。琴瑟和悦之音可愉悦心情、陶冶情操，使人身心平静欢愉。此外，雅乐还能促使人的志向纯洁、道德完备、耳目聪明、血气平和，这些对于人的养生都是大有裨益的。此外，荀子还说：“故听其雅、颂之声，而志意得广焉。”（《乐论》）开阔的心理状态又能使人避免陷入计较局促的纠结境地，从而助人浩气长存。

荀子的养生思想内容丰富，涉及了意识、形神、道德、气度、欲求、运动、音乐等诸多方面。同时，荀子的养生思想与其整个学说是一脉相承的，其朴素的唯物主义思想、注重礼治的思想几乎贯穿于荀子所有的养生主张当中。当今社会，人们的身心健康面临新的挑战和威胁，因而对养生学也就愈加关注。而荀子的养生思想不乏合理之处，其中的合理、精华部分恰恰能给我们当今的养生实践提供有益的启发和指导。总之，荀子的养生思想博大精深，是无比珍贵的养生文化遗产，值得我们深入研究和仔细体会。

参考文献：

[1] 袁学军. 略论荀子的康乐养生观［J］. 山西师大体育学院学报，2008（4）：43－45.

[2] 雷震，郭成杰. 荀子的养生哲理与体育教育思想 [J]. 体育文化导刊，2004 (11)：72－73.

[3] 邓敦，曹成福，朱洁等. 荀子的养生观探讨 [J]. 江苏中医药，2008 (10)：100－101.

[4] 郑振坤. 论荀子的养生思想 [J]. 辽宁师范大学学报（社会科学版），1989 (1)：61，63－64，46.

原载于《衡水学院学报》2015 年第 5 期。

马翠莲（1988－），女，河北保定人，青岛大学师范学院在读硕士。

杨时王道思想论析

刘京菊

程门高弟杨时高寿，他一生历经两宋七朝，如其励志之言："以身殉道者，君子之格言；事君以人者，上臣之明义。"[1]328 杨时平生务力于扬洛学和为贤臣两事。他立雪程门，传道东南，沉浸经书，校正《伊川易传》，编辑《二程语录》，批新学，扶洛学，不仅带动了两宋期间南北文化的交流与发展，且使洛学逐渐走出"伪学"的低谷而得以传扬与拓展。杨时前后从政近五十年，无论是早期的沉伏下僚，还是晚年的入朝为官、拜为重臣，杨时皆以"以义受禄于吾君为安"[1]278 的自安心态和"若使死可以救世，则虽死不足恤"[1]248 的济世之志参政议政，其为政、其论事、其上书，言行之间无不透显着其正己修身、以德为政、仁治天下的王道思想，而洛学的传扬则为其王道思想的开显提供了理论基础。

一、保有仁心：王道之根本

"王道"一词，出自《尚书·洪范》篇："无偏无党，王道荡荡；

无党无偏，王道平平；无反无侧，王道正直。”[2]意指夏、商、周三代“先王之道”公正公平、不偏不倚。先秦儒家孔子祖述尧舜，宪章文武，以先王之道为理想的政治，提出为政以德，并以“仁者，爱人”作为实现德政的情感基础，提出“如有王者，必世而后仁”（《论语·子路》），以实行仁的原则为王道政治的根本特点。孟子继承、发展孔子的思想观念，明确提出“以力假仁者霸，霸必有大国；以德行仁者王，王不待大”（《孟子·公孙丑上》），用“以德行仁”和“以力假仁”来区分王道与霸道，并从心性论角度论证仁为人之为人的本质和本性，提出“仁也者，人也”（《孟子·尽心下》），“人皆有不忍人之心。先王有不忍人之心，斯有不忍人之政矣。以不忍人之心，行不忍人之政，治天下可运之掌上”（《孟子·公孙丑上》），“不忍人之心”即仁心，“不忍人之政”即仁政、王道，孟子以仁心为王道的根本，成为后儒论王道政治的根本理念。宋儒赋予“仁”形而上的本体之意，以仁为天、天理、天道，以仁的本体化论证实行王道、仁政的必然性和必要性。其中程颢以仁为道、为理，强调“先识仁体”，仁道与物无对，“仁者浑然与物同体”，由仁之一体无对境界则可推显为博施济众、立人达人的仁政王道之治。程颐以“公”论仁，“仁者公也，人此者也”[3]105，则为王道的公允不偏做了进一步的理学论证。

杨时为程门高弟，比起程门其他人来说，“更为注重‘求仁之学’。在他的影响下，‘求仁’成为南宋早期道学的中心话语，朱子的老师一辈和朱子早年无不受此影响”[4]。杨时认为“仁之道大”，故应求之，因读张载《西铭》篇而关注仁之体用，并书信于程颐质疑张载《西铭》篇言仁体而不及用，程颐以“理一而分殊”答疑。杨时在程颐的开示下诠释“理一”为仁、为体；“分殊”为义、为用。认为“理一而分殊”的天道理则落实于现实的人道规则就是“圣人称物而平施之”，“何谓称物？亲疏远近各当其分、所谓称也。

何谓平施？所以施之，其心一焉，所谓平也”[1]267—268，即圣人治世是仁心施于万物，是“天下与吾一体”[5]，“万物与我为一”[1]209，同时又使万物各当其分，各安其宜，这即是孟子所讲的“亲亲，仁民，爱物”的推己及人之仁爱，与墨子兼爱有根本的区别。“圣人称物而平施”说为现实政治指明了方向，杨时说：“人臣之事君，岂可佐以刑名之说，如此，是使人主失仁心也。人主无仁心，则不足以得人，故人臣能使其君视民如伤，则王道行矣。”[1]201杨时也讲法度，提出“法者，天子所与天下公共也”[1]239，强调法是公意、公器，立法不宜过于严苛而应持中，但为政治法度虽不可废，却不宜为先，因为“离道德而为政事，非先王之政事也”[1]151，人臣不该以刑名赏罚之说辅佐君主，否则会使君主失去仁心而有害于行王道，为此主张人臣应学孟子。如前文所论，孟子与君主论政，时时事事以人性本善推扩君主之善心，谈仁者王道，以保有仁心为实现王道的根本。程颐也曾讲到：“天下之治乱系乎人君仁不仁耳。”[3]390认为君主的仁与不仁，均产生于心。因此如果君心一旦出了问题，就会离正趋邪，离是而非，必然害政，所以政事之失源于君心之非，为此主张“格其非心”，使其无不正。杨时为此规谏君主为政效法先王，以德治国，以仁心施政，忧民之所忧，乐民之所乐，“视民如伤”，以行王道。

“视民如伤”源于儒家经典《春秋左氏传·哀公元年》，“臣闻国之兴也，视民如伤，是其福也；其亡也，以民为土芥，是其祸也”，指为政者有“万物与我为一”之仁，视民之疾苦如己之伤痛，即民即己，一体相关。“视民如伤”是保有仁心的体现。二程继承了先儒的重民传统，强调“一体”之仁的推扩。程颢任县令时，凡坐处皆书“视民如伤”四字，作为座右铭，且常说：“颢常愧此四字。”[3]429以此鞭策自己。杨时赞赏程颢之说，称：

伯淳作县，常于坐右书“视民如伤”四字，云某每日常有愧于此，观其用心，应是不错决挞了人。古人于民，若保赤子，为其无知也。常以无知恕之，则虽有可怒之事，亦无所施其怒。无知则固不察利害所在，教之趣利避害，全在保者。今赤子若无人保，则虽有坑井在前，蹈之而不知，故凡事疑有后害于民所见未到者，当与他做主始得[1]222—223。

杨时主张为政者应效仿古代圣王待民如保赤子，宽容待之，引导其趋利避害，为其做主。这一保民主张有利于唤起为政者的同情仁爱之心，避免对老百姓的伤害。而民如赤子般无知说也体现了杨时人有上智下愚的不同观念。“视民如伤”还体现在以民意赏罚，民为邦本，重视民心等。杨时说：

夫爵刑天之所以命有德讨有罪，虽人君不得而私焉。《书》曰：“天聪明自我民聪明，天明畏自我民明威。”则人君所以奉天者亦因诸民而已。民之所弃，天实讨之[1]113。

孟子曰：“得天下有道：得其民，斯得天下矣；得其民有道：得其心，斯得民矣。”夫民者邦本也。一失其心，则邦本摇矣。不可不虑也[1]107。

《尚书·皋陶谟》中有“天聪明自我民聪明，天明畏自我民明威”，讲的是天之赏罚随民言、顺民心，天意与民意相沟通，体现民意的重要性。杨时以此论说赏罚并不是君主私意的为所欲为，君主应依据民意来奉天赏罚。孟子以民心为得失天下的根本，杨时加以阐发，提出民为邦本，失民心会导致邦国动摇，其害无穷。在与胡安国书信中，还就当时时势论得人心之重要，“天时地利在今日皆不可恃也，所恃者人和而已。方时艰难，不早为之经画，一日有不足，不免暴取于民。一失民心，其患有不可胜言者，不得不虑也”[1]304。杨时不仅力劝君主保有仁心，他自己任职地方时，也多能体察百姓疾苦，视民如伤，以爱民为民为念。

在杨时看来，食而求饱，居而求安，是人们共同的欲求，人君不异于常人亦有同样需要，但人君为王道之治应效法古之圣人。“古之圣人以天下为心，其于居食之际，非徒若是而已。食而饱，必思天下之有未饱者；居而安，必思天下之有未安者。”[1]141 “以天下为心”，自己“食而饱”“居而安”，并思天下之未饱、未安者，即是“天下与吾一体”之仁的体现。杨时认为君主如果仅为一己之欲为所欲为，不顾他人则是仁心不显，君主需“无终食之间违仁”。至于“以取天下为心”[1]196，则更非人君所应有。人君“举天下之富而有之”，如果“徇物而忘返”，必然伤财害民，所以必以礼节之。另外，人君保有仁心，必须明善有德。“夫君子居其室，出其言善，则千里之外应之；出其言不善，则千里之外违之，故言行君子之枢机，不可不慎。”[1]203君主之言行关系天下，善与不善不仅会危害国家安定，也会导致上行下效，影响民风。杨时说：“夫世之乱亡之君，非尽无欲善之心，而天下卒至于不治者，以其见善不明，而所谓善者未必善故也。”[1]137在杨时看来，人心本善，之所以不为善，主要是因为不明善，因此明善是保有仁心的前提，“然而为是道者，必先乎明善，然后知所以为道也。明善在致知，致知在格物”[1]283，而格物“非徒侈闻见而已，将以畜德而广业也”[1]351。

杨时所论格物并非务求于对外物的穷格，而是反身而格，即反身而诚，故而明善在格物，实际上即是“明善以诚身”，能否保有仁心，是否明善，关键在于诚身，诚身即诚意。诚意则成了杨时保有仁心、实行王道的关键。

二、诚意为主：王道之枢机

诚即无妄、真实、实在。孔子将“诚”作为诸德之一，从《中庸》、孟子始，诚从诸德之一上升为道德本体，成为一贯天人的范畴。孟子说："居下位而不获于上，民不可得而治也；获于上有道，不信于友，弗获于上矣；信于朋友有道，事亲弗悦，弗信于友矣；悦亲有道，反身不诚，不悦于亲矣；诚身有道，不明乎善，不诚其身矣。是故诚者，天之道也；思诚者，人之道也。至诚而不动者，未之有也；不诚，未有能动者。"（《孟子·离娄上》）孟子以诚身为悦亲、信友、获上、民得而治的前提、关键，民得而治，则是天道至诚，故而诚身则天人合一。宋儒承继《中庸》、孟子之说，并做理学化的论证。周敦颐将诚作为圣人之境和成圣的主要方法。诚作为圣人的境界，是纯粹至善；作为成圣方法则要求"克己复礼"，"君子乾乾不息于诚，然必惩忿窒欲，迁善改过而后至"[6]。程颢强调诚的积极修养，以诚为"始学之事"，说："'致知在格物'，物来则知起。物各付物，不役其知，则意诚不动。意诚自定则心正，始学之事也。"[3]84

杨时标举《中庸》，绍述孟子，承继二程，重视诚，说："夫诚者天之道，性之德也。故《中庸》言天下之至诚，其卒曰非聪明圣知达天德者，其孰能知之。盖惟圣人与天同德者为能诚焉。"[1]313 天命即天道、天理，杨时秉承《中庸》"天命之谓性"的说法，以诚在天为天道，禀赋于人为人之德性，人的德性由此上通天理之诚。作为"天之道，性之德"，诚能由此及彼，一体感应，"君子无所往而不以诚，但至诚恻怛，则人自感动"[1]199 "诚动于此，物应于彼，速于影响，岂必在久"[1]199，且影响立竿见影。在杨时看来，天理之诚不仅成就了人的德性，且是"成天下之务"的关键。

今之君子欲行道以成天下之务，反不知诚其身，岂知一不诚，他日舟中之人尽为敌国乎！故曰不诚未有能动者也。夫以事上则上疑，以交朋友则朋友疑，至于无往而不为人所疑，道何可行哉？盖忘机则非其类可亲，机心一萌，鸥鸟舞而不下矣[1]216。

自修身推而至于平天下，莫不有道焉，而皆以诚意为主。苟无诚意，虽有其道，不能行也。故《中庸》论天下国家有九经，而卒曰："所以行之者一"，一者何？诚而已。盖天下国家之大，未有不诚而能动者也[1]311。

"忘机"之说出自《列子·黄帝》，意指人有机智巧诈之心，即使是曾经熟知同游的鸥鸟也会飞而不下，不敢接近，故而人道事务都须去掉机心，皆一于诚，即反诚其身。杨时将《中庸》之诚与《大学》格物致知、修齐治平等"八条目"中的"诚意"相贯通，认为无论是《大学》自格物致知至平治天下的"八条目"，还是《中庸》所论治理天下国家以达到太平和合的九经，都须"以诚意为主"，由诚意贯通修身与治世，使内外合一。

救世修身本无二道[1]292。

知合内外之道，则颜子、禹、稷之所同可见。盖自诚意正心，推之至于可以平天下，此内外之道所以合也。故观其意诚心正，则知天下由是而平，观其平天下，则知非意诚心正不能也。兹乃禹、稷、颜回之所以同也[1]206。

内外合一既是"通天下之志，类万物之情，参天地之化"的极高明而道中庸的圣人之境，亦是平治天下的王道理想。

《易·观》卦中有："观天之神道，而四时不忒，圣人以神道设教，而天下服矣。"杨时以"诚意"为神道，说："古人所以交神而接人，其道一主于诚，初无二也。故曰：明则有礼乐，幽则有鬼神，幽明本一理，故所以感之者亦以一理。圣人以神道设教而天下服，所谓神道，诚意而已，诚意，天德也。"[1]218"神道"本指天道流行的不可测知、神奇。在杨时思想中，"神道"即指天理之微妙无方不可知之诚。“圣人以神道设教而天下服”就是圣人法则天道至诚，以诚意为主，化服天下。杨时从天人、幽明本一理的角度强调诚意贯通天人，以诚意为神道，即天理之德性，又进一步论证了“成天下之务”，包括王道之治皆以诚意为主。

杨时认为君臣共治国家如同人之一体，息息相关，“君为元首，臣为股肱，君臣盖一体也”[1]112。故而一体相关之间应以诚意为主，“臣窃谓君臣相与之际，尤当以诚意为主，一有不诚，则任贤不能勿贰，去邪不能勿疑，忠邪不分，鲜克以济”[1]106。如无诚意，就会人心不正，上下不一，故而“忠邪不分”，难以成事。且无诚意以用礼，礼就会流为只讲“繁文末节”的虚伪、虚假，也即老子要绝灭的“忠信之薄，乱之首”[1]218之礼。为此，杨时痛心地说：“今天下上自朝廷大臣，下至州县官吏，莫不以欺诞为事，而未有以救之。只此风俗，怎抵挡他！”[1]237朝野上下缺少诚意，一片蒙蔽、欺诈之声，政事如何得顺？世风如何得正？因此，朝廷应以诚信取民，“不信，则下无适从”[1]139。君臣在名分一定的前提下，只有以诚无间，同心同德，才能成就王道大业，而要做到同心同德，需要去除私意。“朝廷作事，若要上下大小，同心同德，须是道理明。盖天下只是一理，故其所为必同，若用智谋，则人人出其私意，私意万人万样，安得同？因举旧记正叔先生之语云：‘公则一，私则万殊，人心不同犹面，其蔽于私乎！’”[1]24孔子治学，强调“毋意”，杨时认为：“圣人所谓‘毋意’者，岂恝然若木石然哉？毋私意而已，诚意固不可毋也。若所谓示现者，则非诚意矣，圣人不为也。故孟子论舜曰：‘彼以爱兄来，故诚信而喜之，奚伪焉！’毋诚意，是伪也。”[1]311诚意不可无，诚意更不是“私意”，主观人为、故意人前表现都是“伪”而非诚意，诚意是天道自然。杨时甚至引用道家老子之语论证，“私意去尽然后可以应世，老子曰‘公乃王’”[1]191。去尽私意，以诚意为主，回归公正之心，才能王道天下。

三、正心以知人：王道之路径

《论语·颜渊》篇有“樊迟问仁。子曰：‘爱人。’问知。子曰：‘知人。’”《学而》篇有“不患人之不己知，患不知人也”。孔子注重“知人”，以“知人”为智慧，认为知人才能“不失人”“不失言”，才能择人之所长而善用之。这一知人善任思想为杨时所继承发挥，“然不知人，自天子至于庶人，其患一也，而天子为尤甚。盖君子小人之用舍，治乱之所由分也”[1]142。人由于先天和后天的多重因素，而有品德、能力等多方面的不同。孔子区分君子与小人，认为两者的价值取向及道德境界不同。程颐则从两者的志向不同加以区分，指出君子不局限于眼前的利益和个人感情，而是心怀天下，小人则反之。杨时认为用人首先应对人有全面的了解，因为不知人，就会被人的表面假象所蒙蔽而难以区分人之贤与不肖，做出错误的选择。而君主知人尤为重要，“君子小人之用舍，治乱之所由分也”，知人且善用，才是王道之治。如果“人君昵比小人，则谄谀日进，而法家拂士，众所共嫉也。分而为用，则其祸必至于相灭，愿治之君，可不戒之哉!”[1]138 历朝历代曾发生过的君子治国、小人败国的事例就是人君应汲取的最好教训。因此，杨时指出，做愿治之君，实行王道政治，知人是根本的路径。

在杨时看来，小人虽会祸乱国家，但又不可无，因为人及万物皆禀气而生，“人所资禀，固有不同者……犹人之生也，气得其和，则为安乐人，及其有疾也，以气不和，则反常也”[1]230。气禀的不同造成人及万物的千差万别，有君子亦有小人，君子小人之消长是“天地之义，阴阳之理”[1]295，乱世不能无君子，治世也不能无小人，即使是治世也只是使小人不为恶而已，并不能使小人灭绝。杨时借解《易》来论古人退小人之道，说：

《易》之姤卦曰："女壮，勿用取女。"夫姤一阴生未壮也，而曰壮者，生而不已，固有壮之理也。取女则引而与之齐也，引而与之齐，则难制矣。阴者，小人之象也，小人固当制之于渐也，故当阴之生，则知其有壮之理，其有壮之理，则勿用取女可也。是以姤之初爻曰："系于金柅，贞吉。有攸往，见凶。"金柅，止车之行也。阴之初动，必有以柅之，其制之于渐乎！盖小人之恶，制之欲未成则易，制之于已成则难[1]233。

由《易·姤》卦之卦爻、卦辞，杨时提出"小人固当制之于渐""小人之恶，制之欲未成则易，制之于已成则难"，提出对小人应杜渐防萌。具体而言，人君任用臣子，应当从一开始就慎重选择，严加筛选，且做到疑而不用。宰相之职是"外镇抚四夷，内亲附百姓"[1]112，在人臣之中最为重要，杨时说："自古愿治之君，惟在慎一相。盖宰相人主之心膂也，台谏耳目也，百执事股肱也。心膂之谋虑不深，耳目之视听不明，股肱之宣力不强，而能安其身者，未之有也。"[1]106心膂、耳目、股肱皆是人体关键部位，杨时以之喻宰相之职在国家机器中的关键枢纽作用，强调宰相之职的任用在国家治理中牵一发而动全身的影响，故此能否成为愿治之君，"惟在慎一相"。地方任官也应知人慎择，"窃以郡县王室之屏藩，而守令士民之师帅，尊卑虽异，任责则同，一非其人，众受其弊。顾兹百里之重寄，实惟万室之具瞻，军国调度之须，所取非一，兵民什一之会，其职匪轻。严之以法，则众离而不亲；抚之以宽，则事弛而不集。苟非恺悌之君子，曷庇困穷之小民！古谓其难，今尤慎择"[1]327。地方州县虽远离朝廷，却是国家的屏藩，其官吏的任用及治理不仅关系到国家的安危，更关系到民众的生存，因此也不可不慎重。杨时希望人君对各级臣子，应“明是非，辨邪正，有罪则去，妄言必诛”，使小大之臣有所惩戒，咸怀忠良，“如是而天下不治未之有也”[1]106。

知人还体现在使人各称其职、各当其位。杨时指出君主知人用人是鉴于“盖天下之事非庙堂之心可以独运，合天下之智则事无不济矣”[1]136。“合天下之智”需要人君既明于辨人，善于考察众人之智，又能从善如流，使官员各尽其职，当时朝廷立法任责却有不当之弊病，“朝廷立法，台察不许言天下利害，谏官不许论人才。命为台谏，是使之言也，而又禁之，何理哉？……若人人有职事，皆能思其利害以谏，法度何忧不完？政事何忧不成？”[1]203—204 台察之官职责在于监督官吏，谏官之职责在于讽谏君主，如果禁而不使尽其职，则会立法不严，职事虚设。只有职官各尽职责，政事才能成功，三代之治才能有望实现。

知人善任须君主心正不偏，如果心不正就会为私欲蒙蔽而流于昏聩糊涂；心正就会公正而明天下之善恶，君子与小人由此判别。杨时以此劝说朝廷要为政以公，为政不公不仅不会知人善用，还会引起危害很大的社会弊症，导致公论丧失，人人各持一端私意，结果是世风败坏，世人少有操守。为此杨时提出“正心”说，“《孟子》一部书，只是要正人心，教人存心养性，收其放心。至论仁、义、礼、智，则以恻隐、羞恶、辞让、是非之心为之端；论邪说之害，则曰‘生于其心，害于其政’；论事君，则欲格君心之非，正君而国定。千变万化，只说从心上来。人能正心，则事无足为者矣。《大学》之修身、齐家、治国、平天下，其本只是正心、诚意而已。心得其正，然后知性之善”[1]223。“千变万化，只说从心上来”，杨时将心正与否归为一切事情的根本，一切是非曲直等的根源、开端，“人能正心，则事无足为者矣”。正心就是孟子所说的

“存心养性，收其放心”，程颢程颐兄弟分别解读为“定心”与“治心”。正心的目的是使心归于本，归于善，保持公正而无私。人心如果不注意端正、存养，就容易流为“胜心”。杨时说：“人各有胜心。胜心去尽，而惟天理之循，则机巧变诈不作。若怀其胜心，施之于事，必以一己之是非为正，其间不能无窒碍处，又固执之不移，此机巧变诈之所由生也。”[1]229 人有争胜之心就会以一己之是非为是非标准，往往出于私意而失去公正，“公则明，私则弊”，私意会导致机巧变诈的行为，而机巧变诈违反天理。遵循天理，遇事则不固执浅陋，不一味地坚持己见，私意计较也就不会产生，因此应“循天理，去胜心”，这就是正心。

正心需要操心和养气，其中操心是《尚书》所谓的“以礼制心”、孟子所说的收放心。杨时说：“古之学者，视听言动无非礼，所以操心也。至于无故不彻琴瑟，行则闻佩玉，登车则闻和銮，盖皆欲收其放心，不使惰慢邪僻之气得而入焉。故曰：‘不有博弈者乎？为之犹贤乎已！’夫博弈非君子所为，而云尔者，以是可以收其放心尔。”[1]213 又说：“《书》云以礼制心，所谓操也。如颜子克己复礼，最学者之要。若学至圣人，则不必操而常存。”[1]214 古人注重奏乐以平心畅志，行步有佩玉之听，登车有和鸾之节，都是“以礼制心”的体现，“以礼制心”就是颜回所说的“克己复礼”，目的是要人视听言动皆合于礼，时时操持而不放逸本心。杨时认为正心也是使“暴慢邪僻之气不设于身体”，为此重视养气。养气即养孟子所说的集义所生的浩然之气，“直养”是养气之道。

> 君子之治心养气接物应事，唯直而已，直则无所事矣[1]207。

> 夫养气之道如治苗。然舍之而不耘，则有稂莠之伤；助之长，则揠之而槁矣，其说是也。然将不舍而耘之则宜奈何？与

夫助之长者又何辨？此近似之际，体之者尤当慎择也[1]269。

直养就是既无“加损”，又“勿暴之”，既不舍弃不管也不主观臆断有意为之，而是不加私意，循其自然而顺养之。杨时说：“夫尽其诚心而无伪焉，所谓直也。”[1]214“所谓直者，公天下之好恶而不为私焉耳。”[1]215“诚心”即本心，顺任本心自然而不加人为，就是直，就是公而无私，“直则心得其正矣”[1]215。直养浩然之气就能保持心境的自然平和安详，心中的“暗浪”也自然会止息而归于正。人心得正，则能知人，知人则王道之治得以实现。

参考文献：

[1] 杨时. 龟山集［M］. 台北：台湾商务印书馆，1983.

[2] 阮元. 十三经注疏：上册［M］. 北京：中华书局，2009：190.

[3] 程颢，程颐. 二程集［M］. 北京：中华书局，1981.

[4] 陈来. 程门仁说略论［G］//陈义初. 二程与宋学——首届宋学暨程颢程颐国际学术研讨会论文集. 上海：华东师范大学出版社，2013：25.

[5] 朱熹. 朱子全书：第七册［M］. 上海：上海古籍出版社，2010：415.

[6] 周敦颐. 周敦颐集［M］. 北京：中华书局，1990：36.

原载于《衡水学院学报》2015年第6期。

刘京菊（1972—），女，河北宁晋人，对外经济贸易大学思政部教授，哲学博士。

讲明儒释之分

——蔡格理学思想研究

白发红

蔡格（1183—1246），字伯至，号素轩，蔡渊长子，蔡元定之孙。《宋元学案》称其“性高而德厚，学足而望隆，性质冲淡，持身谨恪”[1]，可见是一位理学君子。他的著作不多，有《至书》《广仁说》《讲明儒释之分篇》三种，其中《至书》已佚，只有《至书序》尚存。他的思想主要是卫道辟佛，上述三种著作均是围绕这一主题展开的。“时有以佛老之教惑乱众听者，与学者讲明尽心章以力诋之，作《至书》以警之，又著《广仁说》以自励，其卫道一何严哉！”[2]763 这是蔡格一生学问的大旨所在。

一、尽心知性释

蔡格对《孟子》“尽心、知性”的分析见于《讲明儒释之分篇》，这篇文章开篇就说：“时安仁、士友、汤潜、祝炜等以先生累世家传道学来游门下，乃以识心见性、一超顿悟之说为问。此异端惑众之道，乃为拔本塞源之论，历讲孟子尽心知性以辨明之。”[2]760 可见蔡格分析尽心知性就是针对佛学的识心见性、一超顿悟的学说而发的。尽心知性还是识心见性，是儒释二学的区别之所在，对朱子理学来说这牵涉到心性论的问题。蔡格作为朱子门人后学，他的思想的源头就是朱子思想，先来了解朱子本人的思想也就成为理解蔡格的关键一步。

朱子的心性论主要继承程颐、张载的相关思想发展而来，朱子说：“伊川‘性即理也’，横渠‘心统性情’二句，颠扑不破!”[3]93 尤其“心统性情”几为朱子心性论的代名词。“心统性情”主要牵涉到心与性的关系，既避免了陆学的“心即理”，也批判了佛学的以知觉为心、作用为性。朱子屡屡讨论“心统性情”的问题。

> 舍心则无以见性，舍性又无以见心[3]88。
>
> 性对情言，心对性情言。合如此是性，动处是情，主宰是心。大抵心与性，似一而二，似二而一，此处最当体认[3]89。
>
> 性犹太极也，心犹阴阳也。太极只在阴阳之中，非能离阴阳也。然至论太极，自是太极；阴阳自是阴阳。惟性与心亦然。所谓一而二，二而一也[3]87。

心与性是不即不离的，没有心则性没有着落，而性就是心所有之理。心是主宰，主宰着性。朱子在此以太极与阴阳的关系类比性与心的关系，“性只在心之中，非能离心也”，是一而二、二而一的。然而这也仅仅是类比，不可以直接将性与心等同于太极与阴阳，因为在心与性的关系中，心才是主宰者，“心是包含该载，敷施发用底”[3]88。至于情，则是性之已发。未发时的性寂然不动，无有形迹，发而为情才可见得本来之性。情可作情感讲，性作为理，因情而得实现，就与佛学的禁欲主义相区别了。《中庸》讲：“喜怒哀乐之未发，谓之中。发而皆中节，谓之和。”朱子注曰：

“其未发，则性也，无所偏倚，故谓之中。发皆中节，情之正也，无所乖戾，故谓之和。”[4]18 对于已发的情来说，要使其无所乖戾，并不要彻底地将其铲而除之，而只要得到情之正就可以了，这是一种节欲而非禁欲的态度。

“心统性情”，心主宰性与情，心与性不即不离，此心中有作为天理显现于人的性，也有形下层面的情感因素。这是朱子心性论思想的大端。尽心知性的讨论实则是以心性论为基础的。

孟子曰：“尽其心者，知其性也。知其性，则知天矣。”心者，人之神明，所以具众理而应万事者也。性则心之所具之理，而天又理之所从出者也。人有是心，莫非全体，然不穷理，则有所蔽而无以尽乎此心之量。故能极其心之全体而无不尽者，必其能穷夫理而无不知者也。既知其理，则其所从出，亦不外是矣。以《大学》之序言之，知性则物格之谓，尽心则知至之谓也[4]356。

朱子认为“尽其心者，知其性也”是先知性而后尽心。心具众理，只有穷尽众理，才能尽心之全体。在此，朱子援《大学》入《孟子》，以穷理工夫来诠释知性，以知至来释解尽心，这是朱子哲学的圆融处，也使尽心知性问题得以深化。蔡格的讲明尽心知性就本朱子此处的诠释而来，他说：

格切谓孟子“尽其心者，知其性也”此语与“失其民者，失其心也”一同。盖人有是心，莫非全体，然不穷理，则有所蔽而无以尽夫此心之量。故能极此心之全体而无不尽，必其能穷乎理而无不知也，既知其理，则所从出亦不外是此[2]760。

蔡格这句话的含义与朱子所说的完全相同。然而，问题是：由知性即穷理而尽心之全体，何以成为辟佛的拔本塞源之论？蔡格说：

学问大原实妙于心，善学者求之此心，而圣贤之论必欲先知此性，何哉？盖心者，神明之舍，而性则心中所具仁义礼智之理也。万理悉备，无少欠缺，是之谓性。而虚灵知觉，惺惺不寐，所以管摄此性者，此心之所以为心也。舍性言心，几何不以知觉运动精神作用者，谓之心哉！大抵性具于心之中，舍心则无以见性；心统乎性之妙，舍性又何以见心，此二者本不可以相离。虽非知性之至，则无以极其尽心之功；欲极其尽心之功，则知性不可以不至。或者言心而不及性，略于知性而求其顿悟于一心，指此心之虚灵而不知虚灵之中有真实之理，求此心之顿悟而不知顿悟之外无精审之功，此学问之差所由始，而儒释之异所由分也[2]760—761。

首先，我们要弄清楚心之全体到底指的什么。上引朱、蔡二人均说“尽此心之量”，此心之量的量是指量的多寡吗？“尽心，如何尽得？不可尽者，心之事；可尽者，心之理。理既尽之后，谓如一物初不曾识，来到面前，便识得此物，尽心之理。”[5]可见，此量不是事物的数量，而是事物之理的数量。而事物之理虽多，却尽在心中。事物众多，如何尽得事物之理于心？蔡格解释为“理既尽之后，谓如一物初不曾识，来到面前，便识得此物，尽心之理”。此即朱子格物补传“一旦豁然贯通焉，则众物之表里精粗无不到，而吾心之全体大用无不明矣”[4]7之义。尽心之量亦即尽心所具之众理，心之全体无外乎是，而性即是“心中所具仁义礼智之理也”。也就是说，心之全体就是心所统之性的完全显现。在上文的叙述中我们已经知道，心与性是一而二、二而一的，所以蔡格说“性具于心之中，舍心则无以见性；心统乎性之妙，舍性又何以见心”，而佛学恰恰言心而不及性。因为言心而不及性，所以欠缺了知性这一截扎实的工夫；因为言心不及性，所以只认为心是虚灵的而求顿悟；因为言心不及性，所以不知心之虚灵之中有仁义礼智人伦的实理。蔡格认为，释氏言心不及性就是“儒释之异所由分也”。儒学言心又言性，且认为心性不离，尽心知性既有扎实的工夫，又能完全显现仁义礼智之理。然而，儒学的心与佛学的心是一样的吗？心到底是什么？蔡格说：

> 人之生也，得天地之理以为性，见于仁义礼智灿然者，理也。得天地之气以为体，见于精神知觉运动者，气也。心者，仁义知觉之合。无知觉则无以着是仁义，非仁义则无以主是知觉。自释氏以作用为性，于是以仁义礼智天理浑然者付之溟漠，而精神知觉气禀之杂者，反以为本心也[2]761。

人类之生，得天理以为性，得气质以为形。在蔡格看来心亦是如此，“心者，仁义知觉之合”。仁义是性，而知觉是气质的属性。这不是说，心就是性之实现于气质，而是表明了心与性不即不离的关系，“无知觉则无以着是仁义，非仁义则无以主是知觉”，这是儒学所谓的心。蔡格认为，佛学对心的理解与儒学有异，佛学之心是以气禀之杂为心，将“仁义礼智天理之浑然者付之溟漠”。“终日之所守一团血气之私”[2]761，以气禀之杂为心，则难免将此心统性情之心等同于生物学的一团血气之私的心。佛学所谓的作用为性，就指这气禀的知觉作用而言。

二、人心道心说

佛学以精神知觉为心，而儒学之心为仁义知觉之合。在蔡格看来，精神知觉就是人心，“未闻以人心为主而置道心于不论也”[2]761—762。毫无疑问，这是针对佛学而发的。朱子也曾表达过这样的思想：“释氏弃了道心，却取人心之危者而作用之；遗其精者、取其粗者以为道。如以仁义礼智为非性，而以眼前作用为性是也。此只是源头处错了。”[6]3021 可见，人心道心说在朱子学中不仅为道统论奠定了基础，也是批判佛学思想的有力武器。朱子人心道心说的理论见于《中庸章句序》①，其文曰：

《中庸》何为而作也？子思子忧道学之失其传而作也。盖自上古圣神继天立极，而道统之传有自来矣。其见于经，则“允执厥中”者，尧之所以授舜也；“人心惟危，道心惟微，惟精惟一，允执厥中”者，舜之所以授禹也。尧之一言，至矣，尽矣！而舜复益之以三言者，则所以明夫尧之一言，必如是而后可庶几也。

盖尝论之：心之虚灵知觉，一而已矣，而以为有人心、道心之异者，则以其或生于形气之私，或原于性命之正，而所以为知觉者不同，是以或危殆而不安，或微妙而难见耳。然人莫不有是形，故虽上智不能无人心，亦莫不有是性，故虽下愚不能无道心。二者杂于方寸之间，而不知所以治之，则危者愈危，微者愈微，而天理之公卒无以胜夫人欲之私矣。精则察夫二者之间而不杂也，一则守其本心之正而不离也。从事于斯，无少间断，必使道心常为一身之主，而人心每听命焉，则危者安、微者着，而动静云为自无过不及之差矣[4]14。

朱子认为子思子之所以作《中庸》，在于忧惧道学的失传，因为在子思子的时代，去圣久远而异端蜂起。不论子思子作《中庸》是否为了辟异端，朱子的一生确实是辟佛老的一生。朱子仍然以心

① 人心道心说的理论主要见诸两篇文献，一为《中庸章句序》，一为《尚书·大禹谟注》，两篇文章所表达的内容相同，只有表述上的差异，故这里只分析《中庸章句序》。

性论来说人心道心，“心统性情”，性为未发，情为已发。而所谓人心道心是就情上说的，心知觉得形气之私是人心，知觉得性命之正就是道心。人不能无形气，否则性理无处着落，所以圣人也有人心；人不能没有性理，无性理也就无所谓形气了，所以下愚之人不能没有道心。人心不是人欲，是“危”，即意味着有可善可恶的两种可能，如果任人心自由发展，则难免会沦入人欲之中。道心是知觉于性命之正而得的，只要以道心为主，人心自可化为道心，抑或向善发展。蔡格之说本诸朱子而有偏差，他说：

> 盖尝论之，仁义礼智源于性命之正，所谓理也、道心也，形而上者也。精神知觉生于形气之私，所谓气也、人心也，形而下者也。人皆有是心，莫不有是气；心皆有是性，莫不有是理。理为气之主，顺理则裕；气为理之蔽，从欲则危。所以尧舜禹之相授，曰：“人心惟危，道心惟微，惟精惟一，允执厥中。”精则察乎二者之间而不杂，一则守其本心之正而不离，必使道心常为一身之主，而人心每听命焉，未闻以人心为主而置道心于不论也[2]761－762。

蔡格论人心道心实则引入了理气论，这与朱子引入的心性论不同，这段话中的理、气就是朱子《中庸章句序》中的道心、人心。道心即理是形而上者，人心即气是形而下者，但道心与人心在朱子那里却不是这样的关系。上文已经指出，道心人心之分是就情上说的，情是性之已发，性与情可以作形上形下的分疏，而道心与人心则不可，它们都是已发的心，至少是并列平行的关系①。蔡格用形

① 陈来先生指出：“以道心人心为体用之分，为形上形下分，这些说法是否符合朱熹思想皆可商榷……”笔者以为不符合。参见陈来《朱子哲学研究》，华东师范大学出版社 2000 年版，第 229 页。

上形下、用理气分疏道心人心，从另一方面来说使朱子之一心割裂为二心，而朱子认为："心之虚灵知觉，一而已矣。"朱子说的"心一而已矣"，也是为了批判佛学的观心说，认为佛学的观心是以心观心，有两个心。

> 夫心者，人之所以主乎身者也，一而不二者也，为主而不为客者也，命物而不命于物者也。故以心观物，则物之理得。今复有物以反观乎心，则是此心之外复有一心，而能管乎此心也[7]。

蔡格分心为二，虽然对朱子的思想有所偏离，但是仍然可以看作是朱子思想的进一步发展，因为"使道心常为一身之主，而人心每听命焉"，就已经有裂道心人心为二的"危险"倾向。然而上文已经指出蔡格是以理气论来分析道心人心的，这是不同于朱子的另一条理路，就蔡格本身的思想来看也无可厚非。而且，蔡格的人心道心说对于批判佛学的以人心为主说仍然是有力的。佛学以人心为主，说到底就是不承认道心的存在，也就是不承认有天命之性的存在，认为心只是一个人心，也就是上文所谓的以精神知觉为心。"天命之谓性"[4]17，儒学作为天人之学，如果没有天所赋予的性作为形而上的根据的话，也就没有形而下的形气可言。蔡格也显然认识到这一点，他说：

> （佛学）未尝深探其天命之性，求其所谓灿然万理者，乃据执一之时之见，而谓圣之所以圣、贤之所以贤，皆不越此精神。而亘古穷今所谓满腔子皆恻隐之心与夫性之全体，所以具乎万理之妙者，乃付之茫昧不必稽考之域，则其心者特知觉运动精神作用而已[2]762。

人心道心的提法首见《尚书·大禹谟》："人心惟危，道心惟微，惟精惟一，允执厥中。"即所谓的"十六字心传"。蔡格的人心道心说在义理层面成功地批判了佛学，而他对“惟精惟一，允执厥中”的诠释就工夫论问题也将儒学与佛学做出了区分。

三、持敬与为仁

工夫论的不同实则由于儒释心性论的相异，因此我们有必要就上文的分析将儒释二学的心性论作一简单总结。上文数次提到佛学对性的看法，即以作用为性。那么，以作用为性与儒学所说的性究竟有什么不同？对此问题，蔡格语焉不详，我们就不得不再次回溯到朱子那里去，《朱子语类》记载了数条朱子与其弟子们对作用是性的讨论：

> 心只是该得这理，佛氏元不曾识得这理一节，便认知觉运动做性。如视听言貌，圣人则视有视之理，听有听之理，言有言之理，动有动之理，思有思之理。……佛氏则只认那能视、能听、能言、能思、能动底，便是性[6]3022。
>
> “作用是性：在目曰见，在耳曰闻，在鼻嗅香，在口谈论，在手执捉，在足运奔”，即告子“生之谓性”之说也。且如手执捉，若执刀胡乱杀人，亦可为性乎？[6]3022

从这两段话既可以看出佛学的作用为性是什么，也可以看出儒释论性的差异所在。在佛学看来，视听言动的知觉活动就是性，而没有去追问视听言动何以可能的那个为什么。而儒学认为视有视之理、听有听之理、言有言之理、动有动之理。佛学以知觉活动为性本身，而不做价值判断，所以“执刀胡乱杀人”也可算做性。这是儒学不能忍受的，在儒学看来这样的性是空的，不是实的。儒学言性坚信性善的基本判断，“执刀胡乱杀人”只能是人欲，而性是克服了人欲之恶的那个善。所以从工夫上讲，佛学很简易，就是顿悟，而儒学则需要克服人欲的下学上达工夫。

它（佛学）只是守得这些子光明，全不识道理，所以用处七颠八倒。吾儒之学，则居敬为本，而穷理以充之。其本原不同处在此[6]3016。

从工夫说与佛学的区分，居敬工夫是首要的、根本的。朱子说：

"敬"字工夫，乃圣门第一义，彻头彻尾，不可顷刻间断[6]210。

敬则万理具在[6]210。

敬则天理常明，自然人欲惩窒消治[6]210。

蔡格认为"惟精惟一，允执厥中"就是敬的工夫。他说：

曰精一、曰执中，精则有明辨之义，一则有专主之义，执则有操持之义。若尧之钦明，舜之温恭，汤之圣敬，文之懿恭，《论语》之修己以敬，《中庸》之笃恭而天下平，无非守此敬以全此心之性也。今而曰臆见妄想，本心无待于操持，则尧舜禹汤文武孔孟之教者，皆为臆见妄想矣。《诗》言秉彝物则，秉者，秉执之谓，即三圣之允执也。夫子言操存舍亡者，操者，操执之谓，亦三圣之允执也。孟子之言求放心、持其志者，无非持守此允执之谓也。今而曰持杜撰，则是尧舜禹汤文武孔孟之教人以敬为入德之门、为学之终始者，皆为欺天下后世矣[2]762。

在蔡格看来，尧舜禹汤文武孔孟，他们都是以持敬的工夫，才得以全此心之性。而佛学却不然，他们依其心性论而没有持敬的工夫，在儒学看来就是"臆见妄想"。儒学自谓性为实，就是说具有价值含义，在对佛学的批判中我们得知，这实理就是指仁义礼智、人伦、三纲五常：

佛老之学，不待深辨而明。只是废三纲五常，这一事已是极大罪名！其他更不消说[6]3014。

由此可见，上文所引的“敬则万理具在”，这个万理就是指仁义礼智，持敬的工夫就是为仁之方。蔡格“著《广仁说》以自励”，就是在自勉莫废持敬工夫。《广仁说》参照朱子的《仁说》而作，他自认为二者的区别在于：“原其心之生理以明夫仁之妙用者，朱子之言仁也；原其心之全体以尽夫仁之功用者，愚之《广仁说》也。”[2]760在上文的论述中，我们已经知道心之全体就是指心所统之性的完全显现，也就是指仁义礼智的完全实现。

仁者，人心之全德，人道之极致也。偏言则一端，生之始也，善之长也，仁之理所以名也，发之用所由立也。专言仁，则义礼智无不贯焉。礼者，仁之序也；义者，仁之宜也；智者，仁之知也[2]760。

在蔡格看来，仁就是人心之全德，也就是涵摄了义智礼。这种说法符合朱子理学的传统，亦即蔡格所说的“专言仁则义礼智无不贯焉”，礼、义、智，不过是仁之流行的另外三个阶段，而包含在仁之内。因此，心之全体——仁义礼智的实现就只是一个为仁工夫即怎样实现仁的问题，而不必另外有义、礼、智的工夫。《广仁说》的主要目的是“原其心之全体”，而所谓心之全体无非就是儒学人伦方面的父子亲、君臣义、夫妇别、长幼序、朋友信，所以蔡格在文中大量地论述种种求仁以及仁的形态，他说：

孝弟所以为仁也，复礼所以为仁也。居处恭、执事敬所以求仁也，出门如见大宾、使民如承大祭所以求仁也。仁远乎哉？我欲仁，斯仁至矣。为仁由己，求在我者也，有能一日用其力乎，仁即随焉。孝乎亲，斯仁矣；义于君，斯仁矣；复乎礼，斯仁矣；达乎智，斯仁矣。能爱人者，仁也；能恶人者，非欤？全其体者，仁也；杀其身者，非欤？以己及人者，仁也；弃国而逃者，非欤？行不必同也，事不必异也，发乎中心之诚，达乎天理之正，仁矣哉！[2]760

仁道广大，行不必同，事不必异，只要发于中心之诚，上达到天理之正，就是仁。居敬工夫只是为仁工夫的一种，却也是最重要的，“彻头彻尾，不可顷刻间断”。佛学不承认仁义礼智实理的存在，故而不讲究居敬工夫，更别说为仁工夫了。

蔡格的一生是卫儒学之道的一生，在《至书序》中他夫子自道：

予深惧邪说之横流、人心之陷溺，因远取尧舜禹汤文武孔颜曾孟之书，近述周程张朱祖父之论，名之曰《至书》。使世之人晓然知父子之当亲、君臣之当义、夫妻之当别、长幼朋友之当序当信，蔼然而和、惠然而顺，圣人所谓常典固可勉而至矣，佛老所谓虚寂者不待辩而明矣[2]759。

佛学的挑战是宋明理学无法避免的问题，批判佛学、重铸儒学是两宋以降儒学的主要工作。蔡格作为朱子门人后学中的一员，他毕生的学问宗旨就是讲明儒释之分。正是经过一代又一代儒者的不懈努力，儒学才保持住了主流的学术地位，中华文化的特性也才得以彰明。

参考文献：

[1] 黄宗羲，全祖望. 宋元学案：三 [M]. 北京：中华书局，1996：2013.

[2] 蔡有鹍. 蔡氏九儒书：卷七 [G] //四库全书存目丛书编纂委员会. 四库全书存目丛书：集部第 346 册. 济南：齐鲁书社，1997.

[3] 黎靖德. 朱子语类：第一册 [M]. 北京：中华书局，1986.

［4］朱熹. 四书章句集注［M］. 北京：中华书局，2012.

［5］黎靖德. 朱子语类：第四册［M］. 北京：中华书局，1986：1426.

［6］黎靖德. 朱子语类：第八册［M］. 北京：中华书局，1986.

［7］黄宗羲，全祖望. 宋元学案：二［M］. 北京：中华书局，1996：1509.

原载于《衡水学院学报》2017年第3期。

白发红（1994－），男，青岛民和人，山东大学儒学高等研究院在读硕士。

“三纲五常”新解及其管理智慧

苗泽华

一、“三纲五常”说文解字

（一）“三”的说文解字

“三”的繁体字是“叁”，“叁者，参也”。以正心参悟天地人之大道，领悟人生及自然之道。《道德经》云：“道生一，一生二，二生三，三生万物。”其中的“三”则代表多数。道家和儒家均认为“天人合一”（即“天人地合而为一”）。道家所倡导的“三一”为“精气神合一”。宋朝“二程”和朱熹倡导儒释道三教归一，并建立了以儒家为主，兼容道教、佛教等多元的伦理道德与文化体系。如：儒家的核心价值观为“忠恕”、道家的核心价值观为“清净”、佛教的核心价值观为“慈悲”[①]。“三”也反映了在道家“道大”统一下的“天大、地大、人亦大”三位一体的思想。东汉许慎在《说文》曰：“三，天地人之道也。从三数。”笔者认为：“叁”反映了天地人合一的自然规律。

我国与“三”有关的词语主要有：1）三才：天地人。2）三光：日月星。3）三皇：《三五历纪》的三皇是指天皇、地皇、人皇；《史记·秦始皇本纪》认为三皇是指天皇、地皇、泰皇；民间认为三皇是上古的三位帝皇，指伏羲（对应龙）、女娲（对应蛇）和神农（对应牛）。4）三星：福禄寿。5）三尊：君（皇帝）、亲（父母）、师（老师）。6）三宝：佛宝、法宝和僧宝。7）三清：道教中元始天尊（又称玉清元始天尊）、道德天尊（又称太清道德天尊，民间称太上老君）和灵宝天尊（又称上清高圣太上玉晨元皇大道君）。中国民俗中有“三六九往外走”，其数字“三”则代表“吉利、吉祥”之意。连日常生活中的“一日三餐”都离不开“三”。阿拉伯数字“3”代表数，如：数学中1+2=3；2+1=3等。“3”的形状特像人的耳朵，能聆听天地万物之音，思悟天地阴阳之道。

（二）“纲”的说文解字

“纲”字具有以下含义：1）纲，形声。从糸（mì），表示与线丝有关，冈声。本义：提网的总绳。2）事物的关键部分。如：大纲、纲要、纲领等。2）东汉许慎《说文》曰：“纲，维纮（hóng）绳也。”《书·盘庚》曰：“若网在纲，有条而不紊。”《笺》曰：“张

① 笔者曾在拙著《发展循环经济背景下工业企业与生态工程良性发展研究》（经济科学出版社2013年版）前言中写了一副对联：“忠恕心，清净心，慈悲心，心心相印，一心厚德去吾欲；天地生，阴阳生，雌性生，生生不息，共生载道成自然。”就是对儒释道及现实的生态环境有感而发。事实上，上下联的“心”与“生”相合，不就是“性”吗？性，包括天性、禀性和习性，忠恕、清净、慈悲皆是人性的反映与表现。

之为纲，理之为纪。”成语“纲举目张”就非常生动地描述了渔网之纲（总绳）与目（网眼）的关系，其寓意人们在处理复杂的人事过程中，要抓住主要矛盾，并想方设法化解它。

（三）“五”的说文解字

“五”的繁体字为“伍”。伍——天地交叉，人立。东汉许慎《说文》曰：“伍，阴阳在天地之间交午也。”[1]五——反映了天地人之间的和谐。五也是数，在一至九中，“一、三、五、七、九”奇数属阳，“二、四、六、八”偶数属阴，五正好是阳数的中间数字，五也含有“中兴”“兴盛”“鼎盛”之意。军队中五个人一排为伍，组词如：队伍。“五，五行也”，中国古代五行是指“木火土金水”。还有五方“东南西北中”；还有五彩“青黄赤白黑”。笔者认为：“伍”的左部是人字旁，右部“五”上边一横代表天，下边一横代表地，“×”表示天地之间阴阳相互交错。

（四）“常”的说文解字

“常”字具有以下含义：1）裙子。东汉许慎《说文》曰：“常，下裙也。”2）规则，规律。《荀子·天论》曰：“天行有常，不为尧存，不为桀亡。”3）伦常，纲常。如汉儒董仲舒倡导的“三纲五常”。4）平常、经常。常还表示“长久，经久不变或永久不变”等。

二、三纲五常的历史渊源与意义

（一）三纲五常的历史渊源

1. 尧舜创立并力推五伦

《孟子·滕文公上》曰：“圣人有忧之，使契为司徒，教以人伦：父子有亲，君臣有义，夫妇有别，长幼有序，朋友有信。”孟子所说的圣人可能指古代的圣人尧帝，契是尧帝时期的官员，主管民事、土地和教化等。尧帝作为古代圣王，确定了父子、君臣、夫妻、兄弟、朋友等五伦关系。舜帝一生笃行五伦，被后人奉为古代二十四孝之首。要推行五伦，实现这五种关系的和谐，仍需要纲常。纲常是认知事物主次，化解矛盾的人生道德律令与管理智慧。

2. 孔子正君臣父子纲纪创建儒家伦理思想

齐景公问政于孔子。孔子对曰："君君，臣臣，父父，子子。"[2]公曰："善哉！信如君不君，臣不臣，父不父，子不子，虽有粟，吾得而食诸?"孔子与齐景公的对答揭示了君臣、父子之道，即：做君主的要像君主的样子，做臣子的要像臣子的样子；做父亲的要像父亲的样子，做儿子的要像儿子的样子。"君君，臣臣，父父，子子"这八个字道出了君臣、父子双方的责任与权利。孔子一生倡导君臣父子之纲纪。孟子发展了孔子的君臣关系，并有精彩的论述。孟子曰："君之视臣如手足，则臣视君如腹心；君之视臣如国人，则臣视君如国人；君之视臣如土芥，则臣视君如寇仇。"责任不仅在人伦纲纪中占据第一位，而且在现代管理"责权利对称"等基本原则中，责任仍是第一位的。不明确责任、不履行责任，就无法推行管理，人就无法立于天地之间，事业也不可能获得真正成功。

《论语·为政》曰："殷因于夏礼，所损益可知也。"① 《韩非子·忠孝篇》曰："臣事君，子事父，妻事夫，三者顺，则天下治，三者逆，则天下乱，此天下之常道也，明王贤臣而弗易也。"韩非子强调了单方面的义务，即"臣、子、妻"对"君、父、夫"的忠

① 何晏在《论语集解》中说："马融曰：所因，谓三纲五常也。"事实上，在孔子时期，并没有明确提出"三纲五常"。何晏引用马融的话，可能是马融的揣度或感悟。

诚、敬畏、依顺与服从。《乾凿度》（上卷）曰："《易》者，所以经天地、理人伦而明王道。是故八卦以建，五气以立，五常以之行，象法乾坤，顺阴阳，以正君臣、父子、夫妇之义。"《易经》中的五常为"木火土金水"，儒家五常则为"仁义礼智信"，二者相呼相应、相辅相成。

3. 董仲舒倡导三纲五常

董仲舒的重要思想有"天人感应""君权神授""大一统""罢黜百家，表彰六经"和"三纲五常"等。董仲舒认为："道之大原出于天。""天不变，道亦不变。"上天"有喜怒之气，哀乐之心"。五行则是天道的表现。要顺应天道，实现天人合一，君王之德行应该符合天意。董仲舒综合了儒家、道家、法家等学说创立了新的儒家思想体系[3]。董仲舒在其《春秋繁露·基义》中说："君臣父子夫妇之义，皆取诸阴阳之道。君为阳，臣为阴。父为阳，子为阴。夫为阳，妻为阴。阴道无所独行，其始不能专起，其终不得分功。"董仲舒提出的"君为臣纲，父为子纲，夫为妻纲"成为正统。后人多误解了董仲舒的三纲，强调"君、父、夫"单方面的权利。事实上，董仲舒不仅倡导"臣、子、妻"要服从"君、父、夫"，还倡导"君、父、夫"应该做"臣、子、妻"的楷模，在伦理笃行中率先垂范。可以说，"三纲"反映了我国封建社会中君臣、父子、夫妇之间特殊的道德关系，过于强调双方的义务或责任，而漠视双方权利的对称。《汉书·董仲舒传》写道："夫仁谊礼知信五常之道，王者所当修饬也；五者修饬，故受天之佑，而享鬼神之灵，德施于方外，延及群生也。"笔者认为，文中"谊"通"义"。班固在整理编辑的《白虎通德论》一书中对"五常"进行了释义，文中曰："五常者何？谓仁、义、礼、智、信也。仁者不忍也，施生爱人也。义者宜也，断诀得中也。礼者履也，履道成文也。智者知也，独见前闻，不惑于事，见微者也。信者诚也，专一不移也。”[4]《三字经》中亦有：“三纲者，君臣义，父子亲，夫妇顺。”“曰仁义，礼智信，此五常，不容紊。”

4. 王凤仪先生的“三纲”

王凤仪（1864－1937），名树桐，字凤仪，人称王善人。我国近代民间教育家、伦理道德宣传家、女子教育的开拓者。他在东北三省长期游学，通过性理疗法，治病救人，兴办女子学校 600 余所。王凤仪先生认为：君为臣纲得率性，父为子纲得正心，夫为妻纲得修身。他所倡导的三纲是指性纲、心纲、身纲，重在以身作则。提倡“其身不正，虽令不从”“天赋给人的性，地赋给人的命，父母赋给人的身”“性存天理有仁，心存道理有智，身尽情理有勇”[5]。

（二）三纲五常的意义

1. 积极意义

从全球化与社会主义市场经济发展的角度来看，“三纲五常”的伦理思想与新的内涵对塑造中华民族之性格、人格与品格，构建社会主义核心价值观，仍起着积极而重要的作用[6]。如：分清人际的主次，自我定位，下级服从上级，已尽本分；重视主观意志力量，注重个人气节与品德的培养；自我节欲，发奋立志，自强不息；强调人的社会责任与历史使命，笃行义务与责任，立楷模，树榜样，倡导率先垂范，先忧后乐等[7]。

2. 消极影响

数千年的封建社会长期利用三纲五常维系封建专制统治，尤其过分渲染了君权、父权和夫权之权威，强调臣对君、子对父、妻对夫的服从，甚至是绝对服从，助长了君父夫对臣子妻的统治与压迫，却没有将“责”置于“权”之上，颠倒了“责权利”之基本原则，在助长君父夫绝对权威的同时，压制了臣子妻的正当权利，扼杀了人性及其自然的欲望与需求，产生了极大的消极影响。

三、三纲五常新解与管理智慧

（一）三纲新解及其管理智慧

纲——榜样，以身作则；表率，率先垂范；模范，楷模示范。传统“三纲”忽视了君父夫的表率、榜样与楷模作用，漠视了“责权利”的对立与统一[8]。事实上，“纲”在当今社会，仍然存在于万事万物中。在我国社会主义民主与法制建设中，“纲”反映了民主基础上的主次、主从关系，“三纲”则是在民主与人权平等基础上的职责划分——它遵循“责权利对称”等管理原则。尽管当今没有封建皇帝了，但君臣之道则被推广为领导者与被领导者的关系，不论是政府，还是企业，只要有组织就有“领导者与被领导的关系”，这就是“君臣之道”的遗传与变异，是决不容忽视的。父子之道反映了父母与子女的关系，这种血亲关系是人类存续的重要基础。夫妻之道反映的是丈夫与妻子的关系，夫妻不仅是一种合约，更是一种阴阳共生体，是家庭的重要载体。人生、事业、国家、宇宙皆生态也。不论是个人与家庭之和睦，还是组织与国家之和谐，乃至区域、种族与世界之和平，皆不是绝对的自由、平等关系，而是在复合生态系统运行中动态平衡与不平衡不断交替的运行状态。自然界的矛盾都有主次之分，君臣、父子、夫妻之道，皆是矛盾的对立统一[9]。当今，管理发展的趋向是伦理道德管理。这需要率先垂范，正己化人。如果领导能做部下的表率与榜样，父母能做孩子的表率与榜样，丈夫能做妻子的表率与榜样，凡事率先垂范，能够严于律己宽以待人，吃苦在前享受在后，勇于承担并履行责任，不滥用权力，则君臣、父子、夫妻之关系自然就趋向和谐了。而君臣、父子、夫妻之间的和谐，需要遵循共同的价值取向，这就是“仁义礼智信”之五常。五常作为人生大智慧充分体现了人与人之间双方各自的责任与义务。笃行仁义礼智信，夫妻就和睦，父子就和气，君臣就和谐，从而达到“和为贵”之境界，如图1所示。

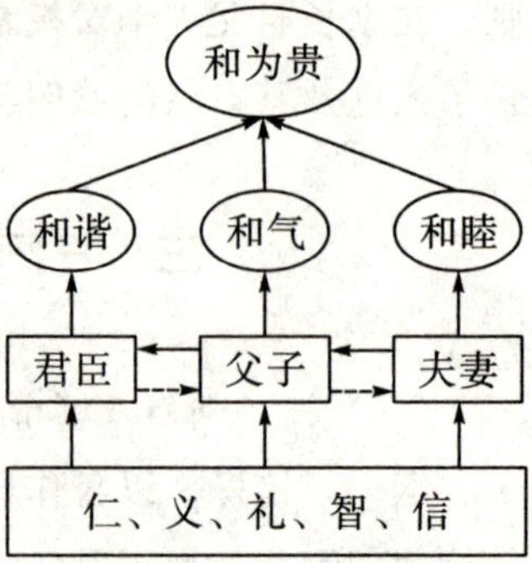

图1　从三纳五常到和为贵

（二）五常新解及其管理智慧

“仁义礼智信”所反映的人与人之间的关系自古就有，其基本原则所依托的是天道，是亘古不变的真理。儒家五常与道家五行相互对应，如“仁”对应“木”，“义”对应“金”，“礼”对应“火”，“智”对应“水”，“信”对应“土”。真正的仁者不仅秉承天地之性，爱己爱人，而且必然明礼，知晓“仁者爱人”的道理，从而做人行事合乎礼仪。知礼者必然“诚实守信”，也只有守信，才是真正地明礼，守信者合乎道义，勇于承担责任，包括家庭责任和社会责任，而知义者往往产生大智慧，通晓理义，将智慧化为生命中的正能量，真正的智者必然追求内心的仁慈。因此，“仁→礼→信→义→智→仁”在相生中实现循环，促进了不同个体之间的共生，从而有利于复合系统的稳定与和谐。相反，不仁必然导致失信，失信是不智或愚蠢的行为，愚蠢自然容易失礼，失礼了还能履行

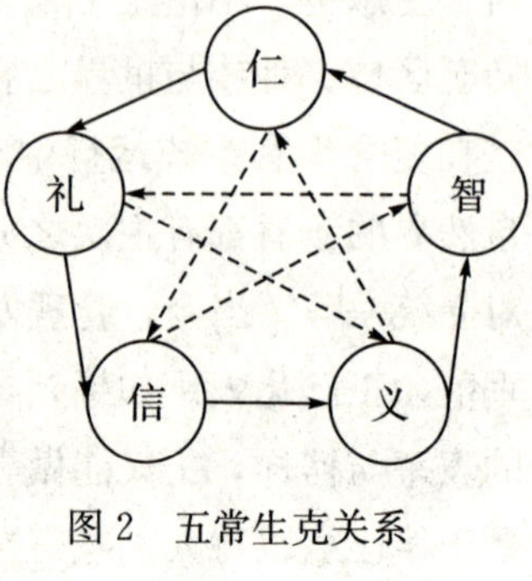

图2　五常生克关系

义务承担责任吗？五常也分阴阳，其阳相生，其阴相克。笃行五常，则相生，人与人之间的关系就朝着“善”和“好”的方向发展；反之，就相克，人与人之间的关系就朝着“恶”和“坏”的方向发展。如图 2 所示（其中，实线代表“生”，虚线代表“克”）。

1. “仁”及其管理智慧

“仁”是儒家伦理思想的核心理念，也是儒家学说的根本。孔子最早提出了“仁”的学说，作为“礼”的理论基础。孔子曰：“仁者，爱人也。”孟子曰：“恻隐之心，仁也。”董仲舒认为“仁之法，在爱人，不在爱我”，并提出了“仁在安人”的思想。《说文解字》曰：“仁，亲也，从人从二。”清代段玉裁在《说文解字》注解：“独则无耦，耦则相亲，故仁字从人二。”事实上，“仁”的左部是一个“立人”，右部则是“二”，也就是两个人的关系，不论是君臣、父子、夫妻，还是兄弟、姐妹、朋友，还是家庭与家庭、组织与组织、国家与国家之间的关系，都是两两的关系。因此，世界再复杂，都可以一分为二，都可以从最简单的两两关系入手，化繁为简。在长期的思悟中，笔者将“仁”的右部“二”解释为：“二”字上边一横代表天（乾卦，阳刚），下边一横代表地（坤卦，阴柔），“仁”也反映了天地阴阳之间的和谐。

古语“仁者无敌”不是“仁者能打败所有的敌人”，而是在仁者眼里和心中根本没有敌人。当今的企业管理日益复杂，而“仁”则是处理复杂关系的核心理念，也是建功立业的法宝。“仁”不仅体现企业之间的竞合关系，还反映不同利益相关者之间的利害与生克关系，“仁”的实质是天地人的共生。因此，在企业中要推行“仁”，首先要“自爱”“克己”，并在此基础上关爱他人，利益他人，建立企业与利益相关者的共生系统。也可以说，“仁”是在尊重关怀他人的基础上，获得他人的尊重与关怀，即所谓“我为人人，人人为我”。我国的企业要在全球化背景下持续发展，就必须继承弘扬儒家“仁”之思想，并强调“仁”之实践。“仁”是符合天地自然规律基础上的“自爱”，从“自爱”换位思考到“爱人”。可以说“仁”体现了“尊重生命，珍爱生命，维护生命”的思想，保护和维护地球生命系统是“仁”的至高境界。“仁爱”也是企业的核心竞争力，是企业健康、持续、和谐、良善发展的基础。中国著名的药店“同仁堂”的大堂对联“同声同气，济世济人；仁心仁术，医国医民”就体现了“仁”的思想。“同仁堂”正是出于对民对国的仁，才能历经百年风雨而久盛不衰、历久弥新。

2.“义”及其管理智慧

“义”是儒家重要的道德规范之一。“义者，宜也。”宜亦即合宜，是指人的动机与行为必须合乎道理与规矩，人坚持一定的规则与规范，做合乎伦理与道理之事。孔子曰：“君子喻于义，小人喻于利。”孟子曰：“羞恶之心，义也。”董仲舒曰：“天之生人也，使之生义与利。利以养其体，义以养其心，心不得义不能乐，体不得利不能安。义者，心之养也；利者，体之养也。”董仲舒认为“义之法，不在正人，在正我”。儒家主张“义以生利”“见利思义”“义然后取”“义利并举”等。义是什么？义就是义务、道义、责任。繁体字的“義”有深刻的内涵，上部左右两点，左边一点属“阳”，表示“吉”，合乎道义的就应该做，做了就幸福吉祥；右边一点属“阴”，表示“凶”，不合乎道义的坚决不做，做了就会遭遇凶险与灾难。中部是“王”。孔子曰：“三贯一为王。”“王”最上面的“一横”代表“天”，中间“一横”代表“人”，最下面的“一横”代表“地”，三横则代表天地人，一竖则把天人地贯通、合三为一了，这就是天地人的共生系统。王下面才是我，我就是“自己”，“我”相对于“王”是个体。这引申出了“个人服从领导”

“个体服从集体”等基本原则。个人不仅要支持王的“天地人合一”，服从王的领导，笃行自己的职责与义务，同时也受到王的保护。

在现代企业经营管理中，责权利是对称的，责任是第一位的，获取利益必须符合道义。符合道义并获取利益是企业生存与持续发展的前提条件。当然，追求利益，获取利益不仅要预测市场需求，遵守市场规则，还必须尊重自然，遵循客观规律。在企业经营中，需要遵守于人于己有利而无害的基本准则，决不能“见利忘义”“唯利是图”，更不能“损人利己”“图财害命”，从而陷入“拜金主义”的深渊。企业作为社会细胞必须履行必要的社会责任，为社会尽义务、尽道义，才能提高形象。企业表里如一，才是良善，才符合义，才能获得健康、和谐、持续、良善发展。

3. “礼”及其管理智慧

“礼”是儒家重要的礼仪与规范。它往往泛指各类礼仪、规制与规范。它起着调节人际关系以达到社会安宁和谐的作用。与体现人之内在良善的“仁”相比，“礼”则是“仁”的某种表现形式与外在行为。孔子曰：“不学礼，无以立。”董仲舒认为“质文两备，然后礼成”，也就是说，内在的“仁”与外在的“礼”要协调一致，以仁做人才是君子之道，依礼做事才能取得成功。“礼”产生“秩序”，秩序的基础是制度，制度则规范人及组织之行为。“礼”的繁体字“禮”有深刻的内涵，左部“示”字是“神”，“正直为神”，人要有正直之精神，要学会敬畏与感恩；右部上边是“曲”，“曲”代表音乐，反映精神；下边是“豆”，“豆”是食物，反映物质。任何精神的产生与弘扬都是曲折的，是以物质为基础的。三个字合而为一，表示精神快乐与物质生活的幸福是辩证统一的关系，“尊礼守礼”也是“神”的旨意。精神在物质之上，表示精神与物质相比乃更高层次，属于“形而上”的范畴，物质属于“形而下”的范畴。有了精神追求，才能创造更好的物质基础，有了物质基础，才有更高的精神追求。这也反映了马克思主义“物质决定精神”的辩证关系。

“礼”作为道德规范，建立在自律基础上，自律必须遵循规律、遵守规则、遵照规范。从企业管理的角度看，礼就是企业秩序，体现在企业宗旨与价值观中，表现在公司章程及企业制度等方面。“礼”不仅是企业必须遵守的准则与礼仪，也是企业赖以生存、延续的规制与秩序。在现代管理中，企业需要尊礼守礼，对内对外都要遵守礼仪。只有这样，才能实现共生、共存、共荣、共赢与共享，促进企业良性发展。

4.“智”及其管理智慧

“智”是儒家重要思想。“智者，才智也”，它是智力、智慧与才能的综合。《说文》曰：“智，从日，从知，知亦声。”《韩非子·显学》曰：“智，性也。”孟子曰：“是非之心，智也。”《孝敬注》写道：“智深识远曰智。”董仲舒强调：“为人必仁且智。”“智”字上部是“知”。《说文》曰：“知，从口，从矢。”其本意是“口口相传，像箭一样能相传致远”。“知”也有“知识”“知道”“知学”等含义。下部为“日”。《说文》曰：“日，太阳之精也。”“日”取太阳之轮廓，有阴阳之“阳”，“阳光”“吉祥”等含义。“智”是“知”与“日”合二为一，表示每天都要学知识、长知识、增见识，每天都用知识，每天都把知识转化为生命之力量。认清了知识之道就会产生韬略与智慧。“慧”是用扫帚经常反扫自心，即孟子所云：“行有不得，反求诸己。”从而获得精神与物质的双丰收。

全球化需要战略管理，战略是管理的核心问题。战略管理最重要的是智慧与韬略，智慧是制定战略及策略的基础。智慧反映人的本性，仁善是智慧的基础。有人说“管理就是管人”，其实真正的高品位管理是正己化人，通过端正自己，率先垂范，从而教化他人，感化他人。这种富有人生大智慧的管理就能调动人的积极性、主动性、创造性，成为人生自强不息，事业永续发展的动力源泉。真正的大智慧是“仁者爱人”“以人为本”“正己化人”。

5. “信”及其管理智慧

“信”是儒家重要的道德规范。当今，“诚信”也是做人、经商的基本规范。孔子曰：“人而无信，不知其可也。”又曰：“主忠信，徙义，崇德也。”曾子曰：“吾日三省吾身：为人谋而不忠乎？与朋友交而不信乎？传不习乎？”子夏曰：“与朋友交，言而有信。”有子曰：“信近于义，言可复也。”孟子曰：“信，言合于意也。”董仲舒认为“信在为人”，“无信”则“无仁”。“信”也是为人成仁的前提。《说文》曰：“信，诚也。”信，会意。从人，从言。字形上，“信”字左部是“人”，右部是“言”，表示“人言”。其本意为真心诚意。也就是说，人之言论应以诚实为基。孟子曰：“诚者，天之道也；思诚者，人之道也。”（宋）周敦颐曰：“诚，五常之本，百行之源也。”“诚”是“信”之因，“信”是“诚”之果。“信”是人立着说话，以诚实的态度说话，堂堂正正地说话，说的是人话。人说话，能够履行承诺，才可信；说人话，千万不可妄语，要衡量履行诺言的德行与能力，才能取信于人。躺着或睡着了说的往往是梦话，坐着喝酒可能说的是醉话，梦话与醉话皆属虚妄，不可信也。

当今，经济社会是建立在“诚信”基础之上的，离开了“诚信”，经济与社会都无法正常运行，也必然增加社会交易成本，而“诚信”则是降低交易费用的道德基础。诚信是做人之基，也是经商之本。“诚信”要求做人要真心诚意，心口如一；做事则要诚实守信，履行责任。离开了诚信，交易或经商往往出现尔虞我诈，增加双方或多方之间的防范成本。在全球化、国际化和信息化的当今，不论是国与国之间，还是企业之间的竞争或斗争愈加激烈了，利益之争的强度与风险也增大了。因此，一个企业要应对复杂多变与竞争激烈的环境，并获得健康、和谐、持续、良性发展的权利，就必须取信于人，把利益与言行建立在“诚信”基础之上。企业通过诚实守信，才能赢得信任，获得良好口碑，从而提高企业良善形象，促进自身良性发展。

四、结语

“仁义礼智信”之五常是人生之大智慧。这需要不断学习、认知、领悟、体会，更需要长期弘扬、笃行、实践。“仁义礼智信”是贯彻“三纲”的核心理念与行为准则，离开了“仁义礼智信”，“三纲”必然走向专制、霸权、独裁，直至灭亡。企业发展也需要从“三纲五常”中不断汲取管理智慧。五常运转的根本目的是维护三纲的对立统一，在共生中达到和谐的状态。“和”字的结构是“和=禾（食物、利益）+口（口舌、是非）”。俗话说“民以食为天”“众口难调”。在激烈的竞争中，伦理道德是基础，利益分配是关键，规制规范是保障。因此，在企业管理中，笃行“三纲五常”，就是要以良善心态正确处理企业与利益相关者、企业与社会、企业与自然环境之关系，维护复合生态系统的循环、协调、持续与共生。企业在推进“三纲五常”中，要树立“忠恕”思维，要将心比心、推己及人、换位思考，才能朝着和谐方向良性发展，从而在共生的基础上，走向共荣，实现共赢。

参考文献：

［1］许慎．说文解字［M］．段玉裁注．上海：上海古籍出版社，2014：373．

［2］陈国庆．论语注释［M］．西安：陕西人民出版社，1996：220－221．

［3］邹顺康．董仲舒“三纲五常”思想评析［J］．道德与文明，2014（6）：17－20．

［4］邓球柏．“仁义礼智信”的由来、发展及其基本内涵（下）［J］．长沙大学学报，2006，20（1）：1－5．

［5］王凤仪．王凤仪言行录［EB/OL］．［2015－12－09］．http：//www. xuefo. net/nr/article19/193378. html．

［6］苗泽华．中华新儒商与传统伦理［M］．北京：经济科学出版社，2016：88－89．

［7］刘学智．“三纲五常”的历史地位及其作用重估［J］．孔子研究，2011（2）：19－29．

［8］李君惠．略论“三纲五常”的形成和影响［J］．文史杂志，2010（3）：22－25．

［9］刘立夫，李玲．“三纲五常”中的精华与糟粕［J］．湖南大学学报（社会科学版），2014，28（1）：129－131．

原载于《衡水学院学报》2017 年第 2 期。

苗泽华（1964－），男，河北巨鹿人，河北地质大学商学院教授，管理学博士。

扬雄对孟子思想的继承与发展

——以《法言》为中心

宋冬梅

扬雄是西汉后期著名学者、哲学家、文学家、语言学家，一生著作颇丰。他少而好赋，前期作了大量辞赋讥讽时政，然其结果不尽人意，顾辍而不复，并将其归为“童子雕虫篆刻”（《法言·吾子》）一类；由此，扬雄的著述开始转向以哲学为主，效法《易》作《太玄》，效法《论语》而作《法言》，通过这两本著作，建立起了以维护圣人之道为出发点、以儒家伦常为核心的思想体系。他仿效孟子、力辟异端、维护正统、继承与发展了孟子思想，对我国思想史产生了重要影响。

一

孟子生活的时代，天下纷乱，战争频起，各诸侯国为了扩张势力，保存发展自己，重用纵横家策士和法家人物，儒家学说因讲仁义、施仁政、反对战争，不被各诸侯采用。面对“杨朱、墨翟之言盈天下”（《孟子·滕文公下》）的局面，孟子站在儒家的立场上，对杨墨之道进行了批判，他说：“杨墨之道不息，孔子之道不著，是邪说诬民，充塞仁义也。仁义充塞，则率兽食人，人将相食。吾为惧此，闲先圣之道，距杨墨，放淫辞，邪说者不得作。”（《孟子·滕文公下》）

在我国古代思想史上，孟子是为维护孔子之道而辟杨拒墨的重要人物。他认为自有生民以来，未有盛于孔子的，他希望自己也成为孔子那样的人，“乃所愿，则学孔子也”（《孟子·公孙丑上》）。孟子认为杨墨之说是邪说，误国误民，如果不加以制止，孔子思想就无法发扬光大。他认为“春秋无义战”，主张“善战者服上刑”，认为用武力统一中国根本行不通，统治者要想有效地统治臣民就应该施仁政，重视道德教化作用，而那个时代的特征则决定了孟子所倡导的仁政并不能实现，统治者对法、墨等家的推崇，使孟子理想中的先王之治无法实现，这也决定了其王道思想较之孔子更加激进，他从儒家纲常伦理入手对杨墨之说进行了严厉抨击，他说：“杨氏为我，是无君也，墨氏兼爱，是无父也。无父无君，是禽兽也。”（《孟子·滕文公下》）

至西汉，扬雄以孟子的后继者自居，仿效孟子辟杨拒墨，对西汉后期兴起的诸子学进行了批判。他和孟子一样，认为诸子学说和儒家学说是不相容的，如果任由诸子学说发展而不加以制止，必定会使人不明是非，偏离正道。在诸子百家中，扬雄最推崇孔子，他把孔子之道作为评判是非的标准，说：

> 天之道不在仲尼乎？仲尼驾说者也，不在兹儒乎？如将复驾其所说，则莫若使诸儒金口而木舌。（《法言·学行》）
>
> 山之蹊，不可胜由矣。向墙之户，不可胜入矣；曰：恶由入？曰：孔氏。孔氏者，户也。曰：子户乎？曰：户哉！户

哉！吾独有不户者矣？（《法言·吾子》）

或曰：人各是其所是，而非其所非，将谁使正之？曰：万物纷错则悬诸天，众言淆乱则折诸圣。或曰：恶睹乎圣而折诸？曰：在则人，亡则书，其统一也。（《法言·吾子》）

扬雄把孟子、荀子也置于诸子之上，在他看来，只有孟子才能算是与孔子之道完全一致的圣人：

或问："孟子知言之要，知德之奥？"曰："非苟知之，亦允蹈之。"或曰："子小诸子，孟子非诸子乎？"曰："诸子者，以其知异于孔子也。孟子异乎？不异。"（《法言·君子》）

扬雄虽然受道家影响，但对其评价褒贬参半，对老子并不是完全肯定：

老子之言道德，吾有取焉耳。及槌提仁义，绝灭礼学，吾无取焉耳。（《法言·问道》）

对墨家、法家、阴阳家、名家等的学说，扬雄基本持否定态度，他说：

庄杨荡而不法，墨晏俭而废礼，申韩险而无化，邹衍迂而不信。（《法言·五百》）

在诸子百家中，他对法家的批评更是不吝笔墨：

申、韩之术，不仁之至矣，若何牛羊之用人也？若牛羊用人，则狐狸、蝼蚓不膢腊也与？或曰："刀不利，笔不铦，而独加诸砥，不亦可乎？"曰："人砥，则秦尚矣！"（《法言·问道》）

或曰："申、韩之法非法与？"曰："法者，谓唐、虞、成周之法也。如申、韩！如申、韩！"

申、韩不乖寡圣人而渐诸篇，则颜氏之子、闵氏之孙其如台？（《法言·问道》）

或问："人有倚孔子之墙，弦郑、卫之声，诵韩、庄之书，则引诸门乎?"曰："在夷貊则引之，倚门墙则麾之。"(《法言·修身》)

或问："韩非作《说难》之书而卒死乎说难，敢问何反也?"曰："'说难'盖其所以死乎?"曰："何也?""君子以礼动，以义止，合则进，否则退，确乎不忧其不合也。夫说人而忧其不合，则亦无所不至矣。"或曰："非忧说之不合，非邪?"曰："说不由道，忧也。由道而不合，非忧也。"(《法言·问明》)

扬雄认为，申、韩之术专任法，忽视德化，最不仁义，如果任其畅行，儒家的礼义廉耻、纲常伦理就会受其影响，所以崇儒尊孟，维护儒家道德，就必须"倚门墙则麾之"(《法言·修身》)。

孟子批判诸子围绕着儒家的纲常伦理来进行，扬雄对诸子的批判是一脉相承的，但他又认为："吾见诸子之小礼乐也，不见圣人之小礼乐也。"(《法言·问道》)可见，扬雄认为圣人和诸子的根本区别是否"小礼乐"，这又是对孟子批判诸子的发展，也对后世儒家"排佛老"产生了深远影响。

二

孔子的"性相近，习相远"揭开了后世探讨"人性"的序幕。孔子认为人的天性是相近的，造成以后不同的是后期的"习"，然而他的"人性"说是没有善恶之分的。继孔子之后，关于"人性"的讨论成为一个焦点，主要代表有孟子的"性善论"和荀子的"性恶论"。

在人性论上，孟子主张"性善论"。他认为人生下来，其本性都是善的，这些成分被称为"端"："恻隐之心，仁之端也；羞恶之心，义之端也；辞让之心，礼之端也；是非之心，智之端也。人之有是四端也，犹其有四体也。”（《孟子·公孙丑上》）他认为，人们加强自我修养，则可将“四端”发展为“仁义礼智”“四德”，他说：“恻隐之心，人皆有之；羞恶之心，人皆有之；恭敬之心，人皆有之；是非之心，人皆有之。恻隐之心，仁也；羞恶之心，义也；恭敬之心，礼也；是非之心，智也。仁义礼智，非由外铄我也，我固有之也，弗思耳矣。”（《孟子·告子上》）他认为，凡是圣人都能把“四德”发展到最完美；其更令人惊奇的主张是，人人都能成为圣人，即“人皆可以为尧舜”（《孟子·告子下》）。

对于人性善的特点，孟子认为人的天资是善良的，就像水往下流一样，是不言而喻的，即“水信无分于东西，无分于上下乎？人性之善也，犹水之就下也。人无有不善，水无有不下”（《孟子·告子上》）。但是，他同时又认为后天的环境对人性的影响也是很大的：“今夫水，搏而跃之，可使过颡；激而行之，可使在山。是岂水之性哉？其势则然也。人之可使为不善，其性亦犹是也。”（《孟子·告子上》）意思是说，人的本性向善，就像自然的水向低处流一样。人性没有不善良的，水没有不向低处流的。但就自然的水来说，如果条件改变，将它拍打，水就能飞溅起来高过额头；如果再加压，迫使它倒行，则能使它流上山岗。像这样，难道是水的本性吗？回答当然是否定的。对于水来说，只是形势迫使它如此。同样的，一定条件下，人也可以迫使他做不善之事，其本性的改变，也像自然的水一样受到环境的改变而改变。为了避免人的“为不善”，孟子主张人们要不断地学习，他说：“学问之道无他，求其放心而已矣。”（《孟子·告子上》）即主张通过后天学习找回迷失的善性。

至扬雄论人性，试图调和孟、荀之说，他既不主张“性善论”，也不主张“性恶论”，而是主张“人之性，善恶混”。他说：

> 人之性也善恶混；修其善则为善人，修其恶则为恶人。气也者，所以适善恶之马也欤？（《法言·修身》）

在这里，扬雄论人性，讲了两方面的内容：一是人之性善恶相混，二是“适善恶之马”的气。关于“混”，李轨注：“混，杂也。荀子以为人性恶，孟子以为人性善，而扬子以为人性杂。”（李轨《扬子法言注》）也就是说，扬雄的“善恶混”，是指人性绝不是单一的善或恶，而是善恶相混，人性中同时存在着善良和邪恶两方面因素，这个世界上没有绝对善的人，也没有绝对恶的人。有关扬雄人性论的思想来源，学术界更多地认为是对孟子和荀子人性论思想的调和，其中以司马光的评述最具代表性：

> 孟子以为人性善，其不善者，外物诱之也。荀子以为人性恶，其善者，圣人教之也。是皆得其一偏，而遗其本实。夫性者，人之所受于天以生者也，善与恶必兼有之，犹阴之与阳也……孟子以为仁、义、礼、智皆出乎性者也，是岂可谓之不然乎？然殊不知暴慢、贪惑亦出乎性也。是信稻、粱之生于田，而不信藜、莠之亦生于田也。荀子以为争夺残贼之心，人之所生而有也，不以师法、礼义正之，则悖乱而不治，是岂可谓之不然乎？然殊不知慈爱、羞恶之心亦生而有也，是信藜、莠之生于田，而不信稻、粱之亦生于田也。故扬子以为人之性善恶混。混者，善恶杂处于心之谓也，顾人所择而修之何如耳。修其善则为善人，修其恶则为恶人，斯理也，岂不晓然明白矣哉！如孟子之言，所谓长善者也；如荀子之言，所谓去恶者也。扬子则兼之矣[1]。

关于扬雄所讲的“气”，以上没有说明，学术界对其探讨甚多，蔡元培曾感叹：“扬雄之学说，以性论为最善，而于性中潜力所由以发动之气，未尝说明其性质，是其性论之缺点也。”[2]

笔者认为，扬雄所谓的“气”是引导善恶的一匹马，受孟子思想的影响。孟子说：“夫志，气之帅也；气，体之充也。夫志至焉，气次焉。故曰：‘持其志，无暴其气。’”（《孟子·公孙丑上》）赵岐解释“志”和“气”，说：“志，心所念虑也。气，所以充满形体为喜怒也。”（赵岐《孟子正义》）也就是说，外在的喜怒哀乐的“气”是受内在意识的“志”支配的，即“言志所向，气随之”（《孟子正义》）。孟子在这里强调的是，主体内在的意向性在人的道德修养中的引导作用，扬雄接续孟子，也讲“意志”对“气”的引导作用，说：

有意哉！孟子曰：“夫有意而不至者有矣，未有无意而至者也。”（《法言·修身》）

天下有三门：由于情欲，入自禽门；由于礼义，入自人门；由于独智，入自圣门。（《法言·修身》）

鸟兽，触其情者也，众人则异乎！贤人则异众人矣，圣人则异贤人矣。礼义之作，有以矣夫！人而不学，虽无忧，如禽何！学者，所以求为君子也。求而不得者有矣，夫未有不求而得之者也。（《法言·学行》）

关于养气和实践，根据其人性论，扬雄强调学习和修性的重要性：

学者，所以修性也。视听言貌思，性所有也。学则正，否则邪。……习乎习！以习非之胜是，况习是之胜非乎？于戏！学者审其是而已矣。（《法言·学行》）

扬雄认为，通过学习就可以达到修性的目的，学习善的东西，可以抑制恶的因素；但是学习坏的东西，则可能使性中本有的善因素减少，应当警惕。在具体的修性方法上，扬雄有“取四重，去四轻”之说：

或问："何如斯谓之人？"曰："取四重，去四轻，则可谓之人。"曰："何谓四重？"曰："重言，重行，重貌，重好。言重则有法，行重则有德，貌重则有威，好重则有观。""敢问四轻。"曰："言轻则招忧，行轻则招辜，貌轻则招辱，好轻则招淫。"（《法言·修身》）

扬雄所谓的"四重"与"四轻"是指言语、行为、外貌和嗜好等，与德行相关的外在方面。从这段话也可以看出，扬雄虽然强调"志"这个内因的作用，但在修性方法上，他却是偏重"言，行，貌，好"等外在的因素是否符合道德礼法。在这点上，扬雄与孟子的主内修养的观点不同。

综上所述，扬雄的人性论与孟子的人性论有一致之处，即都承认人生来就具有的某一种特质，同时又强调后天的作用对人性实现的影响，而且孟、扬二者的人性论是一种平等论。孟子认为："人皆可以为尧舜。"（《孟子·告子下》）扬雄认为："申韩庄周不乖寡圣人而渐诸篇，则颜氏之子，闵氏之孙，其如台。"（《法言·问道》）意思说，不管性善，还是善恶相混，只要通过后天的努力，人人都可以成为圣人或者君子。但是孟子的性善论在解决现实问题时难免会遇到这样的困境：既然人性是善的，那么现实社会中的性恶又是从何而生？而扬雄的人性善恶相混论，则可以为解决这个问题提供理论依据。他认为，人性中同时存在着善良和邪恶两方面因素，这个世界上没有绝对善的人，也没有绝对恶的人，这无疑是对孟子性善论的发展。

三

儒家的中和思想由来已久，早在原始氏族社会已经存在。中和思想在中国文化和哲学中占有重要的位置，而作为中国文化主体的儒家哲学，更为注重中和思想。中和，在《礼记·中庸》中释为："中也者，天下之大本也；和也者，天下之达道也。致中和，天地位焉，万物育焉。"

孔子创立儒家，在继承前人"尚中""尚和"思想的基础上发展为儒家的中和哲学，把神秘化政治性的"执中"改造成主体性理性化的"用中"。孟子的"中和"论吸取了孔子的中和思想。但他论"中和"和孔子论"中和"明显不同，孟子论"中和"并未直言"中庸"，而是提倡"中道"，其中和思想贯穿于思想体系中，《孟子》一书中三次谈到"中道"：首先，孟子言"中道"，出现在与公孙丑的对话中："君子引而不发，跃如也。中道而立，能者从之。"（《孟子·尽心上》）他认为君子教导别人正如教人射术，张满弓而不发箭，只做出跃跃欲试的状态来加以引导，能在恰到好处的中道上站立指导别人，这样，学习的人就能紧紧追随。从这段话也可以看出，孟子的"中道"不仅要求有思想上的意识，更要有实践上的体验，其"中道"思想是内在和外在的统一，通过外在的不断努力来提升内在的道德境界。其次，孟子言"中道"，有两处出现在他对孔子相关言论的阐发："孔子'不得中道而与之，必也狂狷乎！狂者进取，狷者有所不为也'。孔子岂不欲中道哉？不可必得，故思其次也。"（《孟子·尽心下》）在《论语》中，孔子原话说："不得中行而与之，必也狂狷乎！狂者进取，狷者有所不为也。"（《论语·子路》）在这里，孟子用"中道"替换了"中行"，显然，在他看来，"中道"与"中行"意义一样，两者都彰显了儒家的中和思想，但是孟子在这里做替换，更是为了突出"中道"。他认为"中道"精神体现着圣人的理想品质，所以说他关于中的思想更注重"道"。

孟子的"中道"精神并不仅仅停留在字面的这些意思，其精神充斥整个思想体系，他还对偏离中道的学说给予批评。他认为杨、墨二者之所以是异端邪说，就是其偏离了儒家的核心思想，背离了儒家的中和之道。孟子说：“杨子取为我，拔一毛而利天下，不为也；墨子兼爱，摩顶放踵利天下，为之。子莫执中，执中为近之。执中无权，犹执一也。所恶执一者，为其贼道也，举一而废百也。”（《孟子·尽心上》）他的意思是，杨朱主张为我，即使拔一根汗毛而有利于天下，他都不肯干；墨翟主张兼爱，只要对天下有利，即使摩秃头顶，擦破脚跟，都要去做。子莫持中间态度，持中间态度就接近正确了。但是持中间态度而没有变通，也还是执着在一点上。执着于一点之所以不好，是因为它损害了道，抓住了一点而丢弃了其他一切的缘故。杨墨之道相较于儒家传统的“中”表现出了“过”与“不及”，杨氏的“不及”已经达到了“拔一毛而利天下，不为也”（《孟子·尽心上》）的地步；而墨子简爱，无差别，无亲疏，已是“过”了，杨墨之道“无父无君，是禽兽也”（《孟子·滕文公下》），这样的禽兽之道，显然不符合儒家的中和之道。从孟子对杨、墨的批判中，可以看出他所引孔子“不得中道而与之”这句话的含义，所以，孟子中道思想的道德价值标准是不容降低的，它不是杨、墨的“兼爱”与“为我”思想的简单折中，其中和思想体现着儒家“仁”的境界。另外，这段话也体现了孟子的“权宜中和论”思想。孟子认为，子莫的“执中”接近于“中道”，但“执中”如果没有权的维度限制，也易偏执一端，一味“执中”，就会以“中”为一切，“中”也会在这种形式下变成一种僵死的内容，这就有悖于儒家真正“中”的精神。朱熹曾说：“执中者害于时中。……道之所贯者中，中之所贯者权。”[3]357 “执中无权”实质上是“胶于一定之中而不知变”[3]357。“只是一个总的理论与原则，而环境和条件总是不断变化的，随着环境和条件的变化，应当对这些理论和原则作适当的变通调整，这就是‘权’。”[4]孟子反对“执一”，就是反对在“执中”过程中的形式化、僵死化，如果“执中无权”，就是没有对儒家传统“中”精神进行辩证地理解。

扬雄的中和思想和儒家的传统思想有一脉相承之处。其中和思想是《法言》中的基本原则，他明确阐发：

> 立政鼓众，动化天下，莫上于中和，中和之发，在于哲民情。（《法言·先知》）

意思是说，建立好的政治，鼓舞号令群众，动员教化天下的民众，没有比坚持刚柔适当、无过无不及的中和方针更好的办法。坚持中和，关键在于了解民众的情况，从民众的需求出发。从中可以看出，扬雄所推崇的“中和之道”，就是以仁政为核心的中和政治。他主张的中和，是天地之道，是圣人之道，其中和政治的标准即在其中，他说：

> 甄陶天下者，其在和乎！刚则甈，柔则坏。龙之潜亢，不获其中矣。是以过中则惕，不及中则跃，其近于中乎！圣人之道，譬犹日之中矣，不及则未，过则昃。（《法言·先知》）

在这里，扬雄把治理天下的关键概括为“宽严适中”。他的主张，其宗旨在于缓和当时社会矛盾。他既反对黄老无为之说，又反对申韩的法家之术，黄老无为是“不及”，申韩的主张却又是“过”。他追求的是既无过又无不及的“中和”，与孟子主张的“中道”是一样的，都体现着儒家“仁”的境界。但他主张的在施政中的“中和之道”，绝不是对前人理论的简单重复，其理论思想具有很强的实践性。他提出的“中和之发，在于哲民情”中“哲”字的含义，在《法言》中解释为：

> 或问：哲。曰：旁明厥思。问：行。曰：旁通厥德。（《法言·问明》）

意思是说，一个人能够全面地明确自己的思想就是哲，能够全面地贯彻自己的道德就是行。一个“哲”字赋予其中和思想的哲理色彩，即君主要把自己对事物的认识，发展到广博的程度，才能做到真正的“哲”；同时，一个“哲”字又赋予其中和思想的实践色彩，即君主要想在政治中贯彻中和之道，就必须付出实践和努力，去了解人民的意愿，了解人民的需要。扬雄所谓的“中和之发，在于哲民情”，与当时盛行的非理性哲学明显地区分开来，他更重视理性思维在施政中的作用，其“哲”的思想与董仲舒建立在阴阳五行上的中和思想以及黄老自然阴阳的中和思想明显不同。他主张：

圣人存神索至，成天下之大顺，致天下之大利，和同天地之际，使之无间也。（《法言·问神》）

这是提倡在理性的认知过程中去实现天地万物的和谐，从此层面上可以看出扬雄欲消除董仲舒神学论色彩所做的努力。当然，生活在那个年代，他不会也不可能完全摒弃董仲舒的影响，其在坚持先秦儒家政治理论原则和立场的同时，也根据时代的发展而发展着儒家的政治思想，使儒学不断适应发展着的时代需求。

总之，如唐代韩愈评价扬雄所说：“因雄书而孟氏益尊，则雄者亦圣人之徒欤。”[5]终西汉一代，扬雄可以说是最推崇孟子的人，他以孟子自比，仿效孟子批判杨墨，捍卫孔孟之道，建立起了以维护圣人之道为出发点、以儒家伦常为核心的思想体系。他对孟子思想的继承与发展，在中国古代思想史上产生了重要影响。

参考文献：

[1] 汪荣宝. 法言义疏 [M]. 北京：中华书局，1987：85—86.

[2] 蔡元培. 中国伦理学史 [M]. 北京：东方出版社，1996：66.

[3] 朱熹：四书章句集注 [M]. 北京：中华书局，1983.

［4］杨泽波：孟子评传［M］．南京：南京大学出版社，1998：202.

［5］韩愈．韩愈全集［M］．钱仲联，马茂元校点．上海：上海古籍出版社，1997：128.

原载于《衡水学院学报》2017 年第 6 期。

宋冬梅（1968—），女，山东曲阜人，中国孔子研究院副研究员。

论阳明心学与现代价值体系

——关于儒家个体主义的一点思考①

黄玉顺

尊敬的许嘉璐先生，各位学者、同道，下午好！

非常感谢这次会议对我发出的邀请，让我有机会来跟大家分享一下我对阳明心学的一些看法。

一

今天下午的上半场，我听了几位先生的对话，有一些感想。因为他们的一些话题跟我要讲的问题密切相关，所以，我就从对他们刚才对话的评论开始切入吧。具体来讲，我想评论一下安乐哲（Roger Ames）教授和杜维明教授刚才所谈的观点，因为这跟我要谈的问题有密切的关系。

① 本文是在中国阳明心学高峰论坛“人类智慧与共同命运”所做的主题演讲（原题为《论阳明心学与现代价值体系》），论坛由中国文化院、北京三智文化书院举办，于2016年10月15—16日在北京举行。

先谈安乐哲教授的观点。因为我待会儿要批评他，所以，我先说一点他的好话，呵呵！在我看来，安教授是西方人当中理解儒学最到位、最深刻的专家。没有“之一”，就是“最”。这里，我也替他做一个宣传广告：他最具有原创性的思想，是他提出的“儒家的角色伦理学”（Confucian Role Ethics）①。

下面我要批评他了。他讲了一个核心的观点，是说：今天的西方，特别是他的国家——美国，出现了很多的问题，都是因为个人主义或者叫做个体主义（individualism）的泛滥；因此，要解决这些问题，就需要儒学。他这个判断，基于两个前提：第一是整个西方的传统就是个体主义，第二是儒家跟个体主义无关。这两点都是我不赞同的，在我看来，这两个前提是不能成立的。

首先，西方、美国出现的这样一些问题，都是个体主义造成的吗？我举一个最近的例子，希拉里·克林顿和唐纳德·特朗普之间的竞选，后者的得势，国际上的评论都说，这是近年来整个西方的民粹主义在作祟。我也很赞成这样的评论。然而，民粹主义绝非个体主义，恰恰相反，在某种意义上，它跟真正的个体主义是对立的。我也想顺便说一下：中国今天也面临着民粹主义的危险，这是一种非常大的危险。

第二，“个体主义”根本概括不了整个西方的传统，也涵盖不了整个西方哲学。事实上，西方的古代、中世纪，跟中国的古代、中世纪一样，是集体主义的，是家族主义的，是君主主义的，而不是个体主义的；个体主义，严格来说，是现代性的东西。

---

① 安乐哲：《儒家的角色伦理学：一个词汇表》，英文版，香港中文大学：中国大学出版社 2011 年版。（Roger T. Ames：Confucian Role Ethics：A Vocabulary. Hong Kong：Chinese University Press，Chinese University of Hong Kong，2011.）参见黄玉顺：《“角色”意识：〈易传〉之“定位”观念与正义问题——角色伦理学与生活儒学比较》，《齐鲁学刊》2014 年第 2 期。

第三，按照安先生的观点，儒学是讲“关系”的，跟个体主义无关。这个判断，我也不太同意，尽管我很佩服他的儒学研究。把儒家说成是只讲关系、不讲个体的，这是以偏概全。其实，儒家历史上早就有个体主义的观念，或者接近于个体主义、与个体主义相通的观念。我待会儿发言的内容就会讲到这一点。

再说，即便西方的个体主义过头了，这也不是中国的问题。在中国，个体主义不是过头了，而是严重的不足。

后来是杜维明先生的发言，他跟安先生的观点是有所不同的。杜先生的观点，就我自己的理解，包含了两层意思。第一层，即便说西方个体主义造成了某些问题，但同时，现代文明的价值，诸如自由、民主、法制等等，其实都是离不开个人主义的。我理解，这是杜先生想表达的第一层意思。第二层，他也承认——这跟安先生的看法一致，西方的个人主义过头了，所以造成了这些问题。但是，在他看来，我们今天研究阳明心学，是希望能从中发现一些思想资源，这些资源既能够容纳个人主义的价值，同时又能够照顾到安先生所讲的“关系”。杜先生的这种观点，我是赞成的。

我下面要谈的，是我对这个问题的理解，也就是阳明心学如何与现代文明价值接榫的问题。

二

我要谈的“阳明心学与现代价值体系”这个题目，是会议给我的“命题作文”的题目，却正好切合了我本人反复强调过的现代儒学的基本任务：“现代性诉求的民族性表达”（the national expression of modernistic pursuit)[①]。拒绝民族性表达，那是全盘西化派；拒绝现代性诉求，那是原教旨主义。

所谓“现代价值体系”，作为现代性的诉求，这个概念本身并不涉及民族性问题，因为“现代性”（modernity）并不是一个民族国家（nation）概念，而是一个时代概念。不论中国还是西方，都已经或正在发生由前现代社会向现代性社会的时代转型，这是人类社会历史发展的必然趋势。正因为如此，发源于西方现代化过程中的“自由”“平等”“民主”“法制”等现代价值，也被纳入到我们的“核心价值观”。

但是，一元性的“现代性”的社会转型，却又表现为不同民族国家的多元化的“现代化模式”（the patterns of modernization）。这是因为：现代化的基本表征之一，就是民族国家的建构；而这是与特定族群的历史文化传统（历时维度）和生活方式（共时维度）有着密切关系的。换言之，“现代性诉求”必定表现为“民族性表达”。在中国，这种民族性表达的典型话语体系，就是儒学。所以，儒学的复兴也是必然的；这就犹如基督教，在西方的现代化过程中，不是被抛弃了，而是通过现代性的转化而获得了新生。

我特别要强调：中国的现代性诉求，其实并不是西方“列强”强加给我们的；中国的“内生现代性”（endogenous modernity）早在宋代就已发生。不论在西方，还是在中国，现代性都发轫于中世纪的中后期。中国的“内生现代性”，集中体现为发达的都市及其繁荣的市民生活方式。

---

① 参见黄玉顺：《现代新儒学研究中的思想视域问题》，见黄玉顺主编：《现代新儒学的现代性哲学》，导论，中央文献出版社 2008 年版；收入氏著《儒学与生活——“生活儒学”论稿》，四川大学出版社 2009 年版，第 221—224 页。

与此同步，中国之现代性诉求的民族性表达，即儒学的现代化，也早已发生①。中国内生现代性的市民生活方式，在帝国后期的文学艺术等观念形式中有着充分的、丰富多彩的反映，反而被所谓“宋明理学”之类的研究模式所遮蔽。所以，我提出“重写儒学史”的倡议②。

三

儒学的现代化，包括儒家的个体主义，至迟可以追溯到阳明心学、阳明后学。在我看来，这才是阳明心学的最大意义所在。近来由于某种原因，阳明心学忽然“热”起来、“火”起来，但却夹带着、充斥着某些值得高度警惕的东西。

我曾撰文分析，我国后期的儒学，大致分化为两种趋向：一种是“守成”的儒学，即儒学的进一步精致化，其典型是宋代的“理学”，其根本特征是将“人欲”与“天理”对立起来，将“人心”与“道心”对立起来，而其所谓“天理”“道心”，实质上是我国伦理政治规范的形上学化，戴震斥之为“以理杀人”③，后来的新文化运动所批判的也主要是这样的儒学④；另一种则是“开新”的儒学，即儒学的现代转化，其典型是明代“心学”、阳明后学当中的一些思潮，其根本特征是以心为本、以人心为天理，于是，个体自

① 黄玉顺：《论儒学的现代性》，《社会科学研究》2016 年第 6 期。

② 黄玉顺：《论“重写儒学史”与“儒学现代化版本”问题》，《现代哲学》2015 年第 3 期；《新华文摘》2015 年第 18 期全文转载。

③ 戴震：《与某书》，见戴震《孟子字义疏证》，中华书局 1982 年版。

④ 黄玉顺：《新文化运动百年祭：论儒学与人权——驳“反孔非儒”说》，《社会科学研究》2015 年第 4 期。

我及其本真生活情感得以彰显①。

在阳明后学中，最典型的莫过于以王艮为代表的泰州学派，其思想观念极具现代性色彩。王艮作《明哲保身论》，倡言“爱身如宝”，他指出：“吾身保，然后能保一家”，“吾身保，然后能保一国”，“吾身保，然后能保天下”②。而其所谓“吾身”，即个体自我，乃是家、国、天下的根本价值尺度，他指出：“身是本，天下国家是末”，“吾身是个矩，天下国家是个方”③。这显然与前现代的家族主义、君主主义、集体主义的价值观大相径庭，乃至背道而驰。

这种心学传统不仅开辟了儒家形下学的现代化道路，例如黄宗羲对君主主义、专制主义的深刻批判④，而且开辟了儒家形上学的现代化道路，例如王船山对儒家传统的先验人性论的批判⑤、戴震的直接视人情、人欲为天理的思想⑥，如此等等。我们还注意到，20 世纪从熊十力到牟宗三这一系的现代新儒家，作为儒家的一种“现代性哲学”⑦，要开出“新外王”——民主与科学，而他们所承接的正是心学的传统。

四

如果要对阳明心学做一个总体性的评价，即可以这样讲：王阳

① 黄玉顺：《论“重写儒学史”与“儒学现代化版本”问题》，《现代哲学》2015 年第 3 期。

② 王艮：《王心斋全集》，江苏教育出版社 2001 年版。

③ 王艮：《答问补遗》，见《王心斋全集》。

④ 黄宗羲：《原君》，《明夷待访录》，中华书局 2011 年版。

⑤ 王夫之：《尚书引义·太甲二》，中华书局 1976 年版。

⑥ 戴震：《孟子字义疏证·理》。

⑦ 黄玉顺主编《现代新儒学的现代性哲学》，中央文献出版社 2008 年版。

明是中国的托马斯·阿奎那（Thomas Aquinas）。阿奎那不仅是西方中世纪经院哲学的集大成者，而且其思想中具有许多开启西方现代性的端倪，可惜后面这一点还不为人们所充分注意和深入研究。

阳明亦然，尽管他本人的思想并不具有现代性的性质，而且其形下层级的伦理政治哲学仍然是在致力于维护帝国时代的君主专制主义的社会规范及其制度，在社会上“破山中贼”、在精神上“破心中贼”，即主观上仍然是君主专制的卫道士；然而，其形上层级的那种以“心”本体取代“性”本体、由个体之“心”来体证“天理”的观念，确实开启了儒学走向现代性的可能，所以才会出现上述的王门后学中的儒学现代化、个体主义倾向，包括黄宗羲、戴震那样的颇具现代性的思想观念。

王阳明以个体之“心”来确证本体之“理”，极类似于胡塞尔（Edmund Husserl）的“本质直观”（Wesenserschauung）（essential intuition）：非个体性、非经验性的一般本质，竟然建基于个体性的、经验性的自我体验——良知所发之“意”（王阳明）或“意向性”（Noesis）（胡塞尔），尽管他们本人未必明确地意识到了这一点。

总而言之，阳明心学的心本体论，开启了儒学通向现代价值体系的一条可能路径。我们今天研究阳明心学，应当致力于揭示阳明之“心”与现代性的“个体”“自由”“平等”“民主”“法治”等价值观念之间的联系，否则便是南辕北辙，乃至陷儒学于险境。

原载于《衡水学院学报》2017 年第 3 期。

黄玉顺（1957—），男，四川成都人，山东大学教授、“泰山学者”特聘专家，研究方向为儒家哲学、中西比较哲学。

王阳明“未发之中”说新解

袭业超

“已发”“未发”的概念出自《中庸》“喜怒哀乐之未发谓之中，发而皆中节谓之和”。“未发之中”作为一个完整概念频繁地出现大致应在宋明时期，这也成为宋明儒家颇喜参究的问题，此也被王夫之称为“儒家第一难透底关”[①]。本文试图通过梳理宋明理学史上关于“未发”的代表性观点，说明王阳明的“未发之中”概念并不完全等同于《中庸》之未发说，其“未发之中”概念的提出建立在“立言宗旨”之上。并且，确实存在具体意义上的“未发”之不中的情况，此以王阳明的论述最为明确。因此学者在使用“未发之中”这一概念时，需要对其特定的含义做出说明，不应笼统地认为“未发之中”就是天下之大本。

一、“未发”说述评

“已发”与“未发”问题自二程起，一直是理学讨论的核心问

① 原文出自王夫之：“‘喜怒哀乐之未发谓之中’，是儒家第一难透底关。”王夫之《船山全书》，岳麓书社 1996 年版，第 469 页。

题之一。自程颢程颐至弟子杨时、谢良佐、吕大临等，再传弟子罗从彦、张九成、胡宏等，在此问题差异较大。对此问题的梳理，对于我们理解阳明的未发之中说很有必要。下面我们分别叙述之。

二程对这一问题的讨论集中于小程子与吕大临《论中书》以及其与苏季明的回答中。吕大临主张“中即性也”，认为“在天为命，在人为性。由中而出者莫非道，所以言道所由出也，与率性之谓道之义同，亦非道中别有中也”[1]605。其主张“道”就是中、“性”。此“喜怒哀乐之未发谓之中”便是与“道”一致的存在，由此而发出的行为都是合道的，因而合理。这个“中”便是“性”，是发而皆中节的，是人之为人内在的、先天的根据。此根据是天命降而在人的“性”，这显然是将《中庸》之未发说实体化，作为宇宙万物的本原与根据。

小程子则不同意此观点。先生曰：“‘中即性也’此语极未安。中也者，所以状性之体段，如称天圆地方……若只以中为性，则中与性不合，与率性之谓道其义自异。性与道不可合一为言，中止可言体，而不可与性同德。”[1]606程颐在此明确表示“中”不是“性”，只是“性”的状态或“体段”。也就是说，“中”只是“性”的形容词而没有任何实际内容与意义，只是作为“性”的属性而存在。若把“中”与“性”等同，便将德行的内容赋予了“中”，这显然是不合适的。因此，“中”只能“虚说”①，不能有实际的内容，不能被落实为与“性”相同的内容。

通过以上二程与吕大临的论述，我们可以看出：吕大临将“未发”直接规定为“性”，小程子虽未明确将“未发”规定为“性”，

① 语出朱熹：“中是虚字，理是实字。”朱熹《朱子语类》卷第六十二，中华书局1994年版，第1512页。

但却以“性”之状态“中”来说明“未发”，实际上也间接地肯定了“喜怒哀乐之未发”的至善状态。换句话说，二程与吕大临在此问题上的主张大致相同，都以未发为善，为“性”。

小程子与苏季明的讨论，还涉及了“未发之中”的问题。苏季明问：“中之道与喜怒哀乐未发谓之中，同否？”曰：“非也，既发时，便是和矣，发而中节，故是得中（时中之类）。只为将中和未分说，便是和也。”[1]200 小程子认为喜怒哀乐之未发是在中，即喜怒哀乐未发时指内在的中的性理。而当有人问到是否有“未发之中与既发之中时”，小程子做了否定回答，认为既发就是和，不是中，中只是未发时言之。需要注意的是，小程子只是否定了有既发之中，并未否定有“未发之中”。按小程子一贯的主张，此“未发之中”似乎亦指“性”而言。由此可见，小程子并未产生出“未发”之不中的认识与体验，只是强调了未发状态的至善性，这是“不偏不倚”的，即“中名有二义，程子因言之矣，今以其说推之，‘不偏不倚’者，程子所谓‘在中’之义，未发之前，无所偏倚之各也”[2]。

杨时作为二程弟子，对已发未发的认识与二程有所不同。其云：“中庸曰喜怒哀乐之未发谓之中，发而皆中节谓之和，学者当于喜怒哀乐未发之际以心体之则中之义自见，执而勿失，无人欲之私焉，发必中节矣。”[3]952 此话至少蕴含两层意思：其一，发而中节的根据，根于未发时的“中”的状态；其二，杨时的“以心体之”实际上是道南学派“默坐澄心，体验天理”的理论[4]。“此要求体验者最大限度地平静思想和情绪，使整个意识状态由明显的活动转为静止，然后努力去体验思维情感没有活动的内心状态。”[5]110 这显然是将未发规定为心之静，主体去体验并保持住心之静，就能达到“未发”的状态，也就是实现并把握住了天下之大本。当此发而见于外时，自然无不中节，也即“发而皆中节谓之和”。此心之静与二程将未发规定为“性”还是有所区别的。

胡宏曾以杨时为师，又尝与侯师圣游，其关于已发未发的思想自然受程门影响较多。其提出“窃谓未发只可言性，已发乃可言心”[6]，明确指出了“未发”是“性”的论断，并以“寂然不动”不能为未发之中阐发自己的理论。其云：“未发之时，圣人与众生同一性，已发则无思无为，寂然不动，感而遂通天下故，圣人之所独……若二先生以未发为既然不动，是圣人感物亦动，与众人何异？”[6]寂然不动是众人通过一系列工夫而达到的圣人境界，而《中庸》之未发说则是一种先天的可能性与预设，胡宏认为此二者是不能等同的。倘若将《中庸》之未发与寂然不动等同，就会产生圣人感物亦动的情况。因此寂然不动实则已发为和的状态，因此，胡宏强调“未发只可言性，已发乃可言心”。

由以上的论述我们可以知道，对已发未发的讨论基本上循着两种思路：一方面从体用的角度，未发是“性”，已发是“情”；另一方面，从源流的角度，未发是心之静，已发是心之动。前一理路由程颐、吕大临、胡宏为代表，后一理路则以杨时为代表的道南学派为主。

作为理学集大成者的朱熹，综合前人之说，在历经两次中和之悟后，最终在四十岁的时候确定了其关于已发未发的论断。“中和新说”大致有两层意思：其一是以性为未发，情为已发；其二是以思虑未萌为未发，思虑已萌为已发。由此我们可以很明显地看出朱子吸收前人学说的痕迹。此理论既涉及“性”也兼顾了心，既肯定了形而上的人之为人的根据，也涉及形而下的心之动静，在理论上似乎很完满。

需要注意的是，朱熹虽然将心之静与性理解为未发的两种不同情况，但并未产生“未发”之不中的自觉。朱熹虽然明确说：“喜怒哀乐未发之中，只是思虑未萌，无丝毫纤欲，自然无所偏倚，所谓寂然不动，此谓之中也。”[7]也就是说，朱子虽然肯定思虑未萌（心之静）可以被称为《中庸》之未发，但却并未意识到此种状态下的“未发”之不中亦是存在的情况，即“未发之中”与《中庸》之未发不可简单等同。朱熹虽未对此做出说明，但王阳明却自觉到这种情况，下面我们就论述一下“未发”之不中在其理论中是如何可能的。

二、王阳明“未发之中”说新解

由以上论述我们可以知道，朱熹之前的理学家们大致将未发定义为心之静与“性”两个方面，至朱熹将二者统一综合起来提出“思虑未萌”与“性为未发，情为已发”的表述。而到了王阳明则提出一个与前人皆不同的“未发”之不中的理论。

首先，王阳明亦明确主张“良知”便是“未发之中”。其云：“喜怒哀乐，情也，既曰不可谓未发矣。喜怒哀乐之未发，则是指其体而言性也。”[8]232将未发与性等同。又“良知即是未发之中，即是廓然大公、寂然不动之本体，人人之所同具者也”[8]232。又，“‘未发之中’即良知也，无前后内外而浑然一体者也”[8]233。将“良知”等同于“未发之中”。也就是说，王阳明认为“人人所同具”的“良知”本体与“未发之中”的内容与意义等同，与之前的理学家们的理解并无不同。

但是，王阳明提出了一个与此理论相矛盾的说法。其云：“不可谓未发之中，常人俱有。盖体用一源，有是体即有是用，有未发之中，即有发而皆中节谓之和，今人未能有发而皆中节谓之和，须是知他未发之中亦未全得。”[8]190 王阳明在解释已发未发的体用关系时如此论述，需要注意的是，其认为“未发之中”并非常人具有，与之前认为“良知”是“未发之中”相矛盾。“良知”本应人人都有，这是否意味着“良知”的非普遍性？显然不能如此理解。

以上看似矛盾的论述应从两方面理解。其一，“良知即是未发之中”与“不可谓未发之中，常人俱有”之两个“未发之中”应该有所区别。也就是说，作为“良知”的未发之中是与《中庸》“喜怒哀乐之未发谓之中”的意义相同，这也应是《中庸》未发说的本义。这是从二程到吕大临到胡宏再到朱熹一贯的理路，此是“性”即“良知”本体，直接从“性”上说，为人之成圣的基础与前提。这种“未发”人人具有，是人之为尧舜的形而上学基础，这时的“中”才是“天下之大本”，即《中庸》的“中也者，天下之大本也”。这意味着《中庸》未发说的本意是将“中”看作一个实体性的存在，此存在便是宇宙万物之根，是天下之大本，也即“尧舜性之也”之意。依此“中”的理路，大可率性而为，自然无不中节合道，其内在无所偏倚，发而在外自然无不和。

其二，阳明所指不可谓常人俱有的“未发之中”应从气上说。对常人而言，未发之中与不中同时存在，故彻底的未发之中，即与《中庸》未发说相一致的状态并非人人都有，这种未发之中显然是从“气”上理解的，需要通过工夫实现出圣人境界才可具有。此“未发之中”应是“气”上的全中即未发之无所不中。前人大多主张未发只可言中，已发只可言和，故大部分人认为“未发之中”与《中庸》之未发说相等同。实际上二者并不完全等同，阳明在此便提出了一种前人都未曾涉及的情况——未发之不中。

前文已论述，学者大都认为“未发之中”是“已发之和”的根据，但王阳明却完成了理论上的倒推：在常人那里，“已发之和”

并不意味着未发之全中、无所不中。其云："在一时一事，固亦可谓之中、和，然未可谓之大本、达道。"[8]191 在一时一事上的中和还不能与《中庸》之未发说等同。在王阳明看来，常人的未发之中只是一种暂时的而非彻底的状态，只能被作为已发之和的充分不必要条件。更进一步，未发之中在王阳明这里并不能决定已发之和，只是已发之和实现的前提条件，是已发之和顺利达到"和"的状态的保障。未发之中不能决定已发之和但是却能保证已发之和，而已发之和的存在却不能说明未发之中的全中。对常人来说，未发之中不是时刻存在于心中的，暂时的未发之中并不能表明主体的全体皆中。

王阳明的理由便是："今人未能有发而中节之和，须知是他未发之中亦未能全得。"由今人之行，观今人之心，今人之行未能中节，则其心必然不是"全得"，即其未发之时必然不是全中，因为已发行为所表现出的不和显然是由未发时存在不中导致的。也就是说，未发之中为体，已发之和为用，"体用一源，显微无间"[9]。但从平常人已发不和的行为迹象，可以断定其"未发"之不中即内心的念头并非彻根彻底的善。

再推一步，平常人确实存在未发之不中，也即"不能全得"的情况。此结论建基于这样的逻辑之上：只有未发之中，才能已发之和，而常人有未发之不和，自然可以推定其内心必然有未发之不中。这便产生一个问题，未发之不中是如何存在的？这是否意味着"性"或者"良知"在阳明的体系中是一个变异的、非"至善"的存在？

这显然是否定的，"良知"在阳明的思想中显然是至善的，不仅如此，它还先天具有创生性"见父自然知孝，见兄自然知弟"[8]232。如果否定良知至善的属性，就等于否定了"人性善"，其后果必然是“恶”亦先天根于人性，不仅从理论上堵塞了儒家成圣成贤的可能，更为严重的是提供了做恶的理论依据，后果不堪设想，王阳明作为一代大儒，显然不会如此考虑。

王阳明解决这一问题的方法便是将未发之中与不中放在主体当下的思维活动中。将原先《中庸》之未发说由“性”的层面下降到“气”的层面，在一定程度上继承了朱熹“思虑未萌”便是未发的思想。之前儒者大多绝对地认为未发便是中，已发便是和，并且严禁将未发与已发混淆，除此之外，不存在另外的情况。但顺着王阳明的逻辑我们发现，在普通人身上出现了一种与前人的论述完全不同的情况：常人的未发之中与不中可以同时存在。当未发之中的状态出现时，这只是主体当下的无思无虑的状态，并不意味着主体未发之不中即“恶”的念头或者恶的根源就消失了，它只是以隐而不发的形式存于心中，当时机成熟时，此“不中”仍会表现出来。因此，常人的未发之中并不意味着主体之心体通体清澈中道而无所偏倚，这种完全的善或者“中”只存在于圣人的境界中。对常人来说，未发之不中仍然存于心中，只是暂时的隐而不发。

喜怒哀乐未发之前，思虑未萌，但并不意味着恶的思虑不存在，这是未发之不中。无思无虑虽是未发（朱熹即认为思虑未萌，事物未至之时为喜怒哀乐之未发），却不意味全中。只有圣人才会实现思虑未萌时的全中，对常人来讲，仍有个不中的根源在。王阳明举人患疟疾的例子形象地说明了这一理论：“辟之病疟之人，虽有时不发，而病根原不曾除，则亦不得谓无病之人矣。”[10]188 也就是说，未发之中只是一种暂时的情况，未发之不中虽暂时隐而不显，像患疟疾之人一样暂时不发病，但这并不意味着未发之不中的消失。不中的基因或根源仍然存在心中，因此，不能说此刻之未发之中便是与《中庸》之未发说相等同的“全得”的情况。当然，我们此处论述的未发之不中的情况只存在于常人，常人的未发之中与不中是隐与显的关系，而圣人则无有不中。

由此可见，王阳明确实提出了一种不同于前人的未发之不中的情况。这种情况只是针对普通人而言的隐而不显，这也就意味着“未发之中”在王阳明看来只能从“气”上说而不能从“性”上说。倘若从“性”上说，便与“良知”的至善性相矛盾，这显然是行不通的。未发之前的无思无虑状态只是主体暂时的气定而非心上“全中”的境界。只有达到圣贤境界的人才能实现真正意义上的未发之中，具有与《中庸》之未发说相同的内容。

再进一步，我们不难发现，既然未发之中并不完全等同于《中庸》之未发说，那么，已发之和便不能从此找到根据。此未发之中已不具有作为天下之大本的资格，不再是心体的属性，只是在“气”上的暂时的“中”也即气定。由此而发的主宰义便有局限性，不能穷尽所有的和的情况，更不能穷尽所有的无过不及之理。这也意味着王阳明的体系中，常人的未发之中只能是保证“良知”本体流行的一个前提或者状态，已发之和的根据应超越此“未发之中”而去心体、“良知”本体上找寻。

至此，阳明未发之中的含义与已发之和的关系便不言而喻。阳明已自觉区分常人与圣人未发之中的不同意义，本质上主张后者同《中庸》之未发说相同，亦表明未发之中只是已发之和的条件而非根据，且此条件还是充分而不必要的。这与之前理学家的看法多少有所差异，而这一差异也决定了我们在使用未发之中概念时的局限性。

王阳明主张常人未发之不中的存在，认为未发之中与《中庸》从“性”上说的未发意义并不等同。但王阳明也在另一层面即圣人层面肯定未发之中与《中庸》之未发说的相同，肯定圣人的未发之中在本质上与《中庸》未发说的一致性。并且，这种看似矛盾的理论体系蕴含着王阳明一贯的立言宗旨。也就是说，阳明虽详细地分析了常人未发之不中的情况，提出了未发之不中的存在并区别了常人未发之中与圣人未发之中，指出常人未发之中与《中庸》未发说的不同；王阳明也从另一方面说明了未发之中的本意与《中庸》未发说并无不同，其仍是天下之大本，是人之为人的根据，这一看似矛盾的理论实则建立在其立言宗旨之上，下面我们便详细论述之。

三、未发之中的立言宗旨

前文我们已经论述，王阳明认为未发之中只是圣人具有的一种境界，常人需通过一系列的修身工夫才能达到，并且认为普通人确实存在未发之不中的情况。因此，王阳明认为常人的未发之中与《中庸》之未发说在层次上应该有差别，内容上自然也不能等同。前者从气上说未发之中，实是无思无虑的气定状态，这种状态是常人所不具有的；后者是从"性"上说的，这是人人成圣的基础，并且是人人都具有的先天根据。

但是，与此相矛盾的是，阳明又提出了气定或者"气之宁静"不是未发之中的理论。当有人问："宁静存心时，可为未发之中否?"王阳明回答说："今人存心只定得气，当其宁静时，也只是气宁静，不可谓未发之中。"[10]181 这说明，一方面王阳明认为未发之中就是气的宁静即无思无虑状态，这是与《中庸》的未发说相区别的。另一方面又公开主张气之宁静不是未发之中，这应该如何理解?

我们认为，王阳明看似矛盾的主张背后蕴含着其一贯的立言宗旨。王阳明每言及一概念时，往往要表明其立言宗旨。比如说到心即理的命题时，“诸君要识得我立言宗旨。我今说个知行合一是如何，只为世人分心与理为二，故便有许多病痛……故我说个心即理，要使知心与理是一个，便来心上做工夫，不袭取于义，便是道之真，此是我立言宗旨”[11]。王阳明认为世人将心与理为二事，当心有恶念时，因其未落实到行动上便不认为是恶的，便不去禁止。基于此，王阳明便提出心即理即心与理为一的命题，这便是王阳明一贯的立言宗旨的风格。

同样，此之未发之中也有其立言宗旨，这便是阳明命题矛盾的原因。有人问阳明：“伊川谓不当于喜怒哀乐未发前求中，延平却教学者看未发气象，何如?”王阳明回答说：“皆是也，伊川恐人于未发前对个中，把中做一物看。如吾向所谓认气定时做中……皆古人不得已诱人之言也。”[10]190 这“不得已诱人之言”便是王阳明关于未发之中的立言宗旨，其针对的是有人仅将静作为学工夫的弊端。

“默坐澄心，体验天理”是道南学派一脉相承的工夫论。朱熹的老师李侗也要求朱子体验未发，朱熹曾说过：“李先生教人，大抵令于静中体认为大本未发时气象分明，即处事应物自然中节，此龟山门下相传指诀。”[3]322 而朱熹也通过己丑之悟为静中涵养确立了位置，“其主张思虑未萌时是未发，思虑已萌时是已发，如果认为心任何时候都是已发，人的工夫便只是在已发上用功，就容易只注意明显的意识活动的修养，而确认了思虑未萌的未发意义，就可以使人注意从事未发时的涵养”[5]134。

由此可见，理学家们亦重视静的工夫来体认天理，而王阳明的立言宗旨便是针对为学仅从此工夫着手的弊端。

王阳明体系中存在矛盾学说的原因在于其认为静的工夫对体认天理的贡献甚微。“若靠那宁静，不惟渐有喜静厌动之弊。中间有许多病痛，只是潜伏在，终不能绝去，遇事依旧滋长，以循理为主，何尝不宁静，以宁静为主，未必能循理。”[10]181 王阳明认为静的工夫对于明理帮助甚微，只靠宁静工夫，心中所有的恶念病痛不会因一时的气定气静而消失。气定只是使得心气平和，当心气不定时，恶念依旧还会滋长、出现。

工夫的目的在于使心中无一丝一毫私欲，就像陆九渊说的："人心有病，须是剥落，剥落一番即得一番清明，后随起来，又剥落又清明，须是剥落地净尽方是。”[12] 工夫的目的要克除恶念私欲而不是单纯地通过心的宁静使得恶念暂时地被隐藏。这种暂时的隐藏恰似患疟疾之人，暂时的不发病不代表疟疾的病根从人体内消失，心单纯的宁静而不依靠其他的方法并不能治愈疟疾。

基于此，阳明提出了看似与《中庸》未发说相异而实质上相同的思想。前文我们所论述的未发之中与不中的学说确与《中庸》之未发说相异，但此只是一种权说，目的是让世人明白：如果单纯地追求内心的宁静，并不能根除内心之病。当下虽可实现未发之中的状态，但并不能根除不中的因素，这从常人的已发之不和便可知不中的因素仍存在人心中。也就是说，只是追求静无法去除存于心中之私念私欲。王阳明此处不是根本地否定静的工夫，而是让世人明白其局限性，目的是要世人把工夫落在静的工夫之外。当有人问阳明关于工夫的问题时，曰："未便是中，莫亦是求中工夫?”王阳明回答说："只要去人欲、存天理，方是工夫。”[10]181 静在王阳明看来并不是真正意义上的工夫。王阳明未发之不中的提出便建立在这种立言宗旨之上。

而在究极意义上，王阳明仍然主张未发之中与《中庸》之未发说的一致性。提出未发之不中虽是为让世人认识到静的工夫的弊端，阳明同时也强调只有圣人才能实现真正意义上的未发之中。其次，王阳明还明确地将“良知”规定为未发之中。“先生曰：在一是一事，因亦可谓之中、和，……然未可谓大本达道。……无所不中，然后谓之大本，无所不和然后谓之达道。”之前我们论述的未发之中因在气上说，只是一时的中和而非真正意义上的中和，只有无所不中、无所不和的状态才是真正的未发之中。又：“今人存心，只定得气，当其宁静时，亦只是气宁静，不可以为未发之中。”“须是平日好色、好利、好名等项，一应私心扫除荡涤，无丝毫留滞，而此心全体廓然纯是天理，方可谓喜怒哀乐之未发谓之中，方是天下大本。”[10]191 由此可见，未发之中的本意仍是与《中庸》未发说所阐发的大本之“中”一致。由于权说而提出的未发之中，是形而下的未发之中，只是为了警醒世人的一种方便之说，“未发之中”本质上还是与《中庸》的意义相同的，这也是我们需要注意的。

由此可见，王阳明关于未发之中的两种表述并不相矛盾。阳明举常人也有未发之不中的例子，只是为了说明单纯的静的工夫对成圣成贤的局限性，为的是让人们在做工夫的时候落脚到心上，落脚到“存天理，灭人欲”上，要破心中贼而非仅仅让自己的心平静下来。这是王阳明的立言宗旨，同时也是权说。其本质上仍然主张未发之中与《中庸》的天下大本的一致性，这便为人成圣成贤确立了一个先天的形而上学的依据与可能，看似矛盾，实则统一，目的与归宿都是一致的。

四、小结

已发未发说作为宋明儒学讨论的核心问题之一，原本有三种主张：一是以心之动静解，一是以“性”解，还有则是以朱熹为代表的综合说。到了王阳明则自觉到常人具有未发之不中的情况，这是值得我们注意的。

王阳明的未发之中说看似与《中庸》未发说相承，实质上只是阳明的权说，目的是不让世人专注求静的工夫而忽视破心中贼的弊端，工夫要落脚到自己的心上求，要彻根彻底不让一丝私念存于心中。归根到底，王阳明的未发之中说与《中庸》之未发说并无不同，其以“良知”解释未发之中便能很好地说明这一问题。

本文之第二部分与第三部分看似矛盾，实质上都代表了王阳明在不同语境中的不同观点，本质上并无矛盾，其与王阳明思想也无太大冲突。但是，因为阳明确实自觉到了一个未发之不中的情况，这就需要我们以后在使用这一概念时留心具体语境，谨慎使用，不可单纯地将其与《中庸》之未发说等同，即便是本质上二者并无不同。

参考文献：

[1] 程颢，程颐. 二程集：上 [M]. 北京：中华书局，2004.

[2] 朱熹. 四书或问 [M]. 上海：上海古籍出版社，2001：44.

[3] 黄宗羲. 宋元学案 [M]. 北京：中华书局，1996.

[4] 朱熹. 朱子全书：第十三册 [M]. 上海：上海古籍出版社，2010：1031.

[5] 陈来. 宋明理学 [M]. 上海：华东师范大学出版社，2008.

[6] 胡宏. 胡宏集 [M]. 北京：中华书局，1987：115.

[7] 朱熹. 朱子语类 [M]. 北京：中华书局，1986：1490.

[8] 王阳明. 传习录：中 [M]. 上海：上海古籍出版社，2000.

[9] 程颢，程颐. 二程集 [M]. 北京：中华书局，1981：692.

[10] 王阳明. 传习录：上 [M]. 上海：上海古籍出版社，2000.

[11] 王阳明. 传习录：下 [M]. 上海：上海古籍出版社，2000：293.
[12] 陆九渊. 象山语录：下 [M]. 上海：上海古籍出版社，2000：73.

原载于《衡水学院学报》2017 年第 5 期。

袭业超（1992—），男，山东淄博人，北京大学哲学系在读博士。

宋翔凤的孔子素王说

黄开国

在清代经学史上，刘逢禄尽管是言公羊学的学者中将重大义转向重微言的关键性人物，但他并没有明确区分微言与大义，虽然他实际上已经是以微言为宗，却常常将微言与大义混而不分。故他只能停留在“照着说”的阶段。宋翔凤则较为清楚地意识到微言大义之分，是清代讲今文经学的经学家中第一个明确此点的思想家，所以，他能够在某些方面超越“照着说”，并特别重视孔子素王说的发挥，而为廖平、康有为以孔子改制说的“接着说”提供直接的理论素材。

一、明确区分微言大义

宋翔凤区分微言大义的认识有一个发展过程。他最早明确区分微言大义见于26岁时所著的《经问》，该书的《自序》说：“夫六经定而异端绝，传注出而圣学明。……按经者，常也，恒久而不已，终古而不变，谓之曰常。故圣人之言曰微言，传记所述曰大义。微者至微无不入也，大者至大无不包也。原其体类，皆号为经。……盖道德统纪、治乱条贯，六艺之本也。门户别立，师传互异，又其枝流也。”[1]6这基本上是对《汉书·艺文志》说的“昔仲尼没而微言绝，七十子丧而大义乖”题中之义的发挥。是从圣与贤、经与传、本与流来区分微言大义，以圣人之言、六经、本源为微言，以贤人所述、传注、支流为大义。这一微言大义说，既强调二者的区别，微言带有根本性，微言先于大义，又强调二者的一致性，认为都是圣人之道的体现。

在后来的《汉学今文古文考》，宋翔凤又提出了新的微言大义说：

> 微言者即夫子之言性与天道不可得闻。……《易》《春秋》皆具性与天道之原，利与命与仁之理备于二经。《论语》二十篇多言《易》《春秋》之微而未尝显，故《论语说》曰：“子夏六十四人共撰仲尼微言，以当素王。”……大义即夫子之文章可得而闻，如《诗》《书》《礼》《乐》是也。故子所雅言《诗》《书》执礼，此夫子所正言以告弟子，当时并口授其大义。所谓微言大义并汉世博士所传[1]9。

这是从六经与内容来区分微言与大义。就经典而论，微言为《易》《春秋》《论语》，大义为《诗》《书》《礼》《乐》；就内容论，微言即不可得闻的性与天道，大义即可得而闻的文章。从宋翔凤特别强调《论语》多微言，并与《春秋》相发明来看，这一微言大义说与《论语说义》的基本思想相一致，是宋翔凤言孔子素王说的微言的理论依据。

宋翔凤虽然以《易》与《春秋》为孔子言微言的经典，但是，他又认为孔子经学的微言备于《论语》所谓“孔子受命作《春秋》，其微言备于《论语》”[2]1985上。所以，探求孔子的微言，最应该重视的是《论语》一书。他认为，《论语》各篇都是发挥孔子微言的作品。在孔子微言的论说上，刘逢禄以微言集中见于公羊，《论语》只是公羊微言的发挥，可以说是重公羊，而宋翔凤则是重《论语》，二人对经典的重视是各不相同的。

《论语说义》以性与天道、文章分梳微言与大义，故《论语》中凡是有性与天道的语言，都被宋翔凤作为论说孔子微言的证据。并据孔子“夫子之言性与天道不可得而闻”，以“不可得而闻”确定为孔子微言的标记，而将“子罕言利与命与仁”“予欲无言”也异议附会为孔子的微言。这一用“罕言”“不可得而闻”“无言”之类，来证成所谓孔子微言，完全是一种文字的附会。而附会就必然出现矛盾。借用牵强附会的手法，以论说性与天道为孔子微言，是《论语说义》的主要内容。关于性与天道的发明，我在《清代今文经学的兴起》第三章第三节已有详细的论说。而从宋翔凤发明的孔子微言中，他言性与天道，并不是对人性与天道的学术研究，也不是对道德伦理问题的讨论，而是着眼于政治，是希图从孔子的微言中寻求所谓百世不易的根本大法。

二、宋翔凤发明微言的核心

宋翔凤在《论语说义》发明的经学微言，除了性与天道，还沿袭刘逢禄以公羊学的三科九旨说《论语》，来发明经学微言。他说：“《春秋》之作，备五始、三科、九旨、七等、六辅、二类之义，轻重详略，远近亲疏，人事洽，王道备，拨乱反正，功成于麟，天下太平。”[2]1987上 在这些微言大义中，宋翔凤论说最多的就是公羊学的张三世、异内外等内容。宋翔凤的这些论说，基本上是对公羊学的重申，但也有自己的特色。

譬如论公羊学的张三世，宋翔凤除了承袭已有之说，还与人君之道联系在一起为说。如他说："求张三世之法，于所传闻世，见治起衰乱，录内略外；于所见世，见治升平，内诸夏，外夷狄；于所见世，见治太平，天下远近大小若一。此仁之能近取譬，故曰为人君至于仁，此南面之道，中庸之至也。"[2]1998上 而他论张三世最有价值的是特别强调了新陈代谢之义：

> 《春秋》文十四年，"秋，七月，有星孛入于北斗"；昭十七年，"冬，有星孛于大辰"；哀十三年，"冬十月，有星孛于东方"。公羊说曰："孛者何？彗星也。"古文《左氏》说曰："彗，所以除旧布新也。"谓文公继所传闻之世，当见所以治衰乱，昭公继所闻之世，当见所以治升平，哀公终所见世，当见所以治太平者，于此之时，天必示以除旧布新之象，而后知《春秋》张三世之法。圣人所为本天意以从事也[2]2009中。

他强调《春秋》的张三世之法，本于天象的除旧布新，而除旧布新也就是新陈代谢，这一突出新陈代谢的意义，是宋翔凤的张三世说最具价值的所在。将此运用到历史的发展中，就是主张新社会、新制度取代旧社会、旧制度，这显然是一种具有改革意义的理论。只不过宋翔凤没有明确表达出来而已。

异内外是公羊学微言的另一重要内容，一般谈公羊学者都忽略了如何由内及外的问题，宋翔凤言的《论语说义》则特别重视这一方面的发挥。他说：

> 子曰："君子之于天下也，无适合，无莫也，义之与比。"谨案：此章明君子之义内也，董子曰："《春秋》之所治人与我也，所以治人与我者，仁与义也。以仁安人，以义正我，故仁之为言人也，义之为言我也，言名以别矣。"……积毫毛之善，绝纤芥之恶是之谓密，《春秋》治起衰乱，则内中国而外诸夏，

亦始于以义治我，故义先于治我，则仁达于天下……（董子）又曰："君子求仁义之别，以纪人我之闲，然后辨乎内外之分，而著于逆顺之处也，是故内治反理以正身，据礼以劝福，外治推恩以广施，宽制以容众。"按：董子言《春秋》之法治衰乱而立太平，故分仁义为外治内治，其实仁义皆具。于性，用之以治则为法，仁义之法有外内，仁义之性无外内也，《论语》言治人之道，故反复言仁，而仁必合乎义，犹治人者必始于治己，如仁者安仁，则生知之圣已不待治，如知者利仁，利以和义，始于以义治我而后以仁治人，是之谓利仁，仁义之相因为法，五行之相代为用，合之于天命之性，分之于人己之治也[2]1994上。

这段话主要采董仲舒《春秋繁露》的第二十九篇《仁义法》之说，强调了公羊学的异内外与仁义的关系，肯定了异内外是依靠道德的作用，通过人君自身的道德修养，由我及人，由鲁国而诸夏、由诸夏而四夷，即由小到大的空间扩张，来实现天下太平，这是对何休《公羊解诂》的以人君的道德楷模作用的扩充来实现天下太平的思想的发展。而宋翔凤把仁义分为仁义之法与仁义之性的论说，更是对董仲舒仁义学说的改造与深化。

对公羊学的"通三统"、文质递变说等，宋翔凤也有所论及，但主要是沿袭其说。在论宋翔凤的经学时，人们常常依据宋翔凤的上述论说，来判定宋翔凤的经学是对公羊今文经学的发挥，认定是刘逢禄经学的继续。这有一定道理，但更应该看到的是宋翔凤的经学虽采公羊学之说，但是，他并没有像刘逢禄那样以发挥三科九旨为宗。而且，他谈到公羊学某些观念时，与公羊学的传统说法也有所不同，如论"王鲁"说，他不取假鲁国君为王的论说，而是以思周公为说："《春秋》托王于鲁，以天下之思周公也。"而且，宋翔凤即使是在论公羊学的观念时，也有取古文经学为说的情况，如取《左传》之说以论张三世的除旧布新之义。因此，我们不应该仅仅从张三世、通三统、异内外等说去过分强调宋翔凤的经学与公羊学的联系，也应该看到其中的差异。

可以说，公羊学的三科九旨尽管是《论语说义》的重要内容，但绝非宋翔凤所言经学微言的核心。在《论语说义》中最具时代意义的东西，是他的孔子素王说。他在《论语说义序》中说："《论语说》曰：'子夏六十四人共撰仲尼微言，以当素王。'微言者，性与天道之言也。此二十篇，寻其条理，求其指趣，而太平之治，素王之业备焉。"我在《清代今文经学的兴起》中，早已经提出这一观点。

但有人提出异议说："笔者不同意黄开国教授讲，'尽管宋翔凤在这里将孔子素王说与性与天道都等同于微言，但是两者的含义是不同的，只有孔子素王说才是《论语说义》微言的根本所在'的观点。"[3]38该文在引用宋翔凤对《论语·宪问》"不怨天，不尤人。下学而上达。知我者其天乎?"的注语之后分析说：

宋翔凤认为：孔子之所以为"素王"的真正原因在于："尧、舜与天合德，孔子亦与天合德。""与天德合"即"性与天道"，尧、舜、孔子都是性合天道的王者（只是孔子无位而已）。另一方面，孔子作《春秋》，立《春秋》制的原因也只是"治太平以上应天命，斯为下学人事，上知天命也"。《春秋》制只是孔子领悟并践行"性与天道"后德参天地的产物。可以这样说，"性与天道"不仅是孔子成为"素王"的根本原因，也是孔子立《春秋》的根本原因[3]38。

并由此得出其结论：由是观之，无论是"三科九旨"，还是孔子"素王"说，宋翔凤均以"性与天道"贯穿之，"性与天道"是宋翔凤贯穿其整个公羊学的核心[3]39。

这里犯了一个偷换概念的错误。宋翔凤的“性与天道”是指孔子微言，与孔子文章的大义相对而言，而不是讲的尧、舜、孔子的德行合于天的问题，所以，说“与天德合”即“性与天道”，是根本不能成立的。孔子之为素王，可以说是与天合德所致，孔子立《春秋》也与之有必然联系，但却不能说孔子的性与天道的微言，才使之成为素王。相反，是因孔子为素王，才能够有性与天道的微言。无论是公羊学的三科九旨之说，还是宋翔凤强调的性与天道，都可以而且只能用孔子素王说来统宗，因为它们都是孔子素王之道的体现。《论语说义》说明经学微言的核心是孔子素王说，而非三科九旨，更非性与天道。

三、孔子素王说的发明

宋翔凤在《论语说义》所发明的孔子素王说，以孔子是受命于天之王为出发点。

《论语说义》在释孔子“五十而知天命”时说：

> 天命者所受之命也。德有大小则命有尊卑，大夫命于诸侯，诸侯命于天子，天子受命胥此命也，孔子知将受素王之命，而托于学《易》，故曰：假我数年，五十以学《易》，可以无大过矣。盖以知命之年读至命之书，穷理尽性、知天命有始终，大过者，颐不动，死象也，孔子应素王之运，百世不绝，故可以无大过[2]1995下。

这段话的前半部分出于董仲舒《春秋繁露》，根据董仲舒的理论，宋翔凤以孔子为最高德行之人，但又因孔子无帝王之位，故只能受命为素王。宋翔凤的所谓素王，一是指孔子受命于天，一是指有天子之德而无其位。并将孔子自诩五十知天命，学《易》，无大过，作为孔子为素王的证据。

以此既定观念，宋翔凤发现《论语》中有许多孔子素王说的证据，这些证据不仅出自孔子本人，也见于孔子的弟子，甚至是社会各阶层的人，都无不承认孔子为素王。如，他说《论语》中的孔子“自谓窃取之”“不知命无以为君子”等说法，皆为孔子自知素王的自道。他说：“故孔子为素王，七十子皆奔走疏附，先后御侮。”[2]1997下七十子之所以先后奔走于孔子门下，也是出于对孔子为素王的认知。他还借达巷党人之言，仪封人告二三子之说，来论证社会其他阶层的人对孔子素王说的认可。总之，在宋翔凤看来，孔子为受命于天的素王在春秋时期已经是人所共知的事实。为此，一切否定孔子受命于天的说法，都受到他的严厉批评。

通过孔子受命于天的论证，宋翔凤对孔子素王的身份做出了公羊学的说明。同时，他通过孔子著《春秋》，进一步论证了孔子素王说。但他在这方面的论证，与以前的春秋公羊学有着某些差异。这就是，春秋公羊学讲孔子著《春秋》，直接以孔子改制或素王改制说来言说，而宋翔凤则绝无改制一说。

公羊学大师董仲舒在《春秋繁露》与《天人三策》中说，唯天子受命于天，王者必改制，认为天子通过改制体现其受命于天。孔子虽然受命于天，但只是有德无位的素王，不能在实际政治中改制，而只能通过作《春秋》来实现。这一理论被称之为孔子改制说或素王改制说。但改制一词，容易引起改朝换代的猜忌，所以，汉代以后公羊学的孔子改制说或素王改制说几乎无人提及，即使是以公羊学为宗的刘逢禄，也没有明确的孔子素王说，更没有孔子改制、素王改制之说。清代严酷的文字狱到龚自珍时还使许多知识分子心有余悸，以至于龚自珍还在《咏史》的诗句中哀叹：“避席畏闻文字狱，著书都为稻粱谋。”宋翔凤则更带有对言“改制”的忌讳，虽然他已经以孔子素王说统宗经学微言，但还不敢明确说孔子著《春秋》就是孔子改制或素王改制，而只是将改制称之为制作。如他说：

> 孔子生于襄二十二年，至哀十四年，适七十，故《春秋说》云：“哀十四年春，西狩获麟，得瑞门之命，作《春秋》，适子夏等十四人求周史记，得百二十国类书，九月，经立。”按《春秋》之作，备五始、三科九旨、七等、六辅、二类之义，轻重详略、远近亲疏，人事浃、王道备，拨乱反正，功成于麟，天下太平，故曰：从心所欲不逾矩。矩者，数也。……《大学》絜矩之道，《春秋》之致太平，追尧舜之隆者，唯不逾矩而已矣[2]1987上。

《春秋》之作，备阙疑、阙殆之义，应天制作，号令百世，仪封人知之，故以何患于丧告二三子，素王、素臣昭然可知，当时圣贤作述之意，唯求寡尤、寡悔而已[2]1987中。

孔子成《春秋》，以当素王[2]2003中。

孔子著《春秋》是受天命，应天制作，故有西狩获麟、瑞门之命的瑞祥。孔子素王，即以《春秋》号令百世。这些大都是春秋公羊学已有之说，但春秋公羊学是以孔子改制或素王改制来统宗，宋翔凤则只说是孔子受命制作的体现。尽管宋翔凤不敢直言“改制”，但由孔子素王说很容易使人联想到公羊学的孔子改制说或素王改制说。

在春秋公羊学中，孔子素王说是公羊学全部微言的根据，有了孔子素王说，孔子才有改制的资格，有孔子改制，才有三科九旨的微言及其笔法；没有孔子素王说，三科九旨、性与天道等微言，及其可得而闻的大义，就无统辖、无根据。刘逢禄说无三科九旨就无公羊，更进一步就应该说无孔子素王说就无三科九旨。所以，宋翔凤论《春秋》微言虽远远不及刘逢禄，但是，却具有刘逢禄所不及的深刻意义。宋翔凤的经学与公羊学的联系，主要在于孔子素王说，而不在三科之说。

宋翔凤在《论语说义》中虽然也没有孔子改制、素王改制的明确用语，但是，他是清代经学史上第一个大讲特讲孔子素王、素王制作的人，而且以孔子素王说作为他论说经学微言的根核。正是有了宋翔凤的突出孔子素王说，人们才有可能利用孔子的偶像形象，依托孔子制作《春秋》，来建立起自己所需要的理论。而且，由大谈孔子素王说以论制作《春秋》，到了合适的时机，就很容易直接引发到孔子改制说、素王改制说。而在历史急剧变动的时期，孔子改制说往往成为人们附会新理论的形式，这在晚清的廖平、康有为的经学中表现得最为突出。从某种意义上说，在清代今文经学发展中宋翔凤突出孔子素王说，其意义并不亚于刘逢禄的建立起以公羊学为中心的今文经学体系，这也是宋翔凤在清代今文经学从“照着讲”到“接着讲”的过渡中做出的理论贡献。

参考文献：

［1］宋翔凤. 朴学斋文录［M］//《续修四库全书》编委会. 续修四库全书. 上海：上海古籍出版社. 2002.

［2］宋翔凤. 论语说义［M］//阮元，王先谦. 清经解·续清经解：第十册. 南京：凤凰出版社. 2005.

［3］王光辉. 宋翔凤《公羊》学新探——以《论语说义》为中心［D］. 上海：上海师范大学法学院，2012.

原载于《衡水学院学报》2016年第3期。

黄开国（1952—），男，四川大英人，曲阜师范大学孔子文化研究院特聘教授；四川师范大学博士生导师，特聘教授。

新儒家梁漱溟教育目的论述评

吴洪成　李阳阳

教育目的实为教育活动的方向和灵魂，至为重要。教育目的的问题关系到教育活动培养什么人的问题，有关“教育目的”的概念虽众说纷纭，但其解释大同小异，即把受教育者培养成为一定社会所需要的人的总要求，受制于一定社会的生产力、生产关系，并根据人自身发展的需要加以确定。梁漱溟作为一位在现代中国颇具影响力的新儒家、教育家，虽其本意并非为教育而教育，而为探求“人生问题”和“中国问题”。正如他自己所言：“我省思再三，我自己认识我，我实在不是学问中人，我可算是‘问题中人’。”[1]然其一生中大多数时间都没有离开教育，在国家民族危难时刻，以教育为利器，以图达到社会理想的目的。尤其在乡村教育运动实践中，梁漱溟形成了独具一格、富有特色的“全生活教育”“乡村教育”教育目的观，对我国现代教育理论有创新性价值。当今我国教育改革中对思想理念的选择确立至为重视，教育目的诸多内容依然是困扰当今中国教育的大事，认真研究梁漱溟对此的探索及理论观点，不仅具有学术价值，而且对当今教育事业有着现实意义。

一、社会理想教育目的

梁漱溟早年受其父影响，形成了所谓“趋利”“避害”的功利主义人生思想，但是随着人生阅历的增加，烦恼不断涌现，他继而转入佛学出世思想。1917－1924 年，梁漱溟在北大任教，此间完成了人生最后一次思想转向，归宗儒学。儒家本身强烈的入世思想，使归宗儒学的教育家梁漱溟，更加关注民族前途和社会现实生活，直指教育的社会理想政治、经济及文化目标，肯定教育具有现实、社会的目的诉求及人生价值。他指出数十年来中国教育之所以失败，虽有教育本身导致失败的缘由，但吃亏的还在于中国社会没有出路，因为社会没有出路，加重了教育的惨败。

> 过去中国教育之错误，论者已多，现在亦不须细数但核实之言之，总不外误在一切抄袭自外国社会，不合中国社会之条件，此为主要一层。其次为自己有所参酌变动之处，或失原意，或恰恰蹈袭中国旧弊，此为附属两层。然假使中国社会正将以外国社会的出路为出路，则此教育设施纵不合于社会固有条件，犹不违于将有之新条件。尽管枝节上错误甚多，而大方向不差，必无惨败之理[2]163。

由此可见，梁漱溟认为教育没有出路是因为教育与当时社会发展的大方向相差太多，批判当时的教育无利于中国社会出路的解决，并对教育的失败感到痛心。教育应具有配合社会运动，完成社会改造的义务。这是教育本质的要求，也是教育目的中的应有之义。

> 我们要记住这一定理：若社会的出路在此，而教育的大方向与之相顺，便彼此相成，同有出路；反之，若社会的出路不

在此，而教育却以此为方向，便彼此相毁，一齐没有出路。因为教育故不能外于社会自有出路，但非为教育的命运，就只能是被决定的。吾人可以体认把握社会的出路所在，而努力以求之。在力求社会出路之时，教育亦是要运用的一件法宝；同时即从社会出路里面，教育亦得其出路[2]166。

梁漱溟认为教育的出路与社会的出路息息相关，他的教育目的思想在于教育为时代所用，致力于社会出路，服务于社会发展，并最终实现理想的社会目的。换言之，作为社会子系统的教育须符合社会时代的要求，实现社会理想，这是教育发展的出路，也是教育具有的时代社会价值以及所应发挥的责任担当。

在通过教育探索实践以实现社会理想的奋斗历程中，梁漱溟要求教育目的、教育内容、教学组织方法及测评项目要求等均以社会出路为基准。以教育为利器来重塑中国传统文化，教育配合社会，为社会所运用，使教育能够承担重建中国社会秩序，拯救民族危亡，实现美好社会理想的职责。怀着教育为社会服务的美好信仰，梁漱溟毅然于1924年初夏走出北京大学书斋，到山东曹州从事教育改革实践，用儒家社会教育及人本教育的功能理念，融合西方近现代教育制度设施及思想主张去办属于自己的教育，从而为乡村文化复兴与经济发展，进而实现中国社会的现代化而不懈奋斗。

二、全生活教育目的

梁漱溟对现实学校教育的实施情况感到痛苦与不满，认为所施行的教育只关注对学生单纯的知识传授，而缺乏对学生身心的疏导，忽视对学生人生道路的指导。他在山东曹州办学（1924—1925年）之时所作《办学意见述略》一文中对此做了描述与阐发：

现在的学校只是讲习一点知识技能而已，并没有顾到一个人的全生活，即在知识技能一面也说不到帮着走路。单说在知识技能一面帮着走路，就当是对每个学生有一种真的了解——了解他的资质和其在这一项学问上之长短——而随其所需加以指点帮助；像现在这样只是照钟点讲功课，如何能说到此。而且教育只着眼知的一面，而遗却其他生理心理各面，恐怕是根本不对的；何况要讲求知识技能，也非照顾上生理心理各面不行。我的意思，教育应当是着眼一个人的全生活而领着他去走人生大路，于身体的活泼、心理的活泼两点，实为根本重要；至于知识的讲习原自重要，然固后于此。……要办教育，便须与学生成为极亲近的朋友而后始能对他有一种了解，始能对他有一些指导[3]778。

由此得知，梁漱溟认为当时的学校教育只注意智育，没有涉及学生人生道路的指导，这是不可取的。教育应该注重到“一个人的全生活”，即教育的价值取向不仅传给学生知识，还要注重每个学生生活，引导他们走正确的道路，使他们在德、智、体及知、情、意、行等各方面都得到发展，得以健康的成长。

我办学的动机是在自己求友，又与青年为友。所谓自己求友，即一学校之校长和教职员应当是一班同志向、同气类的，彼此互相取益的私交近友，而不应当是一种官样职务关系，硬凑在一起。所谓与青年为友，含有两层意思，一是帮着他走路，二是此所云走路不单是指知识技能，而是指学生的整个的人生道路。而当时的学校教育，至多是一些知识技能而已，并没有顾及到学生的全部人生道路。……我想的新教育，则应与他们为友，堕落的能引导他奋勉，烦闷的能指点他得到安慰、勉励以至于意气奋发。……故尔我们办学实是有感于亲师取友的必要，而想聚拢一班朋友共处共学，不独造就学生，还要自己造就自己[4]。

上述两段引论也透露了梁漱溟关于教育，尤其是教学问题的主张或倾向，如良好师生关系的建立必须是教育共同体双方的沟通交往基础上达成；教育活动应以学生的特点及需要为基础，不是高压灌输、强制被动，而要激发学生主体精神及自觉能动性；教学应以学生差异性设计作为组织及评定的合理依据，而不是绝对地统一或共同标准要求作为活动过程及结果的衡量工具，“长善救失”、弥补差距恰是卓越或有效的教学理念。如此等等，既可视为全生活教育目的论的组成内容，也是达成理想教育目标的途径方式。

为青年而教育是梁漱溟早期的办学志向，对青年实施“全生活教育”是梁漱溟教育目的论的闪光之处。在他出任曹州中学校长后，甚至采取“量力乐输”“以人情行之”的方式听凭学生自愿交纳学费，足以体现一切为了青年学生的教育信念。他不愿采用权利义务、买卖交易以及法律条文的方式处理、解决学校教育及管理中的矛盾冲突，而是倾向于选择人情关怀的手段建构学校的校园文化，尤其是师生的人际关系。期以善良、真诚与信任的态度行为打动学生，以高尚的道德情感感染学生，倡导教育要着重学生的身心成长，教育者要顾及学生的全部人生道路。这种主张尽管有理想化以至于不乏浪漫的一面，实际推行的社会条件也不够充分，从而也无法在现实意义上全然实现，但在教育理论上却有着重要的意义。

三、乡村教育目的

中国在20世纪二三十年代出现了一场延续时间长达20年之久的乡建运动，其中教育活动是重要组成部分。梁漱溟是众多乡建流派中的典型代表、鲜活样本。他的乡村建设与教育活动发端于1925年山东曹州的教育设想与1929年广州的乡治讲习所活动；产生于1930—1931年河南村治学院实践；稍后延续于山东乡村建设研究院的实验，渐趋高潮；1937年7月日本侵华战争后转向重庆，重心在文化学术传承及社会教育，以期达到民族复兴、富国强兵。其中教育目的思想遂通过乡村教育的实践模式作为载体得以实现。

梁漱溟认为，中国的社会问题就是由于东西文化相遇，中国文化相形见绌，为应付新环境而学西洋，结果老文化破坏殆尽，农村破产崩溃。因此，当务之急是“创造新文化，救活旧农村”。而中国本来就是一个大的农业社会，中国的建设问题归根到底是“乡村建设”，教育目的也就在于乡村建设。

（一）乡村教育的内涵及其对教育目的的影响

梁漱溟认识到现存的学校教育不合于教育的道理，使聪明的人变成愚钝，使有能力的人变成无能的废物。他在《抱歉——苦痛——一件有兴味的事》一文中作了如此描述：

> 使得乡间儿童到县城里入了高等小学以后，便对他旧日乡村简朴生活过不来：旧日饭亦不能吃了，旧日衣亦不能穿了；茶亦没得喝，烟亦没得吃，种种看不来，种种耐不得。而乡村农家应具的知识能力，又一毫无有，代以学校里半生不熟绝不相干的英文、理化等学科知识；乡间的劳作一切不能做，代以体操、打球运动与手足不勤的游惰习惯。在小学亦如此[5]26。

学校教育模仿西方，严重脱离乡村实际需要。正是基于此，乡村教育势在必行：“所以三十年间新式教育的结果，就是一批一批地将农村人家子弟诱之驱之于都市而不返。……故新式教育于乡村曾无所开益，而转促其枯落破坏。然中国固至今一大乡村社会也；乡村坏则根本摧。教育界之有心人发见其非，于是有乡村教育之提倡。”[6]

为适应乡村教育特定对象范畴的探讨及建构，就势必对于教育的含义从大教育视野加以考察与界定。梁漱溟在《社会教育与乡村建设之合流》中对教育的含义做出这样的表述：“什么是教育？统同是教育。在学校里读书是教育，在家庭里做活也是教育；朋友州官相得的地方是教育，街上人的谈话，亦莫不是教育。教育本来是很宽泛的东西。至于教育的功用，不外为‘绵续文化而求其进步’。换句话说，就是‘不使文化失传，不使文化停止不进’。人类不能不有生活，有生活就不能不有社会，有社会就不能不有教育，教育是很天然的。”[7]433 同时，梁漱溟在《抱歉——苦痛——一件有兴味的事》中还指出教育有两个必要条件：“教育之一事应当一面在事实上不离开现社会，而一面在精神上要领导现社会。”[5]19－20 因此，教育理应存在于乡村建设的方方面面：

> 因教育两字很活而阔，教育这一回事，是人类社会自然之作用，人类社会无教育，即无任何前进，故社会之进步，全靠教育，要推进社会之运动，无疑的为教育运动，此运动以社会为对象，而下工夫，如改善乡村风俗习惯，指导农民合作，启发农民智觉等，都是教育，故可以认我们的乡村运动，就是乡村教育运动[8]。

他把乡村建设等同于乡村教育，在《社会教育与乡村建设之合流》一文中指出：“民众教育或社会教育，即乡村建设。”[7]436 “乡村建设也就是民众教育。民众教育不归到乡村建设就要落空；乡村建设不取道于民众教育将无法可行。”[9] 于是，又提出了这样的命题“让教育往乡村跑”“让地方自治往教育上跑”。乡村建设即是知识分子带领民众完成文化改造的活动，其着重点始终全在教育，乡村建设的用意在于整个社会的综合发展。在《乡村建设理论》中他认为乡村建设的意义具体表现在如下几个方面：其一，“乡村建设运动，是由于近年来的乡村破坏而激起来的救济乡村运动”[10]149；其二，“起于中国乡村无限止的破坏，迫得不能不自救；乡村建设运动，实是乡村自救运动”[10]153；其三，“乡村建设运动实是图谋中国社会之积极建设的运动”[10]155；其四，“今日中国问题在其千年相袭之社会组织构造既已崩溃，而新者未立；乡村建设运动，实为吾民族社会重建一新组织构造之运动”；最后一层的意思，“乃乡村建设真意义所在”。梁漱溟认为，今日整个中国日趋崩溃，向下沉沦，在此大势中，其问题实非一乡一邑或某一方面所能单独解决。所以，“乡村建设，实非建设乡村，而意在整个中国社会之建设，或可云一种建国运动”[10]161。

综上所述，在梁漱溟的理论视野下，由于教育内涵及对象从制度化学校教育向大部分属于非制度化乡村教育转移，教育参与者也从青少年儿童的在校生变为包括失学儿童、少年、成年农村大众在内的全体乡村人员，教育目的自然不能限于社会对教育部门机构的规范要求以及在校学生的成长发展上，而应在非制度性及社会生产与生活方面着力。由此教育目的设计视野突破了学校质性因素的组合，而走向了乡村社会民众素质的转变及提高，既有物质技术，也有道德规范、行为习惯，更有伦理精神、文化风尚。教育目的内涵的调整是为了适应发展乡村教育的需要，以乡村教育改造或重建实现乡村建设的整体任务，进而达到复兴农村、重振中国社会的理想愿景。当然，梁漱溟的乡村建设与教育实验虽然以大农村为基地，体现大教育的思路，但其中也有以带有组织计划及干预控制手段、方式的学校教育机构，即山东邹平、菏泽及济宁等实验区的乡农学校、村学、乡学，甚至还办理过简易乡村师范以及成人教育的专门教育培训机构。当然，这些机构都带有社会特性及组织管理行政化色彩。无论如何，这样就增强了教育目的论的教育学意义及话语概念陈述的依据。

（二）乡村教育目的的主要内容

梁漱溟乡村教育理论的发展经历了三个阶段：第一，萌芽时期。梁漱溟 1925 年夏秋时节，在广州乡治讲习所进行有关“乡村立国”的演讲标志着其乡村教育理论的初生。第二，形成时期。梁漱溟乡村教育理论从初创进入基本形成阶段。1928 年秋至 1931 年春，通过河南村治学院办学实践活动，他试图从文化伦理本位的高度谋求乡村整个建设的和谐与统一，并充分认识到中国社会的特殊性决定了中国不可能走欧洲国家道路，他在《河南村治学院旨趣书》一文中就提出“知欧化不必良，欧人不足法”[3]911。第三，完善时期。1931 年秋冬至 1937 年全面抗战爆发，在山东邹平等地以“改造乡村、再造民族”为目的进行乡村教育与建设实验，进一步丰富和完善了乡村教育理论体系。随着教育理论和实践的不断完善，梁漱溟的教育目的论也更为丰富及深化。

梁漱溟认为，乡村教育的目的从教育功能论表现层面可以从受教育者个体和乡村社会及国家民族三个方面加以衡定：在个人方面旨在提高受教育者学识的文化知识教育、增进体魄的健康教育、生产与生活技能的职业教育、启发心灵的品性教育、引导乡农参与并改进社会及文化生活的公民教育；在乡村方面是为了改良农业，倡导自卫，除暴安良，奠定基层社会秩序的基础，减去乡村建设的阻力，增大乡村建设的势力，使乡村建设事业推行；在国家方面是为了加速普及教育、培养健全国民、实现民本政治、扶持民族生命。

乡村教育是与乡村建设紧密相关的，不仅是手段或方式，抑或是其中的重要内容，甚至有主从概念的内构包容关系。梁漱溟在《乡村建设理论》中称：“所谓建设，不是建设旁的，是建设一个新的社会组织……即建设新的礼俗。”[10]276 而“新社会、新生活、新礼俗、新组织……都是一回事，只是名词不同而已”[10]278。这个新的组织只能通过理性来求得。所谓理性，也就是教育。这就是说，乡村教育的目的就是为了建立一个新的社会组织，这一组织在固有文化的基础上，吸收西方社会的优点：民主与科学，民主即团体组织的平等生活，科学就是改革社会、转变人生所应具有工商业性质的科学文化，尤其是增进效率的工具手段和实用技术。这就避免了大教育观下教育目的论泛化而无法捉摸，或者“学校教育消亡论”者对教育目的的淡漠乃至边缘化的偏颇，使其具有教育制度框架内的分析空间。他所设立的乡农学校、村学及乡学等教育机构实际上就是这一社会组织的雏形。

乡村教育目的主要通过具体的教育活动来落实或实现。教育活动开展的构建要素则可大略包括教育机构组织、教育内容及教育主体参与者的师生三方面。而就教育目的指向而论，则必然会反映在受教育者学生、失学者及民众的发展要求及规格中。梁漱溟在开展乡村教育实验的过程中，无论是对于教育组织机构、教育对象，还是教育内容等方面，都提出其自身相应的目的。

第一，从乡村教育实施机构来看，主要包括前期的乡农学校及后期的村学、乡学。在《乡村建设理论》一文中梁漱溟认为“乡农学校”的教育目的：“我们必须启发村人自觉……乡农学校是个安排，这个安排干什么？就是让乡村人发生自觉。”[10]353 又在《乡村建设大意》中设想通过选择一系列的人文教育、科学教育及乡土风情民俗的课程资源，以多种组织方式及教学活动加以编制并实施，借以增强乡村儿童少年及民众的知识技术、能力素养，达到提高村民自觉意识的目的，使他们认识到“天下事无论什么都要靠他本身有生机，有活气，本身有生机，有活气，才能吸收外边的养料”，

“这样事情才有办法，乡村以外的人才能帮得上忙”[11]620。

村学、乡学的目标在于从上述乡农学校所采用各类教育资源中加以合理编选，培养新政治习惯（即新礼俗），启发大家的注意力与活动力，他在《我的一段心事》中主张应该“让多数人从被动地位转到主动地位，从散漫消极变积极团结”[7]535。所以，“以乡村为根，以中国的老道理为根”“从中国旧文化里转变出一个新文化来”[11]614。这也注定了乡村建设所成就的乡村组织并非完全是东方化的产物，必然是一个“中国固有精神”和“西洋文化长处”这两样“中西具体事实的沟通调和”[10]278。既然乡村建设做的是“改造中国文化和补充中国文化的工夫”，那么村学、乡学就不是一般意义上的教育组织，其担当的使命乃是推动社会、组织乡村，带领大家“齐心学好向上求进步”。

第二，从教育对象来看，乡村教育的主要成员包括民众及未成年学生，教育目的表现出差异性。梁漱溟指出中国处于社会改造的特殊时期，教育“宜放长及于成年乃至终身”。乡村教育要以农村成年民众为主要教育对象。这是因为，“创造新文化，救活旧农村”，不能忽视农民这一主体力量，所以农村教育要注重对农民的培养与训练。1935 年前后，梁漱溟在邹平全县范围内，推行农村义务教育和成人教育，有步骤、有计划地对民众开展知识文化、文明卫生，以及现代生活方式的教育，进行军事、职业技能、精神陶冶等方面培养与训练，并逐渐达到以启发民族意识、培养组织能力、增进生活常识、陶炼服务精神为宗旨的成人教育目的。

对于未成年学生教育目的的设计则有另一番图景：乡村学校突出儿童团体精神、合群意识的培植；促进学生主体性学习、心智能力的发展以及联系社会、注重实用操作技术的训练。在《今后一中改造之方向》中他所提供的思路和主张是：

> 是要学生拿出他们的心思、耳、目、手、足的力量，来实做他们的生活。不一定是他们个人的，就是团体的，也要由他们自己去管理，去亲身经历。总要用他们自己的心思才力，去求他们所学要的知识学问。我们很不满意现代手足不勤心思不用的教育。总而言之，现在的学生，只站在一个被动和受用的地位；好像把学生时代，看作是人生一个短期的预备时代，是专门读书的时代，不是做任何事情的时代。教育的本意，是要把人养成有本领有能力；如果要使一个人有本领有能力，就非发展他的耳目心思手足不可[3]868。

简言之，就是要着重培养学生的实际动手操作能力，使心、手、耳、目统一运用起来，将来能够更好地适应社会，提升自己的综合能力。从而使他们充满生产、生活情趣和公共道德，在完善、发展自身的基础之上，承担起改造乡村、振兴社会的责任。

第三，从教育内容来看，乡村教育实验根据乡村社会实际及民众的特点主要包括德育、智育与情意教育三个部分，有具体的目的要求。首先，德育之目的。梁漱溟认为中国乡村精神已经破产，一切旧的风尚、规矩、观念都由动摇而摧毁，新的风尚规矩此刻尚未建立，道德教育的目标就是让乡下人活起来，恢复他们的安定，使之有自信力。因此，人类生命的意义在创造，德育就是为了帮助人创造，在《人生在创造》中他认为："工夫用在许多个体生命上，求其内在的进益开展，而收效于外。"[5]221也即成就个体生命的德性。其次，智育之目的。梁漱溟主张开启民智，设立文化常识、历史社会、西方近现代科学技术、农业生产、工商贸易基础、乡村建设，以及知识文化素质、生产技术及精神陶炼科目，培养农民的道德自觉意识，开发农民智慧。在"人生向上"方面，不仅使被训练者成为一个有知识的分子，而且使其成为能合理运用其知识，具备高尚人格的一个人[12]。通过知识与技术的教育，促使民众努力求进步，指向人生积极性可能性的向上发展。再次，情意教育之目的。中国社会是“伦理本位、职业分途”的社会，中国人向来注重“人生行谊”的情意教育。情意教育的目的就是让农民养成团体合作的习惯，合作是靠大家都遵循一个“礼”的方式，凡事大家商讨着来解决。另外，在《乡村建设大意》中梁漱溟提出：“准情夺理，以情义为主，不囿于法律条文。”[11]707 即在一定程度上或某些方面以情意道德的手段代替法律进行乡村教育。

在乡村教育实验的各项工作中，一直渗透着“伦理主义，人生向上”的思想。梁漱溟认为在这里面含藏着自爱爱人的深厚意思，是人类生命力量的源泉，也可以视为乡村教育的人文精神。发扬中国传统伦理的情义精神，把人格平等的意识注入其中，这是对封建伦理道德和礼教的分析与汲取，体现了梁漱溟在乡村教育实验中对以儒学为代表的道德文化的弘扬与改造态度。揆之教育学原理，对教育内容这一概念的理解除教育资源、媒介、信息及价值之外，应该从组成部分、结构角度去把握，一般包括德、智、体、美几个方面。梁漱溟所着意探求领域是农村教育，又以社会教育为聚焦，因此相关的思考不可能是纯粹状态的学校教育，而自有其个性，这或许更能体现乡村教育的现实愿景。

梁漱溟是从教育社会学视野论述乡村建设与教育的相互关系的，教育目的论是其中的重要内容。在《乡村建设理论》中他认为：“今日中国问题在其千年沿袭之社会组织结构既已崩溃，而新者未立；或是说文化失调。”[10]162－163 为此，他在《乡村建设大意》中提出了自己乡村建设的目的：“救济乡村便是乡村建设的第一层意义，至于创造新文化，那便是乡村建设的真正意义所在，乡村建设除了消极的救济乡村之外，更要紧的还是在积极的创造新文化，所谓乡村建设，那就是要从中国旧文化里转变出一个新文化来。”而创造新文化的途径便是乡村教育。乡村建设是对中国农村社会全方位的、整体性的改造，所以其最终目的“就是要从中国旧文化里转变出一个新文化来。……从创造新文化上来救活旧农村”[11]611—615，进而达到民族复兴、富国强国的宏伟理想，而这也正是乡村教育的理性诉求及最终目的。

四、梁漱溟教育目的论的现实启示

如何评价梁漱溟的教育理论和实践，学术界可谓仁者见仁、智者见智，并未能达成共识。笔者非常赞同美国学者艾恺博士的观点：“通常，一件事做成了，人们会说那是对的；一件事没有做成，人们就说那是错的。但是并非任何事情都宜于根据我们眼见的成败去认识和估量。”[13]在我看来，梁漱溟教育目的论的内容和思想理念有很大的前瞻性和预见性，对于当今我国的教育改革有很大的借鉴意义。

（一）增强受教育者的主体性，激发求学的自觉心

梁漱溟主张教育要发挥受教育者的主体性，激发求学的自觉心。这就要拿出他们的心思、耳、手、足的力量来做自己的生活，用他们自己的心思才力去求他们所需要的知识学问，才能得到理想的效果。也就是说，学生自觉心的获得需要全身心的感受，心思、耳、目、手、足的力量的释放，而能带来这些感受和力量的则是自身亲自的体验。对此他有着深刻的见解：

> 一个人缺乏了自觉的时候，便只像一件东西而不像人，或说只像一个动物而不像人。自觉真真是人类最可宝贵的东西！人若只在本能支配下过生活，只在习惯里面来动弹，那就太可

怜了。中国古人与近代西洋人都有很大的创造与成就。近代西洋人系向外致力，其对象为物，对自然界求了解而驾驭之。中国古人求了解自己，驾驭自己——要使自己对自己有一种办法。亦即是求自己生命中之机械性能够减少，培养自己内里常常清明自觉的力量。我们要开发我们的清明，让我们的正源的力量培养出来；我们要建立我们的人格。失掉清明就是失掉了人格！[2]268—269

梁漱溟在长期的教育活动中，践行了上述观点，并有所拓展和深化。如1925—1927年广东一中的改革就贯彻了这样的理念：教育不是教育你成功干了什么，是教你更会受教育，教你学习更会学习的方法，提高自我发展的能力。而山东邹平乡村教育实验中，他要求学校教育要为学生们自觉、自立创造条件，让学生们自己体验、自己做事，过自己的生活，在“教学做”中生活和成长，以提高自己的实践能力，教育的本质追求在于学生“自觉”的唤醒。

在信息化和知识爆炸的时代，我国的学校教育中仍存在种种弊端。受应试教育评价体系的制约，学生的逻辑思辨能力弱化，动手能力普遍缺乏，“高分低能”现象屡屡出现，主体教育理念显得更为重要。教育活动中注重学生的主体性、自觉性，引导他们进行自主学习与创造，其间尤须充分发挥学生自身自觉心与积极性。这已成为个人、组织乃至社会的迫切需要，也是大力推进素质教育的根本要求。

（二）树立“全生活教育”观念，倡导对受教育者身心的关照

梁漱溟认为办教育的目的不仅只是关注知识的授予，更要留意身心成长中的诸种问题，促使青年学生身心健康发展的教育才是理想的教育，才是我们要办的教育：

只着眼知的一面，而遗却其他生理、心理各面恐怕是根本

不对的，何况要讲求知识技能，也非照顾到生理、心理各面不行。要在全生活上帮着走路，犹非对每一个学生有一种真了解——了解他的体质、资禀、性格、脾气、以前的习惯、家庭的环境，乃至他心中此刻的问题思想——而随其所需，随时随地加以指点帮助才行[2]83-84。

对此，梁漱溟在曹州中学的“入学须知”中，就明确指出“学生既然到我们这里来上学，那么他们生活的方方面面，从饮食起居到思想情感，从身体锻炼到精神培养，我们都要顾及到，不使学生们感到有什么痛苦，有什么生理上或心理上的病态而我们不知道”。由此可见，梁漱溟的教育目的的思想符合学生的成长规律，并且力图将知识教育与学生生命教育并举，从而切实地促进学生身心全面健康的发展，这是符合时代社会对人才培养普遍性要求的教育理念，弥足珍贵。

随着我国经济飞速发展，科技进步，生活节奏加快，人际关系复杂，人们的思想观念不断更新，不正之风和腐败现象日益横行，社会环境也日趋复杂。所有这一切都会给人们的心灵带来极大的冲击，也波及校园中的莘莘学子，造成学生的心理问题日渐增多。其中存在心理异常，甚至心理疾病的学生，也不乏少数。学校教育能否促进学生的身心健康发展关系到教育事业的成败。这就需要我们在办学实践中树立全生活教育观念，加强学生的心理健康教育，健全学生的心理精神，从而促进其身心和谐发展。

（三）实施“精神陶冶”的人生行谊教育，重视对受教育者道德的培养

梁漱溟的教育目的论突出对学生实施人生行谊为主的情意教育，把对道德的要求放在知识学问之上，要求受教育者要有良好的精神涵养和道德素质，在《东西人的教育之不同》一文中他便指

出：“教育不但在智慧的启牖和知识的创造接受，在调顺本能使生活本身得其恰好。”本能就是人的情意，“所谓不学而能，不虑而知”[5]4。他认为人生教育、道德教育比知识教育更重要：

我可以断言：中国学术除非不复兴盛则已，如其兴也，必自人生问题之研讨入手，及引起其他一切若近若远之科学研究；抑必将始终以人生问题为中心而发展一切学术焉。中国教育除非从此没有办法则已，如有其办法，必自人生行谊教育之重提，而后其他一切知识技能教育乃得著其功；抑必将始终以人生行谊教育为其基点而发达其他知识技能教育焉[14]。

因此，梁漱溟在山东乡村建设研究院为教员开设了“精神陶炼”课，在村学、乡学开设有“精神讲话”课，要求教员们在努力使乡村人精神活起来上下功夫。“精神陶炼”于未成年人则称之为人生行谊教育。这些都充分表明他深刻认识到人生行谊教育对广大受教者积极向上精神的激发和振奋的意义，并具有转而促使知识技能教育著其功的独特价值。

当今社会中，“道德沦丧”事件频发，梁漱溟具有预见性的“精神陶炼”、德育思想仍有现实意义。从基础教育开始，教育者就应加强对学生进行良好的道德品性教育及行为习惯培养，使中华民族的优良传统真正深入人心。这样，才能真正培养出德、智、体等多方面全面发展的新一代。

（四）理论与实际相结合，学校教育符合社会的现实需求

梁漱溟教育目的论始终与其自身教育实践活动紧密相连。理论的创新来源于实践活动，实践活动的有效须有理论引导，每个时期的办学活动中，都非常重视实践的作用。山东邹平乡村教育实验就十分突出，职业教育、成人教育、社会教育的组织结构及办学方式，在课程与教学的诸多方面力图紧密联系社会生产、生活实际需

要。他在《教育的出路与社会的出路》一文中对清末民初以来学校与社会脱节的弊端做了深入反思：

> 如学校培养出来的人不合社会的需要，毕业即失业——此即二十年前职业教育所为提倡之由来。又如教育与社会相隔绝，受过教育转成社会的病累——此即十五年前乡村教育所提倡之由来。但至今日，职业教育、乡村教育亦未能开得出路……又如数十年屡说普及教育，但受教育的人，却日见其少，不见其多，农业教育办了几十年，而社会上新农业不兴，工业教育办了几十年，而社会上新工业不兴。凡此，自都是我们教育失败之证[15]。

这就从反面论证了教育不能脱离社会实际需要这一基本原理。包括学校在内的所有教育机构在人的自然性及个性化尊重满足前提下，应该根据社会的需要培养人才，以社会的发展为指导确定培养目标。针对各种各样的社会生产、生活现实要求进行教学和实践。这对于当今正大力进行的教育改革来说，也是值得借鉴的。在教育过程中，不能只是教给学生书本知识，更要教给他们人生的知识，培养品格，健全心理精神并提升实践应用能力。在这样的教育目的方案规范与导向下，教育才能培养出具有社会生活生产技能、与时俱进的现代化建设者。

综上所述，梁漱溟身体力行，奉献了自己毕生的精力从事教育活动，随着其人生经历的变化和思想的成熟，他的教育目的思想不断地丰富与深厚。从上述有关教育目的论内容中看到的不只是他对人生、教育及社会的思考，更是一代先进知识分子对民族问题的苦苦思索，为理想而不懈奋斗的崇高品质。梁漱溟的教育目的论是一笔宝贵的精神财富，我们应当汲取其中的合理要素，从中获得解决现实教育问题的启示。在21世纪实现中华民族伟大复兴的崇高使命的感召下，我们更应该对教育在中国社会发展中所应肩负的责任做多向度的理性思考。

参考文献：

[1] 梁漱溟. 我生有涯愿无尽——梁漱溟自述文录 [M]. 北京：中国人民大学出版社，2004：37.

[2] 梁漱溟. 教育与人生：梁漱溟教育文集 [M]. 北京：当代中国出版社，2012.

[3] 中国文化书院学术委员会. 梁漱溟全集：第四卷 [M]. 济南：山东人民出版社，1991.

[4] 汪东林. 梁漱溟问答录 [M]. 长沙：湖南人民出版社，1988：47—48.

[5] 宋恩荣. 梁漱溟教育文集 [M]. 南京：江苏教育出版社，1987.

[6] 梁漱溟. 丹麦的教育与我们的教育 [G] //马秋帆. 梁漱溟教育论著选. 北京：人民教育出版社，1994：78—79.

[7] 中国文化书院学术委员会. 梁漱溟全集：第五卷 [M]. 济南：山东人民出版社，1992.

[8] 梁漱溟. 我们的乡村运动 [G] //钟离蒙，杨凤麟. 中国现代哲学史资料汇编：第二集第八册. 沈阳：辽宁大学哲学系，1982：191—193.

[9] 梁漱溟. 我的努力与反省 [M]. 桂林：漓江出版社，1987：93.

[10] 中国文化书院学术委员会. 梁漱溟全集：第二卷 [M]. 济南：山东人民出版社，1990.

[11] 中国文化书院学术委员会. 梁漱溟全集：第一卷 [M]. 济南：山东人民出版社，1989.

[12] 董宝良，周洪宇. 中国近现代教育思潮与流派 [M]. 北京：人民教育出版社，1997：484.

[13] 艾恺. 最后的儒家：梁漱溟与中国现代化的两难 [M]. 南京：江苏人民出版社，2003：4.

［14］李渊庭，阎秉华．梁漱溟先生年谱［M］．桂林：广西师范大学出版社，1991：85.

［15］中国文化书院学术委员会．梁漱溟全集：第六卷［M］．济南：山东人民出版社，2005.

原载于《衡水学院学报》2016 年第 5 期。

吴洪成（1963－），男，浙江金华人，河北大学教育学院教授，博士生导师。

李阳阳（1989－），女，河北沙河人，河北大学教育学院在读硕士。

儒学创新研究

“民主仁学”论

吴 光

关于我的“民主仁学”论述，可以说由来已久。最早可以追溯到1988年4月至1990年1月应聘担任新加坡东亚哲学研究所专任研究员期间，我在研究所发表的第一篇比较重要的文章是《儒学研究的新契机——新加坡国际儒学研讨会述要》。我在文中提出，东亚现代化的成功模式“有可能开辟出一条既能容纳西方文明的民主、科学、法治精神，又能保持发扬东方儒家的道德人文主义的人类文明新道路”[1]。其后，我于1989年在新加坡、1990年在台北允晨出版的《儒家哲学片论——东方道德人文主义之研究》一书，明确主张“儒学应当充分展示其包容性、开放性的特色，吸收现代非儒学的思想资源以开创儒学的新局”[2]。但“民主仁学”概念的正式提出，见于1999年7月我提交于国际中国哲学会第十一届年会“跨世纪的中国哲学：总结与展望”学术研讨会的论文《从仁学到新仁学：走向新世纪的中国儒学》中。该文很长，有近两万字。后来由会议组织者全文收入沈清松主编的会议论文集《跨世纪的中国哲学》一书，由台北五南图书出版公司于2001年6月正式出版。

后来我略作删节，以《从孔孟仁学到民主仁学——儒学的回顾与展望》为题，发表于《杭州师范学院学报》2001 年第 6 期，并全文转载于中国人民大学复印报刊资料《中国哲学》2002 年第 3 期。从 2000 年至今，我先后在新加坡、韩国，中国大陆与台湾的国际儒学研讨会以及在《哲学研究》《社会科学战线》《探索与争鸣》《鹅湖月刊》《北京日报》《解放日报》等多家报刊发表了十多篇讨论民主仁学的专题论文，比较系统地论述了民主仁学的思想模式及其文化观、价值观与发展前景，也逐步充实了“民主仁学”的基本理论架构。

其实，我本意并没想到要建立一个什么理论体系，只不过就当代儒学的发展趋势提出了一个思想观点，提供一种可供参考的新思路而已。有人说我是文化保守主义与政治激进主义，我大致接受。因为我在思想文化上信奉以儒学为主导、多元发展的中华国学，致力于弘扬中华民族的精神文化传统，如果这算保守，我承认，我保守的是中华道统。但我在政治上并不保守，而是始终一贯地力主政治、经济、社会、文化的全方位改革，主张政治民主化、经济自由化、社会法治化、文化多元化，如果这算是激进，那我也认了。但我不承认我是保守派或激进派，而是中庸派。平和而用中，不走极端。我认为，金观涛、苏晓康等在 20 世纪 80 年代主导的《河殇》记录片所代表的思潮，是典型的“西方文明中心”论和“全盘西化”的思潮，我是明确反对的[3]。而季羡林先生的“河东河西”论与“中国世纪”论走的是东方文化中心论（实质是中华文化中心论）的极端，我也是明确反对的[4]。我的“民主仁学”论则是汇通古今、兼融中西的产物，走的是“多元包容”的中道。本文拟从回顾历代儒学形态及其特色的基础上，对我的“民主仁学”论的理论架构、基本特性与社会作用做一较系统的论述，以求正于读者朋友。

一、历代儒学形态与特色的简略回顾

在具体讨论“民主仁学”论之前，让我们简略回顾与评析一下以往的儒学形态。

我曾在拙著《吴光说儒：从道德仁学到民主仁学》（贵阳：孔学堂书局 2014 年 7 月版）一书中，将以往的儒学史归结为“以仁贯道的儒学发展史”。我在书中将历代儒学概括为七种仁学形态，具体论述如下：

（一）先秦子学：“仁本礼用”的道德仁学

所谓先秦子学，即指由孔、孟、荀子所代表的与诸子百家平等争鸣的先秦儒学。孔子首次提出了“仁者人也”“仁者爱人”的人本主义哲学命题，建立了一套以“仁”为德性本体、以“礼”为政治之用的仁学理论体系。这个体系中最重要的观念是“仁”与“礼”。“仁”是内在于心的道德自觉，“礼”是外在制度性的伦理规范，是“仁”的外在体现。孔子“克己复礼为仁”命题即体现了“仁”与“礼”的内外、体用关系。“仁者人也”“仁者爱人”，这是以孔子为代表的先秦儒家最基本的道德哲学命题。所以，我们可以把孔子创立的仁学概括为“仁本礼用”之学。

孟子继承发展了孔子的仁学，提出了“仁义礼智根于心”的道德论命题，进而提出“以仁心行仁政”和“民贵君轻”（《孟子·尽心下》）的民本政治学说。

荀子则着重从建立王道政治的角度继承发展孔子的仁学，他主张“王者先仁而后礼”，把“隆礼尊贤而王，重法爱民而霸”即“王霸兼用，礼法共治”的原则作为治国理政的根本之道，从而在儒学史上开辟了一条崇尚礼义法度的思路。但荀子与孟子一样，最推崇的是孔子，其核心价值观仍然是“仁本礼用”。

（二）汉唐经学：“德主刑辅”的经典仁学

汉唐经学的特点，一是实现了儒学的政治化与制度化；二是推崇孔子，以经为法；三是其思想内容“驳杂不纯，兼融诸家”。其中最有代表性的是董仲舒。

董仲舒的公羊经学，脱胎于孔子的仁学，而又杂糅了阴阳、五行、道家、法家之说而建构起以“三纲五常”“任德不任刑”为核心价值的儒家德治主义，实质上是一种“德主刑辅”的政治思想模式，并成为汉唐经学共通的思想模式。可以说，从董仲舒的德治主义到韩愈崇尚仁义的原道主义，在本质上都属于儒家的仁学。

（三）宋明理学：“修己治人”的经世仁学

宋明理学是回应佛道二教对儒学的严重挑战并吸收佛老修养方法而形成的新儒学。其中程朱理学派，建立了一套以“理”或“天理”为本体、以“格物穷理”“穷理尽性”为方法、以修齐治平为目标的“理学”思想体系。陆王心学派则建立了以“心”或“良知”为本体，以“求放心”“致良知”为修养方法，以修齐治平为目标的“心学”思想体系。尽管二派宗旨各别，但其基本思想模式却是相同的，即都是以“仁”为根本之道，走的是“修己治人”之路。所以，宋明理学可以概括为以“修己治人”为宗旨的经世仁学。

（四）清代实学：“经世致用”的力行仁学

清代实学既是在反省宋明理学弊端的进程中，又是在回应“西学东渐”的新形势下产生和发展起来的。明清之际，一批富有历史使命感又具批判精神的思想家如黄宗羲、顾炎武、王夫之、颜元、唐甄等人，深刻总结了历代治乱兴亡的经验教训，把理论批判的矛头直指延续了两千多年的君主专制制度，并以托古改制方式提出了具有民主启蒙意识的王道政治理想，从而形成了一股强调从“外王事功”层面落实儒家政治理想的人文主义思潮。他们严厉批评了宋明理学的浮虚学风，而提倡“通经致用”“经世应务”的务实学风。而自明代万历七年（1579）以后，随着许多西方传教士和商人陆续进入中国，出现了“西学东渐”的趋势，也大大助长了实学学风的形成。

（五）近代儒学：“中体西用”的维新仁学

清代实学兴起于明末清初，沉寂于乾嘉时代，再兴于道咸时代，而在光绪时代由康有为、谭嗣同作了实质性的改革。

鸦片战争以后，大清帝国日益衰落。在深重的社会民族危机面前，一批深具忧患意识的儒家知识分子掀起了批判社会弊病、呼吁社会改革的实学新潮。如龚自珍大声疾呼“更法”“变古”，魏源提出了“师夷之长技以制夷”的口号。继之而起的“洋务派儒家”，则提出了“中学为体，西学为用”的思想变革口号①。这一口号的提出，标志着历经两千年的传统儒学，开始尝试突破旧学思想模式而寻找改革开新之路。

以1898年的戊戌变法为标志，形成了以康有为、谭嗣同为代表的维新派新儒家。他们在理论上尝试突破古典儒学“仁本礼用”的思想模式而又推崇古典儒学的仁爱精神，尝试融合西方的自由、平等、博爱、科学的精神于其新学体系而又“食洋不化”，他们建

① “洋务派儒家”的思想代表主要是张之洞，其“中学为体，西学为用”之说，见氏著《劝学篇》之《设学》《会通》诸篇。但这个口号的最早提出者并非张之洞，而是其他洋务派官员。据专家考证，此说初见于冯桂芬的《校邠庐抗议·采西学议》，主张“以中国之伦常名教为原本，附以诸国富强之术”。其后，郑观应在《盛世危言·西学》中提出“主以中学，辅以西学”思想，沈寿康则在《匡时策》一文（载光绪二十二年刊《万国公报》）中明确提出“宜以中学为体，西学为用”之说，比张之洞要早出二年。但张氏对此说作了定型和阐发，故其影响最大。

立了一套与传统儒学迥然不同但却是以“求仁”为宗旨、以综合吸纳古今中西之学为宏愿的“新学”。但他们所做的仍然是儒学的改良与维新，我称之为“维新仁学”。

康有为、谭嗣同在19世纪末的中国承担起了儒学改革的使命，虽未建立一个能正确指导中国近代化、现代化的新儒学体系，但为传统儒家仁学的根本转型、为现代新儒学的理论创新提供了值得借鉴的思考方向与思想资料。

（六）现代新儒学：“开新外王”的心性仁学

20世纪的中国思想界，逐渐形成了三大思想潮流，即以西方自由民主为本位的西化思潮、以马列主义为指南的社会主义-共产主义思潮、以中国传统文化为本位的现代新儒学思潮。而所谓“现代新儒家”，就是由一批抱持传统文化本位立场而又具有现代经世意识的知识分子所建立的，力图通过吸纳、融合西方文明而重建儒家道德形上学，以抗拒全盘西化思潮和马列主义并追求中国现代化的思想流派。

现代新儒学最主要的思想代表是熊十力、牟宗三的新心学，冯友兰的新理学与马一浮的新经学。

熊十力对于现代新儒学的最大贡献，就在于依照宋明理学心性论特别是陆王心学的致思方法建立了一个颇为精密的道德形上学体系，这个体系是以“良知”或“德性”为本体的。他在《十力语要·答牟宗三》一文中说：

> 良知，即《新论》（指《新唯识论》）所云“性智”。故《经》言“致知在格物”，正显“良知”体万物而流通无阂之妙。
>
> 《新论》曰：“（本体）真常者，言其德也。德有二义：德性、德用。曰寂静、曰生生、曰变化、曰刚健、曰纯善、曰灵

明，皆言其德也。”

在熊十力看来，这个“本体真常”，并非悬空无用之体，而是“即体即用”“体用不二”之体。他说：

> 须知，体用可分，而不可分。可分者，体无差别，用乃万殊。于万殊中，而指出其无差别之体……虚而不屈者，仁之藏也。动而愈出者，仁之显也。……用依体现，体待用存。所以，体用不得不分疏[5]。

这就揭示了熊十力所谓的德性本体，实即道德之“仁”，这个本体之“仁”与万殊之用是互相依存的，所以从本质而言，熊十力的新儒学仍然是孔子仁学的继承与发展。

牟宗三及其弟子则“接着”熊十力论心性，但他是“出入于”康德的“实践理性”与王阳明的“致良知”说而重建“道德形上学”的。然而，面对现代社会对民主、科学的强烈要求，现代新儒家不能不承认以儒学为主体的中国传统文化“缺乏西方近代民主制度与西方之科学”，因此，重建后的新儒学必须能够容纳民主与科学，于是牟宗三开出了“本中国内圣之学解决外王问题”[6]的思想药方，主张“须在道德理性之客观实践一面转出并肯定民主政治，且须知道德理性之能通出去，必于精神主体中转出‘知性主体’以成立并肯定科学”[7]。这便是所谓“本内圣开出新外王”说，用牟氏的话语，叫作由“道德主体”转出“知性主体”的“曲通”，或曰“良知的自我坎陷”。牟氏甚至把“开出新外王”作为“儒家学术第三期发展”的重点“使命”[8]。应当承认，这是现代新儒家对时代潮流——民主科学思潮的理性回应。

冯友兰自称是“接着讲”宋明理学的。他创造性地把儒家的精神境界分为自然境界、功利境界、道德境界、天地境界四个层次，而以“天地境界”为最高。所谓“天地境界”，就是“自同于大全”

的“仁”的境界。他说：“这种精神境界叫作‘仁’；行‘仁’的下手处，就是‘忠恕之道’。‘仁’是儒家所说的最高精神境界的名称。……它可以是指仁、义、礼、智四德之一，也可以是指最高精神境界。”[9]可见冯友兰所主张的新理学，与熊十力、牟宗三的“新心学”一样，在本质上也是继承孔子仁学的根本精神的。

马一浮是现代新儒家中“新经学”的代表。马一浮认为：“国学者六艺之学也。”[10]7他所谓“六艺”就是指儒家的《诗》《书》《礼》《乐》《易》《春秋》这“六经”。进而提出“六艺该摄一切学术”的命题，称“六艺统诸子”“六艺统四部”“六艺不惟统摄中土一切学术，亦可统摄现在西来一切学术”，其“自然科学可统于《易》，社会科学或人文科学可统于《春秋》”[10]10。显然，按照马一浮的思想逻辑，古今中外一切学术，皆可由儒家的“六艺”（即《六经》）统而摄之。所以，马一浮学术的根本特色，就是以《六经》为纲领的经学本色。

马一浮在那个志士仁人一心向西方寻找真理的年代，也学了多国语言，他精通英文、日文与德文，读了许多西学名著。但他的旨趣并不在于融合西学，而是出入西学而归本《六经》。在马一浮看来，唯有“六艺之道”是至真、至善、至美之道，是真正的自由、平等之道，“西方哲人所说的真、美、善，皆包含于六艺之中，《诗》《书》是至善，《礼》《乐》是至美，《易》《春秋》是至真”[10]17－18。他断言：“世界人类一切文化最后之归宿必归于六艺，而有资格为此文化之领导者，则中国也。”因而批评说：“今人舍弃自己无上之家珍，而拾人之土苴绪余以为宝，自居于下劣，而奉西洋人为神圣，岂非至愚而可哀！”[10]19－20凡此种种，都显示出马一浮拒斥西学、弘扬国学的根本旨趣。尽管马一浮的“断言”有些一厢情愿，但却反映了一位饱读经书的现代大儒的文化使命感。而难能可贵的是，马一浮提出了《六经》主“六德”并归于“仁”的思想，他说：“以一德言之，皆归于仁……以六德言之，《诗》主仁，《书》主知，《乐》主圣，《礼》主义，《易》明大本是中，《春秋》明达道是和。”[10]17 这个六经配六德之说可以说是马一浮新经学的核心价值观，从而表明马一浮新儒学的仁学本质。

（七）当代儒学：“新体新用”的创新仁学

自20世纪80年代以来，中国经历了三十多年的“改革开放”，取得了经济、社会的长足进步与思想文化的空前繁荣。儒学在当代中国也出现了复兴的大趋势，涌现出了多种宗旨各异的新儒家思想学说，例如杜维明的“文明对话”论，牟钟鉴的“新仁学”论，陈来的“仁学本体”论，林安梧的“后新儒学”论，蒋庆的“政治儒学”论，龚鹏程、黄玉顺的“生活儒学”论，涂可国的“社会儒学”论，吴光的“民主仁学”论等，可谓百花齐放，各展所长。

我认为，在众多发展方向中，最值得关注，甚至可能代表新世纪儒学发展方向的，是生活儒学与新仁学的论述。生活儒学的主要代表是台湾学者林安梧、龚鹏程和大陆学者黄玉顺，而以后者较为系统。

黄玉顺于2006年9月由四川大学出版社出版了《面向生活本身的儒学——黄玉顺“生活儒学”自选集》一书，同年12月，又由同社出版了《爱与思——生活儒学的观念》一书。在这些论著中，黄玉顺着重阐述了如下观点：第一，“生活儒学”的提出有其当下的语境。首先是当前儒学复兴运动的现实语境。第二，“生活儒学”是“关于‘实践’的一种‘理论’”。它追溯到生活本身，认为唯有生活，才是我们的“大本大源”“源头活水”；认为儒学发展的真正“动力”不在儒学之中，而在生活之中，或曰“实践”之中。第三，“生活儒学”论秉持多元主义文化观，力图超越“中西对峙”的形而上学思维方式，既明确表示反对自由主义西化派的立场，也警惕另外一种危险性——“企图拒绝现代民主制度而回到某种前现代的政治合法性”的儒教原教旨主义。由此可见，黄玉顺的生活儒学理论，是一种面向现代生活实践去重建儒学价值观的儒学存在主义论。这较之港台新儒家的心性论和蒋庆式的政治儒学论无疑更贴近现代生活，因而很可能获得较大的发展空间，但其缺陷是尚未建立起一套生活儒学的范畴体系。

当代著名儒学家杜维明教授，多年来致力于儒学理论的创新并从事弘道讲学。他在讲学活动中虽然使用了“儒教伦理”“文化中国”“创造转化”“轴心文明”“文明对话”“普世价值”“精神人文主义”等众多名词概念，但对于儒学核心价值讲得最多、最认同的还是儒家“己所不欲，勿施于人”的“恕道”和“克己复礼为仁”的仁道。他在1981年发表在《中国哲学》第五期的论文《孔子仁学中的道学政》，就透露了他的“新仁学”取向。他说：“儒家思想的原初形式是环绕着孔子的仁学而开展的。这套思想有成熟的道德理性、浓厚的人文关切和强烈的入世精神，既不同于古希腊的哲学思辨，又大异于希伯来的宗教信仰。如果借用今天欧美学坛的名词，我们可以说仁学是一种‘哲学的人类学’，而其所标示的是‘道德的理想主义’。”[11]在20世纪90年代（1991年），杜维明与美籍华裔历史学家何炳棣教授展开了一场关于“克己复礼为仁”之内涵的辩论，2014年杜维明在提交于台北“儒学的理论与应用”国际学术研讨会的论文《有关“克己复礼为仁”的争论——兼杜维明的诠释与回应》中，重温了这场争论的思想史意义，并进一步阐明了他的新仁学思想。他说：“我们可以把‘仁’看作儒学价值体系中层次最高、范围最广泛的价值。”“仁与其它德目的关系，可以说‘仁’为所有其它的伦理规范提供了‘终极的理由’。具体到‘仁’

与‘礼’的关系上……认为‘仁’是内在主体，‘礼’是外在表现。”实际上，杜维明近年的多次演讲都阐述了“仁”在儒学核心价值体系中的最高地位的思想。因此，我们可以将杜维明的新儒家学说，归纳为当代新儒学中的仁学系列。但杜氏的新仁学还是不很系统的。

长期任教于中央民族大学哲学系的牟钟鉴教授经过多年研究，创立了系统化的新仁学学说，撰著了题为“新仁学构想——爱的追寻”的学术专著（人民出版社 2013 年版）。他又将其主要观点浓缩为《新仁学构想》的论文，发表于 2012 年 11 月 4 日的《光明日报》。

牟钟鉴新仁学的主要观点，是以仁学为儒家思想之精华，回溯仁学自孔子以来曲折发展的历史，品评了历代儒家学者的仁学智慧，尤其推崇和彰显孟子和谭嗣同弘扬仁学的贡献，并参考当代新儒家学者对仁学的思考。作者力图接续孔子仁学的主脉，以孔子仁学为基础，广泛吸收诸子百家和西学之长，探索并构建了其“新仁学”的理论形态。他提出了“新仁学”的三大命题，即“以仁为体，以和为用”的体用论，“以生为本，以诚为魂”的生命论，“以道为归，以通为路”的真理观与社会观。在这三大命题观照下，牟氏论述了新仁学的仁性论、仁修论、仁德论、仁志论、仁智论、仁礼论、仁事论、仁群论、仁力论、仁艺论等十大专论，同时根据时代的紧迫需要对人生困境、民主政治、市场经济、国民教育、文明对话、生态文明等领域的挑战提出因应之道，充实了儒家人文主义的内涵。这生动体现了一位忧国忧民儒者的弘道情怀与包容胸襟。

美中不足的是，无论是三大命题还是十大专论，都未突出论述当代中国民主政治的构想与建设，而这是中国现代化道路无法回避也不应回避的重大问题。再者，书中对中国儒学史的某些评论也失于片面。例如，《仁学的构想》一文说："在长达两千多年的儒学史上，植根于孔子仁学开出自己思想学说的，屈指只有两家：先秦孟子的仁义之说和近代谭嗣同的《仁学》。"这样的评述是值得商榷的。一则，先秦之后的儒家学派（如汉唐经学、宋明理学、清代实学），尽管在立论宗旨和思想命题方面对于孔子仁学的道德人文精神有所偏离或偏颇，但从根基上和根本精神上是传承孔子仁学的，否则就不成其为儒家了。例如，董仲舒以"仁义礼智信"为"五常之道"，韩愈称"博爱之谓仁"，程颢说"学者须先识仁"，二程、朱熹、王阳明都有"仁者浑然与物同体"之语，康有为称"不忍人之心，仁心也；不忍人之政，仁政也：虽有内外体用之殊，其为道则一"等，难道不是在接续孔子仁学的主脉吗？再则，谭嗣同的《仁学》虽有承前启后之功，但他有"冶古今中西之学于一炉"而未臻精致之病。因此，牟先生所谓"孔子之后，屈指两家"之说是不能成立的。然而，牟氏新仁学虽有小疵，却无伤大雅，它开拓了当代儒学发展的广阔空间，应当引起高度的重视。

总之，在我看来，一部儒学史就是仁学史，"仁"是儒学最高最核心的本体性范畴，如果否定"仁"或者忽视"仁"，那就不是真正的儒家。例如，道家以自然无为之"道"为最高最核心的范畴，菲薄仁义礼，讲"天地不仁""圣人不仁"；法家则"以吏为师，以法为教"而以"仁义"为蠹虫。他们与儒学的核心价值是风马牛不相及的。

二、民主仁学的理论架构

下面谈谈"民主仁学"的基本理论架构，主要谈谈其体用论、文化观、核心价值观。

(一)“民主仁学”的体用论

我在提出“民主仁学”概念的同时，将其基本思想模式概括为“民主仁爱为体，礼法科技为用”的新体新用新儒学。我认为，面向21世纪的新儒学的基本形态，不应限于某些精英学者按照理学思维方式所论述的“心性学”模式，其主要形态既非“新心学”，也非“新理学”，而应该是“新仁学”。

这个“新仁学”既源于古典儒学的孔子仁学，也继承和涵盖历代大儒论“仁”的基本道理，又是对古典仁学的批判性的扬弃与改造；既吸收融合了原本是非儒家文化特别是现代西方文明的思想养料与精神资源（如民主、自由、平等、博爱、人权、法治等普世价值），又拒绝并且批判西方文化中反人性、反人文的思想与制度（如个人权利至上、征服主义、斗争哲学等）。

这个“新仁学”的基本思想模式，是一种新型的“内圣外王”之学，即确立道德的主体地位而以关心人生的意义与价值、以安顿人的生命为第一要务的“道德人文主义”哲学。其实践方向，并非是走“（旧）内圣开出新外王”的道路，而是新“内圣”与新“外王”的统一，是由新“内圣”指导新“外王”的落实。其“内圣”者，道德之体也，仁也；其“外王”者，道体之用也，制度也，事功也。其“新”者，即这个道德之体的仁，已经不仅是传统儒学意义上的“爱人”之“仁”，而是融合了传统“仁爱”精神与西方“民主”精神①而形成的新型道德主体；这个道体之用，也不仅是

① 有不少现代新儒家甚至现代自由主义学者仅仅将“民主”解读为一种政治制度，甚至仅仅视为政治斗争的工具与手段，其实是一种误解。我认为，“民主”既是制度也是精神与观念，而且首先是一种精神、一种价值观念。它是人民的自觉精神与自由意志的体现，民主制度是在民主精神指导下建立的制度，所以，民主在本质上是属于“道体”的东西，现代“民主”精神与传统“仁爱”精神是完全可以融合为一的。

传统意义上的礼制，而是融合了传统的仁政、礼仪与新型的民主、法制、科技文明的制度、事功。如果我们要从体用关系上来理解这个“内圣外王”新儒学的话，则可以将它定位为“民主仁爱为体，礼法科技为用”的民主仁学。

这个民主仁学是既重道德实践又重社会实践与历史进步的新儒学。它在个人修身实践上坚持道德理性，以道德仁爱为体，礼仪伦理为用，以成就君子人格为目标；在社会政治实践上则坚持民主仁政，以民主仁爱为体，礼法科技为用，以建设富强、民主、文明、和谐的现代化国家为目标。这就是民主仁学的体用论。

（二）“民主仁学”的文化观：“多元和谐”论

我在提出“民主仁学”概念的基础上，进一步探讨了“民主仁学”的文化观，明确提出了“多元和谐”文化观的论述[12-13]。关于“多元和谐”文化观，我的基本见解可以归纳为以下五点：

第一，在中华文明思想库中，有着非常丰富的“和谐”思想资源。儒家倡导以“仁爱”为核心的道德和谐观，墨家坚持以“兼爱”为中心的社会和谐观，道家崇尚“道法自然”的自然和谐观，佛教推崇“众生平等”的平等和谐观，它们形成了有别于法家专制主义、西方征服主义及斗争哲学传统的中华和谐文化传统。

第二，儒家和谐文化的特点，一是道德理性，即强调道德对于人生与社会的指导性意义；二是人文关怀，即关注人生意义与道德价值的实现，成就完美人格；三是和而不同，即以承认不同为前提而以“太和”为最高境界的“和”，是兼顾多方利益崇尚协调的“和”，是兼容多元的和谐观。

第三，在现代化、全球化的大趋势下，东西方文化关系也发生着质的变化，出现了多元文化互相沟通，从对立冲突走向和谐兼容的新趋势。在价值观方面，原本植根于西方文化的民主、自由、人权、法治等价值观念，已不再是西方的“专利”而被全人类所认同，而根植于儒家文化的仁爱、正义、和谐、诚信、中庸等价值观念，也被公认为有利于人类生存发展和社会进步并具有普世性的核心价值观念。

第四，在建设和谐社会、和谐世界的实践中，我们既要摈弃西方文明中心论，也要拒绝东方文明中心论，应该坚持多元文化兼容并蓄、交流互补、共存并进的“多元和谐”文化观与“多元和谐”发展观。

第五，所谓“多元和谐”文化观可以具体表述为“一元主导，多元辅补；会通古今，兼融中西”十六个字。因为在任何一种民族文化传统中，都存在一个主导性的文化形态，同时又存在多元文化对主流文化的辅助补充、共存并进的关系。当代中国的文化生态，更是存在主流文化与非主流文化的复杂关系，要贯彻这个十六字方针，很有必要摆正主流与非主流、竞争与和谐、道义与功利、德治与法治、中学与西学的关系。

显然，在“民主仁学”观照下的文化观与发展观，是以承认文化形态的多元存在为前提并且最具包容性的文化观与发展观，是以建设和谐社会、和谐世界为目标的文化观与发展观。

（三）“民主仁学”的核心价值观：“一道五德”论

那么，“民主仁学”的核心价值观是什么呢？对此，我提出了以“仁”为根本之道、以“义礼信和敬”为常用大德的“一道五德”价值观的论述。我的论述要点是：

第一，历代儒家关于核心价值观的论述，是因时制宜、与时俱进的。孔子虽然提出了诸如仁、义、礼、知、圣、孝、悌、忠、信、中、和、恭、敬、宽、敏、惠、勇、温、良、俭、让等20多个价值观念，但其核心价值观可概括为“仁本礼用”四个字。孟子的核心价值观是“仁、义、礼、智根于心”。自汉至清，儒学核心价值观被定位为“三纲五常”。此外还有“四维”（礼义廉耻）、“五行”（仁义礼智圣）、“六德”（圣智仁义忠信）、“八德”（礼义廉耻孝悌忠信）之说，是不同时期的儒家根据时代急需而对核心价值观所做的概括。

第二，历代儒家关于“道”“德”关系的论述，实际上是讲体用关系：“道”是根本之德，是体；“德”是所得之道，是用。历代大儒关于核心价值的论述，实际上是以“仁”为根本之道，以“义、礼、智、信”为道体之用的，诚如孔子所说“修身以道，修道以仁”，二程所谓“仁者全体，四者（义礼智信）四支(肢)”[14]。

第三，在现代社会，传统儒家所讲的“三纲”伦理，已经被时代淘汰。但过去百年对儒学的批判否定导致社会价值观的混乱与道德伦理的沦丧，复兴儒学的首要任务便是重建儒学核心价值观。这项重建工作并非对传统儒家价值系统的全面恢复，而是根据时代需要对儒学价值体系中那些具有普世性、现代性、人文性的价值观念进行选择、重组与诠释，以建立适应新时代需要的新儒学核心价值观。

第四，在全球化、现代化的当代世界潮流下，传统儒学价值系统中历久弥新而且最具普世性的价值观念是仁、义、礼、信、和、敬这六大观念。这六大观念中，“仁”是具有主宰地位的核心观念，是兼融“民主仁爱”核心价值的根本之道。坚守“仁”道，就必须坚持“以人为本”，就必须承认人民在国家政治生活中的主宰权利，就必然实行“民主仁政”。其他五德——义、礼、信、和、敬都是“仁”的体现，是“仁”道之用。五德的基本内涵是公平正义、遵礼守法、诚实守信、和谐合作、敬畏人事。因此，我将当代儒学的核心价值观概括为“一道五德”价值观[15-16]。

三、“民主仁学”的基本特性与社会作用

（一）“民主仁学”的基本特性

我们从对民主仁学的体用论、文化观、价值观的认识中可以概括出民主仁学的基本特性。这些基本特性可以从三个方面去思考：

首先，民主仁学的根本特性在于其道德理性。在“民主仁学”的理论架构中，“民主仁爱”是道之本体，礼法科技是道体之用，即道的实践与应用。我们必须清楚地认识到，“民主仁爱”并非仅仅是一种工具、一种“外王之用”的制度，而首先是一种人生的、社会的核心价值，一种普遍的道德理性。这是人之所以为人、“人之异于禽兽者几希”的那点东西。如果不确立起这一道德理性，那么所谓“民主仁学”云云，就是无根之木、无源之水，是不能长成参天大树、汇聚成澎湃潮流的。

其次是以人为本的人文性，即人文关怀的特性。儒学与宗教都有终极关怀，所不同的是，宗教的终极关怀是人死后能否进入天国，而儒学的终极关怀是人生道德价值的实现，是君子人格的完成，是死后文化生命与人文精神的代代相传。所以儒家始终是以人为中心而非以上帝或神、佛为中心展开其价值论述的。民主仁学尤其重视人文关怀。坚持社会以人为本，国家以民为本的理念，其逻辑归宿，必然是对人民民主权利的肯定与实践。民主仁学这种“以人为本，民为主宰”的人文精神，无疑包含着从传统民本走向现代民主的人文基因。

第三是重视开放日新、多元和谐的包容性。儒家历来重视开放日新精神，《周易》曰“日新其德”，《大学》引《盘铭》曰：“苟日

新，日日新，又日新。”强调的是不断求新的精神。求新必然是对他者的开放学习，开放学习的前提是对客观世界多元化存在的承认与接纳，所以孔子要求君子要有“和而不同”的胸怀。中华文明的开放日新精神在本质上乃是一种追求“多元和谐”的文化观与发展观。民主仁学的“多元和谐”文化观承认世界各大文明体系的多元化存在与多样性特点，主张通过文明的交流与对话加深相互的了解，化解文明的对立与冲突，保持各大文明的竞争性共存与战略性和谐。尤其是在国际关系中，当发生利益冲突与对立时，民主仁学主张通过和平对话加深彼此的了解，找出达致国际和平的方法与途径。

（二）“民主仁学”的社会作用

在全球化、民主化的世界潮流以及中国和平崛起、儒学复兴的大趋势下，“民主仁学”论提出了一种既传承传统儒家的道德人文精神又兼融现代民主价值观的新儒学思路，提供了一个能够深入社会生活与大众理性的儒学发展新方向。那么，民主仁学在当代中国的社会生活中可能起到怎样的作用呢？我认为可从以下六个方面思考：

第一，将对构建中国特色社会主义的核心价值体系提供充沛的思想资源。中国共产党十八大政治报告中提出的24字社会主义核心价值体系新论述，其中“富强、文明、和谐、公正、爱国、敬业、诚信、友善”16字就来自于传统儒家文化的价值体系。这说明，中国特色社会主义的核心价值观与儒家文化的价值观在根本上是一致的，是可以会通兼融的。民主仁学几乎能涵盖社会主义核心价值体系所有环节，因而将比传统儒学更能起到提供现代充沛思想资源的作用。

第二，推动民主仁政。现代化的一大趋势是政治民主化，中国也不例外。问题是这种转型必将具有中国的特色。什么特色呢？就是中华文化特别是儒家文化传统中民本与仁政的传统。民本的含义就是社会以人为本，国家以民为本。仁政的含义就是统治者坚守民主、执政为民，推行亲民、爱民、富民的政策，建立以德治国的治理模式。民主仁学在当代中国政治生活中的重要使命，就是要促使中国政治从传统的民本走向现代的民主与法治，促使民主仁政的建立。或许可以说，民主仁学是建立民主仁政的理论基础，民主仁政则是民主仁学的顶层制度设计。

第三，提升和改善全民道德自觉与人文素质。民主仁学归根结底是一种道德人文主义哲学，其本质的特性首先是确立道德理性。在当前社会人性异化、道德滑坡、社会风气不正的背景下，扶正祛邪，端正党风、政风、民风，提倡全民族的道德自觉已成为当务之急，这也是实现中国梦的必要条件。而民主仁学在提升民众的道德自觉、培养君子人格、改善人文素质方面可以发挥其他核心价值体系难以企及的优势，从而为实践中国梦的道德教育和移风易俗发挥重要的作用。

第四，促进功利社会竞争的良性发展。现代化社会往往以功利为导向，无论是政治、经济，还是社会、文化，到处都有竞争。有竞争本来是好事，大至社会与国家，小至企业与团体，有竞争就有活力。但是竞争如果不以道德正义去规范，不以和谐发展为目标，就会变成唯利是图、危害社会与民生的恶性竞争。就像近年来中国某些不良企业为了一己之利不顾民众生死而生产、制造毒奶粉、毒药品、地沟油那样，是危害人民健康的严重犯罪，必须严加惩治！民主仁学提倡多元和谐文化观和“一道五德”价值观，对于促进功利社会的良性竞争、和谐发展将起到十分积极的作用。

第五，辅助法治建设中的道德正义。现代社会必定是法治社会，法治建设是实现中国梦的根本举措。儒家历来重视德治、礼治，法治思想的资源不如西学。民主仁学主张学习和吸收西方思想资源，建设现代法治文明。但“法治”社会必须遵循道德理性。“德”与“法”的关系是相辅相成的：道德是立法的依据，是良法之“本”，“法”是社会的公德，是公民的道德底线，“德”与“法”的关系是“德本法用”。况且，法是人制订的，需要人去执行，故立法者与执法者的道德水准与人文素质对于实现司法正义十分重要，有良吏无良法固然不足为政，有良法而无良吏也不能达到善治。而民主仁学的民主、仁爱、公正、廉明等价值观念对于培养良吏、公正执法、实现法治社会的道德正义将能起到积极的辅助作用。

第六，有利于推行积极有为的和平外交。中国的现代化道路走的是和平发展、和平崛起道路，我们不但不称霸，而且反对任何形式的霸权。诚如孟子所言：“以力服人者霸，以德服人者王。”儒家历来是主张“以德服人”的王道而反对“以力服人”的霸道的，所以我们在外交上推行的是“远交近和”的和平外交政策，即便中国将来成为世界最大经济体和军事强国，我们仍将推行和平外交。儒家“以德服人”的王道战略将有利于政府当局推行积极有为的和平外交。

综上所说，民主仁学在政治实践上坚持民主仁政的治理模式，坚持“仁爱为本，法治为用”的核心价值观，坚持不懈地推动当代中国社会生活的民主化与多元化。它在提升公民道德境界与人文素质、辅助法治社会的道德正义等领域都将起到不可或缺的积极作用。它在东西方文化交流中则坚持多元和谐、互利共赢的文化观，推行“远交近和”的和平外交，既反对西方文明中心论的霸权主义逻辑，也反对“中国世纪”论的中华沙文主义。

当今时代，全球化、民主化的潮流已经席卷世界，当代中国已经跨入全面改革、和平崛起新阶段，在这历史转折、社会转型关头，“民主仁学”论提出了一种既重视传统的道德人文精神又兼融现代民主价值的新儒学思想模式，指出了一个建立民主仁政治理模式的政治方向，提供了一个能够深入社会生活与大众理性的儒学发展新方向。我敢断言，在现代中国社会，儒学如果不能吸收现代民主价值观的思想资源，则必定不能适应全球化时代社会发展的需要而实现其理论的转型。然而，中国社会在现代转型进程中，如果不能传承与发扬传统儒学“仁本礼用”的核心价值观与“仁政德治”的道德人文主义传统，则必将丢失我中华民族的本根与灵魂，从而严重阻碍中国特色小康、大同社会的建设与中国在世界的和平崛起。因此我相信，新体新用的民主仁学在当代与未来的中国社会中必定有其存在的价值和发展的空间。换言之，如果新时代的新儒学能够成为指导人民大众精神生活与社会文化生活的思想资源，则儒学的复兴必然成为 21 世纪“沛然莫之能御”的新文化运动，其发展前景将是无限光明的。

参考文献：

[1] 吴光. 儒学研究的新契机——新加坡国际儒学研讨会述要 [J]. 学术月刊，1988 (11)：40－43.

[2] 吴光. 儒家哲学片论——东方道德人文主义之研究 [M]. 台北：允晨文化公司，1990：212－213.

[3] 吴光. 民族传统与文明出路的误导性反省——对《河殇》的批评性反思 [J]. 中国论坛，1989 (2).

[4] 吴光. 二十一世纪的儒家文化定位 [G] //中国孔子基金会. 儒学与二十一世纪. 北京：华夏出版社，1996：55－57.

[5] 熊十力. 新唯识论 [M]. 北京：中华书局，1985：384－385.

[6] 牟宗三. 历史哲学 [M]. 香港：人生出版社，1962：自序.

[7] 牟宗三. 道德的理想主义 [M]. 台北：学生书局，1985：184.

[8] 牟宗三. 时代与感受 [M]. 台北：鹅湖出版社，1984：309－314.

[9] 冯友兰. 中国哲学史新编：第七册 [M]. 台北：蓝灯文化公司，1991：198－200.

[10] 马一浮. 马一浮全集：第一册 [M]. 杭州：浙江古籍出版社，2013.

[11] 杜维明. 孔子仁学中的道学政 [G] //中国哲学编委会. 中国哲学：第5辑，北京：生活·读书·新知三联书店，1981.

[12] 吴光. 中华和谐文化的思想资源及其现代意义——兼论当代文化发展战略 [J]. 哲学研究，2007 (5)：38－43.

[13] 吴光. 多元和谐：树立面向全球化时代的文化发展观 [J]. 探索与争鸣，2008 (8)：67－70.

[14] 程颐，程颢. 二程集：第一册 [M]. 北京：中华书局，1981：13.

[15] 吴光. 重塑儒学核心价值观——“一道五德”论纲 [J]. 哲学研究，2010 (6)：66－72.

[16] 吴光. “一道五德”：儒学核心价值观的新表述 [N]. 北京日报（理论周刊），2010－05－10 (17).

原载于《衡水学院学报》2017年第5期。

吴　光（1944－），男，浙江淳安人，浙江省社会科学院哲学所研究员，浙江省儒学会执行会长，中国孔子基金会副会长，中国人民大学国学院博士生导师，衡水学院特聘教授。

吴光先生的“民主仁学”及其意义

陈寒鸣

这些年来，与中国社会经济快速发展相适应，思想文化领域亦呈日趋繁盛之势。而在追逐“中国梦”、谋求中华民族全面伟大复兴的过程中，作为中国文化传统核心的儒学越来越受到社会各界有识之士的关注。学者们更竭尽思虑地推动儒学的复兴与现代性发展，并努力从儒学传统中发掘资源，为中国特色社会主义现代化建设提供发源于民族历史文化根基的内在精神动力，由此而使得儒学复兴渐成有一定社会影响的思潮。在这思潮中，学者们吹万不同地提出政治儒学、心性儒学、自由儒学、教化儒学、生活儒学、大众儒学、社会儒学、世俗儒学、生命儒学、新经典诠释儒学、精英儒学、企业儒学（或称“工商儒学”）、乡村儒学、城市儒学、平民儒学等各种观点和主张，而引起笔者格外关注的，则是吴光先生所提出的“民主仁学”思想体系。

“民主仁学”是吴光先生三十余年来从事儒学研究的思想结晶。早在 1988 年，他就已认识到“日本和东亚‘四小龙’在现代化、工业化方面获得了成功，创造了一种既不同于西方模式又不同于苏联模式的新模式，它有可能开辟出一条既能容纳西方文明的民主、科学、法治精神，又能保持发扬东方儒家的道德人文主义的人类文明新道路”[1]251。稍后，他在提交1989年7月于美国夏威夷大学召开的国际中国哲学第七届年会的学术论文《儒家思想的基本特点及其发展前景》以及在1989年10月由新加坡东亚哲学研究所出版的学术专著《儒家哲学片论——东方道德人文主义之研究》中，不仅明确将儒家哲学定位为“东方道德人文主义”而且首次提出要自觉“吸收非儒学的思想资源开创儒学的新局”的主张。他说：

> 现代新儒家应当在保持对本身文化传统认同并加以创造转化的同时，保持一种多元开放而非封闭排他的文化心理，自觉而且现实地认识自己的历史使命，从而开创儒学的新局面。所谓儒学应当在现代多元文化中扮演其一元的角色，即道德人文主义的角色，并不是规定现代新儒学只能讲道德修养、道德实践，而不必讲民主、科学和法治。作为一种现代的人文主义哲学，儒学应当充分展示其包容性、开放性的特色，吸收现代非儒学文化中那些可能为儒学人文主义所吸收的东西[1]212－213。

循此理路，吴光先生进一步深入研究，不断深化其思想认识，如1994年9月在纪念孔子诞辰2545周年国际学术讨论会上发表论文《21世纪的儒家文化定位》，认为21世纪的新儒学将以“道德人文主义”的形态在世界多元文化格局中保持其一元的存在，而这种新儒学的内容是既包含了传统儒学的“道德人文主义”思想资源，又吸收了非儒家文化的思想养料的。到1999年7月，在于中国台北举行的第十一届国际中国哲学会年会上，他发表论文《从仁学到新仁学：走向新世纪的中国儒学》，首次明确提出“民主仁学”的概念。自那时以迄今日的近二十年间，吴光先生先后在举办于新加坡、韩国，中国大陆和台湾的多次国际儒学学术研讨会上以及在

《哲学研究》《社会科学战线》《孔子研究》《探索与争鸣》《鹅湖月刊》《北京日报》《解放日报》等报刊上发表了十多篇阐析其“民主仁学”的专题学术论文，比较系统地论述他民主仁学的思想模式及其文化观、价值观以及“民主仁学”的发展前景，从而逐渐形成颇成体系的“民主仁学”理论架构。在2014年孔学堂书局出版的《从道德仁学到民主仁学》一书中，吴光先生概述其学思历程和儒学情怀的同时，更对其“民主仁学”思想体系作了系统阐述。

作为具有创新意义的当代新儒学思想体系，吴光先生的“民主仁学”主要包含“民主仁爱为体，礼法科技为用”的体用观、“一道五德”的价值观以及“一元主导，多元和谐”的文化观三大方面的内容。限于篇幅，本文着重对前两方面即“民主仁学”的体用观和价值观的思想主张及其意义略予阐析。

一、“民主仁学”的体用观

从哲学史与社会史相结合的角度来看，中国古典哲学中的体用思想有其核心内容，那就是传统的伦理政治的最终依据构成“体”，处理具体事务的不同方法对应于“用”。从哲学角度看体用范畴的主要含义，至少应包括两层含义：1）本体或实体与其作用、功能、属性之间的关系；2）本体或本质与现象之间的关系。中国古典哲学中以“体”作为精神主导，以“用”作为应事方术，这与现当代哲学以本体（体用）和现象言体用的观点是一脉相承的。张岱年先生曾经把文化体用论当作“处理文化问题的中国方式”[2]。吴光先生则据于儒学传统而又面向未来地从体用观角度对儒学，尤其是当代儒学开新性发展问题予以论析。

“仁”是孔子思想最根本的观念，《吕氏春秋·不二》言“孔子贵仁”，这是符合孔子思想实际的。孔子以来的历代大儒亦无不以“仁”为根本宗旨，把“仁”作为最核心的价值观，视为根本之道，故“孔门之学，以求仁为宗”（潘平格：《潘子求仁录辑要》卷一《辨清学脉上》），“仁”成为孔子以来中国儒学传统的精神基础。我们甚至可以说，一部儒学发生发展的历史，实质上就是仁学史。吴光先生以“仁”贯通儒学史，指出孔子以来的中国儒学已经历了先秦子学（“仁本礼用”的道德仁学）、汉唐经学（“德主刑辅”的经典仁学）、宋明理学（“修己治人”的经世仁学）、清代朴学（“经世致用”的力行仁学）和近代儒学（“中体西用”的维新仁学）这样几个发展阶段。“五四”以来的百余年间，又形成发展起梁漱溟、熊十力、张君劢等开其端，牟定三、唐君毅等继其后，另有马一浮、冯友兰等各树一帜的现代新儒学（心性仁学）。至于当世，林安梧、龚鹏程、黄玉顺等倡“生活儒学”，杜维明提出以促进多元文明对话为特色而旨在弘道的新仁学，牟钟鉴和陈来分别出版了《新仁学构想——爱的追寻》《仁学本体论》。

吴光先生省察儒学史，指出两千余年来，儒学随社会发展而不断变化，其思想内容不断丰富和创新性发展，但“仁”始终是中国儒学最高最核心的本体性范畴。如果否定“仁”或者忽视“仁”，那就不是真正的儒学，不是真正的儒家，如历史上道家以自然无为之道为最高最核心的范畴而菲薄仁义，法家“以吏为师，以法为教”而以仁义为蠹虫，他们的思想显然同儒学的核心价值风马牛不相及。因而儒学欲谋当世发展，就仍然必须高扬仁学旗帜。但是，这又不能是对传统的简单承袭，而应该依随社会的发展变化，根据当下社会生产生活实践的需求，赋予仁学以新时代、新社会的思想内容。所以，吴光先生在从体用角度阐论其“民主仁学”时，一再强调这是“民主仁爱为体，礼法科技为用”的新体新用的新仁学。

这样一种新仁学，既源于古典儒学的孔孟仁学，又继承和涵盖了历代大儒论“仁”的基本原理（如“仁者人也”“仁者爱人”“仁民爱物”“民胞物与”“天人合一”“万物一体”以及仁政、德治等），同时还是对传统仁学的批判性的扬弃与改造（如对旧式伦理秩序和封建礼制的批判否定与改造重建）；既吸收融合了原本是非儒家文化特别是近现代西方文明的思想养料与精神资源（如民主、自由、平等、博爱、人权、法治等人文精神以及一些科学精神），又拒绝并批判西方文化中反人性、反人权的思想与制度（如个人权利至上、征服主义、霸权主义、斗争哲学等）。诚如吴光先生所说：

> 这个“新仁学”的基本思想模式，是一种新型的“内圣外王”之学，即确立道德的主体地位而以关心人生的意义与价值、以安顿人的生命为第一要务的“道德人文主义”哲学。其实践方向，并非是走“（旧）内圣开出新外王”的道路，而是新“内圣”与新“外王”的统一，是由新“内圣”指导新“外王”的落实。其“内圣”者，道德之体也，仁也；其“外王”者，道体之用也，制度也，事功也。其“新”者，即这个道德之体的仁，已经不仅是传统儒学意义上的“爱人”之“仁”，而是融合了传统“仁爱”精神与西方“民主”精神而形成的新型道德主体——民主仁爱了；这个道体之用，也不仅是传统意义上的礼制了，而是融合了传统的仁政与新型的民主法制与科技文明的制度、事功了。如果我们要从体用关系上来理解这个“内圣外王”新儒学的话，则可以将它定位为“民主仁爱为体，礼法科技为用”的民主仁学[3]174—175。

显而易见，这样一种“民主仁学”是既重道德实践又重社会实践和历史进步的新儒学。这种新儒学在个人修身实践上坚持道德理性，以道德仁爱为体而以礼仪伦理为用，以成就君子人格为目标；

在社会政治实践上则坚持民主仁政，以民主仁爱为体而以礼法科技为用，以建设富强、民主、文明、和谐的现代化国家为目标。

二、“民主仁学”的价值观

价值观是一个民族文化体系的重要内容，甚至是一个民族文化体系的灵魂。自孔子以来的历代儒家学者，覃思熟虑，创制并不断诠释经典，以至于形成发展起儒家经学传统，其目的就在于维护和强化中华民族的价值体系，唤醒文化自觉，挺立文化自信，实现文化自强。所以，价值观在儒学传统中具有十分重要的意义。如果说儒学是中国传统文化的主干，那么，体现了儒家价值观的经学则可视为中国传统文化的灵魂。近些年来，学者们对儒家价值观进行了深入研究，出现了许多极有意义的学术成果。如陈来先生在2015年由三联书店出版的《中华文明的核心价值——国学流变与传统价值观》中提出，以古代儒家为突出代表，中华文明格外重视仁爱、礼性、责任、社群的价值，这些价值经过后世哲学的阐发而凸显出普遍的意义。中华文明核心价值所强调的仁爱原则、礼教精神、责任意识、社群取向以及对王道世界的想象与实践，贯穿于两千多年的历史实践，彰显出中华文明对关联性、交互性伦理的特别重视以及对多样性和谐的特别推崇。姜广辉先生则透过对儒家经典和儒家经学思想的深入研探，概括性地揭示儒经内涵的中华民族价值观体系有十二大观念构成，即天人合一、人性本善、以义制利、民本、修身、德治、五伦、孝道、仁爱、大一统、协和万邦、大同，而这十二大观念又涵盖了哲学、政治、家庭与社会以及国家、邦族、天下（世界）等层面的内容[4]。

吴光先生对儒家价值观有着自己的理解。他认为历代儒家学者关于价值观的论述是因时制宜、与时俱进的，这就使其在认同“仁”为常道的同时，又对体现仁道“常德”的论述不尽一致，例如，孔子有时将仁道诠释为“恭、敬、惠、义”四德，有时释为“恭、宽、信、敏、惠”五德，有时又释为“温、良、恭、俭、让”五德，此外还有“文、行、忠、信”四教和“智、仁、勇”三德之说。子思有“仁、义、礼、智、圣”五行之说，又有所谓“圣、智、仁、义、忠、信”大德的说法。孟子虽以“圣”为德，也讲诚、信、忠、善诸德，但强调得更多的是“仁、义、礼、智”，力言“仁义礼智根于心”。荀子虽然批评思孟学派的五行之说，但对价值观的阐述仍很重视，一再强调仁、义、礼、智、信、忠、善、诚等价值观念。至于汉儒董仲舒以后，儒家则大都以“仁、义、礼、智、信”为“五常之德”。

在吴光先生看来，历代儒家学者关于“道”“德”关系的论述，实际上是在讲体用关系，就是说，“道”是根本之德，是“体”，而“德”是所得之道，是“用”。孔子是儒学的奠基者和儒家学派的开创者，他在对弟子或当政者的谈话中，提出了20多个道德范畴，如仁、义、礼、知（智）、圣、孝、悌、忠、信、中、和、恭、敬、宽、敏、恕、惠、勇、温、良、俭、让等，这些都具有价值观意义，但讲得最多，也是他最为重视的还是“仁”和“礼”。孔子曾对弟子说过“吾道一以贯之”的话，按照曾子的解读，这个“一以贯之”之“道”就是所谓“忠恕”二字。忠近礼，恕近仁，所以，孔子的核心价值观可以概括为“仁本礼用”四个字[5]。“仁”学是孔子的理论创新，是他及其后历代儒者揭橥的根本原则，“仁”是儒家的根本之道，是儒学价值观体命中最具核心地位和普遍意义的道德范畴。这范畴具有情感性、普遍性、群体本位性、行为实践性等特征。孔子说：“我欲仁，斯仁至矣。”表明“仁”是内在于人心的心理自觉。其内涵既丰富又历久弥新：首先，它是表现为两个层次的情感，第一层次是指有“亲亲”“孝悌”等基于血缘亲情的家庭道德情感，第二层次是指立足于人性之善而产生的“泛爱众而亲仁”的社会道德情感。其次，它是一种准则，内含着反映“仁”之特性的“恭、宽、信、敏、惠”等具体的做人原则，奉行这些准则和原则而施政就是“为政以德”，与法治建设相辅相成，甚至是较法治更具有深远意义的治国之道。最后，它指信奉并践行仁道的人。“仁者人也”，所谓仁者就是人之所以为人的道理所在。究实论之，“仁”就是以人为本，尊重人的生命权、生存权和发展权，强调人的道德自觉，由此发展出从民本走向民主的人文精神。至于孔子所讲的“礼”则是“仁”得以实现和表现的方式，“礼”的贯彻实施构成了“仁”的内涵。孔子倡言“仁者爱人”，其所强调的爱是有等差的，从爱身、孝亲、敬长一步步向外推演，由己及人，由里及外，由近及远，以至天地间万事万物，从而达到治国平天下的目标。这种仁爱的等差性内在含有了“礼”的意蕴；儒家秉持“克己复礼为仁”的实践精神，努力使自己的活动、行为、思想和语言等都符合“礼”的规范，最终达到“仁”的境界。总之，在孔子儒学那里，仁表现为内在自觉，礼表现为外在规范，是仁的外显形式和实现手段。表面看，仁与礼二者之间存在着很大的张力，但孔子使之和谐统一。从深层次上讲，仁与礼同时指向君子人格，以期达到内圣外王的境界。而从儒学对传统社会的影响来看，这种以“仁”为根本准则而以其他德性作为基本内容——此即孔子所谓“修身以道，修道以仁”（朱熹：《四书章句集注·中庸章句》）、二程所谓“仁者全体，（义礼智信）四者四肢”（《河南程氏遗书》卷二上《元丰己未吕与叔东见二先生语》）——的理论架构，在一定程度上推进了传统社会秩序的完善。我们今天对这理论架构必须与时俱进，适应当下社会需要地吸纳现代元素，使之创新性转化而形成现代形态。

农业社会的静态文明在很大程度上制约了人们对这种道德理性的反思，而当我们站在现代工业文明社会的立场上回视儒学上升为汉武之世以来帝制时代国家意识形态的大致过程，就会发现从先秦时代的子学到汉代及其后的经学，其中暗含着强化道德以服务于专制王权的钳制作用：以主体的自觉实践扭转外在的强制力，以“三纲”统摄“五常”，实现了帝制时代的政治本体论的现实转化。如董仲舒根据其“王道任阳不任阴”即“阳尊阴卑”的世界观建立起他的“三纲六纪”的伦理学，明确提出“王者之三纲，可求之于天”（《春秋繁露·基义篇》）。《白虎通义·三纲六纪》亦谓：“《含文嘉》曰‘君为臣纲，父为子纲，夫为妻纲’，又曰‘敬诸父兄，六纪道行诸舅有义，族人有序，昆弟有亲，师长有尊，朋友有旧’。……所以疆理上下整齐人道也。……是以纲纪为化，若罗网之有纪纲而万目张也。”这样，“封建制社会的天罗地网，是不变的道德，‘三纲法天地人，六纪法六合’，一切行为都要钳在尊卑上下的不平等关系之中”[6]。吴光先生对此论道：

> 西汉以后，董仲舒提出“罢黜百家，独尊儒术”。董仲舒对儒学的核心价值观作了系统的新论述，根据当时的形势，基本上概括为三纲五常。他说：“王者之三纲五常可求于天，仁义礼智信是五常之道。”董仲舒因为强调《春秋》大一统的思想，比较适合巩固中央集权式的君主专制的需要。因此，“三纲五常”一直到清末都是儒家核心价值观[3]176。

对于这个问题，笔者认为应从两个方面加以反思。一方面，法家思想对加强王权专制起了推波助澜的作用，而如何强化现实的王权专制统治又是当时社会的首要任务，这是“三纲”学说的隐秘内容。另一方面，儒家的丧服制度在形式上巩固了臣对君、子对父、妻对夫的人身依附关系，此诚如吴承仕先生所指出的，“三纲之名，虽始于汉，而三纲之实，则本于《丧服》。《丧服》中首列三斩衰：子为父斩衰，表示家长制；臣为君斩衰，表示封建制；妻为夫斩衰，展示男权制”[7]，这使得广大社会成员默认这种伦理规定，将它视为天经地义的“王道”，于是形成有着牢固社会民众基础的专制主义的王权统治模式。这种强化态势，发展到明清时期达到了顶峰。历史地看，尽管“三纲五常”说基本上属于儒家思想，也大体继承了孔子的“仁本礼用”之学，但在社会实际作用层面上已经背离了先秦孔孟原始儒家“以人为本，以德为体”的道德人文主义精神，沦变为为君主专制统治服务的理论工具。直到辛亥革命推翻帝制，迈入共和，“五四”新文化运动进而提倡民主和科学以后，“三纲”思想由于不再适合新时代的要求而被淘汰。不过，尽管百余年来中国社会发生了巨大变化，但本质说来，中国人还是保有着自身民族特性的中国人，故而“五常”观念并没有丧失价值而得以保存下来，并被一代又一代学者予以阐扬或赋予新义。如此发展到今日，吴光先生从当今时代的社会精神需求而又具有普世性的价值观念角度考虑，指出21世纪的中国所应推扬的是以“仁”为根本之道而以“义、礼、信、和、敬”为五常大德的“一道五德”价值观。构建“一道五德”价值观的尝试其实是他在新社会、新时代背景下对先秦孔孟原始儒学“以人为本，以德为体”道德人文主义基本精神的回归，同时更是他依据着对21世纪时代精神的把悟而对中国儒学未来发展形态的展望。

吴光先生统合儒家传统资源，推动儒学“合内外之道”的现代转化，积极探究其“民主仁学”的实践路向。故其“民主仁学”价值观中的仁道之体，已不仅仅是原始儒学的“仁爱”，而且更具备了现代民主的思想内容。从现实层面看，民主是当今世界的主导观念形态，是人类社会发展的必然潮流，儒家对之必须积极顺应而切不可自外自绝；从超越层面看，权力运作形式都必须以终极价值作为依托，借以保障民众的福祉。二者结合在一起，就形成了“民主仁学”价值观中仁道之体的内在机制。有着这种内在机制的新型的仁道，无疑应成为社会、人生的核心价值理念，成为当下中国的一种根本精神。以之“施以仁政，就能使民富国强、人民和谐；执政以人为本，出以公心，则必能处事公正；有仁德爱心，则必爱国忧民，尽忠报国”[8]93。由此可见，“民主仁学”价值观中的仁道之体同中共十八大政治报告中所提出的社会主义核心价值观是息息相通的。吴光先生据此而认为，以富强、民主、文明、和谐、自由、平等、公正、法治、爱国、敬业、诚信、友善为内容的中国特色社会主义核心价值观体系，其“一以贯之”之“道”，就是以中华民族历史文化传统为深厚根基而又充分吸纳了现代西方文明的新型的儒家“仁爱”精神。这是对儒家传统道德人文精神的继承与发展，是“中国梦”所以区别于“美国梦”的根本所在。

吴光先生的这一说法不仅有理论意义，而且具有鲜明的社会实践性。孔圣孟贤，程朱陆王，明末的吕坤和晚明儒学殿军刘宗周及其弟子、启蒙儒者黄宗羲和陈确，近世的康有为、谭嗣同、宋恕，以至开现代儒学发展新路的梁漱溟、熊十力等等，历代真正的儒家学者无不本着儒家传统的仁爱情怀而直面现实，关注民生，积极用世。至于古代的屈原，中古的杜甫，直到近世的鲁迅，历史上有良知而又挺立着中华民族脊梁的文士，亦无不深受这儒家传统仁爱情怀的影响，密切关心国事民瘼，毅然以天下为己任，先天下之忧而忧，后天下之乐而乐。这不仅形成以儒学为核心的中国文化的优良传统，而且还塑造起伟大中华民族珍贵的精神。习近平总书记自觉继承弘扬这种精神传统，把“讲仁爱，重民本”作为中华优秀传统文化，不仅常常引用“治国犹如栽树，本根不摇则枝叶茂荣”“衙斋卧听萧萧竹，疑是民间疾苦声”等名言警句，而且更明确指出要把“讲仁爱，重民本”作为“涵养社会主义核心价值观的重要源泉”。这就要求当代儒者脱下长衫，从书斋纯思辨的逻辑天地里走出来，深入现实社会生活，扎根现实实践，关注普通民众的生存状况和利益需求，不仅化士学为民学，而且更要自觉实现理论基点和理论形态的转型，创造性地构建现代平民儒学。

吴光先生把“义、礼、信、和、敬”作为其“民主仁学”价值观中的“五常之德”，并对之做了既依据于传统而又具有新义的解释。他认为，“义”的本义是指合乎“仁”的行为，是“仁”的外延。作为当今社会价值观的要素，其基本含义应是合理、适时、公正、公平、正义等等。“礼”既是德性原则，又是伦理原则。它是内在人心的外在表现，是对现实社会人际关系和人伦秩序的制度规范。“信”即诚信，是立身之本、立业之本、立国之本。《论语》载孔子之言“民无信不立”，要求治国者必须取信于民。讲诚守信，在现代社会尤为重要，应该成为社会各阶层普遍奉行的基本道德。并且，如《中庸》所说“诚者天之道也，诚之者人之道也”，诚信还应成为全人类的大德。“和”即中和之道，强调执中贵和。“敬”源于“仁”而合于“礼”，有敬天、敬祖、孝敬父母、尊敬师友、敬事敬业即开创事业，建立事功诸义。《论语》以“事思敬”为“君子九思”之一，就是要兢兢业业做事，树立良好的职业道德。值得提及的是，吴光先生没有把传统儒学中的“智”作为其“民主仁学”价值观中的常德。他对此解释道，这主要基于三方面的原因，一是要凸显儒学核心价值观的道德人文意义，“智”在这方面显然不如仁、义、礼、信、和；二是传统儒学虽将“智”归入价值观范畴，但“智”之所指主要是“是非之心”“知识”之智，是知识判断而非道德判断，这在今天可归入知识论系统；三是传统儒学包罗万象、包打天下，而当代儒学则只扮演多元文化中的一元角色，无须也不再可能包打天下，“智”的作用已主要由科学来承担，故而不必再包含在儒学的核心价值观之内了[3]185。

总之，在全球化、现代化的当代世界潮流下，传统儒学价值系统中历久弥新且具有普世性的价值观念是仁、义、礼、信、和、敬这六大观念。六大观念中，“仁”是具有主宰地位的核心观念，是兼融“民主仁爱”核心价值的根本之道。坚守这仁道，就必须坚持“以人为本”，就必须承认人民在国家社会政治生活中的主体地位，就必然实行“民主仁政”。至于其他五德，都是“仁”的体现，是仁道之用。义、礼、信、和、敬五常之德的基本内涵是公平正义、遵礼守法、诚实守信、和谐合作、敬畏人事。因此，吴光先生把当代儒学的核心价值观概括为“一道五德”价值观。

三、“民主仁学”的实践性意义

吴光先生的“民主仁学”具有道德理性、人文性、兼容性诸特征，而道德理性则是其根本特性。在“民主仁学”中，作为道之本体的“民主仁爱”绝非仅仅是一种工具、一种“外王之用”的制度，而首先“是人类的核心价值，一种普遍的道德理性。这是人之所以为人、‘之异于禽兽者几希’的那点东西”[8]112。

这样的“民主仁学”能够施用于当代中国社会生活的方方面面，因而具有普遍的实践性意义。如依笔者所思，“民主仁学”中的“一道五德”说就完全可以成为当代中国行政管理和企业文化的理论模型。

在行政管理方面，所谓“一道”，就是将儒学传统的“仁”本思想作为一种精神文化要素，自觉构建以人为本的执政行政基本理念，并以之为核心形成中国特色的社会主义行政管理理论体系。无论是在理论或是实践中，现代行政管理最终目的在于促进人类的幸福。就是说，“以人为本”应该成为现代行政管理的核心价值观念。从这个角度看，儒学传统中的“仁”论完全可以成为现代行政管理的根本之道。而以“仁”为现代行政管理的根本之道，就要真正“以人为本”，一切为了人，一切服务并服从于人。这应该贯穿现代行政管理始终，体现于现代行政管理的方方面面。所谓“五德”，就是将一些基本的儒家道德观念不仅作为传统资源而加以利用，而且通过创造性转换，使之成为现代行政管理理念、职业道德、行政伦理和行为规范，并以这种现代行政管理理念、职业道德、行政伦理和行为规范等为重要组成部分的现代行政管理文化的建设，推动全体社会成员素质的提高和整个社会文明的进步，推动社会主义和谐社会的建设。第一，以“敬”为事。在儒家传统中，“敬”是衡量君子人格的重要标准。“敬”的含义非常丰富，既有严肃自警的意思，又有戒慎勤谨的意思。在现代行政管理文化建设中，儒家这种重“敬”思想传统和历史上形成发展起来的中华民族重“敬”尊“道”的优秀精神仍有其重要意义。这就首先要求所有现代行政管理从业人员正其身、敬其事以治其业，形成良好的行政管理氛围和环境。第二，“诚信”为德。在构建“大社会，小政府”的时代背景下，我们必须极力打造整个社会的信用体系，注重宣传“政府信用”，取信于民。从行政管理的内在机制来讲，公众信任是政府存在的根基，政府是诚信社会的维护者，提高民众的诚信水平是政府的社会责任，而政府首先要做的就是赢得民众的信任和信赖。大致说来，应该注意以下三个方面的问题：一要明确政府职能、权力和责任，维护和增进民众的根本利益，真正做到名实相副；二要重视制定政策和落实政策的有效性，防止出现朝令夕改的负面情况，从实际作为上赢得民众的支持，真正做到言行一致；三要在政府取信于民和民众信赖政府之间实现协调，真正做到“信民”与“民信”的齐头并进。可以说，诚信不仅是政府的道义责任，更是政府的政治责任和法律责任。第三，以“义”生“利”。“义利之辨”，即关于如何处理好“义”和“利”二者之间的思想，是儒学的重要内容。“义利”观是儒学基本传统。所谓“义”，相当于精神价值（道德价值），而“利”则相当于物质价值（含经济价值）。“义”与“利”的关系即是精神价值与物质价值的关系。“义”与“利”之间存在着谁制约谁、谁战胜谁的问题；“利”是人们不可缺少的物质需要，“义”是人们不可缺少的精神需要，二者不可或缺，但只有“以义制利”，使人人向善的方向发展，才能保证国家和社会的稳定，从而使整个社会和社会生活中的每个人都得到切实的利益。我们不应讳言“利”，而应从“义利合一”，以“义”生“利”的角度来思考和处理问题。但为政者却必须对自身有严格的道德要求，要“见利思义”。现代行政管理者必须义以为质、义以为上。当代西方管理哲学家霍金森在《领导哲学》中评述儒家管理价值道：“领导者珍视传统的伦理观、文化或秩序，他力图借助组织的工具，而使得有教养的伦理标准与具有历史连续性的人类尊严永存不朽。”[9]此说极有见地，值得中国的现代行政管理者深思。第四，以“勤”治业。在儒家经典文本中，“勤”通常被解释为“劳”或者“忧劳”，是一种值得称赞的美德[10]。传统社会讲求的“克勤克俭”，不仅应作为现代行政文化的基本要素，而且应体现于行政管理行为实践之中。这对改善政风，重塑行政管理的良好形象，促进整个社会精神文明的建设和发展，都是十分必要的。

在企业文化方面，所谓“一道”，就是将儒学传统的“仁”本思想作为一种精神文化要素，自觉构建以人为本的企业价值观，并以之为核心形成中国特色的社会主义企业文化。目前我国社会生活中劳动者权益实现的状况还很不如人意，在维护、保障劳动者合法权益方面尚有许许多多的工作要去做。尤为值得注意的是，近些年来，在作为我们这样一个社会主义国家领导阶级的工人阶级队伍中，却出现了相当一部分在劳动关系及其他社会关系中明显处于弱势地位，经济收入水平低下，基本生存、生命健康缺乏必要保障，合法的劳动就业权利、人身权利、人格尊严、民主权利、文化教育权利等极易受到损害或侵犯的职工所组成的困难职工群体。他们不仅遭遇到前所未有的就业危机、自身及其家庭的生存压力，而且还由原本受人尊重的“主人翁”“老大哥”地位沦落到雇佣者甚至连自身拥有的劳动力都无法出卖出去的弱势境地，其心理严重失衡，难以适应、接受这样一种利益关系调整的格局，是十分自然的。在这种心理态势下，他们的困难和问题如得不到及时、妥善、有效的处理和解决，便必然会危及社会稳定，动摇党的执政根基。现实中不时爆发的各种形式的突发性群体事件，就说明了这一点。此外，各类“黑砖窑”式工厂中童工、“奴工”的存在，“富士康十三连跳”及其个中原因等等，亦是十分值得注意的社会现象。现代企业文化建设要求首先确立并实现以人为本的企业价值观，要求企业不仅要以股东、员工和顾客为本，而且还要进而以全体社会成员为本，但在上述那样一种社会生产关系和劳动下，哪里看到有丝毫以企业员工为本的迹象？“以资为纲”，不尊重、关爱、平等对待企业员工，又怎能奢望其能以顾客乃至全体社会成员为本？这如何构建具有现代意义的企业文化？因此，要在当代中国构建现代企业文化，首先必须回到2560年前的孔子那里，确立起以“仁”为本的企业基本价值理念，以“爱人”“己所不欲，勿施于人”和“己欲立而立人，己欲达而达人”为核心精神。否则，所谓企业文化建设、和谐劳资关系的确立、儒商精神的培育云云，尽皆欺人的空谈。所谓“五德”，就是将一些基本的儒家道德观念不仅作为传统资源而加以利用，而且通过创造性转换，使之成为现代企业管理理念、企业道德和企业行为规范，并以这种现代企业管理理念、企业道德和企业行为规范等为重要组成部分的现代企业文化的建设，推动全体社会成员素质的提高和整个社会文明的进步，推动社会主义和谐社会的建设。

总之，“儒学是具有鲜明实践性的学问，生活中处处有儒学，处处需要儒学。如政治生活中不同政治力量的和平共处与合作共赢，经济生活中运用《论语》加算盘的智慧经营企业，在日常生活中谨守仁道，用义、礼、信、和、敬的道德原则处理人际关系等等，甚至生老病死、婚丧节庆都体现着儒学的价值观与道德，正所谓‘百姓日用而不知’”[3]185。吴光先生的“民主仁学”正是能够适应当代中国政治、经济、文化生活需要并能在其中发挥实践性作用的活泼的学问。

四、结束语

历史上，孔子以来的真正儒者倡扬的乃是同现实社会实际生活紧密联系的体用兼赅之学，元明之际的金华朱学家王袆曾释“儒”曰：

> 有用之谓儒。……夫周公、孔子，儒者也。周公之道尝用于天下矣，孔子虽不得其位，而其道即周公之道，天下之所用也。其为道也，自格物致之以至于治国平天下，自修诸身以至

于征诸庶民、考诸三王，本末皆一贯也。小之则云为日用事物之间，大之则可以位天地育万物也。斯道也，周公、孔子之所以为儒者也。……儒而法周公、孔子，不可谓有用乎？（《王忠文公集》卷十四《儒解》）

一部儒学发展史已经昭示出“经世致用”或“学以致用”的实践理性是儒学固有的内在精神。正是这精神使得儒学能在历史上自觉地顺应社会的发展变化而不断调适自身，并因此而显示出强劲的、万古常新的内在生命力。因此，谋求儒学的当代发展并使之在当代中国社会和文化建构中发挥作用，关键并不在相应于近、现代以至当代西方的哲学、思想和文化而从纯理论层面上对儒学做出这样或那样的学理、诠释，而在于切实体认儒学固有的内在精神，重振儒学的内在生命力，依据当代中国社会生产生活实践来开辟儒学的发展新路，逐渐形成同当代中国社会现实需要相适应并能在社会实际中切实发挥作用的新儒学。

吴光先生所提出的“民主仁学”思想体系不仅提供了一个能够深入社会生活与大众理性的儒学发展新方向，而且其本身就是一种有体有用的新儒学。这种新儒学在政治实践上坚持民主仁政，坚持“仁爱为本，法治为用”的价值理念，积极推动当今中国社会生活的民主化与多元化。它在提升全民道德境界和人文素质，辅助法治社会的道德正义以及促进功利社会竞争的良性发展等方面都能起到重要的积极作用。因此，“民主仁学”必有其持久性的生存价值和发展空间。

参考文献：

[1] 吴光. 儒家哲学片论 [M]. 台北：允晨文化公司，1990.

[2] 张岱年. 张岱年全集：第 6 卷 [M]. 石家庄：河北人民出版社，1996：202.

[3] 吴光．国学新讲——吴光演讲录精粹 [M]．杭州：浙江人民出版社，2016.

[4] 姜广辉．中国文化的根与魂——儒家经典与“意义信仰” [M]．沈阳：辽宁教育出版社，2014：56－69.

[5] 吴光．重塑儒学核心价值观——“一道五德”论纲 [J]．哲学研究，2010 (6)：66－72.

[6] 侯外庐．侯外庐史学论文选集：上 [M]．北京：人民出版社，1988：419.

[7] 吴承仕．吴承仕文录 [M]．北京：北京师范大学出版社，1984：2.

[8] 吴光．从道德仁学到民主仁学——吴光说儒 [M]．贵阳：孔学堂书局，2014.

[9] Christopher Hodgkingson. The Philosophy of Leadership [M]. Oxford: Basil Blackwell Publisher Limited, 1983: 229.

[10] 桂馥．说文解字义证 [M]．济南：齐鲁书社，1986：1216.

原载于《衡水学院学报》2017 年第 5 期。

陈寒鸣 (1960－)，男，江苏镇江人，天津市工会管理干部学院副教授。

大陆新儒家政治哲学的现状与前景①

黄玉顺

首先界定一下“大陆新儒家”这个概念。两年前，李明辉教授接受澎湃新闻网的专访，表明他“不认同‘大陆新儒家’”，即不认同“以蒋庆为中心，包括陈明在内的一小撮人”[1]，引发了一场论战。论战的结果之一是：大陆儒家学者普遍认为，“大陆新儒家”这个名称不应专指那么“一小撮人”，而应泛指大陆改革开放以来的整个儒家群体。我本人也持这种观点[2]。

一、两岸儒家政治哲学之共识与异见

下面是对两岸儒家政治哲学异同的观察和分析，未必准确，因为我对台湾儒家的整体情况不是很了解。

① 这是笔者在下述活动中的发言：复旦大学上海儒学院“儒学新探索”工作坊系列一·首届“两岸儒学工作坊”座谈会：共识、异见与开展——关于“儒家视野下的政治思想”之反思（2016年12月12日）。

（一）两岸儒家之共识

两岸儒家的思想学术固然存在着种种差异，但既然都是儒家，当然有共识。最大的共识就是：儒家对中国和世界的当下与未来负有责任，包括负有政治责任。这是两岸儒家的一种“底线共识”。因此，不论是在大陆还是在台湾，广义的“政治儒学”，亦即儒家的政治哲学，一直是儒学界的热点之一。

（二）两岸儒家之异见

1. 两岸儒学差异的情况

比较而言，台湾儒家政治哲学与现代政治哲学更一致；而大陆儒家政治哲学的情况则非常复杂，这一点我待会儿进行分析。

2. 两岸儒学差异的缘由

（1）发展阶段不同

台湾社会的现代转型包括政治转型已经完成，而大陆社会的现代转型还远未完成，两岸处在不同的发展阶段。这是一个基本的判定。因为发展阶段不同，所以面临的问题也就不同。因此，台湾儒学更重视儒学与现代性政治价值的协调，而目前大陆儒学中却出现了拒斥现代性政治价值的倾向。

（2）学术资源不同

台湾儒家政治哲学的儒学资源，主要是20世纪的现代新儒家，尤其是熊十力、牟宗三一系，以及由他们推上去的宋明理学；而其西学资源，主要是德国古典哲学。今天在座的以李明辉教授为代表的康德专家就比较多，呵呵！这是一个很典型的学术背景。

而大陆儒家政治哲学的儒学资源不同。他们基本上或者绝大多数都对现代新儒家、港台新儒家和宋明理学有一种拒斥倾向。这是一个基本判断。大陆新儒家更重视现代新儒家之前的近代维新儒学，乃至先秦儒学、汉代儒学；而其西学资源也很复杂，既有英美系统的哲学，也有欧洲大陆系统的哲学，其中德国哲学方面更重视现象学，此外还有广义的后现代主义、保守主义、社群主义等资源。

二、大陆新儒家政治哲学之现状

近年来，大陆新儒家的哲学主要有两个相互关联的热点，即宗教哲学（狭义“儒教”[3]）和政治哲学（广义“政治儒学”），我称之为“创教与干政”[4]。这两个方面是密切关联的，在某些儒者那里甚至是统一的。这是大陆儒家方面的基本状况。

（一）共同的焦虑状态

大陆新儒家之所以非常活跃，一个重要原因就是普遍的心理焦虑状态。这当然与儒家传统当中的“忧患意识”传统密切相关。这种焦虑，源于对社会现实状况的不满和担忧。这同样是儒家“忧国忧民”传统的体现。尽管他们焦虑的具体缘由颇为不同，但都可以归为“转型焦虑”，属于百年来的“中国问题”，即由于“中国向何处去”的问题依然悬而未决[5]。

（二）不同的价值取向

大陆新儒家处在严重的分裂状态中，这是大陆目前社会撕裂状态的现实反映。今天大陆从学界到官方、到民间蓬蓬勃勃的所谓“儒学复兴”“国学复兴”，其实有很多很不同的情况。我曾将大陆儒家的状况形容为“妾身未明”：“当今的儒家，可不就是‘人尽可夫’吗？除了‘老大嫁作商人妇’或被老板‘包养’、改‘儒’姓为‘钱’姓的以外，时而嫁给‘左’家（左派儒家），时而嫁给‘右’家（右派儒家）；时而随了‘马’姓（马克思主义儒家），时而随了‘自’姓（自由主义儒家）；时而又姓了‘原’（原教旨儒家），时而又姓了‘后’（后现代儒家）；……似乎‘名花有主’了，实则‘水性杨花’而已。”[6]

这种状况，也体现在政治哲学领域，最主要的倾向有：

1. 前现代的原教旨主义的儒家政治哲学

这种思潮的基本特征，就是拒绝现代文明价值，主张回归古代社会的生活方式，倡导君主主义、家族主义、父权、男权等。有的儒者更是公然鼓吹恢复“三纲”，反对人权、自由、民主等现代文明价值。这是如今大陆儒家内部很常见的一种思潮或倾向。

2. 作为“现代性政治怪胎”的极权主义的儒家政治哲学

今天的某些“儒教”论者、“贤能政治”论者等等的论调，皆属这个范畴。这种思潮的特征之一是：貌似复古，实则属于一种现代极端现象，我多次称之为“现代性的怪胎”——极权主义。这种思潮的另一个特征是与民粹主义的结合，所谓“毛儒”是其典型。这种思潮还有一个特征，就是与权力、国家主义或曰极端民族主义的结合，在国内问题上是极权主义倾向，在国际问题上是帝国主义倾向。这是刚才李明辉教授所讲的重点之一，民族主义或者民族国家的问题。

这些问题，这里没有时间展开。但李教授刚才有个观点我不太同意。这个观点跟安德森（Benedict R. Anderson）的说法一致：民族国家不过是“想象的共同体”[7]（imagined community），怎么会是“想象的共同体”呢！民族国家绝不是什么“想象的共同体”，而是现实的社会历史运动，是人类社会发展到某一历史阶段的必然现象。

以上两种思潮——原教旨主义和极权主义，有一个共同点，就是将现代化歪曲为西方化，从而反对西方，而实质是以“中西之异”来掩盖“古今之变”，以抗拒“西方”的名义来抗拒现代文明价值。所以，以上两种思潮经常会结合在一起，而目前这两种思潮在大陆儒家内部颇为强势。

3. 正常的现代性的儒家政治哲学

这种立场的基本特征，就是寻求将儒家传统与现代文明价值结合起来，探索两者之间的融通。我本人是属于这个范畴的，这里就不具体展开了。

三、大陆新儒家政治哲学之前景

下面谈谈我个人对儒家政治哲学前景的看法。

（一）当代儒家政治哲学应有的问题意识

1. 二者必居其一的选择及其观念前提

撇开原教旨主义的态度，因为这种态度认为：我们现代人的生活方式都是要不得的，应该回到古代人的生活方式。我们对此姑且不作价值评判，这种取向在事实上也是不可能的。

如果我们承认，人类社会包括中国社会必然现代化或者现代转型，那就必然面临一个基本的问题，即：如果既要追求现代性或现代化，又要利用传统儒学资源，那么，这取决于对真正的儒家传统的正确判断，否则就会陷入自相矛盾之中。这是因为：

按照传统的理解，儒学不外乎就是“形上学-形下学”两级观念架构。那么，由此出发进行分析：（1）传统儒学的形下学，比如说帝国时代儒学的形下学，就是以“三纲”为核心的伦理政治建构。这套东西，在今天看来显然是不适用的，否则就与现代性取向相矛盾。在这个问题上，我们无须与原教旨主义者讨论。（2）从哲学的奠基观念上来讲，正是为了论证以“三纲”为核心的前现代的伦理政治价值，帝国时代的儒家才建构了前现代的儒家哲学的形上学，包括心性本体论等宋明理学的内容。这套东西，在我看来，今天也是不能照搬的，因为以上的形上学与形下学之间，是一种密切的奠基关系。

那么，如果儒学就是如此这般的“形上－形下”两级观念，那就意味着：如果要选择现代化、走向现代性，那就必须彻底抛弃儒学。

2. 上述观念前提的解构

但是，还有另外一种可能：如果我们既要坚持儒学，又要坚持现代化，这意味着：帝国时代的传统儒学那么一种“形上－形下”的基本框架，必须突破；真正的儒学，恐怕不是这种“形上－形下”的二级架构可以涵盖的。

我这些年来所做的“生活儒学”，其实就是想做这个工作。儒学绝不仅仅是“形上－形下”这么一种二级架构；在孔孟那里，儒学还有着更加本源的思想视域、观念层级，而被后儒尤其是宋明理学所遮蔽。今天的儒家，必须在这种本源上，重建儒家的形上学、形下学，才可能有效地切入现代性。

（二）当代儒家政治哲学应有的价值取向

限于发言时间的规定，我只能简单地讲一讲。今天，儒家政治哲学必须容纳八大现代政治价值：个体、自由、平等、博爱、民主、共和、宪政、法治。

最后补充一点：20世纪的现代新儒家以及后来的港台新儒家，尽管他们的哲学视域与我的不同，但至少在政治哲学的基本价值取向上，我是赞成的。所以，在李明辉与一些人的辩论中，我是支持李明辉的。我前段时间有一篇文章谈到，在这个问题上，中国当今的大陆新儒家比起牟宗三那一代人来讲是大大地退步了[3]。

参考文献：

［1］李明辉. 我不认同“大陆新儒家”［EB/OL］. www.21ccom.net/articles/thought/zhongxi/20150126119523_all.html. 2016-11-16.

［2］黄玉顺. 论“大陆新儒家”——回应李明辉先生［J］. 探索与争鸣，2016（4）：49-57.

［3］黄玉顺. 庚寅“儒教”问题争鸣录［M］. 郑州：河南人民出版社，2011.

［4］黄玉顺. 当今儒家的“创教”与“干政”及基督教在中国的传播问题——在联合国总部“纽约尼山世界文明论坛”上的点评发言［G］//当代儒学：第4辑，桂林：广西师范大学出版社，2013：52-58.

［5］黄玉顺. 儒学与中国之命运——纪念五四运动90周年［J］. 学术界，2009（3）：37-46.

［6］黄玉顺. 儒家“妾身未明”之际［EB/OL］. www.21ccom.net/articles/thought/zhongxi/20150824]128201_all.html. 2016-11-16.

［7］本尼迪克特·安德森. 想象的共同体——民族主义的起源与散布［M］. 吴睿人译. 上海：上海人民出版社，2011.

原载于《衡水学院学报》2017年第2期。

跪拜文化：孔子的悲哀

——关于集体跪拜孔子的感言

黄玉顺

前不久，《新京报》报道：河南省平顶山市宝丰县第一高级中学校方要求学生“集体跪拜孔子”[1]。近日，《人民日报》刊发了张贺先生的文章（以下简称“张文”），批判这种“跪拜心态”[2]。

《新京报》的报道，有几点特别值得注意：1. 基本的事实：该校校长“向记者证实校方确实有组织过集体行跪拜礼仪式”，“罗校长称，学校会在教师节、孔子诞辰等传统节日，以及高考前誓师大会等时间节点组织学生集会，向孔子等传统文化先贤行礼”，“学校邀请道德模范举办传统文化论坛期间，开课前学生都被要求参加集体行礼仪式”。2. 校方对学生之反应的回应：“没有跪拜的学生会被校方在大会上严厉批评”，“不能理解校方行为的同学还有很多”，“就学生提出的意见，罗校长回应称……‘跪天跪地跪父母是文化传统，与封建无关’”。3. 校方的认识：“罗校长还向记者表示，学校目前的做法与国家的教育理念吻合。”

《人民日报》的批评文章，将跪拜孔子现象归结为“跪拜心态”；认为这种心态尽管初衷是要“弘扬传统文化”，但却陷入了认知的“误区”。文章特别指出几点：1. “跪拜心态”违背了孔子本人的态度：“像今天这样让学生对孔像顶礼膜拜完全违反了孔子教育思想”，“孔老夫子如果见到这番景象，一定会大摇其头而不以为然”。2. “跪拜心态”误读了传统文化：“‘跪拜心态’正是对传统文化缺乏认知的一种反应”，“中华传统文化固然博大精深，但其中也是优劣互现，精华与糟粕并存的”，“要克服‘跪拜心态’就必须以科学的态度对待传统文化，加深对传统文化的认知”。3. “跪拜心态”违背了现代文明的价值：这种心态及其做法“包含了一些培养奴性、罔顾人权的内容”，“完全不适合现代社会”，“结果孩子通过正常学校教育可以获得的社会化常识没有了，心智上也难以进步，成了只会背古书的书呆子”。

“张文”确实抓住了一些要害，我基本上赞成。可惜“张文”只是千字短文，未能充分展开；而且“张文”的一些观点也还不够透彻，甚至同样存在着一些“误区”。

一、跪拜孔子违背孔子思想

跪拜孔子现象远非违反了孔子的“教育思想”这么简单。

1. 跪拜孔子现象所违反的绝不只是孔子的“教育思想”，而是孔子的整个思想，特别是关于“礼有损益”的思想。孔子说过：“殷因于夏礼，所损益可知也；周因于殷礼，所损益可知也；其或继周者，虽百世可知也。”[3]2463（《论语·为政》）意思是说：作为社会规范及制度的“礼”，应当随时代的改变而改变。跪拜即是一种“礼”，更确切地说是一种“礼仪”；礼仪背后却是一种“礼制”，即是体现人际关系的社会制度；礼制背后更有“礼义”，则是作为制度变革的价值尺度的正义原则。按照孔子“礼有损益”的思想，社会制度及其礼仪应当随时代而“损益”变革[4]；跪拜的礼仪即便曾经符合宗法时代的需要，也绝不再符合现代社会的需要。对于所谓“跪天跪地跪父母是文化传统”，亦应作如是解；否则，女性缠足也曾经是一种“文化传统”，难道今天的女性也该缠足不成？

2. 跪拜孔子现象其实体现了一种宗教偶像崇拜。这也使人想到这些年来甚嚣尘上的“儒教”，即试图将儒学改造成基督教那样的宗教甚至“国教”。“张文”提到：当年康有为等人的“孔教会大搞祭拜孔子”，就连大儒辜鸿铭都不以为然，“认为孔教会只是形式上尊孔，不是真的遵行孔子学说，是典型的虚有其表、舍本逐末”，还写了一首打油诗加以嘲讽：“监生拜孔子，孔子吓一跳；孔会拜孔子，孔子要上吊。”宗教问题当然是很复杂的；中国今天是否需要宗教，也不是这里要讨论的问题。但无论如何，将孔子作为一个宗教偶像来跪拜，这绝非孔子的本意；众所周知，孔子的态度乃是“不语怪力乱神”（《论语·述而》），“敬鬼神而远之”（《论语·雍也》）。

二、跪拜孔子有悖儒学原理

跪拜孔子现象所涉及的并不是泛泛的“传统文化”，而是孔子创立的儒学。

儒学历经了两千多年的发展，当然是很复杂的，存在着各种各样的不同派别、不同观点。但就孔孟原典儒学而论，绝非基督教式的宗教，而是一种人文学术，具有一套包括上述“礼义→礼制→礼仪”在内的基本原理。这套原理，孟子概括为“仁→义→礼”[3]2691（《孟子·公孙丑上》），即：根据仁爱精神（仁）来确立正义原则

（义）；根据正义原则来建构社会制度（礼）及其礼仪[5]。不仅如此，儒学原理之“义”（即其正义原则）还特别强调制度建构的适宜性，亦即《中庸》所谓“义者宜也”[3]1629，简言之就是：社会制度，即“礼”及其礼仪的建构、变革，必须适应于当代的社会生活方式[6]。

什么是当代中国人的生活方式？我们的生活方式，正在由前现代的宗法社会生活方式转变为现代性的生活方式。相应地，社会主体也在发生转变，即由宗族或家族转变为独立自主的个体；政治主体或主权者也在发生转变，即由王族或皇族转变为公民。在这种生活方式中，个人不再是宗族或家族的附庸，而是独立自主的主体；女性也不再是男性的附庸，而是同样独立自主的主体。子女也不再是父母、家庭的附庸：未成年的子女拥有自己的独立人格，父母只是“监护人”，而不是“父要子亡、子不得不亡”的“家长”；已成年的子女更是拥有自己的自主权利，父母不得侵犯他们的这种权利。这些正是真正的孔子儒学原理的逻辑蕴涵。

但可悲的是，跪拜孔子现象表明：这些人根本不懂儒学原理，尤其不懂孔子所倡导的“礼有损益”的道理。伴随着跪拜孔子现象的，是宗法观念的死灰复燃、乃至在一些地方大行其道，甚至有学者为“三纲”——“君为臣纲，父为子纲，夫为妻纲”这样的“传统文化”招魂，大肆宣扬君权主义、父权主义、男权主义！今天被一些人津津乐道的所谓“儒学”，实实在在是伪儒学。

三、跪拜孔子现象体现“跪拜文化”

跪拜孔子现象绝不是简单的“心态”问题，它本身就是一种“传统文化”，可称之为“跪拜文化”。这种文化传统可谓“历史悠久”，以至“根深蒂固”。但是：

1.“跪拜文化”违背现代生活方式。“跪拜文化”作为一种文化传统，产生于前现代的生活方式，即宗法社会的生活方式，亦即君权制、父权制和男权制的生活方式。在这种生活方式及其制度安排下，臣要向君跪拜，子要向父跪拜，妻要向夫跪拜；卑贱者要向高贵者跪拜，百姓要向官员跪拜，下级要向上级跪拜，信徒要向偶像跪拜，如此等等。诸如此类的跪拜，所体现的是不平等的等级制。如果任由集体跪拜孔子现象蔓延，动辄跪倒一片，俨然时空穿越，将我们从 21 世纪拉回到前现代的宗法社会的生活，何来现代化？

2.“跪拜文化”违反现代文明价值。该校长称“跪天跪地跪父母是文化传统，与封建无关”，实属懵懂。

跪拜这种“文化”，上文已经表明，它确实是一种“封建”文化；或者更确切地说、亦即在“封建”这个词的本来意义上说，“跪拜文化”起初是“封建文化”（在夏商周的封建贵族时代），后来又成为“专制文化”（在秦代至清代的君主专制时代），于是成为一种“文化传统”。

同时，我们不禁要问：传统的就是正当的吗？奇怪的是，近年来，“传统”这个中性词竟然变成了褒义词，似乎“传统”就是“好”的同义词，以至有些人一谈到“传统”，立马变得高度自信、振振有词。这其实是这些年来某种复古主义思潮的表现。然而按孔子的思想，“礼有损益”恰恰意味着对传统进行变革，即改变传统的“礼”。这正是一种“反传统”的精神。

为什么必须“反传统”？因为：如果“传统”意味着前现代性质的东西，那么，它就是违背现代文明价值的。什么是现代文明价值？就是自由、平等、民主、公正、法治……这些被列入“核心价值观”的价值。而“跪拜文化”所体现的正是前现代的“传统”价值观，对于这种价值观，我们作为现代人，必须像孔子那样“反传统”。

3.“跪拜文化”侵犯人权。“张文”最深刻的一点，是指出了跪拜孔子现象乃是“培养奴性、罔顾人权”。

什么是奴性？上文所说的卑贱者要向高贵者跪拜、百姓要向官员跪拜、下级要向上级跪拜、信徒要向偶像跪拜，都是奴性的表现。这种奴性使许多人总是膝盖发软、不跪不乐，必跪之而后快。至于这种奴性是不是鲁迅所说的“国民性”，可以讨论；但无论如何，这种“奴性”绝非“人性”，至少绝非现代人的人性。人性并非什么先验的抽象，而是与时代生活密切相关的，即王船山所讲的“习与性成”“日生日成”[7]（《尚书引义·太甲二》）。因此，现代人的人性是与人权一致的。

什么是人权？就是基于现代性的生活方式的、个人独立自主的自由平等权利，这种权利为宪法所保障，不是任何个人或组织、机构可以侵犯的，当然也绝不是任何“校方”可以侵犯的。

宪法所规定的“国家尊重和保障人权”，包括“宗教信仰自由”，即“任何国家机关、社会团体和个人不得强制公民信仰宗教或者不信仰宗教”。这里的“任何国家机关、社会团体和个人”当然包括任何“校方”。然而近年来，有学者不仅要建立宗教性的“儒教”，而且企图将它立为“国教”，也就是凭借国家的权力来强制推行。这显然是违宪的，因为根据宪法的精神，任何个人和机关团体都无权强制任何公民信仰“儒教”或不信仰“儒教”。而那位校长坚持认为强制学生集体跪拜孔子的做法是“与国家的教育理念吻合”的，这无疑是说我们国家的教育理念是违宪的。

信仰自由意味着：如果跪拜孔子仅仅是个人的私人行为，不侵犯他人的权利，那就是这个人的自由权利。我本人就曾经跪拜孔子：多年前，我第一次参观曲阜孔庙，当时已是黄昏时分，游人稀少，我独自跪拜了孔子。但我的行为 1）只是表示崇敬之情，并不以孔子为宗教偶像。2）纯属个人行为，而非什么“集体跪拜”，更不受谁的强制。3）也未侵犯他人的任何权利，当时就连一个旁观者也没有。事实上，我一向断然拒绝或者婉言谢绝任何形式的集体跪拜；但同时，我并不反对那种纯属个人信仰的跪拜。

然而，我们经常见到的集体跪拜活动，往往并非纯粹的个人信仰自由，而是某种裹挟乃至裹胁的结果。这种裹胁，往往来自某个握有权力的个人或组织机构。那所中学要求学生集体跪拜孔子，显然就是“校方”的裹胁；抗拒这种裹挟或裹胁，就会受到舆论的谴责或权力的惩罚，例如“在大会上严厉批评”乃至承担更为严重的后果。这显然是典型的侵犯人权。

呜呼！面对这种跪拜“文化传统”在今日之“弘扬”，孔子地下有知，岂不悲哀！

参考文献：

［1］林斐然，张澍田．河南一高中要求学生集体跪拜孔子［N/OL］．http：//www. bjnews. com. cn/news/2015/01/30/352111. html. 2015－4－08.

［2］张贺．“跪拜心态”岂能弘扬传统文化［N］．人民日报，2015－04－02（19）．

［3］阮元．十三经注疏［M］．北京：中华书局，1980.

［4］黄玉顺．孔子的正义论［J］．中国社科院研究生院学报，2010（2）：136－144.

［5］黄玉顺．孟子正义论新解［J］．人文杂志，2009（5）：9－22.

［6］黄玉顺．中国正义论纲要［J］．四川大学学报（哲学社会科学版），

2009（5）：32—42.

［7］王夫之. 尚书引义［M］. 北京：中华书局，1962：54—55.

原载于《衡水学院学报》2015年第3期。